TIMOTHY LEARY
WAS WILL DIE FRAU?

TIMOTHY LEARY

WAS WILL DIE FRAU?

SPHINX VERLAG
BASEL

1

Flughafen Genf, Mai 1971

Commodore Timothy Leri, zur Zeit in der Rolle eines Philosophen (männlich) auf der Flucht, verläßt die Ferngespräch-Audio-Sende/Empfangs-Kabine im Genfer Flughafen auf SOL-3 und stösst sanft mit einem Technikolor-Zweibeiner zusammen – silbernes Haar, rosa Gesicht, den wohlbeleibten Körper in gutgeschnittene künstliche Gewebe gekleidet; angezogen und ausgerüstet, um die Bank zu spielen, die den Mann in Monte Carlo ruiniert hatte. Höchstwahrscheinlich ein Franzose namens Franc oder ein Deutscher namens Mark.

WAS WILL DIE FRAU?

»Pardonnez-moi«, sagt der rosa Erdling und legt sanft seine Hand auf den Arm des Alchimisten. Der Akzent ist pariserisch.

Ein Science-Faction-Roman

»Einstein hat ihr gepardoned«, erwidert Leri vorsichtig. *»Verein für Raumschifffahrt?«*

Darsteller:

»Ach so? Sie sind nicht Amerikaner?« sagt der Larvale überrascht. Er zieht seine Hand sanft zurück. »Ich glaubte, sie wären jemand anderes. *Je suis désolé.«*

Die Resonanz ausgetauscht, nickt er freundlich und dreht sich mit einem verwunderten Gesichtsausdruck zur Seite.

Timothy Leri als Vulkan-8

Der geächtete Gnostiker, niedergelassener Agent von T. I. M. E., hatte keine Illusionen bezüglich seiner Mission auf der Erde – entlang dem gefährlichen Schwarzschild-Radius zu suchen und das verschlüsselte Geheimnis zu finden, nach dem der sterbende Planet hungerte. Seine genetische Aufgabe wird von der scheusslichen Nixon-Liddy-Bande erschwert, die seinen Namen zuoberst auf die Fahndungsliste ihrer Operation Abfang gesetzt hatte!

Der vorbestrafte Barde mit der irdischen genetischen Codenummer Acht bewegt sich zur anderen Seite der Halle, wo seine weibliche Hälfte und Gefährtin mit überschlagenen Beinen wartet. Sie spielt momentan die Rolle der ewigen Kosmetikwerbung, offener Mund des Jahres, knackig und voller Farbe, blütenreine Haut mit feinem Tau überzogen; große Augen beobachten ihn mit unschuldiger Erwartung (weiblich).

Rosemarie Klette als Demeter-3

Seine weibliche Hälfte und Besessenheit. Ihre mysteriöse Hexen-Weisheit zieht ihn in eine Haushalt-Umlaufbahn, der er nicht entrinnen kann!

Welch eine neurochirurgische Aufgabe, die Milliarden von Fasern, die uns verbinden, aufzulösen, stöhnt er. Ihr Haar zum Beispiel, jetzt dunkelbraun mit einem Schein von Henna, und nicht zu vergessen Ihre rahmweisse Aussenhaut.

»Was hat Pierre gesagt?«

»Er und Anita haben Kopenhagen verlassen. Sie sind wieder in Paris. Er rät, nicht nach Dänemark zu gehen. Die Preise sind hoch, und es ist gefährlich. Er sagt, es gäbe dort zu viele Leute, die dagegen sind, dass ich meinen Vortrag halte.«

Michel Hauchard als Hermes-4

Übergewichtiger französischer Vertrauensmann, Zwilling, Waffenschieber, Feinschmecker-Gangster, in den Hinterräumen der korsischen Mafia ebenso zu Hause wie in den eleganten Dachwohnungen von Beirut und den Restaurants

der Jet-Set-Schweiz . . . Gezwungen (durch wessen Macht?), die hedonistische Zukunft, die er selber nie erleben wird, zu bekämpfen.

Sie nickt nachdenklich. »Das überrascht mich nicht. Irdische Politik macht die Leute so böse. Wer regt sich denn jetzt wieder auf?«

»Pierre sagt, dass mein Vortrag von einer anarchistischen Gruppe, angeführt vom roten Rudi, organisiert wurde.«

»Das sieht nicht gut aus.«

»Die dänische Regierung verspricht, uns vor einer Auslieferung zu verschonen, aber es gehen Gerüchte um, dass die CIA versuchen könnte, uns in der internationalen Abteilung des Flughafens zu entführen.«

»Wie undankbar von der CIA«, klagt Sie, »nach all den orientalischen Eheberatungen, welche wir dem dummen Agenten Muktar und seiner Frau in Algerien gegeben haben. Zudem hinterliessen wir alle unsere Teppiche und Silberwaren der netten CIA-Dame in Point Pescade und unser Tonbandgerät und die Bänder dem süssen Schnüffel-Hoteldirektor mit der amerikanischen Aktentasche; nicht zu reden von unseren Pelzen.«

Monsieur Duval als Apollo-6

Mysteriöser Vatikan-Diplomat, Schwulen-Kurier, umherziehender Spionage-Agent, dessen Wissen um die im Spiel befindlichen neurogenetischen Kräfte ihn zum tückischen Feind oder entscheidenden Verbündeten machen?

Das weiche Fell-Ding kann nicht abgestritten werden, noch die Tatsache, dass Ihre Haut so weich ist, dass Sie Weichlederschuhe tragen und in glatte Seidenware gehüllt werden muss.

»Wir haben hier eine ganze Einkaufsliste von zornigen Verrückten, denen wir aus dem Weg gehen müssen.«

»Eine maoistische Aktionsgruppe plant uns zu pfählen, weil wir das Schlagwort Revolution in das Wort Offenbarung umgeändert haben. Sie behaupten, wir würden junge Larvale ent-politisieren und vom dialektischen Materialismus weglocken.«

»Das ist ein ebenso guter Grund, sie wegzulocken wie jeder andere«, sagt Sie nachdenklich.

»Bist du bereit für eine Neo-Nazi-Gruppe, die uns verleumdet, weil wir junge Leute politisieren? Sie sagen, LSD sei die Abkürzung für Links-Sozial-Demokraten.«

»Was ist denn das?«

»Anthony Burgess sagt, es sei ein egoistischer Weg zur Erkenntnis der endgültigen Realität. Dänemark langweilt Pierre. Er will auch nicht, dass ich dort spreche. Ich weiss nicht, was hier unten los ist. Es macht mir immer Mühe, mich diesen langsamen Ebenen anzupassen.«

Aryabhata als Neptun-14

Eingeweihter des Tantra-Yoga, der Leri die Bildrollen aus Bengalen übermittelt, welche das Geheimnis der unwiderstehlichen erotischen Anziehung und der neurosomatischen Verschmelzung enthüllen.

»Also eines ist klar«, sagt Sie energisch. »Da er jetzt Präsident der UNO-Expertenkommission ist, glaubt Pierre, er hätte viel zu verlieren. Niemand will das Spiel grösser werden lassen, als sie selbst sind. Spendierst du mir einen Drink, während du nachdenkst?«

Die beiden sind noch immer in der internationalen Abteilung des Flughafens, von niemandem beschützt. Die Interpol hat ihre Steckbriefe veröffentlicht, und sie reisen offen mit ihren eigenen Pässen. All die Augen-Netzwerke und Hitze-Detektoren verfolgen ihre Flucht von Algerien nach Dänemark. Niemand erwartet, dass die beiden in Genf bleiben, bis man feststellen wird, dass sie in Kopenhagen nicht aus dem Flugzeug steigen.

Sie nippt an Ihrem Dubonnet, legt den Zeigefinger auf Ihre feuchte Unterlippe und spricht mit tiefer Stimme: »Ich wusste, dass wir die Musik und die Teppiche nicht in Algerien lassen sollten. Was nun, Acht?«

Flora Lu als Psyche-20

Unschuldiges, grossäugiges »Mädchen«, auf den Planeten Erde geschickt (via Enid, Oklahoma), um Leri zu finden und ihn aus der Harvard-Gefangenschaft für vier-hirnige Wesen zu mutieren. An Ihrem Tisch neben der Bühne im Birdland (wo Sie die Karten für das globale Schönheits-Spiel legte) und in Ihrem Lustpalast am Hudson, lehrt Sie in einem tiefsinnigen kurvenreichen Geflüster die Quadratur des Kreises.

»Pierre rief den Schweizer Bankier an. Er erwartet uns. Wir werden uns in Genf verstecken, bis Pierre uns abholt.«

»Wer war dieser silberhaarige Erdling? Er sah aus wie der Besitzer des Besitzers.«

»Er bat mich, ihm zu verzeihen, und sagte, dass er traurig sei. Ich gab ihm ein Losungswort aus dem Hintergrund einer Peenemünde-Szene.«

»Er beobachtete dich sehr genau. Er materialisierte sich aus der Kabine Nummer Vier. Das heisst Zwilling. Was bedeutet es hier?«

»Schlauer Schwindler?«

»Goldfingers Bruder, Quecksilber.«

»Hermes, Einsamer Wolf der Alpen?«

»Er sah aus wie ein eleganter Geldhändler.«

»Wahrscheinlich ein Franzose. Aber er könnte auch von der CIA sein. Die vierte Ebene ist konstruiert, um mit dem Deuxième Bureau ein Doppelspiel zu spielen.«

»Pierre ist es auch. Ich meine Zwilling. Mein Playgirl ist in Vier, also bin ich bereit, amüsiert zu werden. Wie fühlst du dich? Es schien ein weiter Realitätssprung gewesen zu sein.«

»Ich fühlte bloss ein leichtes Klicken, als die Übermittlung endete. Nicht einmal die Kabinenlichter blinkten.«

»Wie sind die Lebensbedingungen in dieser Zone?«

»Die Berichte zeigen an, dass die Eingeborenen auf Stufe 11 sind. Friedliebend, im Rahmen ihrer Familie haushälterisch und sehr materialistisch.«

»Wunderbar«, ruft Sie. »Sicher gibt es gute Kleiderläden. Ich mag den Seide-Geld-Geruch in der Atmosphäre. Ich hab genug von Schleiern, Acht. Ich will Miniröcke und Schuhe mit hohen, klappernden Absätzen.«

»Genf ist genau richtig für hohe Absätze.«

Im weiteren stellen wir vor:

Sie hasste Algerien wegen dem männlichen Chauvinismus und den Schleiern und den Seitenblicken und dem Mangel an Stil.

Der Commodore trägt den braunen Geschäftsanzug, den ihm die Hexenbomberin Bernadine Dohrn gekauft hatte, als sie zusammen in Seattle beim Weather-Untergrund waren. Sein Haar ist normal geschnitten. Die Leute erinnern sich schwach, sein Gesicht schon mal gesehen zu haben, und nehmen an, er sei ein Filmschauspieler der 20th Century.

Joanna Harcourt-Smith Tamacopoulos de Layne y Ulam !!!! als Juno-11

Tochter der berühmten polnischen Mathematikerbande, den Ulams, welche den Schlüssel zur Kernverschmelzung stahlen und ihn für den begehrten Fermi-Preis den dunklen Mächten des Pentagon verkauften. Joanna, geheimnisvolle Sternschnuppe des Jet-Set, von Allen Ginsberg als »Internationale Sex-Provokatorin« betitelt, ist durch anti-histones Verlangen angetrieben, die genetische Bilanz zu frisieren, indem Sie dem in Ungnade gefallenen Alchimisten hilft, das Gesetz der Schwerkraft zu überwinden.

»Ich las im Flugzeug einen Artikel über sexuelle Phantasien«, vertraut Sie ihm an.

»Ich habe gerade jetzt eine.« Er sinniert, wie lange es dauern wird, bis er seine Abhängigkeit von Ihr überwunden hat. *Solve et Coagula.*

»Vergewaltigungsphantasien, Haremsphantasien, Wünsche Katharinas der Grossen. Sie entpolitisierte 108 Männer in einer einzigen Nacht. Falls man dies als einzige Nacht bezeichnen kann. Versuchte, Kleopatras Rekorde zu brechen. Willst du dir meine Phantasie anhören? Ein kluges, lustiges Callgirl geht in ein Studentenheim in Harvard . . .«

»In Harvard gibt es keine Studentenheime.«

»Das ist deine Realität. In meiner gibt es welche. Sie weiht jeden einzelnen der vierundsechzig willigen, pausbäckigen, aufgeweckten jungen Männer ein. Sie zeigt ihnen, wie man langsam und elegant Liebe macht. Die Jünglinge sind sehr dankbar. Sie beten Sie an und wollen Sie nicht mehr gehen lassen. Sie aber verlässt das Haus, und die Jünglinge werden nie erfahren, wer ich bin.«

»Hm. Beobachtet uns dieser kleine dunkle Mann noch immer?«

»Er beobachtete *mich*. Er ging fort, um einer Air France-Hostess nachzustellen.«

»Welch einfacher Planet. Politik, Sex und Geld. Warten wir ab, wie der Schweizer Bankier aussieht.«

»Ich wollte schon immer einen Schweizer Bankier.«

»Erinnerst du dich an das Procedere?«

»Lokalisiere die schmale Bewusstseins-Band-Frequenz, auf der die Eingeborenen schalten, und übermittle innerhalb dieser Grenzen. Sei immer bereit, jede Rolle zu übernehmen, dich jeder Situation anzupassen. Machs dir so bequem wie möglich und . . .«

»Ich liebe dich wirklich.«

»Ja, es ist schade. Nun, du weisst, was ich will. Nimm mich einfach aus dieser schwerfälligen G-Turbulenz heraus in ein Haus in den Alpen mit einem weissen Lattenzaun rundherum und mach mir einige Kinder, und du wirst mir eine weitere Chance geben. Ich fühle mich wirklich bereit. Wir hatten doch schon so manche.«

Ihr Abgang vom Flughafen wird von siebzehn Agenten von dreizehn verschiedenen Geheimdiensten beobachtet.

Teil V

TIMOTHY LEARY
WAS WILL DIE FRAU?

Abenteuer entlang dem Schwarzschild-Radius

Aus dem Amerikanischen übertragen
von Pierre Hänni

Handlungen und Personen sind frei erfunden

Der Autor dankt Tim Hildebrand für die freundliche Erlaubnis, aus seinem Buch ROTWANG einige Abschnitte zu zitieren. Entgegen vielen Vermutungen lebt Tim Hildebrand in menschlicher Form auf dem Planeten Erde, und sein Meisterwerk ROTWANG erschien im Sphinx Verlag Basel.

Joanna und Timothy Leri möchten sich auch bei Deborah Hwang und Jay Levey für ihre humorvolle Unterstützung bedanken.

Dank gebührt auch der Delacorte Press, New York, für die freundliche Genehmigung zum Abdruck einzelner Abschnitte aus *Breakfast for Champions,* von Kurt Vonnegut, © 1973; deutsch bei Hoffmann und Campe und beim Rowohlt-Taschenbuchverlag unter dem Titel *Frühstück für starke Männer,* und der Viking Press Inc., New York, für *Gravity's Rainbow,* von Thomas Pynchon, © 1973; erscheint in deutscher Übersetzung unter dem Titel *Die Enden der Parabel* im Rowohlt Verlag.

1980

Originaltitel: What Does WoMan Want?
Gestaltung: Hagenbach & Hartmann
Umschlaggestaltung: Walter Hartmann
Verwendung des Fotos von Apollo 12
mit freundlicher Genehmigung
des Bildarchivs Werner Büdeler
Gesamtherstellung:
Rombach + Co GmbH, Freiburg im Breisgau
Printed in Germany
ISBN 3-85914-501-0

Für
Joanna
und
Chrysalis

CIP-Kurztitelaufnahme der Deutschen Bibliothek

Leary, Timothy:
Was will die Frau?/Timothy Leary.
[Aus d. Amerikan. übertr. von Pierre Hänni].
Basel: Sphinx Verlag, 1980
Einheitssacht: What does WoMan want? ‹dt.›
ISBN 3-85914-501-0

Diese Übertragung kommt von

Flora Lu

Veranstaltet von .... Einer Abteilung
des fünften Schaltkreises des Nervensystems

Stufe 13

Eine Abteilung des fünften Schaltkreises des Nervensystems

»Dieses Element zeigt die Wandlung von der vier-hirnigen larvalen Phase (Den-Körper-als-Vehikel-erlebt-in-Erdanziehungskraft-manövrierend) zum Körper als schwereloses Verzükkungsvehikel. Bewusstsein der Sinne. Stufe 13 repräsentiert den somatischen ›turn-on‹, die Umkehrung vom irdischen zum ausserirdischen Bewusstsein. Das Verhalten ist passiv, verzweigt, faul, empfangend, hedonistisch konsumierend.«

Exo-Psychologie

Bist du es müde
ein domestizierter Affe zu sein?
Bring etwas Verzückung in dein Leben!

Begründet auf vier Milliarden Jahre
neuro-genetischer Technik
offeriert die Firma Neuro-Nukleotid & Co.
dir jetzt

Deinen eigenen Körper!!!
Befreit um passiv zu empfangen
Zur Verzückung veranlagt!!!

All das kannst du jetzt erleben:

Reine Sinnlichkeit
Hippie-Freiheit
Fünfte Kindheit
Schwereloses Schweben
Delphin-Wonne

Werde auch du in der Privatsphäre deines eigenen Heimes

Hades-Pluto
oder
Persephone-Phospherina
Hedonistischer Adeliger
Befreite Fische II
Verzückungs-Konsument

Vergiss nicht . . . .
Die Entwicklung wartet auf niemanden
Jetzt
ist die Zeit,
deinen
fünften Schaltkreis
zu aktivieren

Versuche Stufe 13 . . . . noch heute

Vorwort

Die Rätsel der Allegorie

Obwohl die Verfasser von Kommentaren sich im allgemeinen einig sind, dass jede Handlung und jeder Charakter in *Was will die Frau?* allegorisch sind, gibt es hunderte von Meinungen, ob individuelle Einzelheiten auch die wirklich stattgefundene Geschichte reflektieren. Einige glauben, dass die weiblichen Hauptrollen, Rosemarie und Joanna, überhaupt keine Frauen sind, sondern möglicherweise Symbole für die fünften und sechsten neurogenetischen Schaltkreise (einige meinen für die Philosophie und die Theologie). Dann wird der furchterregende UFO-Zwischenfall, in welchem die Menschheit vor Gericht gestellt wird, von einflussreichen Neo-Joycianern vom Sirius als wortwörtlich und historisch betrachtet, während die Weganier beinahe einstimmig glauben, diese Geschichte sei eine Überarbeitung traditioneller keltischer Legenden und des Buches Hiob. Andere haben ziemlich glaubwürdig argumentiert, Commodore Leri habe nie als Mensch gelebt, sondern sei bloss ein Vor-Migrations-Sternenmythos gewesen. Der anerkannte kentaurische Primatologe Nomis-23 hat sogar vorgeschlagen, Leris Hauptgegenspieler, die berüchtigte Nixon-Liddy-Bande, sei reine Fiktion, abgeleitet aus der ägyptischen Dämonologie und Burrough's Nova-Mob.

Diese Fragen können endlos diskutiert werden, aber die Tatsache bleibt bestehen, dass die domestizierten Primaten auf Terra I während dem entscheidenden Jahrzehnt, in welchem *Was will die Frau?* geschrieben wurde, in Lebensgefahr schwebten. Ob jetzt die himmlischen UFO-»Gegenspieler« tatsächlich existierten oder nicht, die Erdenbewohner waren wirklich an einem Kreuzpunkt der Entwicklung angelangt.

Das ist, in seinem eigentlichen Grundwesen, der zeitlose Sinn von Leris Botschaft. Jeder Organismus oberhalb der Zwei-Hirn-Stufe wird unweigerlich mit dem erschütternden Koan, gestellt von Leris UFO, konfrontiert. Jede Kultur, egal, wie primitiv sie ist, kreiert ihre eigenen Antworten – gewöhnlich von nichts mehr als Stammesaberglaube, larvalem religiösem Dogma, und lokalem Chauvinismus geleitet. Es war Leris entscheidende Aufgabe, seinen Mitprimaten zu lehren, dass es nun notwendig wurde, objektive wissenschaftliche Antworten zu finden.

Es ist amüsant festzustellen, dass viele Leser dieses barbarisches Epos halb befürchteten, das Buch würde als quälerischer Scherz enden – ohne Lösungen. Tatsächlich ist es immer noch unterhaltend, Leris Lösungen zu seinen eigenen Rätseln zu vergessen, welche man nun mittlerweile durch die ganze Galaxie kennt, und zu versuchen, die Ungewissheit der ersten Leser, als sie mit dieser spöttischen kosmischen Herausforderung rangen, zu teilen. *Es ist ernüchternd, daran zu denken, dass nur wenige von uns hier sein würden, falls Leris S.M.I².L.E. nicht gelöst worden wäre.* Das gilt selbstverständlich ganz speziell für die Titelfrage, zu welcher der grosse vorneurologische Psychologe Freud zugab, dass sie von der Wissenschaft seiner Zeit nicht gelöst werden konnte.

Robert Anton Wilson
(Autor von *Cosmic Trigger*
und Co-Autor
der *Illuminatus!*-Trilogie)

Einleitung

Trebor Sevarg von der Wega-Akademie schrieb in seinem eher mürrischen Vorwort zur Fortsetzung seiner *Erzählungen eines Interstellaren Reisenden,* ein grosser Teil der Kritiker aus anderen Sonnensystemen schiene anzunehmen, dass SiEr nicht mehr als einen Roman aus altem elektronischem Klatsch gesponnen habe, was sie als einfache Sache betrachteten. In *Rundreise* schlug Sevarg mit einer langen Bibliographie zurück, in der er beinahe jeden einigermassen wichtigen Text in den galaktischen Archiven erwähnt. Unglücklicherweise, oder auch nicht, war es mir nicht möglich, so viele Werke durchzulesen. Aber um all denjenigen, welche annehmen könnten, dass meine einzigen Quellen W.B.I.-Informanten, Ausschnitte aus Boulevard-Zeitungen, Gefängnisberichte (oder gar Dorfklatscher wie Herb Caen) seien, zuvorzukommen, habe ich am Ende dieser Biographie eine Liste von Quellenangaben angefügt.

Timothy Leris Leben ist erstaunlich gut dokumentiert. Vierundsechzig Bände seiner Memoiren, Arbeiten, Chronologien, philosophischen Texte, neuropolitischen Schriften sind noch vorhanden. Zweiunddreissig vorübergehende Bekannte wie Church Slach und Len Grainburg schrieben glänzende, wenn auch tendenziöse Berichte über ihn. Zudem sind noch 108 Bände Gerichtsakten und Verteidigungsschriften vorhanden.

Übersetzungen von Mythen aus einem Sonnensystem ins andere leiden immer unter planetarischem Chauvinismus. Fremde Bräuche, abgeändert, um sie lokalen Überlieferungen anzupassen, werden in der Übersetzung immer entstellt. Zudem tauchen in den unzähligen Wiedergaben einer traditionellen Geschichte, wie dies eine ist, Widersprüche auf. Um Fäden zusammenzuweben, welche von so vielen verschiedenen parteiischen Spindeln gesponnen wurden, müssen Sekundärdokumente, Enzyklopädieauszüge, zeitgenössische Zeitungsausschnitte, Gespräche (oft in sehr pedantischem Ton), ergänzt werden. Ein Epos der Metamorphose, wie dasjenige, in welchem unser Held auftaucht, ist, geben wir es zu, unverständlich bizarr.

Obschon ich eine sich auf Fakten berufende Geschichte anhand der erhältlichen Dokumente zusammenstellte, habe ich versucht, ein erzählendes Bild dieses legendären und oft missverstandenen gnostischen Agenten wiederzugeben. Er wurde unter der höchsten Kaution (5 000 000 Dollar) in der planetarischen Geschichte von Cecil Hicks, dem Staatsanwalt von Orange County, der 1972 Leri als den »gefährlichsten lebenden Menschen« bezeichnet hatte, eingekerkert.

Leri war im Vidalischen System immer irgendwie ein Untergrundheld. Sein Erfolg, den Geozentrismus seines Planeten zu wandeln und die Arkturische Gnosis zu erneuern, übt immer noch eine romantische Anziehung aus, und er taucht an den merkwürdigsten Orten auf, besonders während der ausser-spiralen Renaissancen und dann wieder während der Metamorphosen des 42. Jahrhunderts.

Was neben den Seeräuber-Abenteuern seiner irdischen Periode immer noch fasziniert, ist das explosive zwanzigste Jahrhundert selbst. Zehn Jahre, nachdem der Reisende in der Schweiz ankam (1971), begann die ausserirdische Auswanderung. Ob zum Besseren oder Schlechteren, wir sind heute abend zum grossen Teil das Ergebnis der Errungenschaften und Taten dieser aussergewöhnlichen kurzen Periode.

Ich benenne die Städte mit den alten irdischen Namen anstelle der modernen Bezeichnungen (zum Beispiel rede ich von Amerika und nicht von Nordargentinien), ausgenommen dort, wo das Konzept in der Sprache des zwanzigsten Jahrhunderts überhaupt nicht existierte. Ausdrücke für neurogenetische Stufen, chemische Elemente, genetische Zeitbündel und Sub-Atomare Nuklear-Einheiten (S. A. N. E.) entstammen dem rohen Dialekt, welcher in jener Zeit verwendet wurde.

Die Währungssituation war damals genauso verzwickt wie heute. Niemand kann mit Sicherheit sagen, was der genaue Energiewert des »Geldes« im zwanzigsten Jahrhundert war, aber hundert Schweizerfranken waren wahrscheinlich soviel wert wie eine oder zwei Sekunden einer Ein-G-Null-Beschleunigung. Alle Personen sprechen Amerikanisch, die *Lingua Franca* dieser Zeit. Aber es muss erwähnt werden, dass die Europäer besser französisch sprachen, und viele der Schweizer Gespräche wurden von mir aus dieser Sprache übersetzt.

Die Daten sind in der lokalen Zeitmessung angegeben, welche man mittels normalen interstellaren Ephemeriden transkribieren kann.

Geographie ist, wie Alfred Wegener mit Bedauern bemerkt, beim Rekonstruieren von Biographien immer ein Problem. Anhand der Landkarten der australischen Archive können wir freilich ein ziemlich genaues Bild der Erdkarte dieser Periode wiederherstellen. Die Anhebung des Meeresspiegels, welche viele Küstenkulturen zerstörte, hatte keine Auswirkung auf die höheren Berggebiete, die die Schauplätze dieser Legende sind.

Wir erinnern uns, dass vor der Periode der Reuevollen Wiederherstellung, welche alle Metall- und Steinkonstruktionen unter die Erde verlegte (ausgenommen hoch-neurosanktifizierte Symbole), alle Gebäude auf der *Erdoberfläche* gebaut waren. Die rücksichtslose Zerstörung der Lebensnetz-Membrane durch anorganische Bauwerke wurde offenbar als ein Zeichen des Fortschrittes betrachtet. Die Mehrheit der Erdlinge, die *personae* dieser Legende eingeschlossen, lebten inmitten künstlich hergestellter Erzeugnisse – getrennt von ihren eigenen Körpern und der Atmosphäre.

Für die Leser, welche vergeblich nach Leris notorischen letzten Worten »Du hast Gaia überwunden!« suchen – er hat sie nie gesprochen. Die Erfindung dieser flamboyanten und vieldeutigen Rhetorik, welche ein paar Jahrhunderte nach der Auswanderung stattfand, geht auf das Konto geozentrischer Revisionisten.

Ich möchte der Vidalischen Akademie und der Irdischen Schule für Klassische Studien in Kairo dafür danken, dass sie mir ihre Mikroschriften und holographischen Berichte zur Verfügung gestellt haben.

M. M.
Procyon-4
2775 n. Chr.

2

»Commodore: 1. Ein ehemaliger Instruktions-Offizier der interstellaren Flotte im Rang eines Admirals.
2. Ein Evolutions-Agent, verantwortlich für ein Schwadron Larven-Planeten.
3. Oberbootsmann eines Yachtklubs.«

Aus dem Handbuch für Evolutions-Agenten

El Djamila, Algerien, April 1971

Stell sie dir vor als Cary Grant und Marilyn Monroe in den Rollen ehemaliger Mitglieder der ersten Gruppe politischer Verbannter des Amerikanischen Reiches, welche vom Flüchtling Eldridge Cleaver angeführt wurde, dessen *Panthers Noirs* von der algerischen Regierung als eine echte Befreiungsbewegung amtlich anerkannt wurde und von dieser auch ein Botschaftsgebäude in den Hügeln von El Biar zugewiesen erhielt, in dem zuvor die Volksregierung von Süd-Vietnam logiert hatte.

Der Glanz, einer offiziellen Exil-Regierung anzugehören, wurde bald durch die kindischen Voodoo-Phantasien Eldridge Cleavers, welcher ein gieriger Bewunderer von General Amin Dada war, getrübt. Nachdem sie den Morddrohungen des Möchtegern-Papa Doc entflohen waren, fanden sie Zuflucht in einem versteckten Strandhotel in der Nähe von Algier, wo sie unter der bedrohenden Überwachung der CIA lebten; nach links und rechts von der doppelzüngigen algerischen Regierung, die ihnen politisches Asyl gewährte, beschützt.

Heimatlos, vaterlandlos, spezieslos wie sie waren, ist es nicht überraschend, dass sie gezwungen wurden, ihren Status als fremde Wesen in dieser kriegsähnlichen Periode zu akzeptieren. Als evolutionäre Pfadfinder, durch die Schwerkraft in einer Zeitkrümmung gefangen, suchten sie nicht nach einem Platz zum Leben, sondern nach einer gastfreundlichen Zeit.

Diese Abenteuer hatten eine Reaktion ausgelöst, die all jenen, welche gefährliche Prüfungen in galaktischen Randzonen erlebt haben, vertraut ist; sie waren sich ungewöhnlich nahe gekommen.

3

»Die Schaltkreis-Fünf-Erotik unterscheidet sich von der Schaltkreis-Vier-Sexualität, wie sich letztere von den Spielplatz-Spielchen der Minderjährigen unterscheidet. Die meisten kulturellen Spannungen, die in der zweiten Hälfte des 20. Jahrhunderts auftauchten, entstanden durch neurogenetische Mutation. Alle jene, welche nach Hiroshima geboren, durch Drogen, chemische Zusätze und Elektronik angetörnt wurden, erlebten eine polymorph-mythische Erotik, die ihren Eltern unbekannt war. Die sogenannte sexuelle Revolution der sechziger Jahre war nicht eine vorübergehende Medien-Mode, sondern eine unvermeidliche neurogenetische Tatsache.«

Exo-Psychologie

Arkturische Archive, 2145

Bis zum vierzigsten Altersjahr scheint das Geschlechtsleben des Agenten in bezug auf Leistung ziemlich konventionell, emotionell aber wahrscheinlich eher überdurchschnittlich engagiert gewesen zu sein.

Sexuelle Erfahrungen von domestizierten Primaten vergleichend zu diskutieren ist schwierig, da wenig Männer die erotischen Erfahrungen anderer Männer kennen. Zumindest traf dies für den Agenten zu, bis er sich mit Neuro-Transmittern beschäftigte und seine Verzückungsschaltkreise aktiviert wurden.

Leris sexuelle Bedürfnisse gingen eher in Richtung Engagement denn Variation. Nicht »nageln«, sondern schrauben, um zu festigen. Leidenschaftliche und schmerzhafte Schaltkreis-Vier-Verknüpfungen. In domestizierter Verbundenheit war der Agent zufrieden und produktiv. In Zeiten ohne eine Frau war er isoliert und leicht verrückt. Bumsen war phantasielos gradlinig. Die männlichen sexuellen Personifizierungsmodelle waren Cary Grant, Frank Harris, Richard Burton, Wildhüter Mellers. Harter, unerschütterlicher Macho im Bett mit tief damit verflochtenen emotionellen Dramen.

Alkohol war das Sakrament der Vierhirnigen. Die zeremonielle Einnahme von enormen Mengen Schnaps bei den berufstätigen Vororts-Familien, welche am Wochenende zusammenkamen, um sich zu besaufen. Die Wochentage verbrachte man in Büros, die Säugetierkraft war reduziert, zu abstrakten Freundlichkeiten verbal-symbolischen Austausches entpersonalisiert. Dann die Cocktail-Party, rituelles Gin-Schlucken, stilisiertes Auflösen von Hemmungen. Schnaps war der Treibstoff für O'Neill-Dramen, rohe, übervereinfachte, übertriebene Shakespeare-Dialoge, beschwipste sexuelle Effekthascherei. Die Salon-Karikatur der Wildwestbar; lauernde Männer und geschminkte Frauen nehmen in optimaler Übertreibung an einer hin- und herrollenden Unordnung teil. Breughel in Vorstadt-Wohnzimmern mit Jacken und Krawatten.

Schnaps war die einzige, von der larvalen Kultur zur Verfügung gestellte Möglichkeit, auszubrechen, den Brennpunkt zu ändern, sich zu lockern. Eine Untersuchung über Kreativität von Professor Frank Barron, einem kalifornischen Psychologen, enthüllte, dass neunzig Prozent der erfolgreichen Schriftsteller ihrem Schreibfluss eine Schnapssucht vorspannten.

Lüsterne, übermütige, athletische Sexualität. »Hau mich noch mal, fester«, flüstert das Ex-Pompom-Mädchen mit einladenden Bewegungen.

4

»Die Fähigkeit, den Zeitsprung über Chrono-Gräben von der Freiheit erhöhter Geschwindigkeit in den fixierten Strudel von Stern-Systemen zu vollziehen, ohne die Frequenz durcheinanderzubringen, ist das Zeichen des Zauberers. ›Der kosmische Tänzer‹, erklärt Joseph Campbell, ›verharrt nicht schwerfällig an einem Ort, sondern dreht sich fröhlich und hüpft beschwingt von einem Ort zum andern.‹«

Rundreise

Genf, Mai 1971

Im siebten Jahrzehnt des 20. Jahrhunderts konnte man unter den erfolgreichen männlichen Hochstaplern Genfs einen aufpolierten, jungen Bankier mit dem Namen Marcel Quenon finden, der eher vorsichtig als ambitiös und doch mehr ambitiös als talentiert mit seiner Frau in einem aus solidem Stein gebauten Haus lebte.

»Ah, endlich«, sagt Marcel, als er die Tür öffnet. »Der berühmte Professor und seine entzückende Gattin. Willkommen, *mes amis.«*

Marcel lächelt zynisch und bietet seine sanfte Rechtshändigkeit an. Er ist eine glatte Robbe mit feisten, rosaroten Wangen.

»Darf ich Ihnen meine Frau Lena vorstellen.«

»Es ist uns eine Ehre, solch berühmte Gäste zu empfangen,« sagt Lena, eine bewegliche, schlanke Robbe mit weichem blonden Fell und arktischen Augen (weiblich).

»Pierre hat uns viel von Ihnen erzählt. Sind Sie allein gekommen? Ist Ihnen jemand gefolgt?«

»Wir sind die ganze Besatzung, zwei an der Zahl. Und soviel ich weiss, ist uns niemand gefolgt«, antwortet der Commodore und wirft Ihr einen bedeutungsvollen Blick zu, während Marcel und Lena sich ihrerseits bedeutungsvoll zunicken.

»Sind Sie mit Ihren eigenen Pässen eingereist? Bitte entschuldigen Sie unsere neugierigen Fragen. Sie sind herzlich willkommen. Wir wollen bloss nicht zuviel Publizität. Wir Schweizer sind eher spiessig. Kommen Sie, ich zeige Ihnen Ihre Zimmer.«

Der Korridor, mit weichen Teppichen ausgelegt, ist mit Daumier-Radierungen tapeziert. Marcel schwenkt seine Hand unbekümmert, als sie durch das riesige Wohnzimmer, überladen mit tiefen weichen Sofas, glänzendem Holzwerk, gläsernen Kaffeetischen und zwei farbe-versprühenden Renoirs an der Wand, schreiten.

»*Très bourgeois,* denken Sie wohl? Wir Schweizer sind so süchtig nach flitterhaftem Komfort.«

Das Schlafzimmer ist gross. Fellteppiche und haufenweise hellblaue Seide auf dem übergrossen Doppelbett.

»Ein gewaltiger Unterschied zum strengen arabischen Sozialismus«, sagt Acht.

»Ich bin für einen dekadenten Anstrich empfänglich.« Sie zündet sich eine Zigarette an, hustet, streift die Schuhe ab und arrangiert sich auf den Saharafalten des Bettes. »Du hast die Koordinaten dieses Zeitsprungs wirklich fachmännisch geplant, mein lieber Ehemann. Deine unkonventionelle Auffassung vom achtdimensionalen Schach scheint einige Vorteile zu haben. Was ist die meistverbreitete Schwingungsbreite?«

»Vierundvierzig, glaube ich. Vierhirnige Organismen, äusserst domestiziert. Familien-Stil. Wochenend-Hedonismus. Vorstadt-Partnertausch. Eine Generation vor der Metamorphose. Und vergiss nicht, dass die larvalen Kräfte diesen Sektor in grosser Anzahl erobert haben.«

»Pierre sagt, dies sei der Ort, wo Sophia Loren hin kam, um ihr Kind zu gebären«, seufzt Sie scheu.

5

»Wenn der fünfte Schaltkreis aktiviert ist, wird die Intensität der Wahrnehmungen auf dramatische Weise erhöht. Die Dauer der Erkenntnis scheint länger, und die Muster sind erweitert, da die Realität nicht mehr eine Figuren-Bühne ist, sondern ein komplexes Gebiet von explosiven Wahrnehmungen.«

Exo-Psychologie

El Djamila, Algerien, April 1971

Jeden Morgen steht er auf, badet im flüssigen Medium des Planeten, entfernt sich die Bartstoppeln mit einer Teflonklinge, hüllt sich in die von den Eingeborenen so geliebten künstlichen Bekleidungen, geht über den Dorfplatz zum Strandrestaurant und führt seine Arbeit auf der neurogenetischen Landkarte, die sie aus der Gefangenschaft wandeln könnte, fort.

Er setzt sich an einen Tisch neben dem Glasfenster, durch das er das Meer der Mittel-Erde sieht, leicht aufgerauht mit silbrigem Schaum und glänzenden schwarzen Kammuscheln aus Ölteer von ausgespülten Transporttankern. Der Kellner, Mohammed selbst, ein dünner, blasser Kabyle aus dem Rif-Gebirge, mit buschigem Schnurrbart und fettiger Schürze, serviert zwei Kannen mit dickem, schwarzem Kaffee und dampfender, schaumbedeckter Milch, sowie einen Filzstift, ein altertümliches Instrument, welches zum Eintragen von Tagebuch-Schriftzeichen verwendet wurde.

Der Philosoph zeichnete aus seiner Erinnerung den neurogenetischen Code - 24 Felder - acht mal drei - auf das Papiertischtuch, gibt Zucker in den Milchkaffee und beginnt fieberhaft das Spiel des Lebens zu planen.

Er erinnert sich vage, dass die Tarot-Karten eine vulgäre menschliche Version der Periodischen Tabelle der Elemente sind. Das I Ging und das Schachbrett sind kultivierte orientalische Versionen der acht Stufen der Energieentwicklung in der Galaxie.

Das interstellare Entschlüsselungsspiel wurde nach verschiedenen hoffnungslosen Debatten mit den Schwarzen Panthern notwendig. Starrköpfig behaupteten die Panther, es gäbe nur eine Revolution, für die sie das Copyright besässen. Ihre neue Taktik beinhaltet – gewaltsame Rhetorik.

Der Protest des Commodore, dass dies sehr vereinfachtes Newtonsches Denken sei, verärgerte die misstrauischen Cleaveriten, welche zu dieser Zeit im Kampf um die Kontrolle der Mini-Partei interkontinentale Vernichtungsdrohungen mit einem Huey Newton (mit dem erwähnten Newton nicht verwandt) austauschten. Genauso untolerierbar war das Einsteinsche Rezept des Philosophen für gewaltlosen politischen Wechsel, verdichtet im alten weganischen Schlachtruf: *Revolution ohne Offenbarung ist Tyrannei, Offenbarung ohne Revolution ist Sklaverei!* Auf diesen Schlachtruf bezogen, nahmen ihn die Cleaveriten beim Wort und steckten den fremden Philosophen und seine köstliche Mit-Offenbarerin prompt in ein hausgemachtes Gefängnis, unter Anwendung primitiver Rükkenwirbel-Taktik durch die Sechsmann-Armee des Panther-Feldmarschalls. Der geniale schnauzbärtige Gettoschläger, der innerhalb der maximalen Sicherheitssysteme Amerikas Kriminalstrafkunde studiert hatte, freute sich nun über die Gelegenheit, die Weisse Seele ins Schwarze Loch zu stecken. Es war bloss eine Übung, sagte er später.

Zurück im Restaurant beobachtete Acht, wie ausserirdische Möwen in anmutig beflügelter Weise den Gesetzen des Landes trotzten und kleine Fischkutter aus dem Hafen den Steinmolen der alten Piraten-Sklavenhändler-Küste entlang glitten.

Er nahm die Feder und zeichnete die acht Stufen der Revolutions-Offenbarung auf das Papiertischtuch.

Ausser-irdisch	8. ? (Auf Sirag-Sarfatti wartend)	22	23	24
	7. Neuro-genetische Offenbarung (DNS)	19	20	21
	6. Neuro-elektrische Offenbarung (Hirn)	16	17	18
	5. Hedonistische Offenbarung (Körper)	13	14	15
Irdisch	4. Kulturelle Revolution (Homo domesticus)	10	11	12
	3. Technische Revolution (Homo dexterus)	7	8	9
	2. Politische Revolution (Säugetierisch)	4	5	6
	1. Überlebens-Revolution (Wirbellos)	1	2	3

6

»Nur wenige Anlässe hatten eine solch klare kosmische Botschaft wie das Kentucky Derby am 12. Mai 1975. Während zwei Pferde um die Führung kämpften, kam ein drittes aus dem Hinterfeld und holte sich den ersten Preis. Die zwei Pferde, die mit der Absicht, die bessere Position zu erringen, sich gegenseitig behinderten, waren ›Avatar‹ und ›Diabolo‹. ›Avatar‹ nennt man eine Verkörperung Gottes. ›Diabolo‹ heisst Teufel. Während also die Gottheit mit Luzifer wetteiferte, wer ging als erster durchs Ziel? Närrisches Vergnügen! Lasst dies eine freudige Lektion für uns alle sein.«

Ein Brief an *Time* von Richard Goldwater

Arkturische Archive, 2145

Der vierte Schaltkreis des Agenten wurde im August 1960 während einer Zeremonie der »Magischen Pilze« in Mexiko transzendiert und seine post-larvalen Ebenen angetörnt. Die neurale Erfahrung war überwältigend: Der normale Wiedergeburtstrip nach endlosen Anfängen. Genetische Offenbarungen des siebten Schaltkreises – die plötzliche Entdeckung der uralten Dimensionen des Bewusstseins, schwach erinnerte Konzepte des Buddhismus. Normale Hindu-Unordnung. Überall Erotik, aber im kosmischen Wirbelsturm übersehen. Flash verwirrt Fleisch.

Er lag auf einer Couch neben einem knackigen Bikini-Mädchen. Ihre Hand senkte sich in sein Bein, verschmolz mit seiner Muskulatur, löste hauchdünne Explosionen aus, die stärker als alle Orgasmen waren. Ihre Göttlichkeit offenbarte sich als klassische semitische Statue, urplötzlich zu Leben erwacht, sich in den Hüften wiegend. Dies war das erste Mal, dass er sich jenseits des Körpers in neurologischen und genetischen Spielfeldern befand. Jedes Sinnesorgan zitterte. Jede Stimulation pulsierte voller Schönheit. Aber jeder fixierte Punkt verschwand laufend in kaleidoskopischen Wirbeln.

Die erotischen Verzückungssignale ertranken im ontologischen Niagara.

Nach dieser Erfahrung fiel der Agent, wie jedermann während dieser rauhen Übergangsperiode, in die tröstende Realität der sozialen Rolle des vierten Schaltkreises zurück. Er war der Wissenschaftler-Philosoph der Harvard-Universität, der eben das neurologische Mikro-Teleskop entdeckt hatte.

Das Nervensystem als Instrument des Bewusstseins wurde zu seinem planetarischen Forschungsobjekt. Zurück in Cambridge, im von William James gegründeten Labor, stellte er eine Gruppe aus Studenten und Assistenten zusammen, um diese neuen Dimensionen der Realität zu erforschen.

Die Texte über Mystik, Gnostik, Buddhismus, Hinduismus wurden pflichtbewusst gelesen und als Bestätigung ihrer eigenen Erfahrungen anerkannt. Aldous Huxley und Alan Watts waren ihre Gurus.

Sie entdeckten, dass alle grossen larvalen Philosophen und Wissenschaftler über die transzendenten Zustände gesprochen hatten. Zweifellos war die Harvard-Gruppe in den Hauptstrom des menschlichen Wissens eingemündet.

Aber nirgends in diesen Texten wurde die Erotik erwähnt. Sehr viel hingegen über Nirvana, Satori, Ekstase, kosmische Vereinigung. Aber kein Wort über den K-rper oder S-x. Die geschilderten *Highs* waren immer meta-physiologisch. Gelegentlich warnte ein Yoga-Schulbuch vor Ablenkungen durch das Fleisch und vor dem Gebrauch höherer Mächte zur Sinnlichkeit oder zum materiellen Vorteil.

Das Psychedelische Harvard-Forschungs-Projekt verabreichte die Droge Psilocybin im Zusammenhang mit philosophischen Entdeckungen und psychologischer Forschung. Sie lernten schnell die grundlegende Lehre von *Set* und *Setting,* des Einflusses der Umgebung auf verletzliche, offene Schaltkreise. Sie spielten Vivaldi-Platten, möblierten die Versuchsräume mit »Kunst« – orientalische Teppiche, Bilder großer Meister, Blumen, Muscheln.

Aufzeichnungen zeigen, dass Leri während der sechs Monate seiner Forschungen über hundert Mal Psilocybin nahm, aber offenbar nie seine erotische Maschinerie anwendete. Wie vorauszusehen war, hatte er sich die Rolle des verantwortlichen Schamanen eingeprägt, der zentralen Figur, welche ekstatische Offenbarung an Novizen weitergibt. Seine neu erwachten Schaltkreise waren auf der »Suche nach der Wahrheit« und in der Rolle des grosszügigen Beschützers-Begleiters festgefahren.

Dann kam Flora Lu, um all dies zu ändern.

7

»Die Verzückungs-Prägung entdeckt den Körper als Instrument der Freiheits-Vergnügen, als Luftkissenfahrzeug, das nicht nur zum Überleben, zur Macht, zur Arbeit oder für den sexuellen Status angewendet werden kann, sondern auch für Delphin-Kommunikation. Vergnügungsfahrten mit dem Körper werden zur hedonistischen Kunst. Die Ästhetik des Natürlichen.«

Interstellare Neurogenetik

Genf, Mai 1971

Marcel führt die Flüchtlinge ins fürstliche, weiss-goldene Esszimmer. Nachdem sich die Frauen gesetzt haben, macht er es sich am Ende des Tisches bequem und nickt dem italienischen Diener zu.

»Ich habe eine echte Manie für wirklich guten geräucherten Lachs«, sagt Marcel. Sein rosa Gesicht lächelt. »Dazu etwas Wodka? Nicht das wässrige Zeug, welches Ihr Amerikaner in Euren Martinis serviert. Dies ist echter Wolfschmidt aus Riga. Mögen Sie ein wenig zum Rauchlachs?«

»Danke, gern«, sagt Sie scheu.

Das Dienstmädchen stapelt frischen Toast auf das Leinentuch, dazu einen silbernen Teller mit dänischer Butter.

»Und etwas Champagner, um Ihre Befreiung von den Sozialisten und Ihre willkommene Ankunft im Lande der Demokratie zu feiern. Ein Dom Pérignon erwartet Sie auf Eis.«

»Sie beide haben ein abenteuerliches Leben gehabt«, sagt Lena, den Mund voll gebuttertem Toast.

Acht nimmt eine weitere Scheibe Lachs von der Silberplatte. Er hat den scharfen, kalten Seegeschmack von Skandinavien – sehr verschieden zur schwachen, klebrigen Beschaffenheit des im Hochland geräucherten. Der Wodka in den gekühlten Gläsern ist Feuer auf Eis.

»Wir sind allmählich bereit, aus der Kälte hereinzukommen«, antwortet Sie verschmitzt.

Marcel führt das Wodkaglas an seinen Mund und betupft sein Gesicht mit einer Serviette.

»Gut«, sagt er, »die Schweiz ist der richtige Ort für Sie. Wir sehen unser Land als eine kleine Insel des Friedens und der Vernunft in einer unruhigen Welt. Es gibt hier, ich bedaure, es zu erwähnen, nicht viel Aufregendes. Wir sind, lassen Sie mich gestehen, ein eher langweiliges Volk. Was haben wir zur Welt beigetragen? Die Kuckucksuhr, die Armbanduhr? Wilhelm Tell ist unser einziger Anspruch auf Ruhm. Können Sie mir einen Schweizer nennen, der nach Tell etwas zur Weltkultur beigetragen hat?«

»Ich kann«, sagt der Philosoph, sich an der pedantischen Herausforderung erwärmend.

»C. G. Jung, wahrscheinlich der grösste Psychologe seiner Zeit. Piaget, Dürrenmatt. Calvin. Zwingli. Bernoulli. Alain Tanner. Nicht zu vergessen Paracelsus, einer der tiefblickendsten Geister des Westens. Ich frage mich, ob Ihre Bescheidenheit gespielt ist, lieber Marcel.«

»Und dann die Basler Drogenfirmen wie Leonardo, Giotto und Raphael«, sagt Sie süss, »wie schon im Drehbuch von Orson Welles erwähnt. Hat nicht Orson Welles in der Schweiz gelebt?«

Lena und Marcel schauen sich fragend an.

»Sehr gut«, fährt Marcel weiter, »es freut mich zu hören, dass Sie gute Filme mögen. Nun, können Sie einen schweizerischen politischen oder militärischen Führer nennen? Sie können es nicht? Eben. Verstehen Sie, wir ziehen es vor, alles eher langweilig zu halten. Ausschaltung von Reibung ist das Ideal der gesteuerten Gesellschaft. Falls wir Aufregendes suchen, ist es weiss Gott kein Problem, solches zu finden. In einer Stunde sind wir in Paris. Ein kurzer Flug nach Rom oder Beirut oder Tanger, oder sogar Belfast. Viele unserer Jugendlichen rannten weg, um am Sechs-Tage-Krieg teilzunehmen. Sie kamen dort glücklicherweise erst am siebten Tag an.«

»Wir verstehen die Botschaft«, sagt Sie lächelnd, um den Verdacht der Primaten einzuschläfern. »Wir würden uns gerne an einer Schweizer Schule einschreiben, um zu lernen, wie man es macht.«

»Sie haben weise gewählt. Wir Schweizer sind nicht sehr schöpferisch. Wir müssen es auch nicht sein. Der Schöpfer hat alles für uns getan. Er setzte uns hier in diese hohen Täler, umgeben von den höchsten Gipfeln Europas. Um offen zu reden, wir verstehen die Schweiz als einen Intelligenztest. Falls man klug genug ist, um die Berge zu überwinden, entdeckt man, was die Philosophen das Ziel des Lebens nennen – Friede, Ruhe, Gesundheit, Komfort, natürliche Schönheit, unaufdringliche technologische Effizienz.«

»Wenn man Ihnen so zuhört, könnte man annehmen, das planetarische Leben sei das Paradies«, sagt Sie. »Und Sie erwähnten in Ihrer Bescheidenheit die Küche nicht. Die Koteletts sind vorzüglich. Ich könnte sie mit der Gabel schneiden. Und die Sauce Hollandaise ist ausserirdisch.«

»Aber ich muss sagen«, fährt der Gastgeber fort, »wir lassen uns nicht in olympische Walhalla-Abenteuer locken. Lass Jupiter die Welt von Moskau oder Washington aus regieren. Lass Mars den Mittleren Osten haben; Vulkan sei in Pittsburgh; Kopenhagen sei der Venus. Man kann sagen, die Schweiz ist das Paradies für pensionierte Helden und Heldinnen, um sich nach ihren Siegen zu erholen. Um die Früchte ihres Erfolges zu geniessen.«

»Das ist genau was ich will«, sagt Sie, »die Früchte des Erfolges geniessen.«

»Hier zu leben ist teuer«, sagt Lena leise.

»Das ist gewiss kein Problem für Sie. Pierre sagt, dass Sie ein Buch über Ihre Eskapaden geschrieben haben. Also wird Geld kein Problem sein. Wir haben viele erfolgreiche Autoren hier.«

»Ich hatte den Eindruck«, sagt der abgebrannte Popstar, »dass die Schweiz dafür berühmt ist, philosophischen Flüchtlingen Asyl zu gewähren: Vladimir Ilyich Lenin, Jean Jacques Rousseau, Hermann Hesse, Charlie Chaplin, James Joyce, Miguel Servatus.«

»Und König Faruk«, bemerkt Lena.

Nach den Spargeln hat der Professor wenig Appetit auf die dünnen Scheiben frischer Ananas. Er leert den Rest Champagner in sein Glas, erhebt es und prostet der Gastgeberin zu.

»Haben Sie sich schon überlegt, in welchem Teil des Landes Sie leben wollen?« fragt Lena. »Der Süden hat das Beste von Italien mit der Essenz von *La Suisse* kombiniert. Der Norden ist für uns wirklich ein anderes Land. Deutsch-Schweiz. Aber wirklich, jede Schweizerstadt hat, wie die italienischen Stadt-Staaten, ihren eigenen Geschmack. Bern ist tatsächlich das Land des mystischen, melancholischen Bären. Basel ist wie Ihr San Francisco, liberal, avantgardistisch, intellektuell. Zürich, hart, glatt, Geld und Maschinen. Und wir, hier um den See herum, sind, fürchte ich, nicht mehr als ein Vorort von Paris.«

»Ich glaube, Pierre will, daß wir in Genf bleiben«, antwortet der Commodore.

»Ist es schwierig, Wohnungen zu finden?«

»Überhaupt kein Problem«, sagt Michel. »Als Bankier ist es mir ein Vergnügen, Ihnen zu helfen, das Geld zusammenzukriegen. Und meine liebe Lena kann Ihnen helfen es auszugeben. Wussten Sie, dass sie Immobilienmaklerin und Verwalterin von mehreren neuen Wohnungen ist?«

»Wie perfekt für uns«, flüstert Sie und wendet Ihre Blütenblätter Lena zu. Marcel reibt vergnügt seine Patschhändchen.

»*Parfait,* jetzt schlage ich vor, wir gehen ins Wohnzimmer und trinken Kaffee und Cognac. Lena kann Ihnen einige Bilder von ihren Wohnungen zeigen und Sie können sich einen Platz zum Leben aussuchen.«

8

»Verzückung kann zur Sucht werden. Gewisse Sinnesorgange können als ›Verzückungs-Inseln‹ fixiert werden. Ästhetisch befriedigende Reize werden mit hedonistischer Belohnung assoziiert: Sinnes-Chauvinismus. Gewisse Töne, Gerüche, Geschmäcke, Berührungen, somatische Reaktionen. Das Marihuana-Ritual. Erotische Sequenzen. Hedonistische Stile. Schaltkreis 13 kann, wie es die Geschichte der wohlhabenden Klassen beweist, zur immer wiederkehrenden samtenen Falle werden.«

Exo-Psychologie

El Djamila, Algerien, April 1971

Sie war eine Tempeltänzerin, die anmutig quer über den Platz rannte, fröhlich lachend, winkend, um die Aufmerksamkeit des exilierten Prinzen zu erregen. Dein Traummädchen von den Menthol-Zigaretten-Reklamen. Sie war Flitterwochen im malerischen Algerien. Flieg mit mir ans Mittelmeer.

Der Philosoph und Mohammed winken in ernsthafter Bewunderung zurück. So war es. Immer derselbe tägliche Film mit Ihr. Endlose Marylin-Liebes-Szenen. Atemlose Auftritte, hastige Exits mit einigen dahingeworfenen Zeilen und Blütenblätter-Werbung.

Mohammed kam mit vier weißen Krügen zurück und rieb seine braune Hand an der Rückseite des leeren Stuhls, als er Sie anlächelte.

Sie lehnte Ihren Kopf an die Schulter Ihres Gatten und flüsterte ihm unschuldig ins Ohr: »Was sind das für Diagramme, die du da machst, Doktor Carriga? Erklär mir alles. Das wollte ich schon immer.«

»Was wolltest du schon immer, Frau?«

»Die Frau eines Professors sein, du glücklicher Mann.«

»Aber du bist nicht Genossin Ivanova«, sagt er harsch.

»Doch, ich bins.«

»Du bist es nicht. Obschon meine Muster-Erkennungs-Schaltkreise noch nicht komplett sind, haben sie doch einige klare Unterschiede zwischen dir und Genossin Ivanova erfasst. Der Ton deiner Stimme ist nicht der von Ivanova. Wer bist du? Was willst du wirklich?«

»Ich will, dass du mich an einen Ort führst, wo ich mich immer wohl fühle. Ich will, dass du deine Anti-Schwerkraft-Maschine vollendest.«

Der Commodore deutet auf das skizzierte Diagramm auf dem Tischtuch.

»Also, der erste Schritt ist, dass wir nach Dänemark gehen, wo wir eingeladen sind, einen Vortrag über politische Revolution zu halten.«

»Wenn die Algerier uns Ausreisevisa geben.«

»Aber wir stolperten über das Geheimnis der neurologischen Offenbarung.«

»Was natürlich die Revolutions-Politiker verärgert.«

»Du kannst dir nicht vorstellen, wie aufregend es ist«, sagt er, auf das Diagramm zeigend, »die Vollendung dieses Zahlencodes zu erleben, der die Antworten für alle Probleme der Menschheit enthält. Die Entschlüsselung wird bald vollendet sein. Die Raum-Revolutionäre dürfen nicht dazu kommen, ein derart grosses Unternehmen zu stoppen.«

»Schenk mir etwas Kaffee ein und fahr fort«, murmelt Sie ehrfürchtig.

»Die erste Phase der irdischen Entwicklung ist biologisches Überleben. Amöben-Politik. Töten oder getötet werden. ›Weg mit dem Schwein‹, wie unsere ehemaligen Gefängniswärter sagen würden. Die Junta der Obristen. Aber die gewaltsame Revolution währt nur solange, als der Sieger seinen Finger am Drücker lässt, und dies ist auch alles, was sich geändert hat. Wir sind erfolgreich unseren Häschern entwischt. Dadurch entwickeln wir uns von Zeile eins auf Zeile zwei. Verstehst du?«

»Lass dich nicht von meinem Aussehen täuschen, mein lieber Professor, bloss weil meine Dimensionen von einem gut funktionierenden Computer ausgearbeitet worden sind und mein ebenfalls spektakuläres Gehirn unter meinem sonnengebleichten Kupferhaar nicht sichtbar ist. Bitte fahr fort.«

»Die zweite Phase der irdischen Entwicklung ist Muskelkraft. Säugetier-Politik. Verändere das Machtsystem und die Unteren kommen nach oben. Politik ändert bloss den Namen des Steuereinziehers und den des Besitzers des Gefängnis- und des dazugehörenden Cadillacschlüssels. Säugetierisches Drücken und Ziehen, um nach oben zu kommen. Genau da sind wir jetzt gefangen. Wir versuchen, Ausreisevisa zu kriegen – kannst du dieses kosmische Konzept verstehen – Ausreisevisa von einer *Animal Farm*-Regierung.«

»Dieses Drücken und Ziehen, um nach oben zu kommen, kann zur Gewohnheit werden«, sagt Sie nachdenklich. »Wie ist die Fluchtgeschwindigkeit?«

9

»Wie Rotwang den Fremden begegnete? Nun, eines schönen Tages geschah etwas sehr Einfaches: Rotwang war stoned! Die Fremden hatten ihn durch das offene Fenster mit Gas bearbeitet. Solcherlei Sachen hatten die Fremden zwar seit Jahren getan. Das gehörte zu der wissenschaftlichen Untersuchung dieser Erde. Sie entwickelten ein Gas, welches die Erdlinge in einen leichten Trancezustand versetzte.«

aus ROTWANG, *von Tim Hildebrand*

Harvard-Universität, Cambridge, Massachusetts, Oktober 1960

Der Commodore, zum Erstaunen und Vergnügen der Wissenden offiziell zum Direktor des Psychedelischen Harvard-Forschungs-Projekts ernannt und als solcher weitherum bekannt, sass hinter dem Schreibtisch in seinem grossen Büro und betrachtete die Physiologie seiner Sekretärin, einer liebenswürdigen Chinesin. Juwel, wie sie genannt wurde, stand in der Türe und schaute mit belustigter Anteilnahme auf den Doktor hinunter.

»Sind sie wirklich für die nächste Verabredung bereit?«

»Wer ist es?«

»Jener Dichter aus New York, der so beharrlich war und mit all diesen Namen um sich warf. Sagt, er sei ein Freund von Ginsberg, Kerouac und Baudelaire. Ich muss sie warnen, er ist haarig und hat einen schlechten Ruf.«

Das ist er tatsächlich, dachte der Commodore, als der Besucher eintrat. Gross, dünn, strähniges Haar bis auf die Schultern, zerzauster Bart, Blue Jeans und Gehrock. (1960 war das eine sehr anachronistische Bekleidung, besonders in einer Ivy League-Umgebung.)

»Ich bin Schwarzenspiel.«

»Das dachte ich mir«, entgegnete der erstaunte Alchimist. »Aber was sind Sie?«

»Ich bin ein Beatnik«, sagte der Besucher. »Ich bin hier, um mit Ihnen zu sprechen. Die Arbeit, die Sie hier machen ist für meine Leute von grossem Interesse.«

»Ich schätze Ihr Interesse. Aber was hat wissenschaftliche Forschung über veränderte Bewusstseinszustände mit Dichtung, Jazz und existentiellem Nihilismus zu tun?«

»Wir haben aus poetischen Gründen seit Jahrhunderten Drogen verwendet, Mann. Wissen Sie das nicht?«

»Marihuana und Opium scheinen mir eher flaue und fade Stoffe zu sein. Wollen Sie eine Salem?«

»Ich nehme gern eine«, sagte Schwarzenspiel. »Oder könnte ich Sie auf gutes Gras antörnen?«

»Wie bitte?«

»Gras, Kraut, Mary Jane. Möchten Sie einen Reefer rauchen?«

»Ich glaube nicht. Wir verwenden für unsere Versuche bloss legale Drogen.«

Der Commodore und sein Gast zünden sich Filter-Mentholzigaretten an und betrachten sich unbehaglich.

»Was erforschen Sie hier?«

»Wir verabreichen eine Serie von neuen Drogen, bewusstseinserweiternde Substanzen, an Freiwillige, unter Berücksichtigung verschiedener innerer Zustände und äusseren Umgebungen und katalogisieren die Breite der Reaktionen.«

»Was für neue Drogen?«, fragt der Besucher wie elektrisiert.

»Psilocybin, Meskalin, Lysergsäure.«

»Groovy. Ich nahm die magischen Pilze in Oaxaca. Peyote genehmigte ich mir bei den Navajo. Aber LSD ist neu. Und ich möchte wirklich gern die Pillenform der Pilze probieren. Psilocybin nennt ihr das? Können Sie mir etwas mitgeben?«

»Ich kann Ihnen die Droge nicht geben. Möglicherweise könnten Sie ein Freiwilliger in einem unserer Experimente werden. Wir sind daran interessiert, die Erfahrung auch Künstlern zuteil werden zu lassen, diese scheinen beim Beschreiben der Wirkung genauer zu sein.«

»Was sind das für Experimente?«

»Wir haben einen Stab von ungefähr 25 jungen Professoren und Studenten – vor allem aus den Bereichen der Verhaltenswissenschaften und der Theologischen Fakultät. Wir lehren sie, psychedelische Sitzungen zu leiten.«

»Schamanen-Training, hm? Hört sich gut an. Wie machen Sie das?«

»Hauptsächlich dadurch, dass die Leute lernen, die Drogen mit den Novizen, für die sie verantwortlich sind, einzunehmen.«

»Sie lehren sie, andere anzutörnen, hm?«

»Anzutörnen?«

»Die Kunst, high zu werden.«

»Ich verstehe, was Sie meinen«, sagt der Professor. »Wir finden, dass die Versuchspersonen nach entsprechenden Vorbereitungen weniger Schwierigkeiten haben und die damit verbundene Furcht meistern können.«

»Furcht? Wie bereiten Sie sie darauf vor?«

»Wir lassen sie einiges aus der betreffenden Literatur und den Protokollen von anderen Versuchspersonen lesen.«

Schwarzenspiel schüttelt verwundert den Kopf. »Sie sprechen so, als ob dies alles sehr gefährlich wäre.«

»Ja«, gibt der Commodore zu, »Sie haben recht. Meine erste Erfahrung mit diesen Substanzen war in einem Garten neben einem Schwimmbecken mit einem hübschen Mädchen. Ich war zu unvorbereitet, um etwas anderes als eine angenehme Erfahrung zu machen. Aber die Atmosphäre, selbst im lichten Harvard, riecht nach der Angst vor dem Fremden, dem Neuen und besonders vor dem Wort Droge. Also mussten wir uns mit dieser Wirklichkeit abfinden. Wir mussten eine Aura der Sicherheit und zuverlässigen Führung schaffen, um dieser Bedrohung entgegenzuwirken. Sonst würde niemand diese Erfahrung machen wollen.«

Auf diese Erklärung klatschte der Besucher freudig mit den Händen und brüllte vor Lachen. »Bedrohung! Die Erfahrung nicht wollen! Mann, worüber sprechen Sie? Ich dachte, ihr müsstet die Kandidaten mit Stöcken wegjagen.«

»Es ist tatsächlich so, dass die Gymnasiasten erpicht darauf sind, die Erfahrung zu machen, aber wir dürfen sie nicht als Versuchsperson brauchen. Je älter die Versuchspersonen sind, desto mehr Angst scheint mit dabei zu sein. Ich vermute, sie haben Angst, etwas zu verlieren, mit dem die Jungen noch nicht konfrontiert wurden. Ich kann Ihnen versichern, wir hatten einige sehr dramatische Szenen vor den Sitzungen.«

»Was meinen Sie?«

»Nun, letzten Samstagmorgen zum Beispiel. Ich fuhr zum Hause eines Theologen, um ihn abzuholen. Wir erlauben es den Versuchspersonen nicht, mit dem eigenen Wagen zu den Sitzungen zu fahren, damit sie später nicht unter dem Einfluss der Droge heimfahren müssen. Als der junge Professor die Türe öffnete, war er bleich und schwitzte vor Angst. Die Abschiedsszene mit seiner Familie war tragisch. Seine Frau war in Tränen aufgelöst. Die Kinder klammerten sich an seine Beine und baten ihn, nicht zu gehen. Massenhysterie.«

»Bloss um einen Tag frei zu nehmen und zu fliegen? Mann, Sie machen Spass. Vor was haben die Angst?«

»Sie müssen einsehen, dass die psychedelische Erfahrung für diese Kultur total neu ist. Sie fühlen, dass sie danach anders sein werden. Einerseits wollen sie es unbedingt, andererseits fürchten sie sich davor.«

»Das ist schrecklich. Sie müssen mit diesem Unsinn aufhören. Sie beschmutzen und entstellen etwas, das schön ist und spontan geschehen sollte. Weshalb? Nun, Sie leiten eine Entjungferungsklinik, wo die Leute ihre Keuschheit in einer sterilen, sauberen Situation verlieren können.«

»Ich verstehe Sie«, sagt der Commodore traurig. »Aber was kann ich tun? Wenn wir es nicht so machen, wird es überhaupt nicht gemacht. Niemand weiss etwas über diese Form von angewandtem Mystizismus. Wir tun unser Bestes. Wir haben alles gelesen, was in den letzten viertausend Jahren darüber geschrieben wurde.«

»Lächerlich. Das ist mündliche Geschichte, Mann. Was wirklich geschieht, wird beinahe nie gedruckt.«

»Wie meinen Sie das?«

»Sex und Drogen. Die Geschichtsbücher und Philosophien sind Überlieferungen von unwichtigen Geschehnissen wie Kriege, Wahlen und Revolutionen. Doch die einzigen Dinge, die für Individuen von Bedeutung sind, sind körperliches Vergnügen und Hirn-Belohnungen. Und dies ist das grosse Geheimnis des menschlichen Lebens, über das nie jemand spricht.«

»Das wusste ich nicht«, sagte der Professor.

10

»Die Auferstehung des Körpers – die amüsierte, befreite Zurückziehung des Körpers aus den irdischen Prägungen, die Entdekkung, dass man kein Erdling ist, dass der Körper als schwerkraft-freie Zeit-Maschine erfahren werden kann.«

Das Spiel des Lebens

Genf, Mai 1971

Lena präsidiert das Frühstück. Flockige Rühreier, knusprig-gelber Speck, weiche Brötchen, hohe Gläser voll dicker, rahmiger Milch, frisch gerösteter, stark gebrühter Kaffee.

»Die Konfitüre kommt von unserem Bauernhof im Wallis.«

»Es ist als lebte sie«, sagt sie, »jeder Bissen.« »Sie ist frisch und hausgemacht«, sagt Lena, »wir hoffen, dass es auch so bleibt.« Sie deutet auf einen Aktenumschlag neben ihrem Teller. »Nun, lasst uns unsern Tag planen. Wir werden den Rest des Vormittags damit verbringen, die Wohnungen anzuschauen, die Euch gestern gefallen haben. Dann gehen wir einkaufen. *Aprés* Algerien werden Sie die Boutiquen zu schätzen wissen.«

»Und vielleicht die Friseure«, murmelt Sie scheu.

»Selbstverständlich. Ich habe für uns um fünf bei André's reserviert. Marcel schlug vor, seeaufwärts in einen Landgasthof zu fahren. Und, oh ja, Pierre rief an, als Sie noch schliefen. Er und Anita werden morgen kommen, um über Ihr Buch, den Verleger, die Poster und einige Filmangebote, die er im Moment überprüft, geschäftlich zu sprechen. Nun, da Sie adoptierte Schweizer geworden sind, werden wir dafür sorgen, daß Sie, wie alle anderen, beschäftigt sein werden.«

Lena unterbricht ihre erfreulichen Aufzählungen und runzelt die Stirn. »Wie seltsam. Ich hörte eben, wie die Haustür geöffnet wurde.«

Marcel tritt verstört ins Esszimmer und wischt sein Gesicht mit einem Taschentuch ab. Er lässt sich schwerfällig auf einen Stuhl fallen.

»Schreckliche Neuigkeiten«, seufzt er. »Es steht in den Nachmittagszeitungen. Ich sah eben eine Ausgabe. Die Universitätsleute von Dänemark. Die Narren. Da Sie nicht aufgetaucht sind, teilten sie der Dänischen Regierung und der Presse mit, dass Sie von der CIA entführt worden sind. Zwischen Algerien und Kopenhagen auf mysteriöse Art verschwunden. Die Interpol sucht Sie. Die amerikanische Botschaft bestreitet, etwas davon zu wissen. Die Schweizer Polizei wird das ganze Land durchsuchen. *Quel scandal!«*

»Das tönt gefährlich«, sagt Lena, nachdenklich auf ihren Lippen kauend.

»Gefährlich? Was könnte uns denn passieren?« fragt Acht.

»Gefährlich für uns«, ruft Marcel. »Es tut mir leid. Ich bitte um Entschuldigung. Aber Sie müssen unsere delikate Situation verstehen. Ich bin Bankier, verstehen Sie? Wir mögen Sie und hätten Sie gerne hier als Gäste gesehen. Aber in meinem Geschäft . . . und die Regierung ist sehr strikt.«

»Was schlägst Du vor?« fragt Lena.

»Ich sprach eben mit Pierre in Paris. Er meint, wir sollten die beiden zu Michel Hauchard nach Lausanne bringen. Er kann sie verstecken, bis sie wissen, wie es um sie steht.«

»Wer ist Michel Hauchard?«

»Ein französischer Millionär. Ein bekannter Geschäftsmann. Waffenhändler. Schmuggler. Er wird selber von der französischen Polizei gesucht und arrangierte sich eine Art Asyl in der Schweiz. Pierre meint, er könnte dasselbe auch für Sie tun. Also, entschuldigen Sie bitte, aber ich denke, Sie sollten die Koffer packen. Ich habe meine Termine für heute abgesagt und werde Sie nach Lausanne fahren.«

»Hat Pierre mit Michel gesprochen?« Lenas Stimme klingt geschäftlich. »Bist du sicher, dass er dort ist? Er ist immer auf Geschäftsreisen unterwegs, in Marokko oder Beirut.«

»Pierre wagt es nicht, ihn anzurufen. Seine Leitung wird bestimmt abgehört. Nun, falls er nicht dort ist, müssen wir uns etwas anderes einfallen lassen.«

»Und unsere Pläne für die Wohnung, der Einkaufsbummel und die Partnertausch-Party?«

»Muss verschoben werden, fürchte ich«, sagt Michel kopfschüttelnd. »Ah, ich vergass zu erwähnen, dass am Tag, als Sie in Genf ankamen, der Dollar gefallen ist. Passt gut zusammen, nicht?«

Dann fuhr dem geplagten Flüchtling der Schrecken in die Glieder!

Er fühlt wie die Elektrizität der Panik seine Schaltkreise überflutet, Kehlkopf-Gedanken lähmend, den Fluss der warmen Säfte stoppend. Er fühlt, wie das Blut aus den beruhigenden Organen entweicht, und die Paranoia ihn zu einer Stein-Statue verhärtet.

Marcel hatte sich in den ewigen Erbarmungslosen Zuschauer (männlich) im Römischen Kollosseum verwandelt und Lenas weiche Fasern zogen sich zu einem kalten Korallenriff zusammen (neutral).

Zeit, den Schalter umzustellen, denkt er und stolpert zum Schaltpult.

Er formt den Daumen und Zeigefinger seiner rechten Hand zu einem Kreis, wie ein Filmregisseur, der die Einstellung prüft, und späht durch die Öffnung. Er passt Marcels Gesicht ins Zentrum des Kreises und verschiebt den Brennpunkt auf seine eigene Hand, auf seinen Daumennagel, auf das schwarze Haar auf seinem Finger und betrachtet dann sein gebräuntes Handgelenk. Marcels Gesicht, nun in zwei rosa Flecken aufgelöst, schimmert wässrig vor dem Hintergrund.

Dann schnippt der erleichterte Flüchtling mit den Fingern und löst die Szene auf.

Sie schaut zu und nickt beifällig.

»Geklärt?«

11

»Die Neurodynamik der Stufe 13 ist sehr einfach zu verstehen: Der Passive Hedonist prägt Ihren/Seinen Körper als Vehikel-Empfänger.«

Exo-Psychologie

El Djamila, Algerien, April 1971

»Bitte«, sagt der Wissenschaftler in strengem Ton. »Ich mag Unterbrechungen nicht, ganz besonders nicht von Fremden. Die dritte Phase ist die Technologische Revolution. Genau das versuchen sie hier in Afrika einzuführen. Bring den Primaten bei, den schwenkbaren Daumen zu gebrauchen, und sie werden Schnellstraßen und Autofabriken bauen. Mach, dass die rückgratlosen Häuptlinge und ihre vierfüssigen Despoten sich mechanisieren, und du hast sie ausgeschaltet. Wechsle die Werkzeuge aus und stelle rechtshändige Bauern ans Fliessband, und du hast eine Revolution, die die politischen Theoretiker überleben wird. Madame Bronstein. Henry Ford überlebte Karl Marx. Wir könnten hier bleiben und den Algeriern helfen, den Sprung auf Schaltkreis Drei zu machen, aber es wird zu lange dauern und verbraucht rund 100 000 Neuronen pro Tag.«

»Wann werden sie die Schleier der Frauen wegnehmen?« fragt Sie anklagend.

»Die vierte Phase der irdischen Entwicklung ist sozio-sexuell. Kommt die Kulturelle Revolution, sind die Schleier weg, und die geschlechtlichen Personifizierungsstile und die sozialen Bedürfnisse werden sich ändern. Was taten die Protestanten für Europa und Amerika? Was machte Mao? Sie domestizierten das politische Säugetier und sozialisierten den tüchtigen Primaten. Dänemark ist ein nettes, gemütliches Schaltkreis-Vier-Land. Wir können von dort aus der Schwerkraft in die Zeit fliehen. Aber ich langweile dich. Du bist ja eigentlich eine hedonistische Ingenieurin, kein Neurologiker.«

»Aber ich weiss genug, um dich zu warnen, Doktor Carriga. Diese Weisheit kann zur Falle werden. Wenn du dein Wissen nicht mit grosser Sorgfalt anwendest, werden uns die larvalen Wesen zerstören. Die Erdlinge brauchen viele Jahre, um die Offenbarung sicher anzuwenden. Du kannst die Wandlung nicht so plötzlich durchsetzen. Ich sagte dir damals, dass du nicht als Gouverneur von Kalifornien kandidieren solltest.«

»Genossin Ivanova, du entwickelst dich auf eine domestizierte Ebene zurück. Es gibt gegen die Metamorphose immer larvale Einwände. Zwei neurologisch verschmolzene Wesen können bei hoher Geschwindigkeit viel wirksamer arbeiten, als jede domestizierte Gruppe auf dem ganzen Planeten. Wir haben es bewiesen, oder nicht?«

»Manchmal glaube ich, dass du vorhast, dich zu mutieren und mich losgelöst in einem Ozean der Wonne treiben zu lassen.«

»Nein, ich habe eine bessere Idee. Ich habe mich entschlossen, dich zu mutieren, anstatt dich in dieser hedonistischen Betäubung verweilen zu lassen.«

12

»Mit spontanem Erkennungsvermögen hiess Rotwang sie in seinem Haus willkommen ... ›Fühlt euch wie zu Hause, ich bin euer Freund. Ich wusste, dass ihr eines Tages kommen würdet, ich wusste nur nicht wann. Willkommen auf unserem kleinen Teil des Universums!‹ Jemand wie Rotwang war den Fremden noch nie begegnet. Gewöhnlich benahmen sich die Versuchspersonen, als ob sie unter Drogen stünden oder einfach glücklich wären. Die meisten konnten kaum reden – grinsend oder lächelnd lagen sie da, während die Fremden Gedächtnisaufnahmen machten und ihre Gehirne nach ein paar Antworten oder vielleicht etwas Musik absuchten. Rotwang war überhaupt nicht passiv. Seine Körperfunktionen hatten sich verlangsamt und die seines Geistes beschleunigt. Er war mehr als bereit für sie.«

aus ROTWANG, *von Tim Hildebrand*

Harvard-Universität, Cambridge, Massachusetts, Oktober 1960

»Das ist alles sehr faszinierend«, erklärt der unschuldige Professor des Psychedelischen Harvard-Forschungs-Projekts als Antwort auf die geheimnisvollen Bemerkungen seines Besuchers. »Ich würde gerne mehr über diese, hm, Theorie wissen.«

»Ich nehme an, dass Sie sich der Tatsache, dass alle modernen Religionen und Philosophien von Drogenkulten und Sexmagie-Ritualen abstammen, nicht ganz bewusst sind«, sagte Schwarzenspiel.

»Ich las ein bisschen Frazer«, antwortet der Commodore verteidigend. »Aber dies ist alles primitives Zeug. Und Robert Gordon Wasson ist ein beeindruckender Narr.«

»Sind sie sich der Tatsache nicht bewusst, dass die englische Literatur des 19. Jahrhunderts fast ganz von Drogen inspiriert wurde? Gar nicht zu reden von Drogenfreunden wie Poe, Samuel Clemens, Robert Louis Stevenson. Oder dann der Hauptstrom der englichen Poesie der letzten drei Jahrhunderte. Wussten Sie, dass die grössten Geister der letzten Generation – Freud, Joyce, Gurdjieff, Crowley – ihre Weisheiten aus derselben Alchimie ableiteten? Mein Gott, Mann, wissen Sie denn nicht, dass einige tausend der weisesten Menschen, die je gelebt haben, jetzt in New York rumhängen und darauf warten, Ihre neuen Drogen zu probieren? Leute, die genau wissen, wie man Chemikalien anwendet und wie Schachmeister Neuronen umherschiebt?«

»Was, das ist ja fantastisch«, rief der Professor. »Ich gebe gerne zu, dass wir nicht genau wissen, was wir mit diesen Drogen tun. Wenn es wirklich wahr ist, dass es Leute gibt, die diese inneren Fähigkeiten haben, dann will ich sie kennenlernen und von ihnen lernen.«

»Ich kann Ihnen versichern, dass das kein Problem ist«, antwortete Schwarzenspiel trocken. »Gehen Sie je nach New York?«

»Ich komme, sobald ich von Ihnen benachrichtigt werde«, sagte der gutherzige Alchimist. »Wo kann ich diese Autoritäten finden?«

»Hier«, sagte Schwarzenspiel auf ein Stück Papier kritzelnd, »ist eine Nummer in New York, unter der Sie mich erreichen können. Melden Sie sich einen Tag vorher an und ich werde ein, sagen wir mal, Seminar arrangieren.«

»Ich komme nächsten Samstag, ginge das?«

»Prima. Nun, warum sollte ich nicht in der Zwischenzeit Ihren Kopf mit einigen abgedroschenen Sufi-Tricks verdrehen. Werden Sie sich vor nächsten Samstag noch antörnen?«

»Wir haben für morgen ein Experiment geplant.«

»Sehr gut. Nehmen Sie während der Reise dieses Stück Papier hervor und meditieren Sie über diese Wörter.«

Schwarzenspiel schrieb:

»LIVE-EVIL«

»Haben Sie dies je vorher gesehen?«

»Ich könnte nicht sagen, dass ich es habe«, antwortete der gradlinige Professor.

»Dann grübeln Sie noch über dieses nach.«

Schwarzenspiel schrieb:

»LIVED-DEVIL«

»Und über dieses.«

»DNA-AND«

»Diese Worte werden für Sie mehr Bedeutung haben, wenn Ihr Gehirn beschleunigt und von der gewohnten und vertrauten Routine losgelöst ist«, sagte der Beatnik, als er den verstörten Gesichtsausdruck des Professors bemerkte. »Nun, Sie sind irisch, nicht? Dann überlegen Sie sich einmal dieses hier, ich hab's mir auf dem Weg hierher ausgedacht.«

»DNA LERI-IRELAND«

»Leri?«

»Das ist offensichtlich Ihr phonetischer Name, Professor Leri. Die Kelten trugen die alchimistische Botschaft vom mittleren Osten durch Böhmen zu den westlichen Inseln.«

»Wie bitte?«, sagte der Commodore.

»Und IRELAND löst sich auf in I RE-LAND (Ich lande wieder). Das sollten genug Anhaltspunkte für Ihr nächstes, äh, Experiment sein.«

13

»Der menschliche Körper, offensichtlich für das irdische Leben schlecht konstruiert, ist eine unfertige Larvenform, die sich zur Null-Schwerkraft hin entwickelt, zur neurophysischen Umgebung des Sternschiffes der eigenen Miniatur-Welt«

Exo-Psychologie

Genf, Mai 1971

Marcel trägt zitternd die Koffer zum Wagen, den er schlauerweise hinter dem Haus parkiert hatte. Während der Fahrt über die Autobahn blickt er nervös in den Rückspiegel (dies ist immer ein dubioses Manöver) und raucht ununterbrochen. Er ist tief in Gedanken versunken. Plötzlich drückt er mit einem unterdrückten Fluch auf die Hupe und schert aus, um einen roten Fiat zu überholen. Er schüttelt seine Faust und läßt mit eindeutigen Gesten seinen Unmut erkennen.

»Was ist los?« fragt Acht.

»*Salaud*. Unverantwortlicher Krimineller! Haben Sie gesehen, was er tat?«

Marcels Wangen beben vor Wut. »Er warf eine Zigarettenschachtel aus dem Wagen.«

»Oh je«, haucht Sie. »Worin besteht das Verbrechen? Was war in der Schachtel?«

»Leer. Was für ein Verbrechen? Verstehen Sie nicht? Zum Fenster raus – auf die Straße. Landschaftsverschmutzung. Das haben wir hier gar nicht gern.«

»Wenn wir schon von Verbrechen reden«, sagt Sie, »können Sie uns etwas mehr über diesen Mann erzählen, von dessen Gnade wir nun bald abhängig sein werden?«

»Hauchard? Ein Lump. Aber er ist reich, und das macht ihn respektabel genug. Er ist einer der grosszügigsten Geldausgeber in der Schweiz. Rolls Royce. Grosses Boot auf dem See. Chalet in Gstaad. Privatflugzeug.«

»Nun, das ist beruhigend«, seufzt Sie. »Ich meine, ich nehme an, dass es beruhigend ist. Ich stellte mir eine schäbige Heroinhändlerbude hinter dem Bahnhof vor.«

»Wenn er Sie mag, kann er viel für Sie tun. Er ist unberechenbar. Die meisten Leute hassen ihn seiner Arroganz wegen. Ein Franzose, verstehen Sie. Aber er gibt sein Geld aus wie ein Sultan, und das scheint manche Sünde zu entschuldigen.«

»Hören Sie«, fährt Marcel fort. »Ich habe eine ernste Bitte. Ich hoffe, Sie verstehen mich. Falls es soweit kommen sollte, dass Sie von der Schweizer Polizei befragt werden, würden Sie bitte, wenn möglich, meinen Namen nicht erwähnen. Meine Geschäfte sind sehr delikat, verstehen Sie? Falls Sie herausfinden, dass wir Sie aufgenommen haben, werden sie uns Schwierigkeiten bereiten.«

Marcel schüttelt schaudernd den Kopf.

»Sie könnten in unsere Wohnung kommen, die Möbel aufreissen, den Boden aufbrechen, was immer sie wollen.«

»Um was zu suchen?« fragt Sie überrascht.

»Nach Ihnen? Nein. Nach Drogen oder kommunistischer Literatur, Hong Kong-Schokolade, gefälschten Aktien, japanischen Kuckucksuhren, nach irgend etwas!«

»Mein lieber Marcel«, sagt der Doktor beschwichtigend. »Wir sind Ihnen und Lena für Ihre Gastfreundschaft äusserst dankbar und werden nichts tun, was Ihnen schaden könnte.«

»Merci bien«, stammelt Marcel über das Lenkrad gebeugt, kurze Blicke in den Rückspiegel werfend. »Wir werden verfolgt, verstehen Sie.«

14

»Das auffallendste Symbol der Dritten Tarot-Karte (Die Herrscherin) ist das stilisierte ›Herz‹, das Disneyland-Popsymbol der Liebe. Die wirkliche Bedeutung dieses Klischeeorgans (welches wenig Ähnlichkeit mit der Herzstruktur hat) wäre für die Vier-Hirnigen Zweibeiner, die es für kommerzielle Zwecke zur Schau tragen, schockierend. Das Valentinsherz ist offensichtlich eine Hieroglyphe für das Weibliche Verzückungs-Organ, prachtvoll, angeschwollen, rosa-vor-Erregung, oben durch die Klitoris in zwei Hälften getrennt.«

Das Spiel des Lebens

El Djamila, Algerien, April 1971

Sie bog Ihre Wirbelsäule, reckte die Rückenmuskeln und wünschte, sie wären im Bett. Sie schaute aufs Meer hinaus, wünschte, es wäre Juni und Sie läge auf dem heissen Sand, würde die warme Sonnen-Zunge auf Ihrem Körper fühlen und dann den willkommenen Schock des Salzwassers.

Sie beobachtete Mohammed beim Aufstellen des Selbstbedienungsbuffets. Der Salat ist bereits schlampig, der eingelegte Hering müde, die Crevetten sind schlammig-rosa,die geschnittenen Rüben von gestern, die Salamischeiben ausgetrocknet und über den Kartoffelsalatabfallbergen kreisen Fliegen in freudiger Erwartung.

Die Berufsgastwirte haben die neu eingeführten Regierungsmenüs schon längst ausgeschöpft. Die sozialistische Küche. Sie dachte nach. Die Franzosen lehrten ihnen zwar die Form, aber ästhetischer Sinn und Stil kann den Sklaven nicht aufgezwungen werden. Der schäbige Ersatz-Mittelklasse-Techno-Sozialismus überlagert die arabische Sklavenmeister-Härte. Wüsten-Kargheit.

Sie versuchte, Mohammed zu überreden, Sie auf seinen Sattel zu zerren und über die Wüste, deren Glanz Sie blendet, in die Höhlenkühle des Fellzeltes zu galoppieren. Dort auf den weichen äthiopischen Teppichen, wo sich die Datteln auf Silberplatten türmen und Ihre Vagina feucht würde wie ein Kamel in der Brunst.

Aber die Fliegen kreisten noch immer um die saure Ziegenmilch in den warmen Fellsäcken, und heisses Wasser gab es auch nicht.

Sie betrachtete Achts Gesicht. Er lächelte vor alchimistischer Aufregung und Sie fühlte sich wieder zu Hause. Dies war Ihr einziges Zuhause in diesem Sonnensystem.

»Die Offenbarung ist brillant«, sagte Sie, »aber sie ist mir zu sehr Acht. Ich bin nun mal im fleischlichen Dreizehn verhaftet. Können wir die Sache nicht mit einem kleinen Anflug von gesundem Menschenverstand umgeben? Wie fühlt es sich an? Wie schmeckt es? Komm, wir trinken noch etwas Kaffee. Der Bäcker kommt eben mit dem frischen Brot, es ist noch ofenwarm und die Erdbeerkonfitüre ist frisch. Wie seltsam. Ich liebe dich wieder.«

15

»Schon bald nach dem ersten Kontakt halfen die Fremden Rotwang beim Abwasch. Rotwang spülte das Geschirr, und sie trockneten ab. Rotwang fing an, das Lied *Call Me Up In Dreamland* zu pfeifen, und die Fremden schalteten sofort ihre Aufnahmegeräte ein. Sie erzählten Rotwang, dass sie schon über 10 Millionen Stunden Erdmusik in ihrer Sammlung hätten. Rotwang pfiff weiter, und das Geschirr war im Nu abgewaschen.«

aus ROTWANG, *von Tim Hildebrand*

New York, N. Y., Oktober 1960

Die Türe wurde von einer schlanken jungen Frau im Aufzug eines New Yorker Mannequins geöffnet. Sie trug enge Blue Jeans, einen engen Pullover, und langes schwarzes Haar fiel ihr über den Rücken. Ihre Füsse waren nackt. Sie fixierte den Professor mit kühlen, grauen Augen.

»Komm rein, Mann. Wir haben auf dich gewartet. Ich bin Salinas.«

Schwarzenspiel rekelt sich im Wohnzimmer in einem Polsterstuhl und winkte lässig mit der Hand. »Seid gegrüsst, Doktor. Dies ist Bennie.«

Bennie, ein stämmiger junger Mann mit langen Haaren steht schaukelnd in der Ecke, die Hände hinter dem Rücken gefaltet. Er nickt dem Gast zu. »Willkommen, Mann. Wir sind froh, dass du hier bist.«

Salinas setzte sich auf eine breite Couch und legte die Beine übereinander. »Schwarzenspiel und Betty Ann erzählten mir von dir.«

»Betty Ann aus Vassar?« fragte der Commodore.

»Sie war letztes Jahr meine Zimmergefährtin. Die ganze Zeit sprach sie von dir.«

»Aber jetzt bist du in New York?«

»Ja, ich entschloss mich, eine Person zu werden. Und so weiter. Nun bin ich ein Mannequin. Und ich lerne über das Leben. Und so weiter. Ich quatsche so, weil wir ausgefreakt sind, während wir auf dich warteten, Mann. Wir können kaum noch warten. Ist es nicht so, Bennie?«

Bennie wiegte sich auf den Fersen und nickte. »Wir haben dieses Psilocybin noch nie gemacht, Mann. Wir haben alles andere gemacht. Jede Droge, von der wir hörten, haben wir gemacht.«

»Gemacht?«

»Er meint mit eine Droge machen, eine nehmen«, erklärte Schwarzenspiel. »Salinas und Bennie haben ziemlich viel Erfahrung im high sein und sind sehr gierig nach deiner Medizin.«

»Sehr gut«, sagt Leri nickend. »Ich bin zur Annahme gekommen, dass Drogen sehr wichtige Räume im Bewusstsein aufdecken, Räume, von denen die Psychologie beinahe nichts weiss.«

»Du bist wirklich too much, Mann«, sagte die graziöse Salinas. »Törnst du dich jetzt eben zu den Dimensionen des Geistes an?« Sie schaute amüsiert zu Schwarzenspiel. »Aber eines muss ich dir zugestehen. Du beginnst mindestens zu erkennen, was in den Fachbüchern nicht drin steht. Ich studierte in Vassar drei Jahre Psychologie. Kannst du dir das vorstellen?«

»Bennie kicherte und schaukelte weiter.

»Hat Schwarzenspiel euch vom Versuchsvertrag erzählt?«

»Von was?« fragte Salinas.

Der Professor betrachtete sie mit Bewunderung. Sie war das schönste und gebildetste Geschöpf, das er je gesehen hatte.

»Vom Vertrag. Ich gebe euch die Droge. Ihr nehmt sie und erzählt mir, was ihr erlebt habt. Ich bin speziell daran interessiert, wie sich Psilocybin im Vergleich zu anderen, euch bekannten Drogen verhält. Ich glaube, dass kein Psychopharmakologe je in der Lage war, diese Art von phänomenologischen Vergleichswerten zu sammeln.«

»Du meinst, Mann, dass wir auf deinem Ding abfahren und es dann mit anderen Drogen, die wir gemacht haben, vergleichen?«

»Genau. Die Meinung von erfahrenen Personen ist unbezahlbar.«

»Und du wirst von Harvard für diese Forschung bezahlt? Will er uns auf den Arm nehmen, Rudy?« fragte sie, und blickte zu Schwarzenspiel.

»Haben sie dir in der Einführung in die Psychologie nie über die Introspektions-Experimente von Wundt, Fechner und Tichener erzählt?« fragte der Professor.

»Du meinst den Vergleich der Farben, Gewichte und Geräusche?« sagte Salinas zweifelnd. »Das tönte immer so langweilig.«

»Sie nannten das Psychophysik. Es war die erste wissenschaftliche Psychologie; der erste Versuch, externe Stimuli mit internen Wahrnehmungen systematisch in Beziehung zu bringen.«

»Aber wo sind deine Instrumente, Professor?«

»Der Stimulus in diesem Experiment ist eine Chemikalie. Sie ist extern. Schaut, hier ist sie. Ihr könnt sie sehen, berühren, in Milligramm messen. Wir werden nun einfach den Stimulus einnehmen und ihr erzählt mir eure Reaktion.«

»Der Commodore nahm ein kleines, blaues Röhrchen aus der Tasche und schüttelte einige Dutzend blaue Pillen auf den Kaffeetisch. Salinas verschluckte sich vor Überraschung, lehnte sich vor und fuhr sich mit der Zunge über die Lippen. Bennie kam sofort ausseiner Ecke und beugte sich, die Hände immer noch hinter dem Rücken, über die Medizin. Schwarzenspiel kniete vor dem Tisch und schubste die kleinen Pillen mit dem Finger. Seine dunklen Augen funkelten.

»Wieviel ist eine Dosis?« fragte er heiser.

»Eine Pille ist die von Sandoz empfohlene Dosis. Die meisten Versuchspersonen nahmen zwei. Sechs sind nach unseren Erfahrungen eine mittlere Dosis. Zehn sind eine intensive Erfahrung.«

»Wieviel ist die höchste Dosis, die je genommen wurde?«, fragte Salinas.

»Zwölf.«

»Wer nahm zwölf?«

»Ich.«

»Dann will ich zwölf«, sagte sie.

»Das Körpergewicht ist ein Faktor«, räumte der Doktor ein. Er musterte die kurvigen Linien des schlanken Modells. »Ich würde sagen zwölf für mich sind acht für dich.«

»Willst du uns vorschreiben wieviel wir nehmen dürfen?«, fragte Bennie.

»Nein, wir versuchen das Doktor-Patienten-Spiel zu umgehen.«

»Willst du damit sagen, dass du mit uns antörnen willst?« fragte Salinas überrascht.

»Selbstverständlich. Ich will, dass mein Gehirn mit derselben Geschwindigkeit und auf derselben Höhe arbeitet wie eure.«

»Wow, du bist too much, Mann. Du flippst mich aus.«

»Wie bitte?« fragte der Professor, der Schwierigkeiten hatte, die ungewohnte Sprache zu verstehen.

»Du sprengst meinen Kopf, Mann. Ich muss gestehen, dass ich dich unterschätzte. Okay Mann. Du bist der Dealer. Sag uns, wieviel wir nehmen sollen. Nicht wahr, Rudy?«

Schwarzenspiel nickte lächelnd.

»Also gut«, sagte der Doktor energisch. »Niemand von uns weiss, was wir tun, aber ich glaube, wir haben eine Vertrauensbasis gefunden. Aufgrund des Körpergewichts schlage ich vor, dass wir drei Männer zehn Pillen nehmen und Salinas sechs, nun, sagen wir acht. In Ordnung? Habt ihr etwas Fruchtsaft?«

»Klar, Mann«, sagte Salinas sanft.

»Und langstielige Kristallgläser.«

Salinas blieb in der Küchentür stehen. »Das wird ja immer interessanter. Sag mir Mann, was möchtest du sonst noch für das Experiment?«

»Kerzenlicht wäre angenehm«, sagte der Alchimist. »Diese 60er-Zyklus-Frequenz wird langweilig.«

»Groovy«, sagte Bennie unerwartet gefühlvoll.

Schwarzenspiel lächelte.

16

»Wir sprechen hier vom wonnig-ausgeflippten Narren, dem dahintreibenden WoMan, *dem Hedonisten, dem wandernden Sinneskonsumenten.«*

Exo-Psychologie

Lausanne, Mai 1971

Bei der Autobahnausfahrt nach Lausanne schwenkt Marcel nach rechts und folgt dem Schild *Port d'Ouchy* die Strasse runter und dem See entlang. Er parkiert vor einem neuen luxuriösen Hochhaus in einem gepflegten Park.

»Wir lassen Ihre Koffer im Wagen, bis wir herausgefunden haben, wie's weiter geht.«

Marcel studiert die Namensschilder, drückt auf einen Knopf und spricht leise auf französisch in die Gegensprechanlage. Der Türöffner schnarrt. Die Flüchtlinge betreten die elegante Eingangshalle und gehen schnell zum Aufzug. Marcel drückt auf den Knopf mit der Aufschrift PH-D.

»Das bin ich«, sagt der Doktor. »U. C. Berkeley. 1960.«

»Was sind sie?« fragt Marcel zerstreut.

»Penthouse D. In Psychologie. Ist er zuhause?«

Marcel lächelt nervös. Der Aufzug stoppt bei einem privaten Eingang. Marcel klingelt. Die Tür wird unverzüglich geöffnet. In der Öffnung steht der rosagesichtige, silberhaarige Zweibeiner vom Flughafen Genf. Er betrachtet die Besucher kühl und abschätzend, verbeugt sich förmlich und bittet sie herein. Ein deutscher Schäferhund donnert heran und zittert drohend.

»Kay Beck, Allez«, befielt Monsieur Hauchard. Der Hund klemmt seinen Schwanz zwischen die Beine und schleicht in eine Ecke.

»Ein ungewöhnlicher Name«, sagt Sie hoffnungsvoll. »Ist er aus Belgien?«

»Es ist ein kanadischer *State of Mind«*, flüstert der Commodore.

Monsieur Hauchard führt sie in ein riesiges Wohnzimmer und durch eine Glastüre auf eine Terrasse, von der aus das ganze Genfersee-Panorama zu sehen ist. Am Ende des Zimmers sitzen zwei wunderschöne weibliche Erdlinge und heben erwartungsvoll ihre Blumengesichter.

Monsieur Hauchard steht mit einem nachdenklichen Ausdruck auf seinem mürrischen Gesicht mit dem Rücken gegen die Fenster.

»Seltsam«, zischt er zum Professor. »Mir war, als sagte Pierre, Sie seien Algerier, und ich nahm dann irrtümlich an, dass Sie Deutscher sind. Deutscher!«

Während er sich dem Zimmer zuwendet, winkt Monsieur Hauchard mit der Hand und zieht seine Gesichtsmuskeln zurück, um seine Zähne zu zeigen.

»Darf ich Ihnen Dee Dee und unseren charmanten Gast aus Italien, Antonia, vorstellen. Ihr erinnert euch an Marcel Quenon aus Genf? Dies sind seine berühmten amerikanischen Gäste.«

Dee Dee, jung, frisch, mit wallenden Kurven und aufbrechenden Fruchtblüten ruht auf den weichen Kissen des voluminösen Sofas und beobachtet die Szene mit aristokratischem Vergnügen. Antonia, italienischer Starlet-Stil, nickt ihnen schweigend zu und wendet ihr Gesicht wieder ab, um den See zu betrachten. Schön und stoned, denkt der Professor und blickt zu seiner Begleiterin, die sich plötzlich auch in ein Starlet verwandelt hat, und zwar in niemand anderes als Marilyn höchstpersönlich, atemlos, schüchtern darauf wartend, in *How to Marry a Millionaire* eingesetzt zu werden. Der Philosoph hebt die Augenbrauen und Sie verwandelt sich plötzlich in Jaqueline Kennedy auf Staatsbesuch bei Charles de Gaulle.

Dee Dee, eine geborene Frauendarstellerin (Stufe 3, Stier) reibt ihre seidenen Finger über ihre Nasenspitze. »Habe ich Sie nicht schon irgendwo gesehen? In Deauville, letztes Jahr, nicht?«

»Ich glaube nicht«, sagt Sie aufleuchtend. »Wir waren in El Djamila.«

»El Djamila! Wie reizend. Ich habe noch nie davon gehört.«

Dee Dees Englisch hat den Akzent britischer Privatschulen. Monsieur Hauchard beobachtet die Szene mit dem musternden Wohlwollen des Vollblut-Besitzers. Antonia schwenkt faul und lässig ihr trotziges Gesicht, fährt mit der Zunge über die Lippen und dreht sich zum See zurück. Beruhigungspillen, diagnostiziert der Doktor; lustvolle italienische Benommenheit.

»El Djamila ist ein unbekanntes Fischerdorf ausserhalb von Algier. Und, ich muß zugeben, es ist möglich, dass es entdeckt und absichtlich wieder un-entdeckt wurde.«

Beinahe widerstrebend unterbricht Monsieur Hauchard den liebenswürdigen Protonen-Austausch.

»Dee Dee, ma Chère, wir Männer haben im Büro etwas Wichtigeres zu besprechen. Kannst du dich um unsere charmante Besucherin aus El Djamila kümmern?«

Monsieur Hauchard setzt sich hinter sein Pult, wendet sich dem Zauberer zu und hebt seine Wangenmuskulatur zu einem netten Lächeln.

»Ich fürchte, ich kenne Ihren Namen nicht. Das Gesicht sollte ich eigentlich kennen, aber seit ich hier bin neige ich dazu, etwas provinziell zu werden.«

Marcel springt ein. »Er ist der Harvard-Professor, verstehen Sie. Der amerikanische Philosoph. Aus dem Skandal um das Elixier des Lebens.«

Hauchard simuliert einen verwirrten Gesichtsausdruck, aber der Commodore lässt sich durch die vorgetäuschte Unwissenheit des listigen Franzosen nicht irreführen.

Marcel wechselt ins Französische und erklärt hastig die Flucht aus Algerien, die Black Panthers, die CIA, die Bücher, einen Film, sehr berühmt und reich, und dass die beiden den Schutz des Untergrunds nötig haben.

Nun explodiert Monsieur Hauchards Gesicht in gespielter Offenbarung. Er dreht sich zum Professor, faltet das Gesicht zu einem Lächeln, steht auf und streckt ihm seine Hand entgegen.

»Selbstverständlich. *Mais naturellement.* Ich bin so langsam. Der berühmte Professor aus Harvard mit den Drogen vom Rimbaud. Der grosse Haschischin, hm! Ha. Ha. Mein lieber Professor. Es ehrt mich sehr, Ihre Bekanntschaft zu machen. Ich verstehe Ihre Situation sehr gut. Ich bin ganz und gar mitfühlend. Es ist unsere Pflicht, Philosophen zu beschützen. Ich bitte Sie und Ihre schöne Frau, meine Gäste zu sein, solange dies notwendig ist, und versichere Sie meiner Hilfe bei diesen lächerlichen Problemen mit der Polizei. Pouf! *Pas de problème,* eh Marcel?«

Marcel sinkt sichtlich erleichtert in sich zusammen.

»Und Dee Dee wird ja so zufrieden sein«, fährt Hauchard fort. »Sie ist eine Ihrer Bewunderinnen. Da sie Lausanne weniger amüsant findet als Paris, wird sie sich freuen, Sie beide bei uns zu haben.«

Marcel steht auf und umklammert die Hand des Gastgebers. »Sie können sich nicht vorstellen, wie froh ich bin. Ich machte mir solche Sorgen wegen dieses Problems.«

»Mais oui, ich verstehe sehr gut, wie glücklich Sie sind, mein lieber Marcel.«

Marcel dreht sich zum Flüchtling, *»Eh bien,* da sich nun alles so gut entwickelt hat, darf ich mich entschuldigen. Lena wartet auf die gute Nachricht.«

Monsieur Hauchard geht zum Schreibtisch und nimmt das Telefon, das an einem mit Knöpfen und Schaltern bestückten Stahlschrank angeschlossen ist. Ein sehr modernes Aufnahmegerät, stellt der Exilierte fest.

»Ich rufe den Portier an. Er wird Sie am Eingang erwarten und die Koffer der Besucher heraufbringen.«

Die drei Männer kehren in den Salon zurück. Marcel verbeugt sich vor den Damen und nimmt bescheiden den dankbaren Beifall entgegen. Monsieur Hauchard legt seinen Arm um den Bankier und führt ihn energisch weg. Auf dem Weg durch den langen Raum flüstern die beiden verschwörerisch miteinander.

Michel kehrt schnell zurück, sein rosa Gesicht glüht vor Vergnügen.

»Weisst Du, wer unsere Gäste sind, *Chérie?«*

Dee Dee schüttelt mit charmanter französischer Vitalität den Kopf. *»Mon Dieu!* Ich kann gar nicht sagen, wie froh ich bin, etwas Abwechslung zu finden.

Lausanne ist eine Wüste. Dieses Land ist der langweiligste Platz auf der ganzen Welt. Ich will Sie nicht abschrecken, weiss Gott nicht, aber ich stelle mir vor, dass Sie Ihre eigene Elektrizität erzeugen, wo immer Sie auch sind. Also wird es für Sie kein Probelm sein.«

Hauchard bricht plötzlich in schnelle, kichernde Vertraulichkeiten aus.

»Ach ja, diese Schweizer sind fürchterlich. Ich muss Ihnen sagen, dieses Land ist viel zu jüdisch. Sie sind alle so kleinlich und bürgerlich. Haben Sie diesen kleinen verschüchterten Bankier gesehen? Wie er schwitzte, he! *Incroyable!* Die denken nur ans Geld. *Oui, c'est vrai, n'est-ce pas,* Dee Dee? Lassen Sie mich Ihnen eines sagen, Teem. Darf ich Sie Teem nennen? *Bon.* Geld. Geld. Dollars. Francs. Mark. Pounds. Dinars. Yen. Sie denken nur an das. Ich finde es so langweilig. *Mais alors.* Lasst uns diese Verdriesslichkeiten vergessen.« Er reibt sich wieder vergnügt die Hände. »Champagner! Wir wollen unseren erfreulichen Gästen etwas Pariser Gastfreundschaft vorführen.«

Er schwingt sich auf den Fersen herum, marschiert mit nach hinten gedrückten Schultern etwa fünfzig Schritte durchs Wohnzimmer und ruft »Yo Yo!« Eine hübsche junge Frau in einem Minijupe erscheint am andern Ende des Raums, und Monsieur Hauchard, den Arm gebieterisch zur Küche wendend, gibt wie Napoleon am Nil schnelle Befehle. Yo Yo blickt kurz auf die Flüchtlinge und schlüpft hinaus.

Dee Dee geht provokativ zur teuren Hi-Fi-Anlage und legt *Pink Floyd* auf. »Michel kann Rock nicht ausstehen«, sagt sie lächelnd. »Aber *tant pis.* Wenn er gerne junge Leute sieht, muss er diese Töne in Kauf nehmen.«

17

»Wenn er mit fünf-hirnigen Wesen zu tun hat, kann der Evolutions-Agent als Alchimist des Bewußtseins bezeichnet werden. Es ist nicht Ihre/Seine Aufgabe, zu kreieren. Da Sie/Er es mit Milliarden Jahre alten neurogenetischen Sequenzen, die auf Milliarden Gebärmutterplaneten immer wieder auftauchen, zu tun hat, können wir nicht von einem Kreator, sondern eher von einem Katalisten sprechen, der die geeignete Kerbe in der sich bildenden molekulären Sozialstruktur ausfüllt. Dies ist ein notwendiges Element, um die nächste Stufe der Komplexität zu vervollständigen.«

Exo-Psychologie

El Djamila, Algerien, April 1971

Der Professor äusserte sich grundsätzlich nicht zur Revolution. Seine politische Erfahrung beschränkte sich auf seine Kandidatur bei den Gouverneurswahlen in Kalifornien. Für diesen Wahlkampf hatte er ein konservatives 1999-Politprogramm ausgearbeitet, in dem er die totale Aufhebung der Steuern forderte. (»Keine Regierung ist tolerierbar, bis sie nicht mindestens für ihre eigenen Unkoten aufkommt«, erklärte er.) Es ist die Aufgabe der Regierung, durch die Erhebung von Lizenzgebühren für Verbrechen ohne Opfer, durch hohe Bussen für Raub, aus dem Verbrechen ein Geschäft zu machen. Das Praktizieren der Rechtssprechung für Profit sollte verboten, Geschworenengerichte aufgehoben und Politiker für vogelfrei erklärt werden. Die repräsentative Regierung, im elektronischen Zeitalter unnötig geworden, sollte durch direkte telefonische Abstimmung ersetzt werden. Bargeld sollte aufgehoben, die Aussenpolitik der Schweiz schamlos kopiert werden.

Das unvermeidliche Resultat dieser Injektion einer Zukunfts-Orthodoxie in die Vene der Körper-Politik von 1970 war voraussehbar. Eine Woche vor Einschreibeschluss für die Kandidatur wurde er vor die Richter geführt, die ihn prompt und enthusiastisch mit zwei Zehnern beklopften, wie Solschenizyn sagen würde, oder, in der Gaunersprache des kalifornischen Archipels, *downed him for two dimes running wild.* Er wurde ohne Recht auf Kaution ins Gefängnis eingewiesen. Auf diese Eventualität war er gut vorbereitet, hatte er doch durch seine Kenntnisse der interstellaren Literatur erkannt, dass diejenigen, die auf Rückständigen Planeten eingesetzt werden, oft in Kerkern enden. Das Genetische Verbrechen besteht darin, zur genau falschen Zeit am richtigen Ort zu sein, und nach Drehbüchern zu spielen, die für ein Publikum geschrieben wurden, das nach Fahrplan eigentlich noch gar nicht geboren sein sollte, aber trotzdem da war.

Es gab genug Warnungen. Neben den Science Fiction-Texten gab es auch noch Aldous Huxley, der lange genug gelebt hatte, um die schöne neue Welt altern zu sehen. Er wandte seine reinen, blauen Zukunftsaugen dem Doktor zu und sagte mit präziser Oxford-Besorgnis: »Du solltest nicht vergessen, Timothy, dass du ein Anthropologe bist, der sehr primitive Stämme besucht.« Nicht zu vergessen ist auch Walter Lippmans ernster, neu-spenglerianischer Kommentar, dass die Wahl von Richard Nixon, des ersten Präsidenten, der frech genug war, seinen Stab im Weissen Haus auf zukünftige Sträflinge zu beschränken, das Pendel auf eine Periode der Unterdrückung zurückschwingen lassen würde. Dies ermöglichte die Blockierung der Duldsamkeit und eine notwendige Umkehr zur Verbotenheit, oder, wie das *Time*-Magazin feierlich deklarieren könnte, ein gesundes No-Nonsense-Gegenmittel zu den Bedürfnis-Befriedigungs-Praktiken – eingeprägt von Dr. Spock –, die eine Generation hervorbrachte, der nie NEIN gesagt wurde! Eine verwöhnte Jugend, welche die schlankmachende Disziplin der wirtschaftlichen Depression mit ihrer Schliessmuskel-Verspannung der Nationalen Gesinnung und den aufgewerteten Vorzug, den Wert eines Dollars durch Rezession ohne Inflation zu demonstrieren, noch nicht kennengelernt hatte.

Die Pop-Kult-Helden, die in Büchern und im Fernsehen plötzlich auftauchten, waren eine weitere Warnung vor dem ominösen Trend des Nationalen Seelen-Zyklus. Einer der signifikantesten diagnostischen Hinweise auf den Zeitgeist konnte man in John F. Kennedys Sucht nach James Bond-Spionagegeschichten mit Mordverschwörungen sehen. Dies verriet einen Wandschrank-*Machismo*, der direkt in die Kuba-Krise führte und für das Auftauchen von Harte-Linie-Kalte-Krieger wie Rusk, McNamara und Breschnew verantwortlich war, und der den liebenswürdigen Chruschtschow verdrängte, der beim Lesen des Buches *Ein Tag im Leben des Iwan Denissowitsch* geweint hatte.

Die Aufnahme eines gewissen E. Howard Hunt, Ex-Agent der CIA und *Autor von Spionagegeschichten* in die Spezialpolizei des Weissen Hauses, war ein weiteres Anzeichen der Paranoia-als-öffentliche-Politik, von der sie schliesslich flüchteten. Und vergessen wir G. Gordon Liddy nicht, einen weiteren treuen Gläubiger der Micky Spillane-John Le Carré-Schule der Politik. Seine Berufung in die geheime Exekutiv-Abteilung der Polizei ist ein weiteres spannendes Beispiel von der Kraft der Phantasie, Realitäten zu erschaffen. Sie beruhte auf der erfolgreichen Kampagne, den geplagten Zauberer aus Dutchess County, N. Y., zu verjagen. Liddy hatte dort als revolverschwingender stellvertretender Staatsanwalt gedient. Nach der Geschichte, die er in der Klasse für Kreatives Schreiben im Terminal Island-Bundesgefängnis verfasst hatte, machte er es sich zur Gewohnheit, in den Büschen um die Millbrook-Villa des Philosophen zu lauern, durch die Fenster zu gucken, um psychedelische Lightshows zu sehen, und das alles im Rahmen einer Beschattungsübung, um einen Mitternachtsüberfall vorzubereiten. Der Reinfall dieses Unternehmens qualifizierte ihn für weitere illegale Auftritte von noch grösserer Bekanntheit.

Ein weiterer Hinweis auf die Rückkehr zu einer strengeren Moral, der sie nun offiziell den Rücken gekehrt hatten, kam von John Mitchell, dem »Top-Cop« der Nation, der unter dem Einfluss einer gefährlichen Droge, die er seinen Gewohnheiten entsprechend aus einem mit Eiswürfeln halbgefüllten Glas einnahm, vor einer Reporterin prahlte, »ihr könnt euch gar nicht vorstellen, wie weit nach rechts wir dieses Land treiben werden.«

Und dann gab es da noch den beliebten Vizepräsidenten Spiro Agnew, der düster über die Notwendigkeit sprach, einige faule Äpfel aus der Nationalen Hurde zu entfernen.

Trotz all dieser Gebotsschilder, die eine scharfe Rechtskurve anzeigten, fand sich der Commodore, möglicherweise im Griff einer neurosozialen Version des Gesetzes des Drehausgleiches, beschleunigt wie ein aufgeladenes PSI-Teilchen, im dunklen Gefängnistunnel des California Departement of Corrections, mit Fluchtgeschwindigkeit über die Mauer hinaus und durch eine geheimnisvolle Anziehungskraft in das Kraftfeld des Weathermen gezogen, einer Gruppe, deren Neo-Narodnik-Welt den Zauberer, nun in Begleitung seiner schönen Gattin, in Super-Umlaufbahn-Geschwindigkeit in die Kreise der Black Panthers schleuderte, die ihrerseits auch nur Satelliten der militanten sozialistischen Regierung des Obersten mit den falschen Zähnen, Houari Boumedienne, Herrscher der grimmigen Moslemstämme von Algerien, waren.

18

»Die Fremden trafen endlich ein. Sie haben mein Leben wirklich verändert. Einer der Fremden, John, erzählt mir, dass sie auf ihrem Planeten auch nicht alles verstehen, was passiert. Aber sie wissen trotzdem 'ne ganze Menge. Erst kürzlich erzählte er mir die Wahrheit über Tomaten. Traditionsgemäss wird behauptet, daß die Tomate von Kolumbus und seinen Fremden von der Neuen Welt in die Alte gebracht worden war. Die Spaghetti wurden darauf in Spanien und Italien erfunden. Wie John erklärt, erwähnt diese Geschichte aber nicht den wirklichen Ursprung der Spaghetti. Die Fremden behaupten, dass sie die Spaghetti vor Tausenden von Jahren erfunden hatten und die ersten Tomaten auf Erden von ihnen eingeführt worden waren. Spaghetti sind ein Gericht der Fremden; sie essen sie immer an ihren Feiertagen. Es scheint, als hätten die Fremden im Jahr 1092 die Erde versehentlich mit Tomaten verseucht, und der Rest ist Geschichte.«

Aus Rotwangs *Tagebuch,* 18. März

New York, N. Y., Oktober 1960

Der Commodore war von der Hingabe, dem totalen Engagement der drei Beatniks beim Einnehmen der Pillen fasziniert. Er hatte sich an die kichernde Nervosität, die krampfhafte Rationalisierung, an die unterdrückte Panik der Harvard-Intellektuellen, wenn sie in die Nähe der Droge kamen, gewöhnt. Verglichen mit ihnen waren Salinas, Schwarzenspiel und Bennie weise Kenner-Kinder, erfahrene Weltraumreisende, die sich einem vielversprechenden Planeten näherten.

Während der ersten Stunde wurde wenig gesagt. Salinas blieb zusammengerollt auf der Couch und suchte gelegentlich den Raum mit ihren prächtigen blauen Operngläsern ab, hielt aber meistens die Augen geschlossen. Schwarzenspiel hatte seinen Körper in eine orientalische Meditationsstellung gebracht und schien sich auf seinen Atem zu konzentrieren. Bennie sass mit ausgestreckten Beinen da, die Arme auf der Brust zusammengefaltet. In dieser Atmosphäre der Gelassenheit fand sich der Doktor auf einer Art Sims aus darwinistischem Gewebe, von wo aus er mit Musse das unaufhaltbare zelluläre Klicken vorüberziehender evolutionärer Ereignisse betrachten konnte.

Plötzlich sprang Bennie auf die Beine und ging im Zimmer auf und ab. Sein Gesicht war gerötet und strahlte vor Wohltätigkeit.

»Dieser Stoff ist unglaublich! Bist du sicher, dass er legal ist?«

Der Commodore nickte.

Salinas öffnete ihre Schleedornaugen und lächelte rätselhaft. »Es ist wirklich zu himmlisch, um wahr zu sein. Es muss einen Haken haben. Gibs zu, Mann, es macht süchtig, nicht wahr?«

Der Commodore schüttelte den Kopf.

Schwarzenspiel öffnete seine Augen mit einem beautifullen Grinsen. »Du willst einen Rapport über diese Erfahrung? Nun, ich gebe dir die Meinung des Experten. Mann, dies ist perfekt! Was du hier hast, ist der höchste Luxus, die makellose Weisheits-Vergnügungs-Erfahrung.«

Bennies Gesicht leuchtete immer noch und er sang, »Mann, kannst du das fassen, wir sind hier, wir sind angekommen! Dies ist Es! Es gibt keinen Ort mehr, an den man noch gehen müsste, und es gibt nichts, was man noch tun müsste. Und es ist legal!«

Wellen warmer Liebe wogten im Zimmer umher.

»Unglaublich, Mann«, murmelte Salinas. »Es ist das, wonach ich immer gesucht habe.«

Bande des Friedens und der Nächstenliebe verband die Zeitreisenden im ruhigen Zimmer.

»Ich versuche an ein ungelöstes Problem oder an eine unbeantwortete Frage zu denken«, sagte Bennie leise.

»Bald werden wir noch einige Kerzen brauchen«, antwortete Schwarzenspiel.

19

»Die orientalische Philosophie und ihre westliche Vulgarisierung produziert Armeen von dahintreibenden Leuten, die angetörnt, aber nicht eingestimmt sind.«

Das Spiel des Lebens

Lausanne, Mai 1971

Yo Yo erscheint mit Gläsern, Kaviar und Biskuits. Michel taucht mit einer Flasche Champagner aus dem Büro auf. Nach dem Willkommenstrunk ermuntert Michel den Professor, von Algerien zu erzählen. Er hört aufmerksam zu und bricht bei den Witzen in donnerndes Gelächter aus. Plötzlich steht er auf, nimmt die St.-Cyr-Stellung ein und teilt Befehle aus für das nächste kolonialistische Manöver.

»Ich nehme an, die Damen möchten sich für das Abendessen vorbereiten. Ich habe in einem vorzüglichen Restaurant einen Tisch reserviert. Das absolut beste Fleisch der Schweiz. Und Sie, Teem, kommen Sie, ich will Ihnen die Aussicht nach Frankreich zeigen.«

Er legt seine riesige Hand auf die Schultern des Philosophen und schiebt ihn energisch in Richtung Terrasse. Die Sonne ist eben untergegangen und über den See blinken Lichter herüber.

»Dort, die Lichter von Frankreich! In einer der kommenden Nächte werden wir mit einem Motorboot rüberfahren und im Casino spielen. Noch etwas Champagner? *Pas mal, eh? Bien,* heute abend werden wir ein gutes Abendessen geniessen, ohne das das Leben nicht amüsant wäre, und morgen werden wir Ihre Angelegenheit bearbeiten. Ich habe über unser Zusammentreffen auf dem Flughafen nachgedacht. *Quel coïncidence!* Dass uns das Leben auf diese Weise zusammenführt. Die Hand des Schicksals, die uns leitet. Glauben Sie an solche Sachen?«

»Es passiert die ganze Zeit«, bemerkte Acht. »Der Trick besteht darin, den Moment zu erkennen und zu handeln. Die Zeit zu ergreifen.« Er ist nicht stolz auf dieses Gespräch, aber es ist das Beste, was sein ausgebranntes Gehirn noch produzieren kann.

»Sie werden verstehen, was für ein ausserordentlicher Zufall es ist, wenn ich Ihnen erzähle, dass ich mich selber in Ihrer Lage befunden habe. Ich kam auch als Flüchtling in die Schweiz.« Er macht eine abfällige Handbewegung. »Ein lächerliches Missverständnis mit der französischen Regierung wegen Steuern, und die Schweizer Polizei kommt und steckt mich ins Gefängnis. Können Sie das glauben? Genau hier in Lausanne? In das berühmte *Bois Mermet*-Gefängnis. Blöde Anwälte. Ich verachte sie. *Alors,* endlich fragte ich herum und fand den besten Strafrechtler der Schweiz, Maître Lorenzo Benvoglio. Teuer ja, *mon Dieu,* wie diese Schweizer das Geld lieben! Aber gut. Er kennt die richtigen Leute. Er sagt die richtigen Sachen. Und *voilà,* ich bin frei. Nun bewundern sie mich hier in der Schweiz, weil ich für sie Franken produziere. Es ist alles so jüdisch! Also, mein lieber Teem, du siehst, wie perfekt es war, dass du zu mir gekommen bist. Morgen werden wir nach Bern fahren und mit dem Maître sprechen. Ich habe ihn bereits angerufen, wir werden ihn zum Mittagessen treffen. Im weiteren habe ich eine sehr wichtige Persönlichkeit in Genf konsultiert. Sie wird uns sagen, wie dein Fall wirklich steht.«

»Wie meinst du das?«

»Die Polizei. Interpol. Du musst verstehen, Teem, ich verachte die Polizei. Pouf! Geldgierig! Sie sind alle geizige Schurken. Und so jüdisch. Aber wir müssten mit ihnen arbeiten, *n'est-ce pas?* Für uns sind sie ein notwendiges Übel. Wie Kellner oder Friseure. Ich würde nie Polizisten privat in mein Haus einladen, aber es ist nötig mit ihnen geschäftlich zu verkehren, um bequem zu überleben. Und das wollen wir doch?«

»Nun, ich kann dir versichern, er ist der Mann, der uns genau sagen kann, wie deine Situation aussieht. Sind Haftbefehle auf euch ausgestellt? Wer kann euch helfen? Wir müssen gewisse Tatsachen kennen, damit der Advokat weiss, was er tun muss. Also, morgen um neun Uhr treffen wir diesen Duval, der uns über deine rechtliche Situation informieren wird. Ich bin überzeugt, dass Maître Benvoglio deine Niederlassung in der Schweiz arrangieren kann. Warum nicht? Es ist ein bequemer Ort zum Leben. Mit den Schweizern werden wir nichts zu tun haben. Die sind hier, um uns zu dienen. Pouf! Ein paar Franken in ihre Tasche und du hast sie in deiner Tasche. Sollte es aber trotzdem irgendwelche Schwierigkeiten geben, dann musst du dir keine Sorgen machen, Teem. Ich habe vielerlei Beziehungen. Beirut. Malta. Afrika. Marokko; mit der königlichen Familie bin ich sehr eng befreundet. Luxemburg. Türkei. Sogar Italien.«

»Italien? Die Regierung ist sehr eng mit Amerika verbunden. Die amerikanische Polizei ist total mit Italienern durchsetzt.«

»Das ist möglich. Aber Diplomatie kann Wunder bewirken. Ich habe viele italienische Polizisten in meinem Dienst. Ich bezahle hunderttausend, manchmal eine halbe Million Lire an die richigen Leute in Italien. Ich sag dir das bloss zur Beruhigung. Ich bin froh, dass das Schicksal dich hierher geführt hat. Ich mag dich, weil du ein Gesetzloser bist, der für das kämpft, an das er glaubt. Du bist ein Gentleman und Individualist. Für mich ist es eine Ehrensache, dir zu helfen. Eigentlich empfange ich nur sehr wenig Leute in meinem Haus. Aber dies habe ich von den Arabern gelernt. Sobald du einmal mein Gast bist, steht dir alles zur Verfügung.«

Michael Hauchard verbeugt sich und bietet ihm mit einem offenherzigen Lächeln die Hand. Die beiden Männer schütteln sich feierlich die Hände.

»Ich danke dir«, sagt der Philosoph. »Wir freuen uns, dass wir hier sind und werden unser Bestes tun, um unser Zusammentreffen für dich erinnerungswürdig werden zu lassen.«

20

»Es ist berichtet worden, dass Frau Theresa Vaughan (oder Vaughn), 24 Jahre alt, während einer Gerichtsverhandlung in Sheffield, Yorkshire, England, am 19. Dezember 1922, 61 Ehen während fünf Jahren gestanden hat. Beweisstücke dieses Falles aus den Polizeiakten sind nicht erhältlich. Der männliche Rekord soll bei 72 Ehen liegen.«

Sirianisches Buch der Rekorde

»Wenn du meinen Planeten ruinierst, dann gehst du an meiner kriegerischen Seite.«

Pep-Song auf Capella-3

Vidalische Archive, 2475

Eine lustvolle Dame mit Talent

Es gibt Tage, da kriegt Joanna Harcourt-Smith Tamacopolous de Layne y Ulam einen Koller, wenn angedeutet wird, Ihr Buch *Schneeblindheit* sei autobiographisch. »Das ist eine Lüge«, beklagt Sie sich.

Aber es gibt Nächte, in denen Wachsmasken schmelzen und die Kerzen auf den Tischen nahe der Bühne flackern, und Joanna, mit einem elektrischen Kichern, gesteht: »Ich fresse echte Menschen auf; verschlinge sie, sniffe sie durch meine Nasenlöcher hinauf. Meine Freunde und Liebhaber sind qualmende Phantasiegebilde meiner Berauschtheit.«

Wie Ihre Heldin, Bianca, wurde auch Joanna im Kreise der Schweizer Oberschicht aufgezogen, von der wohlhabenden Ulam-Familie, die den deutschen Judenverfolgungen entflohen war. Wie Bianca, zeichnete auch Sie sich in der exklusiven Marie-José-Schule in Gstaad aus, wurde aus den besten französischen Klosterschulen verwiesen und rannte im Alter von dreizehn Jahren mit dem verkommenen französischen Gangster Michel Hauchard von zu Hause weg. Mit vierzehn heiratete Sie einen ägyptischen Diplomaten, einen griechischen Reeder mit achtzehn und tauchte in Washington auf, als sie 24 war. Dort verkörperte Sie eine kleine, mit delikaten Rundungen versehene, unersättliche sinnliche Honigblonde, deren Saphiraugen hinter farbig getönten Brillen verborgen waren.

Wie Bianca, betrachtet Sie Ihre eigene Asymmetrie vom entschlossenen Standpunkt des Steinbockes aus.

Ihrem Lebenswerk gegenüber ist Sie beharrlich ernsthaft. Ihr erstes Werk war das *Kleine Grüne Buch,* in welchem Sie sich mit Hilfe Freddie Heinekens, mit der Schwergewichts-Prosa des Grossen Chinesischen Vorsitzenden einliess – ein literarischer Wettkampf, den die meisten als künstlerischen Schachzug betrachten.

Joanna ist eine süchtige Extrovertierte, deren Verschwendung von Wörtern oberflächlich erscheint, bis man deren Inhalt studiert, oder tiefsinnig, bis man deren Absicht erkannt hat.

Sie ist in allem auf der Höhe, eine unermüdliche, selbstangetriebene Eigen-Veranstalterin, die die Spitzenreiter der Hitparade nie aus den Augen verliert.

Joanna wählte, wie Bianca, für Ihre dritte Ehe im Jahre 1970 eine Persönlichkeit aus Washington, D.C. Die de Laynes sind getrennt, aber Sie besteht darauf, dass die Spaltung weder etwas mit der Gravitations-Levitations-Situation, der türkischen Mohnernte, den Israelisch-Arabischen Spannungen, dem Goldschmuggel in Indochina, der neurogenetischen Revolution auf dem Planeten noch sonst mit etwas Ähnlichem zu tun hat.

21

»›Man nimmt an, dass in den Jahren 1484 bis 1782 in Europa 300 000 Frauen wegen Hexerei hingerichtet worden waren‹, sagte Rotwang. Er sprach vor 140 000 Frauen in einem riesigen Auditorium.«

aus ROTWANG, *von Tim Hildebrand*

New York, N. Y., Oktober 1960

Die Morgenröte erhellte die Fenster und Wände des Zimmers und fand die vier Forscher friedlich im Labor schwebend. Während der Nacht war wenig gesagt, aber viel kommuniziert worden.

Salinas schälte sich aus der Couch, stand auf und betrachtete den Commodore spöttisch.

»Ich muss mich duschen und anziehen und meine Visage für die Kameras bemalen. Um acht Uhr habe ich bereits einen Termin. Aber ich muss gestehen, Mann, ich habe nicht die geringste Ahnung, was du eigentlich willst. Als ich zum ersten Mal von dir hörte, dachte ich, dass du eine kleine Hippie-Hure suchst, um mit ihr Dr. John zu spielen. Oder möglicherweise, um mich in einen Ivy-League-Stupor zu bumsen. Was willst du eigentlich, Mann?«

»Ich will mich bei dir bedanken, Salinas, und auch bei euch beiden. Ihr habt mich letzte Nacht viel gelehrt.«

»Was haben wir dich gelehrt?«

»Verstehst du denn nicht, Salinas?« unterbrach Schwarzenspiel. »Obschon der Professor viele bewusstseinserweiternde Experimente durchgeführt hat, hat er vor gestern Abend noch nie gesehen, wie jemand high ging. Oder?«

»Richtig«, stimmte der Doktor zu. »Ihr habt eine überwältigende Demonstration der Set-Setting-Hypothese gegeben.«

»Was?«

»Die Hypothese, dass die Droge keine spezifische Wirkung hat. Sie macht dich high, das ist alles. Wohin du mit ihr schliesslich gehst, hängt von dir ab.«

»Willst du damit sagen, dass du noch nie so wie letzte Nacht angetörnt hast?«

»Unsere Experimente sind viel mehr vorbereitet und auch etwas formeller. Und unsere Versuchspersonen waren nicht so erfahren. Ich beobachtete mehr als zweihundert Personen, die den hedonistischen Graben überwanden und die inneren Räume betraten. Ich hörte Beschreibungen des Nirvana in jeder möglichen Metapher, all die halbverschluckten Antworten, die erstarrten Schlagworte. Alles ist Eins! Alles ist Schwingung! Jetzt verstehe ich den göttlichen Plan! Ekstase. Wow! Offenbarung! Blah! Blah! Blah! Aber ich muss zugeben, dass ihr die ersten professionellen Alchimisten, die ersten Dope-Veteranen seid. Ihr könnt mir genaue neuronautischen Navigationskoordinaten geben, psycho-pharmakologische Ablesungen.«

»Wir haben dir geholfen, hm?«

»Eure Furchtlosigkeit hat mich tief beeindruckt; durch das Fehlen jeglicher Überraschung. Ihr seid mir vorgekommen wie berufsmässige Mathematiker, die die korrekte Formel auf der Wandtafel sehen und still nicken. Gleichung gelöst.«

»Willst du damit sagen, dass wir die ersten Hippies sind, die du kennengelernt hast?«

»Hippies?«

»Dopers. Leute, die ihre Köpfe frei und ungebunden gebrauchen. Leute, die frei herumschweben.«

»Ich verstehe«, antwortete der Professor.

»Sehr gut, Mann. Willst du noch mehr solche, äh, Experimente durchführen?«

»Ich will tatsächlich das Spektrum der Versuchspersonen erweitern. Nach dieser Nacht sehe ich ein, dass unsere Auswahl zu beschränkt war.«

»Groovy, Mann«, sagte Salinas. »Du hast soeben eine freiwillige Informationsassistentin engagiert. Gib mir deine Telefonnummer und ich werde dafür sorgen, dass das Spektrum deiner Versuchspersonen erweitert wird.«

22

»Probleme des irdischen Überlebens zwingen den Agenten immer wieder zu reagieren. Durch die Gliederfüssler-Veranlagung politischer Unternehmer oder von Geschäftsleuten gefangen, wird das Bewusstsein derart eingekeilt, dass die offene Übersicht über die Galaktische Komödie im Durcheinander von Details verlorengeht. Die Perspektive wird stark eingeengt. Die deprimierende Umklammerung einer unveränderbaren Schwerkraft erschöpft und überflutet das Nervensystem mit trägen Säften. Der Agent fängt an, Fehler zu machen.«

Handbuch der Exo-Psychologie

Lausanne, Mai 1971

Der Rolls Royce gleitet sanft über die Autobahn. Michel Hauchard fährt mit unbekümmerter Eleganz und Dee Dee, in den Vordersitz geschmiegt, plaudert Lausanner Klatsch. Antonia, die darum gebeten hatte, auf dem Rücksitz in der Mitte zu sitzen, um sich vor der Kälte zu schützen, streichelt mit der rechten Hand die Genitalien des Philosophen. Antonias linke Hand hält die Rechte von Marilyn Monroe und zeichnet ihr mit gelenkigen Fingern Gefühlsmuster auf die Handfläche. Das freundliche Mädchen schweigt und fährt von Zeit zu Zeit mit der Zunge über ihre Unterlippe.

Als der Wagen vor dem Restaurant vorfährt, macht der Portier einen Sprung, um die Wagentür aufzureissen. Kaum sind die Passagiere ausgestiegen, rennt er zum Führersitz und begrüsst Michel Hauchard mit überschwenglicher Begeisterung.

Der Besitzer, flankiert vom *maître d'* und drei Kellnern, erwartet sie unter der Türe und stösst gefühlsvolle Willkommensbezeugungen aus. Michel Hauchard, den Kopf zurückgeworfen, stürzt nach vorne und führt seine Truppe, fröhlich französisch rasselnd und händereibend hinein. Die Gruppe wird feierlich an einen Ecktisch eskortiert und gezielt plaziert. Kellner schwärmen um den Tisch herum, stellen Kerzen auf, reichen Speisekarten, zünden Zigaretten an.

Dee Dee grinst verständnisvoll.

»Ziemlich grosse Schau, eh? Michel ist einer der letzten grossen Verschwender des flamboyanten Stils. Er spielt diese Rolle sehr gut. Hier wird er geliebt, weil er weiss, wie sich ein reicher Mann aufführen muss. Heutzutage geben sich nur noch wenige Leute richtig Mühe. Ich zum Beispiel bin zu faul. Ich könnte es nie tun.«

»Was tun?« fragt Sie.

»Den reichen Mann spielen. Es ist so anstrengend. Er muss dafür sorgen, dass er seine speziellen Zigarren hat, und die müssen selbstverständlich in Havanna bestellt, fabriziert und verschickt werden. Dann muss er seine persönlichen Weinkeller in den sechs besten Restaurants der Romandie aufstocken. Sogar die sechs besten Restaurants zu finden, ist eine komplizierte Forschungsarbeit. Dann die Auswahl der Speisen. Heute früh arbeitete er über eine halbe Stunde, um das Menü für heute Abend zu planen.«

»Die leuchten wirklich alle auf, wenn er die Szene betritt.«

Dee Dee zuckt die Schultern. »Es ist selbstverständlich das Geld. Geld macht es möglich und Michel hat das Geld. Er lebt über seine Verhältnisse, aber offenbar kann er sich das leisten.«

Michel, der mit dem Besitzer diskutiert hatte, wendet sich wieder seinen Gästen zu. »Um diese vorzügliche Gelegenheit zu feiern, werden wir einen stattlichen Château-Lafitte-Rothschild opfern. Lasst uns auf Frankreich trinken, und auf Amerika. Obschon wir Flüchtlinge sind, sind wir noch immer Patrioten, eh Teem?«

»Wart ihr schon in den Vereinigten Staaten?« fragt der Flüchtling.

»Mais oui, wir waren eine Woche dort, in New York. Sahen alles, was Wert ist, gesehen zu werden. Meine Freunde sagten, dass es keinen Sinn hätte, weiter zu gehen. Überhaupt, was ist Frankreich ausser Paris?«

»Sag ihnen, was du gesehen hast«, befiehlt Dee Dee achselzuckend.

»La Côte Basque, selbstverständlich. Dann La Caravelle, ausgezeichnete *foie gras truffé*. La Grenouille, *naturellement* für *escargots*. Le Mistral für die *bouillabaisse*. La Poinière du Soir für *filet de boeuf périgourdine*. Lutèce für die *pigonneau mascotte*. Le Manoir für *truite au bleu.«*

»Stinklangweilig«, sagt Dee Dee tadelnd. »Ich konnte ihn nicht aus diesen sechs vollgestopften Häuserblocks Manhattans rausbringen. Wir sprachen nie etwas anderes als französisch und hörten nicht eine einzige Note Rock'n' Roll. Und ich hatte ihn doch gebeten, mit mir nach San Francisco zu gehen.«

»Dee Dee hat recht«, gibt der Lebemann zu. »Wir waren zu beschränkt. Aber ich werde mit meinem Freund J. Edgar Hoover sprechen, und wir werden mit euch beiden als Reiseführer nach Amerika zurückkehren und die Eingeborenen kennenlernen.«

»Oh, das würde ich gern tun«, sagt Sie wehmütig. »Wir könnten euch eine Seite Amerikas zeigen, die ihr verpasst habt.«

»Disneyland?«

»Es gibt Tausende von echten Disneylands«, sagt Sie.

»Alors«, sagt Monsieur Hauchard, »Spass beiseite *mes amis,* wollen wir die Mahlzeit besprechen? Sagt euch die Speisekarte zu?«

»Warum sollten wir die Auswahl nicht dir überlassen«, antwortete der Commodore. »Ich glaube, du kennst dich besser aus.«

*»Exactement«,*entgegnet der Franzose, und lässt seinen rosa Adamsapfel zustimmend auf und ab hüpfen. »Dieses Restaurant ist, wie jedes andere, für den Unaufmerksamen ein erbarmungsloser Dschungel voller Fallen. *Mon Dieu,* die *canneloni, specialità della casa,* zum Beispiel, die uns gestern nachmittag auflauerten. Diese mitleiderregende, aber unbarmherzige Mahlzeit war nachlässigerweise einige Minuten in der Küchen stehen gelassen worden, und so hatte sich eine dicke Fettschicht auf der Oberfläche gebildet, und zudem war der Rand der Schüssel noch von Saucespritzern verschmutzt. Ich befahl diese Ungeheuerlichkeit augenblicklich von ihren Leiden zu erlösen, damit nicht unsere Erinnerung verseucht würde. Aber reden wir über angenehmere Dinge.«

»D'accord«, murmelt Sie scheu.

»Zum Beginn müßt ihr unbedingt eine kleine *crêpe farcie* mit Hummer und Krebs *armoricaine* probieren. Teem, ich schwöre dir, dies ist der absolute Beweis der Telepathie. Ich liess vor drei Tagen, als noch niemand wusste, dass ihr kommen werdet, einige Hummer aus Maine, speziell für das heutige Nachtessen, über den Atlantik fliegen. Ich schwöre dir, dass es wahr ist. *Fantastique! Non?* Heute nachmittag, als ich mit dem Chef sprach, waren sie noch lebendig und schwammen im Seewasser von Maine.«

»Ich hoffe, dies ist nicht eine grimmige Mahnung an das Schicksal von Flüchtlingen«, sagt der Doktor mit einem wässrigen Lächeln.

»Und nachher werden wir zu Ehren unseres guten *avocat* Maître Benvoglio ein einfaches, echtes bodenständiges Entrecôte mit *sauce béarnaise* verzehren.«

23

»Vergiss nie.
Der erste Stern hängt zwischen seinen Füssen.
Jetzt . . .
Jetzt alle zusammen –«

aus *Gravity's Rainbow,* von Thomas Pynchon

Marbella, Spanien, Mai 1970

Joanna Harcourt-Smith Tamacopolous de Layne hat das Aussehen von jemandem, der jemand anderes ist. Die Leute verwechseln Sie tatsächlich oft mit Audrey Hepburn, Brigitte Bardot oder Lauren Bacalls jüngerer Schwester Nan.

»Wenn sie nach Autogrammen fragen, unterschreibe ich einfach mit dem Namen der Bardot, es ist viel einfacher als das ständige Erklären«, sagt Sie mit einem rauhen Dietrich-Lächeln.

Joanna de Layne ist das in St. Moritz geborene Mädchen, das die Europäische Gesellschaft ausgespielt hat, lediglich indem Sie »willig und bereit war, jedermann kennenzulernen und alles zehnmal schneller zu tun als alle anderen«.

Sie ist jetzt wie die Frauenzeitschriften bestätigen, eine soziale Bedrohung. »Ich mag diese Rolle«, sagt Sie. »Ich sehe mich gerne als *agente provocatrice*. Weiss Gott, dieser sogenannte Jet-Set verbringt viel zuviel Zeit mit Herumsitzen. Wie müde Hennen in der Sonne.«

Es ist sehr wahrscheinlich, dass Sie an einer intimen Dinner-Party, zu der sie uneingeladen erscheint, skandalumwitterte alte Schulfreunde wie François und Oskar de la Yenta, Patty und Bull Buckley, Mick und Bianca Jigger (welch unglückliche Namen die Leute doch annehmen) und Boopsie Chevrolet trifft. Anschliessend gehen sie alle ins *Le Gringo,* den eleganten, sehr schwulen »in«-Club in Gstaad, um die Nacht durchzutanzen.

Joanna, die mit John de Layne aus der berühmten Grundbesitz-Verbindung Washingtons verheiratet ist, hat über die Jahre auch Zeit gefunden, um zu arbeiten.

So war Sie hinter den Kulissen gesellschaftliche Beraterin für Sir Max Aitken, den Besitzer des *Daily Express* in London.

Zur Zeit ist Sie Reiseführerin an der Costa del Sol und empfiehlt, selbstverständlich anonym, Lasterhöllen in Malaga.

»Ich glaube wir wurden auf diese Erde gesandt, um einige evolutionäre Aufgaben zu erfüllen. Sicher, ich liebe das Geld und selbstverständlich liebe ich Kleider«, gibt sie freimütig zu. Ihre bevorzugten Modeschöpfer sind Saint-Laurent, Mikhail Bulgakov und Peter Mattheissen. »Aber eigentlich fühle ich mich am wohlsten in meinen alten Hot Genes«, bemerkt Sie spitzfindig und deutet damit die genetischen Verpflichtungen an, die Sie als Nachkomme von Stanislaus

Ulam hat, der schattenhaften Figur, welche die Wasserstoffbombe entwarf, und von Arpad Plesch, dem heimlichen Sammler von seltenen Pflanzen und heissen Währungen.

Obschon sie bloss fünfzig Kilos wiegt, beharrt Madame de Layne darauf, das Leben wie eine Boa Constrictor zu verschlingen (Ihr Sternzeichen ist Hera-ine/Held-in). Sie verharrt majestätisch zusammengerollt in Ihrem Berghorst oberhalb Malaga, hütet Ihre Chromosomen, badet in Jean Patou 1000, zu 225 Dollar die Unze, und wartet auf Ihre Gelegenheit, das Weltei zu gebären.

24

»Die Fremden schenkten Rotwang eine ihrer Wellenpistolen. Diese Pistole konnte zehn verschiedene Wellen aussenden: Kosmische Wellen, Lichtwellen, Hitzewellen, Atomwellen, Vergnügungswellen, Nachtwellen, Röntgenwellen, Rechtswellen, Raumwellen und Wirklichkeitswellen.«

aus ROTWANG, *von Tim Hildebrand*

Newton Centre, Massachusetts, Oktober 1960

Leri fuhr den Charles River entlang, in Richtung Boston und den Tunnel. Ein dünner Islam-Mond hing tief im wolkenlosen Himmel. Die Nacht war feucht und kühl. Er beschleunigte durch den Tunnel zum Logan-Field-Flugplatz, steuerte seinen Wagen in die Wartezone, stellte den benzingetriebenen Sechszylindermotor ab und sass, die Hände auf das verzierte Plastiksteuerrad gelegt, für einige Minuten ruhig da. Eine riesige Neonschrift über dem Ankunftsgebäude strahlte rotes Licht über den Gehsteig, den Wagen und über das zerfurchte Gesicht des Agenten. Das Neonschild buchstabierte die Worte TRANSWORLD AIRLINES. Er hörte das Heulen der Düsentriebwerke und das Röhren der Flugzeuge, die über die breiten Zementpisten brausten. Der Flugplatz pulsierte mit Newtonscher Energie. Selbstangetriebene Bodenwagen spuckten Primaten aus und nahmen neue auf, die meisten von ihnen trugen Plastikgepäck aus Kunstleder. Er stieg aus, betrat das Gebäude und ging durch die Empfangshalle in einen Durchgang, der in einen Warteraum für Einzelflüge führte. Er kam rechtzeitig an, um das Pendler-Taxi-Flugzeug des New York-Boston-Kurses ankommen zu sehen.

Zwei Minuten später erblickte er seine Besucher. Salinas, immer noch in Blue Jeans, schlenderte im lockeren Gang der Beatniks (oder Hippies, wie sie selber sagte) dahin. Mit ihr war eine schlanke Frau, etwa dreissig, mit blondem, in der Mitte gescheiteltem Haar, das in langen Wellen über ihre Schultern fiel. Sie trug kein Make-up und ihr schmales Gesicht sah müde aus. In den dunkelblauen Augen blitzte der aufmerksame Geist. Sie strahlte weltmüde Weisheit aus.

»Dies ist Flora Lu.«

Die blonde Frau stellte ihren leichten Koffer ab, schaute zum Profesor auf und beobachtete sein Gesicht mit offener Neugier. Ihre Haut war glatt, ihr Mund voll, ihre Augen enorm, ihre Stimme wie ein subtiles Marilyn-Geflüster. Auf ihrem Gesicht lag ein vergrämter Glanz, den sie mit einem Starlet-Lächeln und einem schnellen Wimpernschlag wegwischte.

»Es freut mich, dich kennenzulernen«, murmelte sie. »Salinas machte Andeutungen, daß du Derjenige sein könntest.« Sie wandte sich Salinas zu und kicherte. »Gott, verstehst du das, ich zittere wie Espenlaub. Ist das nicht erstaunlich?«

Der Professor, irgendwie verlegen, packte die beiden Koffer und führte die Damen zu seinem Boden-Fahrzeug.

Flora Lu setzte sich auf den Rücksitz und Salinas nach vorn, und der Commodore steuerte das pneumatisch bereifte, vierrädrige Fahrzeug geschickt durch den Tunnel, um die Docks von Bosten herum und dann den Charles River entlang. Er gab laufend Reiseführer-Informationen und machte auf historische Plätze aufmerksam, aber er fühlte, daß seine zwei Gäste nur auf ihn reagierten und ihm mehr Aufmerksamkeit schenkten als seinen Worten.

»Was heisst ›Derjenige‹?« fragte der Professor über seine Schultern nach hinten.

»Irgend etwas stimmt mit mir, mit meinem Kopf nicht«, antwortete Flora Lu mit heller, selbstbewusster Stimme. »Ich habe ein ausgefülltes Leben gelebt und beobachtete das Leben der erfolgreichsten und schönsten Leute der Welt in Hollywood und New York. Nun stehe ich mit dem komischen Gefühl da, dass niemand weiss, was er eigentlich macht. Das trifft auch für mich zu, und ich mag dieses Gefühl nicht.«

Der Commodore steuerte seinen Wagen um die Flusskrümmung herum, an den niedrigen Kuppeln von Harvard und am riesigen Stadion von Soldier's Field vorbei, und sein Gehirn verarbeitete die merkwürdigen Worte seiner blonden Besucherin.

»Nun«, fuhr Flora Lu fort, »als mir Salinas von dem Harvard-Psychologen erzählte, der die Wirkung von mystischen Drogen studiert, war dies wie eines dieser sehr seltenen Zeichen, die nicht oft in einem Leben auftauchen. Verstehst du?«

25

»Hippies, ausgedropte Hedonisten, sind unreife Ausserirdische. Diese passiv-empfangende Stufe ist der planetarisch orientierten Existenz schlecht angepasst. Diese Sinneskonsumenten liegen umher wie abgestürzte Schmetterlinge, die darauf warten, in die Luft gekickt zu werden.

Die Periodische Tabelle der Energie
auch bekannt als
Das Spiel des Lebens

Lausanne, Mai 1971

»Eine wunderbare Mahlzeit«, murmelt der Philosoph, »aber sind wir sicher?«

»Mit mir in der Öffentlichkeit zu essen macht zwar fett, ist aber ziemlich ungefährlich«, sagt Michel Hauchard. »Macht euch keine Sorgen. Ich habe vorgesorgt. Ihr werdet an einen sicheren Ort gezaubert werden.«

»Ich hoffe, ihr macht es besser als Michel«, sagt Dee Dee. »Ich werde jenen Morgen, an dem die Polizei kam, um ihn mitzunehmen, nie vergessen. Er kam ins Schlafzimmer gerannt, um sich von mir zu verabschieden. ›Wo gehst du hin?‹ ›Mit dem hinteren Aufzug runter‹, sagte Michel. ›Wir treffen uns in Malta.‹ Da hatte ich genug. Lausanne ist die langweiligste Stadt der zivilisierten Welt. Aber Malta! Wirklich, die sind noch nicht einmal zivilisiert.«

»Aber du hast recht, Teem«, sagt Michel. »Die Leute werden fragen, wer ihr seid, und wir sollten uns Decknamen zulegen. Wie sollen wir euch nennen?«

»Unsere Code-Namen in Algerien waren Nino und Maya Baraka.«

»Wunderbar«, rief Michel. »Lasst uns auf unsere neuen Freunde Nino und Maya einen Cognac trinken. Antonia, möchtest du einen Cognac?« Antonia zuckt die Achseln.

Michel, nach vorne gebeugt, um einzuschenken, fällt in seinen Stuhl zurück und wirft die Hände in die Luft.

»Nino, du bist Psychologe. Was sollen wir mit dieser schweigenden Blume aus Rom tun? Sie weiss nie, was sie will. Ich frage sie, was sie trinken möchte. Sie zuckt die Achseln. Ich frage sie, was sie tun möchte, sie zuckt die Achseln.«

»Ich glaube, sie weiss möglicherweise, was sie will«, antwortet der Philosoph. »Aber kann Mann je wissen, was die Frau will? Kennt ihr die Legende?«

»Eine Legende, über was die Frau will? Ausgezeichnet. Ich habe sie noch nie gehört, aber jetzt muss ich sie hören.«

»Ich werde sie erzählen. Vielleicht könnt ihr mir mit einer Antwort aushelfen. Die Geschichte geht so. Wir schreiben das Jahr 1976. An einem warmen Sommertag erfassen die Radarstationen in Amerika, Russland und China ein Unidentifiziertes Fliegendes Objekt beim Eintauchen in unsere Atmosphäre. Plötzlich empfangen alle Fernseh- und Radiostationen auf der ganzen Welt eine Botschaft an die Menschheit. Das UFO erklärt, es komme aus dem Galaktischen Netzwerk, um herauszufinden, ob auf der Erde intelligentes Leben existiere. Die Entwicklung hier habe einen Stand erreicht, der verlange, dass man, falls die erforderliche Intelligenzstufe sich nicht manifestiert habe, das genetische Experiment auf Sol-3 als Fehlentwicklung betrachten und die Planeten säubern und für eine neue Genesis vorbereiten müsse. Ihr könnt euch das Chaos vorstellen. Die Militärköpfe schlagen vor, das UFO anzugreifen und versuchen es sogar. Diese feindseligen Schritte werden problemlos neutralisiert, und die Menschheit ist mit der schrecklichen Tatsache konfrontiert, dass sie ihre Reife demonstrieren muss. Und zwar schnell! Achtundvierzig der brillantesten Wissenschaftler und Gelehrten treffen sich im UNO-Hauptgebäude, um auf die Herausforderung zu antworten. Sie verfolgen über Satellitenfernsehen, wie das UFO die erste Frage, die von der Menschheit beantwortet werden muss, zur Erde sendet.«

Michel und Dee beugen sich fasziniert nach vorne. Sogar Antonia zeigt einen Funken Interesse.

Maya lacht vergnügt. »Achtundvierzig! Oh, das ist gut.«

»Hast du diese Geschichte noch nie gehört?« fragt Michel.

»Ich glaube nicht. Wenigstens nicht in dieser Form. Bitte mach weiter, Acht. Wie lautet die Frage?«

»Wie schön und weise du bist«, sagt Acht. »Das war die Frage.«

»Was«, ruft Michel. »Wie lautet die Frage?«

»Wie lautet die Frage ist die erste Frage. Laßt mich den genauen Wortlaut wiedergeben. Die Stimme der höheren Intelligenz dröhnte durch die Lautsprecher der UNO-Vollversammlungshalle und sagte: **WIE LAUTET DIE FRAGE, AUF DIE DAS LEBEN DIE ANTWORT IST?«**

In der Angestelltengarderobe schreibt ein dünner wieselhafter Kellner die heimlich belauschte Unterhaltung in ein kleines Notizbuch. »Raketen, genetische Experimente.« Er wischt sich mit einem Taschentuch über die feuchte Stirn und netzt mit der Zunge die Spitze seines Bleistiftes. Er zittert vor Aufregung. »Militärische Angriffswaffen.« Dies ist wirklich eine heisse Sache. »Wissenschaftler der Vereinten Nationen.«

Er steckt sein Notizbuch in seine Jackentasche und kehrt in den Speisesaal zurück, um die Weingläser am Tisch Monsieur Hauchards aufzufüllen.

26

»LEVITÄT: Leichtigkeit, Lebenskraft, Gewichtlosigkeit, Flüchtigkeit, Frivolität, Leichtfertigkeit. Zum LICHTgehen, WANDLUNGSFÄHIGKEIT«

Interplanetarischer Thesaurus

Alexandria, Virginia, Mai 1971

Der Silenus-Club ist ein umgebautes Kolonialgebäude aus verwittertem Backstein, mit manikürtem Rasen, der bis zu den Ufern des Potomac hinunterreicht. Ein Country-Club, nur für Mitglieder, der von hohen Staats- und Verteidigungsbeamten, und von sehr hohen Offizieren des Pentagon geschätzt wird. Über die Mittagszeit kommen die Ehefrauen, um Haushaltspionageberichte auszutauschen und zwischeneheliche Feldzüge zu planen.

Das Haus hat selbstverständlich einen Säulenvorbau, der an die Konföderation erinnert, eine wunderbare alte Ahornallee und den besten Klatsch der Stadt.

Betty Ann Mellini Plough lehnt ihren hochgewachsenen, festgebauten Körper gegen die Stuhllehne und lächelt Louisa Mae zu. Betty Ann trägt einen grauen Rock, der ihre üppigen Hüften umschliesst und einen gelben Pullover mit Elfenbeinperlen. Ihr blondes Haar war mit silbernen Strähnen durchzogen, ihr voller roter Mund schmollte.

»Du willst dich noch immer nicht von mir bumsen lassen?«

Louisa kicherte. »Für sowas sind wir viel zu gute Freunde. Es gibt nichts einfacheres, als jemanden fürs Bett zu finden. Aber eine vertrauenswürdige Freundin, meine Liebe, ist zu wertvoll, um sie aufs Spiel zu setzen.«

»Aber sag mir trotzdem, ob du es gerne tun würdest«, schmeichelte Betty Ann. Die ernsthafte Ironie in ihrer rauchigen Stimme prallte angenehm mit der Intensität ihrer Worte zusammen.

Louisa beugte sich vor und betrachtete ihre Freundin mit amüsierten, abschätzenden Blicken. Ihre Haselnussaugen sind gross und scheinen weise. »Wenn wir uns zum Klatsch zwischen den Bettlaken anstatt zum Mittagessen treffen würden, wäre es für unsere Figur tatsächlich besser. Lass mich darüber nachdenken. Sag mir in der Zwischenzeit, was läuft. Warum heiratete Joanna John de Layne?«

»Weil sie ihn liebt, vermute ich. Nehmen wir an, es sei so.«

»Und warum heiratet John, der auf den höchsten Ebenen der Gesellschaft Washingtons verkehrt, die vormalige Joanna Harcourt-Smith Tamacopolous y Ulam, ›Schneekönigin‹ des Londoner Chelsea-Viertels und Wildfang-Possenreisser-Star des europäischen Jet-Set?«

»Woher hast du das?«

»Oh, sagen wir aus den Frauenzeitschriften.«

»John sah eine günstige Gelegenheit«, sagte Betty Ann nachdenklich. »Joanna zu heiraten war eine Möglichkeit, zum Mittelpunkt zu kommen, sich in ihre unglaublichen Energien einzustimmen, sich mit den schnellsten Elementen der europäischen Gesellschaft zu verbinden.«

»Aber ist es so?«

»Hör mal: Anfang 1971 wirbelte die schmissige kleine Frau de Layne aus ihrem Haus in Malaga heraus, und mit der Geschwindigkeit von Speed nach Washington hinein, mit dem Image des armen, kleinen, reichen Mädchens getarnt –; schmollend, verwöhnt, verlangend, pompös sauste sie mit aller Glückseligkeit, die für Energie zu haben ist, durch die Gesellschaft der Hauptstadt.«

»Aber ihr Image hat Glaubwürdigkeitslücken. Woher kam sie?«

»Ihr Vater war ein geadelter britischer Marineoffizier. Ihre Mutter eine Ulam.«

»Wer sind diese Ulams? Ist es wirklich gut, eine Ulam zu sein?« fragte Betty Ann zweifelnd.

»Es ist eine berühmte polnische Familie. Ihr Grossvater war sehr reich. Die nächste Generation war sehr schlau. Einer der Onkel ist Direktor des Russian Institute in Harvard. Das ist interessant. Ein anderer ist ein berühmter Mathematiker. Er erfand die Wasserstoffbombe.«

»Ich dachte, dass Edward Teller die Wasserstoffbombe erfand«, sagte Betty Ann, die sich plötzlich in Frau Burleigh Plough, die Gattin des Admirals, zurückverwandelt hatte.

»Das ganze Nuklearding ist etwas mysteriös«, antwortete Louisa, deren Ehemann beim Staatssicherheitsdienst war. »Die offizielle Version lautet, dass Stan Ulam die Lösung in Tellers Büro brachte und Teller bloss die Konstruktion ausarbeitete. Der bekannte Witz sagt: »Wenn Teller der Vater der H-Bombe ist, ist Ulam die Mutter.«

»Russen, H-Bomben und Geld, ich verstehe.«

»Und vor allem Polen. Bonnie sagt, dass Joanna überhaupt nicht reich ist. Sie wurde von ihrem Stiefvater, Arpad Plesch, enterbt.«

»Oh, ja, er ist sehr reich, Pornographie und Rennpferde glaube ich.«

»Sie ist nicht so reich wie sie aussieht, aber sehr clever.«

»Aber niemand weiss genau was sie ist, ausser, dass sie sichtbar ist. Man bezeichnete sie als verrückt, brillant, selbstgefällig und selbstpropagierend. Man nannte sie eine Wohltäterin des Kokain, eine angehende Diana Cooper.«

»Ich glaube nicht, dass diese Ehe gut geht.«

»Auf einer konventionellen Ebene sicher nicht. Aber auf ihrer Ebene könnte es schon gut gehen. Vielleicht lernt sie, sich ein bisschen zurückzuhalten.

»Und sich niederzulassen?«

»Hoffentlich. Ist es möglich?«

»Oh, komm schon Liebes. Für eine Frau ist es anders. Eine Frau verhaftet sich nicht so emotionell wie ein Mann. Verstehst du, Eifersucht und der ganze pathetische Männlichkeits-Rummel. Eine Frau kann mit jedem ins Bett gehen.«

»Er ist einfach nicht dazu gebaut. Promiskuität liegt einfach nicht in der Natur des Mannes. Oh ja, sie geben hoch an, prahlen und lügen, aber tief im Innern will ein domestizierter Mann treu sein.«

»Und Joanna?«
»Sie ist eine Frau. Was kann man da noch anderes sagen?«

27

»Eines Tages beschlossen die Fremden, dass Rotwangs Welt etwas Besonderes brauchte. Auf ihrem eigenen Planeten hatten sie einen sogenannten *Musikalischen Südgehirnreiniger.* Rotwang durfte ihn ausprobieren, und er gefiel ihm ausserordentlich. ›Wir haben hier viele Leute auf diesem Planeten, die für so was wirklich Verwendung hätten‹, sagte Rotwang.«

aus ROTWANG, *von Tim Hildebrand*

Newton Centre, Massachusetts, Oktober 1960

Der Abend hatte sich ereignislos entwickelt. Salinas und Flora Lu waren in ihre Zimmer geführt worden. Nachdem sie gebadet und ihre Körper kunstvoll in reichverzierte Stoffe eingehüllt hatten, gesellten sie sich zu den anderen in der Bibliothek.

Die Versuchsgruppe bestand aus einem Psychiater, seiner Frau und zwei Studenten. Flora Lu sass in der Ecke einer langen Couch und schaute mit riesigen, weit geöffneten Augen zu, wie sich die Zeremonie entfaltete.

»Was machst du in New York?«, fragte sie der Doktor.

»Ich bin verheiratet. Mit einem berühmten Innenarchitekten. Harold Macusack. Und ich habe vier Kinder. Hast du schon von ihm gehört?«

»Ich glaube nicht. Ich bin über viele wichtige Dinge wirklich nicht gut informiert.«

»Das sehe ich.«

Salinas dominierte die Sitzung mit ihrem schnellen, nadelspitzen Junkie-Verstand. Dieser sarkastische, ultra-zynische, jaulende, gelangweilte, unverschämte, komische Spott eines New York-Jazzheads, aus dem Mund eines aristokratischen Mädchens, das sich auf der Couch des Commodore räkelte, wirkte wunderbar anziehend.

Flora Lu hörte zu, liess ihre grossen blauen Augen umherschweifen und brach ab und zu in atemlose Jungmädchen-Kommentare und schlichte, kichernde Fabeln aus, die die diamantharte Weisheit einer Kind-Frau reflektierten, die im Leben als Hollywood-Starlet, Nachtclub-Garderobefrau und als Jazz-Band-Managerin die Grossstadtkultur beobachtet hatte; die Gaunereien, die Alibis, die Betrügereien, Deals, Show-Schwindel, die Höhen und Tiefen der Schönen und Berühmten, der Produzenten, Agenten und der Stars. Sie war immer das Mädchen von Oklahoma, das sich an die Falschheit, die Skandale und Nobilitäten der Kleinstadt erinnerte, die kleine blonde Studentin in der Nachtschule des Lebens, die herauszufinden, einen Sinn zu finden versuchte, die durch Fassaden zur Samen-Realität brach; und wenn sie dann in diesen raren Momenten fühlte, dass sie verstanden wurde, flüsterte sie ihre schockierenden Entdeckungen mit listiger Unschuld.

28

»Was ist der Sinn des Lebens? Die Augen und Ohren des Schöpfers des Universums zu sein, du Narr.«

Kurt Vonnegut, Jr.

Lausanne, Mai 1971

»Oh«, ruft Michel, »diese Höhere Intelligenz will wissen, ob wir den Sinn des Lebens kennen?«

»Nun, es war etwas differenzierter«, erklärt der Commodore. »Die schockierende Folgerung war die, wie die Gelehrten bald feststellten, dass das Leben offenbar einen Sinn hat. Die Tatsache, dass Sie von der Menschheit die grundsätzliche Antwort verlangten, wies erstaunlicherweise darauf hin, dass das Leben einen Sinn *hat* und dass die Suche nach diesem Sinn der Sinn *ist.* Ihr versteht sicher, was für eine Verwirrung dadurch entstand! Die Wissenschaftler waren total überfragt, da sie sich untereinander geeinigt hatten, dass das Leben nichts weiteres als zufällige Verbindungen von chemischen Substanzen sei, und so weiter. Professor James Watson aus Harvard, der für seine Entdeckung des DNS-Codes den Nobelpreis erhielt, antwortete als erster. ›Keine Frage, keine Antwort. Reiner Zufall!‹, erklärte er. Die Fachleute konferierten über acht Stunden, das Ganze wurde vom internationalen Fernsehen übertragen, aber eine Einigung ergab sich nicht. Da es nicht gelang, eine gemeinsame Antwort zu finden, wurde beschlossen, ein System auszuarbeiten, demzufolge jedermann, der glaubte, eine Lösung zu haben, diese per Telefon oder Telegramm in einen zentralen Computer einzugeben, wie deren viele in den industrialisierten Ländern vorhanden waren. Die Lösungen wurden dann von dort direkt zum UFO gefunkt. Die Höhere Intelligenz erklärte sich bereit, die Antworten abzuhören und gab eine Frist von vierundsechzig Stunden.«

»Vierundsechzig«, murmelte Maya. »Selbstverständlich.«

»Diese Methode der Übermittlung wurde von allen Ländern der UNO einstimmig akzeptiert. Zum ersten Mal in der schriftlich festgehaltenen Geschichte war nun tatsächlich jeder Mensch in einem gemeinsamen, sich gegenseitig unterstützenden Unternehmen engagiert. Rivalitäten und Konkurrenzgedanken verschwanden schnell, als die Standardantworten der religiösen Führer, Philosophen und Politiker vom UFO als unzulänglich zurückgewiesen wurden. Ein seltsamer Austausch der Rollen entwickelte sich. Anstatt ihre religiösen Glaubensvorstellungen anderen aufzuzwingen, appellierten die führenden Denker, ja selbst die religiösen Fanatiker an jedermann, neue Antworten zu liefern. Professoren baten ihre Studenten, Ideen über den Sinn des Lebens zu finden. Eltern fragten ihre Kinder. Kinder fragten sogar ihre Eltern. Bis zum späten Nachmittag des zweiten Tages waren dreiunddreissig Millionen Antworten an die unerbittliche Präsenz im Himmel gesendet worden. Für jede Lösung kam eine negative Erwiderung zurück. Während des zweiten Tages wurden die Medizinmänner der primitiven Stämme von Anthropologen befragt, die Bibliotheken der ganzen Welt wurden von gut organisierten Teams durchsucht. Die Antworten kamen in allen Sprachen, modernen und alten, in chemischen Formeln, als mathematische Gleichungen. Und noch immer war das Resultat negativ.

Am Morgen des dritten Tages schwand die Hoffnung. Es schien unmöglich, dass noch irgend jemand auf dem Planeten nicht befragt worden war. Selbstverständlich gab es aber noch einige wenige. In der Isolationszelle eines kalifornischen Gefängnisses war zum Beispiel ein Philosoph, der wegen seiner unzeitgemässen Ideen eingekerkert war. In seiner Gefängnisabteilung gab es kein Radio, keine Zeitungen, keine Gespräche. Diese Isolation störte den Philosophen nicht im geringsten, betrachtete er doch die Isolationshaft als eine willkommene Gelegenheit, seine ganze Zeit dazu zu verwenden, um mit der einzigen Person, mit der es für ihn noch möglich war, eine intelligente Konversation zu führen.«

»Ho ho ho!« ruft Michel Hauchard. »Das ist unbezahlbar. *Comprends-tu, Chérie?«*

Dee Dee ist zwar sichtlich verwirrt, nickt aber und lächelt.

»Drei Mal pro Tag kamen Wärter und öffneten den Metalldeckel eines schmalen Schlitzes, von den Russen ›Schweinetrog‹ genannt, und schoben ein Tablett mit dem Essen hindurch, und der Gefangene schob das schmutzige Tablett der letzten Mahlzeit zurück. Am Morgen des dritten Tages beugte der Wärter seinen Kopf runter und rief dem Gefangenen zu: ›Nun wirst du nicht mehr lange sitzen müssen.‹ ›Wie meinen Sie das‹, fragte der Gefangene, ohne eigentlich eine Antwort zu erwarten, hatte er doch dieselbe Frage schon unzählige Male an die verschiedensten Mitglieder der Bürokratie gerichtet. ›Oh, hast du nichts davon gehört? Alles Leben auf dem Planeten wird möglicherweise in sechzehn Stunden ausgelöscht werden.‹

Der Wärter erklärte dem Gefangenen das globale Dilemma, schloss den Metalldeckel und ging weg. Das Schloss schepperte wie immer, wenn es in der Metalltür einrastete.

Vier Stunden später hörte der Gefangene erneut das Klirren der Schlüssel im Zellengang und das scheppernde Öffnen des Schlosses. Als er das schmutzige Tablett zurückschob, sagte er beiläufig zum Wärter: ›Die Frage ist kein Problem.

Mich interessiert die Antwort. Sagen Sie's mir, falls Sie was davon hören.‹ Der Wärter, der noch zwanzig Minuten Dienst hatte, grunzte: ›Natürlich, du wirst der erste sein, dem ich was sage‹, knallte den Deckel zu, hängte das Schloss ein und ging weg.«

29

»Die Plätze auf dem Planeten, auf denen sich das genetische Drama zu entfalten beginnt, ziehen den Evolutions-Agenten an und er übt dort seine Transformationsfunktion aus. Der Agent bewegt sich zur Stelle der höchsten Energie, wie die Motte zur Flamme. Wenn die Zeit reif und der Agent bewusst vorbereitet ist, steuert SiEr einfach die enormen freiwerdenden Energien. Ein kleiner Stoss genügt bereits, um einen Planeten umzuwandeln. Also läuft der Evolutions-Agent fortlaufend mit offenen Augen in die Fallen.«

Exo-Soziologie

Alexandria, Virginia, Mai 1971

»Gut, das Geheimnis bleibt. Warum heiratete Joanna John de Layne? Er ist gar nicht so reich oder mächtig.«

»Beziehungen. Die de Layne-Familie betreibt als Nebengeschäft die bekannteste Immobilienagentur in der Gegend von Washington-Georgetown.«

»Und? Was könnte langweiliger sein? Man führt japanische Handelsattachés in Vorortshäusern rum.«

»Mach dich nicht lächerlich, meine Liebe. Dies ist eine Schlüsselstellung auf dem Spionageschachbrett. Die de Layne-Familie hat von jedem Diplomatenhaus der Hauptstadt die Grundrisse. Sie besprechen mit dem chinesischen Botschafter seine Wohnbedürfnisse. Sie sind da, um dafür zu sorgen, dass jedes vermietete Haus entsprechend eingerichtet ist.«

»Du meinst mit Abhörgeräten? Aber warum sollte Joanna sich für sowas interessieren?«

»Genau das ist der letzte Schrei unter den intelligenten Jet-Settern. Nachdem du im Alter von sechzehn Jahren jede mögliche Sexstellung beherrschst und im Alter von achtzehn jede durch Drogen ausgelöste Hirnzuckung, was bleibt da noch übrig? Die allerletzten Leben-Tod-Kicks. Aber Fallschirmspringen oder Haifischjagd mit Harpunen sind zu muskulär-skandinavisch, nicht wahr? Also gibt es nur noch drei Möglichkeiten. Zwei davon, Revolution und Drogenhandel sind heute etwas passé.«

»Gut, was ist die dritte? Du meinst doch nicht etwa Spionage?«
»Warum nicht?«
»Joanna? Eine Spionin! Sie ist viel zu wild und ausgefreakt, um zuverlässig zu sein. Sie würde ein Land verraten, wie sie ihre Liebhaber wechselt.«
»Schon, aber inwiefern ist ihr Verhalten eine sorgfältig ausgedachte Maske? Nehmen wir mal an, dass hinter den wilden, verrückten Sex-Drogen-Antiquitäten eine kalt berechnende Frau steckt, die von drei Generationen ungarisch-polnischer Juden ausgebildet wurde, um im Machtspiel der ersten Liga mitzumischen. Du machst Witze. Joanna ist die letzte Person, die . . .«
»Genau. Ist das nicht eine faszinierende Idee?«
»Aber sie ist verrückt, irre, nymphomanisch, verdopt, schwanzsüchtig. . .«
»Trotzdem taucht dieses aufgeweckte, bewegliche, komische kleine Mädchen an den merkwürdigsten Orten auf.«
»Ich war ein paarmal dabei.«
»Nein, ich meine nicht die Nachtclubs von Gstaad und St. Tropez. Ich will sagen, dass sie tatsächlich im Haus des ägyptischen Wirtschaftsministers lebte, als sie mit dessen Sohn verheiratet war. Und das war ein paar Jahre vor dem Sechstage-Krieg.»
»Ich sehe keinen Zusammenhang.«
»Weisst du, dass sie aus Ägypten ausgewiesen wurde?«
»So auch Faruk und Omar Sharif. Und Elizabeth Taylor. Und noch viele andere nette Leute, die ich in Monaco kenne.«
»Wusstest du, dass sie mit sechzehn die Englisch-Nachrichtensprecherin bei der einzigen Fernsehstation in Beirut war?«
»Ja, ich erinnere mich, sie drehte dort einen Film, nicht wahr?«
»Kannst du dir, ein Jahr vor dem Sechstage-Krieg, eine bessere Position für eine Agentin vorstellen?«
»Meine Güte, erzähl weiter.«
»Würdest du glauben, dass sie, ein Jahr vor dem Putsch der Obersten, in eine der grössten griechischen Schiffsbauer-Familien einheiratete?«
»Ach wirklich. Schwanz, Geld, sorgfältig arrangierte Ehen, das kann ich glauben, der Rest ist Zufall.«
»Weisst du, dass unsere männerverrückte, drogenglückliche Joanna in die chinesische Botschaft von Paris eindrang und von den Botschaftsbewachern gewaltsam rausgeworfen werden musste?«
»Was beweist das schon? Sie wurde auch aus dem Monaco Palace-Hotel rausgeworfen, nachdem sie mit dem Fahrrad durch den grossen Speisesaal gefahren war.«
»Ich verstand es als eine missglückte Spitzelaktion, die in eine kleine Propagandaaktion zur Verunglimpfung der schlitzäugigen Genossen umfunktioniert worden war. Eine ganze Menge diplomatischer Beziehungen zwischen Peking und Paris wurden deswegen abgebrochen, das weiss ich genau.«
»Hm. Du steckst mich an. Dann könnte ihre Affäre mit Michel Hauchard. . .«
»Genau. Da haben wir Hauchard. Einer der flamboyantesten Schmuggler und

Waffenschieber auf dem Kontinent. Lauthals antisemitisch und in arabische Schmuggelware verwickelt. Aber wer weiss. Er arbeitet für jemanden. War er ein antifaschistischer Spion während des Zweiten Weltkrieges? Er behauptet, dass er nach dem Krieg in Prag die Füsse gebrochen habe. Wer weiss.«

»Und dann ist sie plötzlich die Schwiegertochter des Maklers, der mit maximalen Sicherheitsvorkehrungen versehene Häuser an Ausländer in Washington verkauft. Aber es ist unmöglich. Kein kleines Mädchen, egal wie schlau es ist, könnte. . .«

»Stimmt. Aber kommen wir wieder auf die Familie zurück: Ein Onkel in Los Alamos. Ein anderer Direktor des Instituts für Russische Studien an der Universität von Harvard. Weisst du was das bedeutet? Dann Arpad Plesch, der als Multimillionär aus Devisen und Waffenhandel aus den Ruinen des Zweiten Weltkriegs auftauchte? Glaubst du, dass die Interpol und die CIA ruhig sitzen bleiben, während ein kleiner jüdischer Geschäftemacher sich still bereichert?«

»Für wen arbeitet sie?«

»Es kann nur für die CIA sein, möglicherweise mit zionistischen Beziehungen. Keiner kommt in Los Alamos oder Harvard rein, wenn er für die andere Seite arbeitet.«

»Nun, wenn dem so ist, warum verliess sie dann John und Washington, um in den schicken Hippiezentren Europas rumzuflippen?«

»Genau das möchten einige von uns wissen. Wie Michel sagt, ist sie möglicherweise bloss verrückt.«

»Verrückt wie eine Ulam.«

»Und sie hat punkto Spionage und Verschwörung einen weiteren grossen Vorteil. Sie ist eine europäische Frau.«

30

»Am nächsten Tag bestellten die Fremden eine Million Musikreiniger von Alpha. . . Bald begannen die Leute ihre *Musikalischen Südgehirnreiniger* zu benützen. Sie lasen die Gebrauchsanweisung und probierten die Sache aus. Im wesentlichen war der *Musikalische Südgehirnreiniger* ein kleines Gerät, das gewisse Schwingungen freisetzte, die eine Kombination von Musik und Gedanken waren. Es gab zehn Sender. Auf Sender 1 gab's eine Liebesschwingung. Sender 2 & 3 erzeugten Friedensschwingungen verschiedener Stärken. Sender 5, 7, 8 und 9 erzeugten unterschiedliche geistige Gesundheitsschwingungen. Nummer 6 sendete eine Traumwelle. Sender 10 war eine Kombination von Denk- und Schwimmschwingungen.«

aus ROTWANG, *von Tim Hildebrand*

Newton Centre, Massachusetts, Oktober 1960

Frühmorgens stand der Commodore auf. Er machte Speck und Rühreier für sich, seine 13jährige Tochter Susan und seinen 11jährigen Sohn Jack. Er fuhr Susan zum Haus einer Freundin, mit der sie den Tag verbringen wollte. Danach fuhr er mit seinem Sohn zum nahen Baseballstadion, wo er sich als stellvertretender Anführer eines Unterliga-Baseballclubs betätigte. Jack war der einzige Spieler, der während des ganzen Spiels aktiv war, denn er war ein Fänger, und es gab keinen anderen Jungen, der fähig war, diese schwierige Aufgabe zu erfüllen. Jack traf ein Double und ein Triple. In der letzten Runde sprang er hoch in die Luft, um einen Wurf vom Aussenfeld zu fangen und erwischte den Renner vor dem Ziel.

Der Trainer sagte: »Dieser Jack Leri ist eine Bombe.«

Der Commodore war sehr stolz auf seinen Erziehungserfolg.

Als er nach Hause zurückkehrte, sassen Salinas und Flora Lu am Küchentisch. Sie lachten und schwatzten fröhlich.

»Wo warst du?«, fragte Salinas.

»Oh, draussen. Habt ihr gefrühstückt?«

»Oh ja, aber wir waren wirklich ausgefreakt, als wir erwachten und das Haus leer fanden.«

»Wir dachten, wir hätten alles halluziniert. Die letzte Nacht und dich und alles«, sagte Flora Lu.

»Nun, wir haben endlich erkannt, was du bist. Dein Spiel auch.«

Der stolze Vater öffnete den Kühlschrank und nahm ein Sechserpack Bier heraus.

»Bier?«, fragte er seine beiden schönen Gäste.

»Was immer du hast, wir nehmen es auch«, sagte Flora Lu leise.

Er zog den Metalldeckel ab und schaute zu, wie das Bier in die sonnendurchtränkte Luft sprühte. Er öffnete zwei weitere Büchsen und schenkte den zwei Frauen ein.

»Was habt ihr herausgefunden?«, fragte der Commodore.

»Wir kamen zum Schluss, dass du von einem anderen Planeten bist...«, sagte Flora Lu.

»... und wenn du verschwindest, wie du es immer tust...«, fügte Salinas bei.

»... erhältst du Anweisungen von deinem Heimatstützpunkt.«

»Aber du brauchst unsere Hilfe.«

»Ich bin überzeugt, dass ihr recht habt«, sagte der Professor, »an was für eine Hilfe habt ihr gedacht?«

»Wir haben dich sehr sorgfältig beobachtet und es ist für uns offensichtlich...«

»... dass du eben erst angekommen bist...«

»... weil du überhaupt nicht weisst, wie man irgend etwas auf diesem Planeten macht...«

»... es gibt für uns keinen Zweifel, dass du ausserirdisch bist, denn du kennst die wichtigen kosmischen Dinge...«

»... aber du brauchst etwas Hilfe bei den kleinen, unwichtigen, materiellen Dingen, zum Beispiel wie man sich anzieht und wie man sich das Haar schneiden lässt...«

»... und welche Musik man hört...«

»... mit anderen Worten, du bist wie ein kleines Kind, das eben erst hier unten angekommen ist...«

»... und es ist nötig, dass du weisst, wie man die kleinen Sachen tut...«

»... um zu vermeiden, als Fremdling erkannt zu werden. Sollte dies passieren...«

»... kommst du in böse Schwierigkeiten und sie werden dich zerstören und...«

»... du könntest uns die wichtigen Dinge nicht lehren...«

»... und uns nicht bei deinen zukünftigen Experimenten beteiligen...«

»... da wir schon davon sprechen...«

»... könnten wir noch was haben?«

»Jetzt?«, rief der Doktor aus. »Warum; falls ihr, ah, jetzt antörnt, werdet ihr, ah, high, sehr high sein, wenn ihr im Flugzeug sitzt. Wir hatten noch nie Versuchspersonen, die ausserhalb der Überwachung und ohne Begleitung rumrannten.«

»Nun, dies ist genau der Grund, warum du Versuchspersonen wie uns brauchst«, sagte Salinas listig. »Es wird ein experimenteller Durchbruch werden. Und wir versprechen dir, dass wir morgen genaue Berichte schreiben werden.«

»Und ich wäre zutiefst geehrt«, flüsterte Flora Lu scheu, »wenn du am nächsten Wochenende in mein Haus kommen könntest. Wir würden ein Experiment mit einigen sehr interessanten Versuchspersonen und allem Drum und Dran arrangieren.«

31

»F.: Warum erschuf Gott den Menschen?
A.: Um Sie in dieser Welt zu lieben und zu verehren und in der nächsten mit Ihr glücklich zu sein.«

Irdischer Religiöser Katechismus
von Georgiana Power-Smith

Lausanne, Mai 1971

»Als der Gefängniswärter das Wachbüro betrat, fand er seine Kollegen vor einem Fernsehgerät versammelt. ›Was Neues?‹, fragte er erwartungsvoll.

Die Wärter schüttelten ihre Köpfe.

›Wenn du mich fragst, dann sollten wir aufhören, diese kommunistisch angehauchten Bastarde im UFO zu besänftigen und sie in Stücke schiessen!‹

›Es ist die alte Scheissgeschichte‹, sagte der Wärter mit dem Tablett. ›Wir bringen diesen Tieren das Fressen, schwitzen für unsere fünf Kröten pro Stunde und diese nichtsnutzigen Gauner scheren sich einen Dreck drum. Dieser Typ in der Isolation wusste nicht einmal vom UFO. Als ich's ihm erzählte, meinte er, die Frage sei kein Problem, er interessiere sich bloss für die Antwort. Typisch, nicht, die wollen, dass wir sie mit allem bedienen.‹ Die neue Schicht nahm den Dienst auf und die Tagesschicht ging nach Hause. Da packte einer der Wärter den Arm des Klagerichs. ›Sagtest du, er wisse, wie die Frage lautet?‹«

Der Philosoph macht eine Pause und bittet Michel um einen weiteren Cognac. Dann wendet er sich Maya zu und lächelt. »Erzähle ich zu langsam?«

Michels Gesicht ist gerötet. »Nein, nein. *Continuez. Formidable,* eh, Dee Dee?«

»Als der Häftling das Geräusch rennender Schritte und das Klimpern von Schlüsseln hörte, setzte er sich auf der Pritsche auf. Der Metalldeckel schlug auf, und zu seiner Verwunderung sah er zwei Gesichter, die ihn von der Seite betrachteten. So etwas hatte er, ausgenommen auf Spielkarten, noch nie gesehen. Das Faszinierende an Gefängnissen ist die totale Unglaubwürdigkeit, dachte er. ›He, hör mal zu‹, rief der Wärter. ›Sagtest du, dass du die Frage, auf die das Leben die Antwort ist, kennst?‹ Apropos Unglaubwürdigkeit, denkt er. ›Ja, ich kenne die Frage.‹ ›Dann sag sie uns.‹ ›Warum sollte ich? Ihr habt mich nicht einmal auf meine Rechte aufmerksam gemacht.‹ ›Hör auf, rumzumaulen‹, sagte das Gesicht mit dem Mund auf der linken Seite. ›Wir kommen rein und prügeln die Frage aus dir raus.‹ ›Oh, falls ihr das tut, werde ich sofort sprechen, aber ihr werdet nie erfahren, ob ich die Wahrheit sage.‹ ›Er hat recht, Duane‹, sagte das Seitwärtsgesicht mit dem Mund zur Rechten. ›Also, was müssen wir tun, damit du sprichst?‹ Bringt mich zur UNO nach New York‹, sagte der Häftling. ›Ich werde direkt zur Höheren Intelligenz sprechen, hier unten habe ich sowieso niemanden mehr, mit dem ich sprechen kann.‹ ›Lass uns mit dem Direktor sprechen‹, sagte der linke vertikale Mund. ›Wir sind gleich zurück.‹ ›Ich werde auf euch warten‹, sagte der Gefangene.

Nun, der Aufseher telefoniert mit dem Gefängnisdirektor, einem klugen, zähen, ambitiösen Politiker, der realisiert, dass es nichts zu verlieren gibt. Er hat die Möglichkeit, spesenfrei nach New York zu fliegen; und der Gefangene ist schliesslich ein gebildeter Mann, Autor von zehn Büchern, die, obschon sie subversiv sind, die unerwartete Lösung enthalten könnten. Also, die Wärter kommen zur Isolationszelle, legen dem Häftling Handschellen an, befestigen diese mit einer Kette um seine Hüften, führen ihn zu einem Polizeiwagen und binden ihm die Füsse mit Knöchelschellen zusammen, genau wie es das Reglement den Transport von Häftlingen betreffend vorschreibt. Der Gefangene wird in Begleitung von zwei Wärtern, dem Aufseher und dem Gefängnisdirektor nach New York geflogen. Der Mann am Ticketschalter der Trans World Airlines, der sein Einkommen mit Tips an die Presse aufbügelt, gibt die Nachricht weiter. Sie wird von den Medien als Geschichte von allgemeinem menschlichem Interesse aufgezogen und an eine verzweifelnde Welt weitergegeben. Der Häftling erreicht das UNO-Gebäude eine Stunde und vier Minuten vor Ablauf des Ultimatums. Der Aufseher ordnet an, die Knöchelschellen zu entfernen. Die Hüftkette und Handschellen aber, so verlangte es das Reglement den Transport von Häftlingen betreffend, blieben noch immer um den Gefangenen geschlossen, als dieser die Bühne der Versammlungshalle betrat und die Frage in ein Mikrofon flüsterte.«

32

»Vergiss nie, wenn du mit Menschen verkehrst, dass diese zwölf verschiedenen Spezies angehören und in zwölf verschiedenen Realitäten leben. Du musst das Frequenzband des zum Haustier gezüchteten Affen, mit dem du kommunizierst, kennen.«

Ein-hirnige Menschen (Fische-Widder-Stier) wähle: 1-2-3
Zwei-hirnige Menschen (Zwillinge-Krebs-Löwe) wähle: 4-5-6
Drei-hirnige Menschen (Jungfrau-Waage-Skorpion) wähle: 7-8-9
Vier-hirnige Menschen (Schütze-Steinbock-Wassermann) wähle: 10-11-12

Interstellarer Reiseführer

Vidalische Archive, 2575

Die entzückenden Missetäter

Wenn die warmen Winde des Juni das Land mit Blumendüften erfüllen, dann gähnen und strecken sich die Zwillinge und klettern aus ihren bequemen Betten. Sie erlaben sich an einem ausgiebigen Schluck warmer Milch und dann, erfrischt und beweglich, beginnt ihre Suche im irdischen Garten Eden. Sie halten nach Partnern, Action, nach Energie, Unterhaltung – kurz, nach irgendeinem Deal Ausschau. Jeder dieser zwei-hirnigen Kobolde wird trotz einer ansehnlichen Sammlung kleiner Verbrechen ungeschoren davonkommen, einfach weil er ein Zwilling ist – anregend, pelzig, hartnäckig und lustig. Sie sind Nagetiere mit zwei Greifpfoten oben und zwei kräftigen Beinen unten, aber nur wenige Leute fühlen sich durch sie gestört, wie sie es etwa durch Ratten sind, weil Zwillinge liebenswürdig sind, während sie Verheerungen anrichten.

Dies wurde mir letztes Jahr klar, als ein berufsmässiger Menschenforscher bemerkte: »Ich kann Zwillinge einfach nicht verjagen, egal wieviel sie klauen. Es hiesse den Geist der Leichtfertigkeit aus einer Wesensart verbannen, die ohnehin schon schwerfällig ist und nicht genug bezaubernden Reiz hat. Ich weiss, dass sie zweibeinige Ratten sind, aber ich liebe sie.«

Zwillinge sind Nagetiere, wie Ratten. Genauer, sie sind zwei-hirnige Primaten, die an sich nicht fähig sind, die Realität der abstrakten Symbole und Moral-Codes, die die domestizierten Primaten derart beschäftigen, zu verstehen.

Nimm mich, zum Beispiel. Eines Tages war ich gerade am Telefon, als ich sah, wie ein Zwilling die Hintertreppe heraufkam, in die Küche rannte, sich eine Flasche Champagner schnappte und im Schlafzimmer meiner Tochter verschwand. Erfreut, da ich noch nie einen Zwilling in meinem Haus gesehen hatte, führte ich ihn zu einem Gespräch unter vier Augen ins Arbeitszimmer. Seine klaren Augen funkelten vor Gesundheit und Unschuld. Wäre es jemand anderes gewesen, ich hätte ihn innerhalb einer Sekunde rausgeworfen. Aber er war ein Zwilling, grossäugig, gradlinig, zu wirklichem Symbolmissbrauch oder häuslichen Missetaten völlig unfähig. Ich liess ihn für einige Monate bleiben, bis ich endlich realisierte, dass er die ganze Familie in ein Netz von lächerlichen wieselhaften Täuschungen und kindischem Aberglauben verstrickt hatte.

Diese Fähigkeit des Verzauberns basiert auf verschiedenen Eigenschaften: Ihre/Seine jugendliche Erscheinung (sie sind die ersten Säugetiere, die ersten Strandkreaturen, und noch immer der Beweglichkeit im Wasser angepasst), Ihre/Seine lebhafte Energie und Ihre/Seine Gewohnheiten, z. B. eine wirklich erstaunliche Menge Leckerbissen in Ihren/Seinen drahtigen Körper zu stopfen; Angewohnheiten, die sogar kultivierte Sternenmenschen, wie meinen Freund, den Astro-Kolonisator von Sirius V, verwirren kann.

Der Sternenmensch hegte, als es darum ging, die Ökologie auf dem Planeten (auf dem SiEr eingesetzt war) zu schützen, keinerlei besondere Sympathien für die zwei-hirnigen Kreaturen. Jedesmal, wenn SiEr einen Menschen sah, der zerstörerisch zu wirken versuchte, jagte SiEr diesen fort. Nun, eines Tages verliebte SiEr sich in Ihrem/Seinem Büro Hals über Kopf in einen possenreissenden, lügenden und sich dabei verstrickenden Zwilling, der vorgab, junge Männer zu verführen, so dass SiEr sich dabei ertappte, wie SiEr sich in erotische Beziehungen verstrickte. Anfänglich war es ein väterliches Streicheln des Fells und ein Tätscheln des biegsamen kleinen Körpers. Das Ganze endete schliesslich mit der drahtigen unersättlichen kleinen Frau im Verzückungsraum und ging bis zu 145 Orgasmen bis SiEr realisierte, dass SiEr während der Vereinigung neurologisch geplündert wurde. Was für Sie/Ihn eine spielerische Sinnesverbindung darstellte, war für die sanfthäutige kleine Kurtisane eine seriöse, verzweifelte Überlebenstaktik, und so lebte sie für einige Monate von der geklauten Energie, erzählte die Geschichte an andere Larvale weiter, die wiederum weiterklatschten und sich am Sternenmenschen-Verhalten ergötzten.

»Ich schwebte einfach in Verzückung und genoss es, genommen zu werden. Die listige Blonde nahm die ganze Sequenz auf Tonband auf!«

33

Rotwang las einen Zeitungsbericht über Mutanten. Mutanten sind Leute, die zu einer anderen Spezies als die des *Homo sapiens* gehören. Infolge zunehmender Radioaktivität in der Atmosphäre und chemischer Nahrungsmittelzusätze werden jedes Jahr immer mehr Mutanten geboren. In der Zeitung stand, dass die Mutanten sich zum ersten jährlichen Mutations-Kongress in der Stadt eingefunden hätten. Rotwang und die Fremden beschlossen, dem Kongress beizuwohnen und mit Mutanten zu reden. Sie betraten die riesige Kongresshalle und trennten sich. »Wir treffen uns hier in zwei Stunden wieder«, sagten sie zueinander. Und ohne weiteres Aufheben mischten sie sich unter die Menge der militanten Mutanten.

aus ROTWANG, *von Tim Hildebrand*

New York, N. Y., November 1960

Flora Lu vereinbarte, sich mit dem Professor im Birdland, dem Nachtclub in Manhattan, wo die besten Jazzmusiker spielten und verkehrten, zu treffen. Flora Lu sagte, dass ihr Mann das Birdland und die meisten anderen Clubs in New York und Hollywood gestaltet hätte.

Als er am Eingang des Kabaretts ankam, gab er, ihren Anweisungen folgend, dem uniformierten Zwerg zehn Dollar und fragte ihn nach dem Tisch von Mrs. Macusack. Der Zwerg stopfte sich den Schein in die Tasche, verbeugte sich und führte den Professor quer durch den überfüllten Nachtclub zu einer Ecknische, nahe dem Bühneneingang und nahe dem Podium.

Flora Lu sass dort, zusammen mit einem wunderschönen schwarzhaarigen Mädchen. Die beiden begrüssten vergnügt den Doktor. Sie hörten eine Weile der Musik zu und unterhielten sich mit den Musikern, die an den Tisch kamen, um den Doktor kennenzulernen.

Bei dieser und anderen Gelegenheiten machte der Doktor die Bekanntschaft solch berühmter Instrumentalisten wie Charles Mingus, Dizzie Gillespie, Miles Davis, Nathan Pusie, Maynard Ferguson, Albie Booth, Artie Shaw, Jim Thorpe, Max Lerner und Huntington Hartford.

Das schwarzhaarige Mädchen hiess Malaca. Sie war ein marokkanisches Fotomodell, dessen Bild auf der Titelseite des *Holiday*-Magazins abgedruckt war. Früher war sie mit einem Mitglied der kaiserlichen Familie Irans verheiratet gewesen, von dem sie einen Haufen Geld erhalten hatte und der sie vernachlässigte, indem er sie völlig links liegen liess. Auch sie wünschte sich leidenschaftlich, durch die Drogen des Doktors mehr Sinn im Leben zu finden. Flora Lu hatte ihr gesagt, dass der Doktor möglicherweise ein Ausserirdischer sei, und so beobachtete sie ihn nun sehr eingehend mit halbgeöffnetem Mund. Der Professor fand sie überwältigend attraktiv und war Flora Lu dankbar, dass sie für interessante Gesellschaft bei seinen neurologischen Experimenten besorgt war.

34

»›Was will Gott?‹ fragte das Kind.
›Sehr gut!‹ antwortete der Lehrer.«

Arkturische Parabel

Lausanne, Mai 1971

»Innerhalb des Bruchteils einer Sekunde verwirrte eine verblüffende Serie von energetischen Vorfällen die Welt. Ich habe weder die Zeit noch den Wortschatz«, entschuldigte sich der Philosoph, »diese Himmelserscheinungen zu beschreiben. Sagen wir, es war ein bio-physikalischer Ausbruch der Verherrlichung. Auf der Nachtseite des Planeten sah man, wie die Sterne am Himmel intensiver leuchteten und in wechselnden Farben pulsierten. Auf der Tagseite des Planeten brach sich das Sonnenlicht wie in einem Prisma und der Himmel wogte in Regenbogenfarben. Alle lebenden Wesen nahmen einen seltsamen vibrierenden Ton wahr, der jauchzende körperliche Empfindungen auszulösen schien.

Das UFO funkte die erwartete Botschaft, dass der Häftling tatsächlich die richtige Frage gestellt hatte, ins UNO-Gebäude hinunter. Galaktische Gratulationen wurden übermittelt. Der Menschheit wurde bewilligt, sich einer dreitägigen Ruhepause zu erfreuen und der Rat der weisen Männer wurde eingeladen, sich in 80 Stunden für den zweiten evolutionären Schritt erneut zu versammeln.«

Michel konnte seine Ungeduld nicht mehr länger zügeln. »Sag uns. Sag uns, was er geflüstert hat.«

Der Professor lächelte. »Selbstverständlich werde ich es sagen, aber ich dachte, es sei nicht mehr als höflich, dir die Gelegenheit zu geben, zu antworten. Was meinst du, Antonia? Wie lautet die grundlegende Frage?«

Antonia wandte ihre runden braunen Augen Acht zu, fuhr sich mit der Zunge über die Unterlippe und zuckte die Achseln. »Wenn ich sie wissen würde, wäre ich nicht hier.«

»Und du, Dee Dee, was meinst du?«

Dee Dee errötet gekonnt und wirft ihr Haar zurück. »Gewöhnlich lasse ich Michel die Verhandlungen führen.«

»Und du, Michel? Wie lautet die grundlegende Frage?«

Michel lässt seine kräftigen Schultern hängen, die rosaroten Falten unter seinem Kinn zucken und seine Augen drehen sich in komischer Bestürzung gegen die Decke. »Ich kann es nicht besser sagen als Gauguin. Woher kommen wir? Wohin gehen wir? Aber ein Franzose hätte das sicher bereits gesagt.«

Der Philosoph drehte sich zu Maya. »Und du, meine Gattin, die du dir dieses Drehbuch ausgedacht hast, wirst dir deinen Kommentar bis zum nächsten Akt sparen. Nun werde ich es euch sagen.

»Der Häftling flüsterte zur Höheren Intelligenz: Die Frage, auf die das Leben die Antwort ist, lautet: **WAS WILL DIE FRAU?**«

Dee Dee und Antonia kichern und tauschen Blicke aus. Michels Gesicht zeigt für einen Moment entrückte Konzentration, dann springt er auf, beugt sich über den Tisch, packt die Hand des Philosophen und schüttelt sie heftig.

»Formidable! Superbe! Ah, Teem, du bist ein Mann nach meinem Geschmack. Ausgezeichnet. *Exactement!* Was will die Frau?«

Maya lächelt zurückhaltend. Sie ist wieder Jackie Kennedy bei der Vereidigung Ihres Mannes.

35

Jedes Jahr am 13. Juni veranstaltete der Realitäts-Klub in Wilmington, Delaware, den Nationalen Realitäts-Tag, einschliesslich des Saluts zum Anbruch der Dämmerung der Realität, des festlichen Ereignisses zu Ehren der Mittagsstunde, des abendlichen Realitätstanzes und der spannenden Mitternachts-Realitätsgeschichte. Der Gastredner der letztjährigen Festlichkeiten war niemand anders als Rotwang selbst gewesen. Seine Rede trug den Titel *Reale Welt, Reale Welt, für mich ist es ein und dasselbe,* was Herr Einstein die Kosmische Realität nannte.

aus ROTWANG, *von Tim Hildebrand*

Vidalische Archive, 2575

Einige post-larvale Wesenheiten erlauben den Zwillingen, sich zu-drehen-und-zu-dealen aus reiner Neugier über das Tier an sich. William Burroughs, der berühmte Antarische Humanologe, erlaubte einem quecksilbrigen Merkurianer, eine Viertelmillion Dollar und eine Zweijahres-Ration Neuro-Transmitter (Aphrodisiaka und Energiespender) an sich zu nehmen, vierzehn Domestizierte Affen (sieben pro Geschlecht) zu verfolgen und verschiedene schöpferische Künstler zu überreden, verheerende Verträge zu unterschreiben, bloss um zu sehen, wieviel der Zwilling nehmen würde, bis Er befriedigt ist.

Mein Vetter liess einen Denebischen Zwilling zwei Kilo Plutonium stehlen, weil SiEr von dessen Gleichgewichtsproblem fasziniert war. Jedesmal, wenn er mehr von der Chemikalie klaute, musste er zurück und für zusätzliche Abschirmung sorgen, und so rannte er in rasender Gier hin und her.

Trotz ihrem Reiz können Zwillinge sehr zerstörerisch sein. Sie sind unverbesserliche Einzelgänger, ganz und gar vertrauensunwürdig, unfähig, auf die sozialpolitischen Bündnisse der höher entwickelten Herdentiere einzugehen, können nicht mit Symbolen umgehen, ausgenommen sie betrachten sie als Machtinstrumente, und besitzen selbstverständlich weder häusliche noch insektoide Moral. Das Raub- und Nagetier-Kontrollamt wurde trotz ihrer archaischen Neurologie nie aufgerufen, einen Planeten im Rahmen einer Grossaktion von Zwillingen zu befreien. Wer könnte das schon? Sternenleute und fortgeschrittene Larvale, die auf einer ökologischen Ebene durch Zwillinge gestört werden, nehmen diese gewöhnlich gefangen und deportieren sie in eine andere Gegend. Humanologen tun dies mittels einfacher Fallen – zum Beispiel mit einer schnittigen Yacht oder einem teuren Sportwagen (gross). Der Merkurianer lässt sich leicht mit Geld, sexuellem Anreiz oder wertvollen Symbolen (Geheimnissen) in die Falle locken. Wenn der Zwilling dann in die Falle geht, tritt er auf einen Auslösemechanismus und die Türe schliesst sich, ohne Sie/Ihn zu verletzen.

Manchmal werden Tiere geschätzt, weil sie selten sind, wie Liverpool-Musiker oder weisse angelsächsische Protestanten. Aber es gibt keine Entschuldigung, aus diesem Grunde Zwillinge gern zu haben. Es gibt Milliarden von ihnen in der ganzen Galaxis. Natürlich mit verschiedenen Prägungen und sozialen Konditionierungen, aber dennoch Zwillinge. Und jeder hamstert einen halben Scheffel geklauter Energie-Geheimnisse, mit der Illusion, dass SiEr einmalig und der wirkliche Mittelpunkt des Universums ist!

Obschon sie in grosser Anzahl vorkommen, werden sie trotzdem nicht als Seuche betrachtet. Ein Grund dafür ist, dass sie die Oekologie nicht durch Bauen eigener Häuser zerstören. Sie sind samt und sonders geneigt, mit anderen zweibeinigen Larvalen und auf deren Kosten zu leben.

Ein weiterer Grund, sie zu lieben, ist ihr Liebesspiel. Es ist eine aufregende Zeit! Während andere Humanoide sich aufgrund sorgfältig ausgewählter Stichworte paaren, ist der Zwilling total mit Macht beschäftigt und mit dem Verlangen, frei zu bleiben. Wenn ein Merkurianer einen begehrenswerten sexuellen »Vorrat« wahrnimmt, setzt SiEr sich auf Ihren/Seinen Schenkel und strahlt im wahrsten Sinne des Wortes voller Verlangen. Normalerweise wird der alberne kleine »Einzelgänger« ohne grosse Umstände fallengelassen. Der selbstbemitleidende Schrei des abgewiesenen Zwillings ist traurig anzuhören. Schliesslich (ihre Hartnäckigkeit ist sprichwörtlich) sind sie aber erfolgreich und bleiben lange genug, um den genetischen Code weiterzugeben, das Raubgut zu schnappen und dann wegzurennen. Zwillinge sind nicht monogam und verbringen die meiste Zeit ihres Lebens ohne emotionelle Bindungen.

Zwillinge tauchen, wo immer hohe Energie oder materielle Werte zu finden sind, wie durch Zauberei auf. Ihre hervorragendste Eigenschaft besteht darin, dass selbst die Wildesten unter ihnen mittels ihrer Gier nach einem Deal gezähmt werden können.

Eine Capellanische Familie, die den Sommer jeweils auf einem kleinbiologischen Planeten des Denebischen Systems verbrachte, begegnete vielen Zwillingen, die jeweils im Juni, wenn sie ankamen, wie arabische Touristenführer auftauchten. Einmal blieben sie während sieben Jahren weg. Bei ihrer Rückkehr gelang es ihnen ohne weiteres, die Zwillinge mit Pfiffen und dem Klingeln von Edelmetall aus den Waldgebieten und den Vororten zu locken.

Metall: Chemische Elemente. Jedes undurchlässige, legierbare, biegsame, veränderbare, typisch glänzende Individuum

Wesen: Das Material, aus dem eine Person oder ein Gegenstand geschaffen ist.

Metamorphosismusssssssssssss ENDE DER ÜBERMITTLUNG

36

Als die zwei Stunden vorüber waren, kamen Rotwang und seine fremden Freunde wieder zusammen. Sie gingen in ihr Lieblingscafé für einen Espresso. Dort diskutierten sie die Ereignisse des Mutations-Kongresses. Die Fremden hatten den Mutanten versprochen, ihnen soweit wie möglich zu helfen. Sie baten Rotwang um Rat. »Meine Meinung ist«, sagte Rotwang, »dass die Mutanten von dieser Gesellschaft nicht eher anerkannt werden, als nicht *jeder* selbst ein Mutant ist.« Die Fremden fragten ihn, wie lange das dauern würde. »Nun, wenn der Mutationsfaktor stabil bleibt, würd' ich mit ein paar Jahrhunderten rechnen, bis die Mehrheit der Bevölkerung mutiert hat.«

aus ROTWANG, *von Tim Hildebrand*

Riverdale-am-Hudson, New York, Oktober 1960

Um Mitternacht herum sagte Flora Lu, es sei Zeit zu gehen. Zwei Kellner begleiteten Sie durch den Nachtclub. Die ganze Band winkte Ihr zum Abschied zu. Einer der Kellner holte die Tasche des Commodore aus der Garderobe und alle, Flora Lu, Malaca und der Doktor stiegen in eine vor dem Nachtclub parkierte schwarze Limousine.

Der Wagen glitt über die West-Side-Autobahn, eine erhöhte Strasse, entlang den Ufern des Hudson River. Nach einundvierzig Minuten kurvte der Wagen in eine Seitenstrasse, die auf der rechten Seite mit Wald und auf der linken mit Wohnhäusern gesäumt war. Nach einem Kilometer fuhr der Wagen auf einen gekiesten Parkplatz vor einem grossen Steinhaus. Es war im Stil der englischen Herrschaftshäuser gebaut. Zwei Jaguars mit abgestellten Motoren standen bereits dort.

Harold Macusack wartete an der Tür. Er war ein mittelgrosser, wohlgenährter Mann, prahlend und strahlend.

Die muntere Vitalität rührte, wie der Professor später herausfand, von einer Mischung aus Vitaminen und Speed her, die er von dem berühmten Doktor Jacobson erhielt und sich mehrere Male täglich in die Muskulatur einspritzte. Aber lassen wir die pharmakologischen Fachsimpeleien, der Empfang Harolds strahlte Frische und Fröhlichkeit aus und der Professor nahm die Euphorie dankbar entgegen.

»Komm, ich zeige dir dein neues Labor«, sagte Flora Lu kunstvoll ungekünstelt.

Das Wohnzimmer war riesig und mit dicken Teppichen ausgelegt. Vor dem gigantischen Kamin stand ein gewaltiges U-förmiges Sofa. Die getäferten Wände dienten als Hintergrund für Bücherregale und abstrakte Gemälde. Eine Wand war mit elektronischen Geräten verdeckt, glänzenden Plattenspielern, Tonbandgeräten, Lautsprechertürmen und meterweise Schallplatten.

Diese sparsamen physischen Beschreibungen können die Gesamtwirkung des unterschwelligen, ehrfurchtsvollen Luxus, die spürbare Präsenz einer ästhetischen Intelligenz, das sichere, erkennbare Bewusstsein, das jedes hedonistische Detail arrangiert hatte, nicht ausdrücken.

»Komm, ich zeig dir das Zimmer.«

Flora Lu wirbelte herum, ging die Treppe hoch und warf Harold einen amüsierten zufriedenen Blick zu, der an die Wand gelehnt mit Malaca sprach und sie zum Lachen brachte.

»Ich hoffe, dass du dich hier wohl fühlst«, sagte Flora Lu, als sie die Tür öffnete. Der Boden und das riesige Bett waren mit Fellen bedeckt, übersät mit rosa Seidenkissen. Holz und Samt. Spiegel. Eine einzelne dicke rote Kerze in einem bronzenen Kerzenständer.

Harold lehnte sich wie ein untersetzter Pfau grinsend gegen den Türrahmen. »Flora Lu arbeitete eine ganze Woche an deinem Zimmer. Sie liess sich, offen gesagt, von den schöpferischsten Geistern New Yorks beraten, um es auch wirklich richtig zu machen.«

»Möchtest du unsere Zimmer sehen?«

Das Macusack-Schlafzimmer war eine weich-vaginale Höhle aus Spitzen-Quasten-Falten-und-Fellen. Gemälde im Rubens-Stil und tantrische Yantras.

Für den erstaunten Professor war es eine köstliche Einführung ins hedonistische Bewusstsein, sein erstes Erlebnis mit einer Intelligenz, die sich der Aesthetik des Lebens widmete. Erotische Architektur.

Um Flora Lu schwärmten die hippsten Verschönerer, Dekorateure, Innenarchitekten, Modeschöpfer, ein flatternder Schwarm sinnlicher Techniker, verschworen, Flora Lu mit eleganten, sinnlichen Reizen zu umgeben. Sie verachteten ihre reichen Kunden ein bisschen und verlangten für ihre Arbeit zuviel Geld, aber Flora Lu überreichten sie kostenlos die feinsten Duftnoten ihrer Kunst.

Sie war die erste Liebesgöttin, Tempelgottheit, Vergnügungs-Priesterin, die er kennenlernte. Ja, selbst die Existenz dieses Lebensstils war ihm unbekannt gewesen.

37

»F.: Warum beharren sie darauf, es die Central Intelligence Agency *zu nennen?*

A.: Vergiss nicht. Auf Planeten gilt das Gesetz der Schwerkraft. Alles ist umgekehrt. Also stelle, um anzufangen, alles auf den Kopf. Unglücklicherweise ist es nicht immer so einfach.«

Interstellarer Reiseführer

Genf, Mai 1971

Der Unfähige Zauberer sinkt in das weiche rote Leder zurück und beobachtet, wie Michel den Rolls Royce über die Autobahn in die unmittelbare Zukunft steuert.

»Diese Geschichte gestern Abend«, schwärmt der Franzose, »ausgezeichnet, aber du hast die Antwort nicht gegeben.«

»Ein weiteres Abendessen wie gestern, und ich bin sicher, dass ich mich an das nächste Kapitel der Legende erinnern werde.«

»Frauen sind der Mittelpunkt meines Lebens«, vertraut Michel ihm an und gestikuliert mit der Hand über dem Armaturenbrett. »Darum mache ich das alles. Weisst du, was Frauen wollen? Ich sage es dir. Einen Mann, der sich um sie kümmert. Glaube mir Teem, es ist die Wahrheit. Männer wollen zwei Dinge. Macht und Frauen. Die Geschäfte machen wir nur für *sie*. Aber die Frau, sie will bloss eines. Von einem mächtigen Mann unterhalten und genommen werden.«

»Und was sind das für Geschäfte, mit denen sich der Mann beschäftigt?«

Michels Augen funkeln inmitten der rosaroten Fleischfalten.

»Genau dort unterscheiden sich die Männer, mein lieber Teem. Die meisten wollen bloss die Sicherheit, dass ihnen gesagt wird, was sie tun müssen. Bah, an die wollen wir gar nicht denken. Die meisten Männer wollen Geld, aber für uns ist das kein Problem. Geld ist einfache Sache.Wir werden zu soviel Geld gelangen, wie wir brauchen, um das zu tun, was wir tun wollen. Und was wollen wir? Freiheit, *n'est-ce pas?* Deshalb bewundere ich dich. Du bist einer wie ich. Ein stolzer Geächteter, der bereit ist, für die Freiheit alles zu riskieren. Darum fahren wir jetzt auf dieser Strasse nach Genf.«

»Wen werden wir dort treffen?«

»Einen Mann, wie sagt man schon, einen Makler. Einen Informationsmakler. Einige Männer handeln mit Gold, einige mit Juwelen, einige mit Währung, einige mit Maschinen, einige mit Schmuggelgut. Monsieur Duval handelt mit Informationen. Seit dem Zweiten Weltkrieg ist Spionage ein gutes Geschäft geworden. Information ist Geld. Es gibt einige Sachen, die wir wissen müssen, und Monsieur Duval wird sie uns verkaufen.«

»Wir werden ihn bezahlen müssen?« ruft der Professor leicht erschreckt aus.

»Selbstverständlich. Ich habe ihm für den ersten Kontakt bereits fünftausend Schweizer Franken garantiert. Du musst wissen Teem, in der Schweiz zu bleiben, wird leicht sein, aber es erfordert Geld.«

»Ich kann nichts versprechen, Michel. Im Moment sind wir pleite. Sobald mein Buch veröffentlicht wird, kriege ich möglicherweise etwas Geld. Aber das wird noch eine Weile dauern, und zudem ist man in solchen Angelegenheiten nie ganz sicher.«

Michel winkt geringschätzig ab. »Mach dir keine Sorgen. Wir beide werden das Geld für dein Schweizer Asyl und noch viel mehr zusammenkriegen. Ich habe einen Partner gesucht. Jemanden, mit dem ich das Abenteuer teilen kann. In einigen Tagen werden wir uns zusammen hinsetzen und das Geschäftliche besprechen. Wahrscheinlich werden wir zwei Emigranten ein Unternehmen gründen.«

Der Wagen fährt nun den See entlang und an Luxushotels vorbei. Michel biegt nach rechts ab und hält vor dem *Richemont*.

»Dies ist das bevorzugte Hotel deiner CIA-Freunde. Es könnte gefährlich sein, sich hier sehen zu lassen, aber die wissen ohnehin schon alles.«

Der Portier eilt zum Wagen und begrüsst Michel mit Namen. Michel schreitet energisch durch die Eingangshalle und schwenkt in den Speisesaal. Der Oberkellner verbeugt sich tief und, ohne ein Wort zu sagen, begleitet er die beiden Männer zu einem Tisch am Ende des Saales, wo sie von einem Mann erwartet werden.

»Monsieur Duval, darf ich Ihnen den flüchtigen Professor vorstellen.«

Duval steht auf und streckt seine Hand aus. Er ist klein, etwas über fünfzig, aufgedunsenes Gesicht, die Glatze von grauem Haar umrahmt – und mit konservativer Eleganz gekleidet. Er trägt eine rote Ehrenlegion-Anstecknadel im Revers. Duval bittet die Gäste sich zu setzen und studiert mit gespannter Sorgfalt das Gesicht des Professors.

»Ich habe mich schon seit längerer Zeit dafür interessiert, Sie kennenzulernen, Professor. Ich habe Ihre Arbeiten studiert und möchte Ihnen, falls Sie einverstanden sind, einige Fragen stellen.«

Michel Hauchards Körper ist wachsam aufgerichtet, seine Augen funkeln; er scheint Aufregung zu unterdrücken; ein Spieler am Roulette-Tisch.

»Aber mein lieber Duval, wir müssen die Fragen stellen. War es möglich, etwas über seine Lage zu erfahren?«

Duval nimmt seine Pfeife, zündet sie an, wirft durch den Rauch einen scharfen Blick auf den Professor und legt die Streichholzschachtel auf das weisse Tischtuch.

»Also, gehen wir einmal die wichtigsten Details durch. Die Interpol hat einen Haftbefehl auf den Doktor ausgestellt, welcher aber hier noch nicht in Kraft getreten ist. Das heisst, es ist für ihn leicht gefährlich, auf Flughäfen herumzuschlendern. Er würde aber wahrscheinlich nicht verhaftet werden, ohne dass das Gastland damit einverstanden wäre. An Ihrer Stelle würde ich Spanien, England und Italien meiden. Die anderen europäischen Länder wollen wegen Ihnen keinen Skandal. Die Gefahr, dass ein Unterhund ihn verhaftet, obschon die hohen

Beamten ihn lieber laufen liessen, besteht natürlich immer. Das eigentliche Problem, wie Sie ja wohl wissen, sind die Vereinigten Staaten. Soviel ich weiss, haben die CIA und der FBI kein Interesse, Sie zu fangen und ins Gefängnis zurückzubringen. Aber Ihre Drogenleute wollen Sie und werden versuchen, Sie zurückzuholen. Die Schweizer vernahmen erst letzte Nacht, dass Sie hier sind. Es interessiert sie natürlich, wo Sie sind, da es für ein Land eher peinlich ist, wenn ein Flüchtling umherrennt und niemand weiss, wo er ist. Solange Sie ruhig bleiben, werden die Schweizer, soweit wir erfahren konnten, Sie nicht belästigen. Aber so wie ich es sehe, wird die amerikanische Drogenpolizei, die ja bekanntlich fanatisch ist, ein Auslieferungsgesuch stellen.Dies wird vermutlich etwa einen Monat dauern. Also, wenn ihr mit den Schweizern schnell verhandelt, könnt ihr dem amerikanischen Auslieferungsgesuch zuvorkommen. Falls aber ein Asyl in der Schweiz innerhalb der nächsten drei Wochen nicht möglich wird, sollten Sie daran denken, in ein anderes Land zu ziehen.«

Duval steckt die Pfeife in seinen Mund zurück und saugt nachdenklich daran. Sie brennt nicht mehr. Er nimmt die Streichholzschachtel, zündet sorgfältig ein Streichholz an, deckt die Pfeife mit der Hand ab und füllt die Luft mit Rauch.- Er hat die Übermittlung beendet.

Michels Mund zuckt vor Erregung, er wendet sich zum Commodore und nickt stolz.

»Welche anderen Länder würden Sie vorschlagen«, fragt der Doktor ruhig.

Duval schüttelt mit ausdruckslosem Gesicht langsam den Kopf. »Diese Frage geht viel weiter als das, was wir für heute vereinbart haben. Offensichtlich wissen Sie nicht, wie das Informationsgeschäft läuft. Was hat Monsieur Hauchard Ihnen gesagt?«

»Eigentlich nichts«, antwortet der Philosoph. »Was sollte ich wissen?«

Hauchard und Duval tauschen kurze Blicke aus.

Duval lässt die Schultern fallen. »Nun, schliesslich sollte ich Ihnen noch einige negative Informationen geben. Ich heisse nicht Duval und dieser Name bedeutet für alle anderen nichts. Ich arbeite für keine Regierung, obschon ich für jede Regierung verhandle, die meine Dienste in Anspruch nehmen will. Die Spielregeln sind sehr einfach. Wenn eine Frage gestellt wird, sage ich, wieviel die Antwort kostet. Wenn der Preis akzeptiert ist, besorge ich die Antwort. In diesem Fall wollte Monsieur Hauchard wissen, wie Ihre rechtliche Situation ist. Ich habe Ihnen die angemessenen Antworten gegeben. Normalerweise hätte ich Sie nicht empfangen. Ich muss aber zugeben, dass mich Ihre gut publizierte Verrücktheit neugierig gemacht hat, und zudem habe ich möglicherweise ein Verlangen, von Ihnen einige Informationen zu erhalten. Erlauben Sie, dass ich mich für einen kurzen Augenblick mit Michel privat unterhalte?«

Der Doktor streift Michel mit einem Blick und nickt.

Duval und Hauchard stehen auf und gehen in die Eingangshalle. Der grosse festgebaute Franzose beugt sich besorgt zu Duval hinab und hört ihm aufmerksam zu.

38

»Die neurologische Renaissance, die der Auswanderung ins All vorausging, hatte ihr Zentrum in den grossen Universitäten der Epoche – Michoaca, Guerrero, Zacatecas, Oaxaca, Sin Semilla, Kolumbien, Hawaii, Thailand, Morelos, Pueblo und Acapulco.«

Geschichte von Sol-3

Vidalische Archive, 2575

Hippies: Wilde Blumen, die fliegen

Die erste Periode der ausserirdischen Neurologie wird durch den Hippie, Stufe 13, verkörpert. Schönheit und Hässlichkeit, Gravität und Levität, Ueberleben und Tod, Freund und Feind, hoch und tief. . . all das gibt es in der stillen, einfachen Welt des Hippies. . . kleine Wildblumen, die fliegen.

Hippies, die orientalischen wie die westlichen, stellen die freieste und farbigste aller Lebensformen dar. Sie sind sehr geschäftig. Sie müssen es sein, damit in den wenigen Jahren, die sie leben, alles erlebt werden kann.

Ein Hippie hat in seinem nach-larvalen Zustand eine eher schwierige Zeit. Ein einfaches, primitives, schneckenähnliches Geschöpf, der Mensch, ist die Stufe, aus der der Hippie heranwächst. Nachdem er sich durch die vier larvalen Überlebensphasen hindurch entwickelt und seine Eier gelegt hat, beginnt die fünfte Phase (Beginn des Erwachsenseins) und, wie im Märchen vom Froschprinzen, wird aus einem hässlichen, feindseligen, schwerkraftabhängigen Menschen ein wunderbares Wesen, das hinaufflattert, um die Galaxis zu betrachten.

Aber der Hippie lebt nicht ewig im Glück. Einige leben nur wenige Monate, bevor sie wieder in die schneckenähnliche Existenz zurückgezwungen werden. Andere vermögen, indem sie menschliche Siedlungsgebiete meiden, einige Jahre am Leben zu bleiben. Die meisten aber sind dazu verdammt, zu sterben, bevor die Ausserirdische Wanderung beginnt und hinterlassen Eier (Kinder), um die Art zu erhalten.

Es gibt zwei Überfamilien der Hippies, den Arhat *(vagabundus orientalis)* mit neun Unterfamilien des indischen Subkontinents und den echten, nach-einsteinschen Hippie, der, aktiviert durch die Strahlung von Alamogordo, Unterfamilien in jeder larvalen Kultur hervorgebracht hat.

Jede Unterfamilie besteht aus verschiedenen Variationen, einige haben keine allgemein bekannte Namen. Tatsächlich gibt es Neurologen, die behaupten, dass es auf einem durchschnittlichen Gebärmutterplaneten über 100 000 verschiedene Arten von Hippies gibt. Viele Unterfamilien haben sich als Raupen verkleidet und leben und arbeiten meist unerkannt unter den Larvalen.

Die grösste unserer Hippie-Gruppen sind die Langhaarigen, vor allem in Nordamerika bekannt. Wenn der Winter anbricht, sterben sie nicht, sondern wandern wie die Vögel und wohlhabenden Primaten nach Süden.

39

»Wie der Vor-Pubertäre nicht auf sexuelle Reize reagieren kann, bevor der vierte Schaltkreis aktiviert ist, genauso ist der domestizierte Erwachsene der erotischen Schönheit gegenüber blind, bis der fünfte Schaltkreis aktiviert ist.«

Exo-Psychologie

New York, N. Y., Oktober 1960

Der Commodore hat den grössten Teil seines Lebens in einem eleganten Redwood- und Glashaus in den Hügeln von Berkeley verbracht. Moderne dänische Möbel und eine riesige Sonnenterrasse, die eine prächtige Aussicht über die Bay gewährte.

Während seiner Anstellung in Harvard lebte er in solidem, luxuriösem jüdischem gehobenen Mittelklasse-Komfort eines Hauses, das er von einem Professor gemietet hatte.

Dies waren die reichlich vorhandenen Haushaltsmaschinen, wie sie von den Leuten der höheren Berufsstände dieser Gegend verwendet wurden. Architektur auf Zweckmässigkeit eingestellt.

Aber Flora Lu's Tempel war gestaltet, um alle Sinne in Verzückung geraten zu lassen. Um Ecken abzurunden, zu besänftigen, um einen in Haremsumarmungen zu ziehen. Bordell-Barock mit dicken Teppichen und anschmiegsamen Sofas.

In diesem Heiligtum der Schönheit wurde die Mutation des Professors umsorgt. Er war selbstverständlich ein Roboter. Ein sehr erfolgreicher Roboter. Seine larvale Ausrüstung war elastisch und wirksam. Er wurde an der Harvard-Universität sehr respektiert; gut aussehend, schick, vertrauenswürdig, witzig, charismatisch und, innerhalb dieser trägen Kultur, ausserordentlich kreativ.

Seine linke Hemisphäre des Grosshirns war geprägt und konditioniert, um eine breite Auswahl von Symbolen zu begreifen und untereinander in Verbindung zu bringen; sein viertes Hirn war ausgebildet, um die Rolle des Jungen Wissenschaftlers zu spielen. Die Darwin-Freud-Jung-Verkörperungs-Spiele. Stürmisch, aber würdevoll. Er war ein angesehener junger Wissenschaftler, der in seinem Arbeitszimmer Symbole mischte und energisch zum Rednerpult schritt, wo die Studenten den akademischen Helden erwarteten.

Er hatte die höchsten Ziele eines jungen amerikanischen Intellektuellen erreicht.

Dennoch war sein neurologischer Schaltkreis total vom Körper und den Sinnen getrennt. Sein Haar war athletisch-züchtig kurz. Er bewegte sich wie ein Tennisspieler. Seine Kleider waren dem Berufsbild entsprechend gedankenlos ausgewählt. Er trank gewohnheitsmässig Martinis, ass, was ihm vorgesetzt wurde, hörte Popmusik, Klassisches und Unterhaltendes. Seine Ohren waren für die akustischen Schwingungen taub, seine Bewegungen stereotype Spielfolgen.

Er hatte die Museen durchstöbert, hatte sich Vasaris Dasein eingeprägt und es auch ausgelebt, war während sechs Monaten durch die Kirchen und Museen von Florenz gewandert. Er hatte in den Uffizien jedem Raum eine Woche gewidmet, war eine Woche in Pisa, kannte den Louvre wie die unmittelbare Nachbarschaft, konnte den Schöpfer und die Stilrichtung fast aller Gemälden der europäischen Galerien bestimmen. Er konnte dich direkt zu den Goyas im Prado führen, verbrachte in Granada zehn Tage beim Versuch, den Tod von Lorca durchzuleben, äugte über kugelzernarbte Zinnen auf Berge von gebleichten Knochen, während sein inoffizieller Führer verängstigt nach der Guardia Civil Ausschau hielt.

Als der Martello-Turm noch ein vernachlässigter, vergessener Sammelplatz für Herbstblätter war, hatte er die Leute vom American Express und den Kulturredaktor der *Dublin Times* beschämt, indem er eine Joyce-Tour organisiert hatte. In Mexico hatte er in Landschulräumen und Steuerbüros jedes Wandgemälde von Orozco und Rivera aufgestöbert, hatte sich mehr als jeder andere Intellektuelle seiner Generation auf Entdeckung von Aussenseiter-Literatur begeben; er war ein richtiger Richard Halliburton der Psychologie, nicht zufrieden damit, darüber zu lesen, sondern stets zu versuchen, die Realität der Barden nachzuempfinden.

Aber all dies hatte nichts mit direkter ästhetischer Erfahrung zu tun. Er versuchte Mythen zu kontaktieren, indem er seinen Körper an »heiligen Orten« herumstiess, aber sein Nervensystem verstrickte sich in Symbole; das Erlebnis war immer aus zweiter Hand, entfremdet durch den Panzer vorgefasster Konzepte.

40

»Wir besitzen das beste System der Welt: wenn wir es bloss zum Funktionieren bringen.«

Nelson Rockefeller, Elementare Neurologik

Genf, Mai 1971

Ein Kellner bringt eine dampfende Silberkanne. Der Professor giesst sich Kaffee und dickflüssigen Rahm ein, zündet sich eine Zigarette an und studiert das unangenehme Kräuseln der Angst in seinem Körper. Das bekannte Gefühl des Gesetzlosen, des hilflosen Bauern auf dem Schachbrett, inmitten von Spielern, deren Motivationen unbekannt sind. Er sieht die zwei fremden Männer in der Eingangshalle sitzen und in angeregtem Gespräch über eine Ware, ihn, verhandeln. Michel blättert einen Stapel Papiere durch.

Es ist Duval, welcher als erster zurückkehrt. Zierlich schlingert er durch den Speisesaal, gefolgt von Michel, dessen Gesicht keine Regung zeigt.

Kaum hat er sich gesetzt, schiesst Duval los. »Professor, Sie brauchten Informationen und ich gab sie Ihnen. Nun schlage ich eine zweite Austauschrunde vor. Ich möchte *Ihnen* einige Fragen stellen. Ich habe keine Ahnung, wie wertvoll mir Ihre Antworten sein werden, falls Sie mir welche geben wollen. Ich weiss auch nicht, wie hilfreich oder gefährlich sie für Sie sein könnten. Sind Sie bereit?«

»Michel ist in diesen Angelegenheiten mein Berater«, sagt der Philosoph und wendet sich dem Franzosen zu. »Was soll ich tun?«

Michel trocknet sich mit der Serviette seine feuchte Stirn. Er sieht aus, wie ein fetter Junge, der bei einem kulinarischen Vergehen ertappt worden ist. Offensichtlich hat ihn die Unterhaltung mit Duval eingeschüchtert.

»Ich schlage vor, dass du mit Monsieur Duval zusammenarbeitest.«

»Also gut«, sagt Acht. »Was wollen Sie wissen? Ich nehme an, Sie werden keine lächerlichen Fragen stellen, wie: wieviele Black Panthers gibt es in Algerien, oder, stehlen die Weathermen Plutonium.«

»Nein«, antwortet Duval ohne zu lächeln, »ich will wissen, was Sie über die Gefährlichkeit von Drogen denken.«

Der Commodore blickt überrascht auf und hebt seine Augenbrauen.

»Bitte verstehen Sie mich nicht falsch«, fährt Duval fort. »Moralisieren ist nicht meine Sache. Ich bin mir bewusst, dass Alkohol, Aspirin, Kohlenwasserstoff in der Atmosphäre und die Strahlung vom Fernseher physisch viel gefährlicher sind als jede neuro-aktive Droge. Es ist mir ebenfalls bewusst, dass durch den Schulsport hundert Mal mehr junge Leute verkrüppelt werden, als durch Heroin. Sprechen wir lieber gar nicht vom Skifahren, Bergsteigen oder von dem Blutbad, das durch die idiotischen jugendlichen Autofahrer verursacht wird. Nein, ich will mit Ihnen über die psycho-politischen Gefahren der Drogen sprechen.«

»Haben Sie meine Arbeiten über dieses Thema gelesen?«

Duval presst seine Lippen zu einem Lächeln zusammen. »Es war mir wahrscheinlich nicht möglich, alles zu lesen, was Sie geschrieben haben, aber immerhin war es mir möglich, einige auf Einzelheiten eingehende Zusammenfassungen von verschiedenen interessierten Gruppen aufzutreiben. Ich erinnere mich an Ihre Behauptung, dass Lenin, ohne einen einzigen Schuss abzufeuern, die gesamte aristokratische Jugend Russlands zur Revolution hätte bekehren können, wenn er gewusst hätte, wie man Haschisch als politisches Werkzeug anwendet.«

»Eine Annahme, über die man reden kann«, sagt der Philosoph lächelnd, »aber sie hätte sich als Tatsache erweisen können.«

»Welche Tatsache?« Duvals Frage kommt wie ein Karateschlag.

»Tatsache ist, dass hirn-belohnende Drogen in den Händen jener, die wissen, wie man sie anwendet, ein höchst wirksames Instrument für sozialen Wandel sein können.«

»Genau«, sagt Duval scharf. »Und genau dort liegt die Gefahr. Die Wirkung der sinnlichen und hirn-belohnenden Drogen hat zur Ursache, dass der Konsument seine Beziehungen zur Gesellschaft löst. Um innere Vergnügen im Körper und im Nervensystem anzuregen. Diese Vergnügen sind von äusserlichen Belohnungen und Strafen unabhängig. Ist es nicht so, dass hirn-belohnende Drogen grundsätzlich anti-sozial und anarchistisch sind?«

»Mein lieber Duval, machen Sie Spass? Sie wissen doch sicher, dass alles in der Natur anti-sozial ist.«

»Ein weiterer Grund, unsere Ordnung über die Natur zu stellen«, antwortet Duval teilnahmslos prüfend.

»Körper-Drogen törnen somatische Schaltkreise, die bereit sind, aktiviert zu werden, an. Hirn-Drogen törnen neurale Schaltkreise an, die bereit sind, aktiviert zu werden. Das Hirn ist, so leid es mir tut, weder sozial noch anti-sozial. Es ist die Gesellschaft, die das Antisoziale erst kreiert. Es ist die Gesellschaft, die von Zeit-zu-Zeit und von Ort-zu-Ort dem einen seine Erfahrung als noch annehmbar definiert und die eines anderen als unsittlich.«

»Wie es sein sollte. Sie geben doch wohl der Gesellschaft das Recht, die Grenzen der Wirklichkeit, die sie annehmbar findet, zu definieren?«

»Es ist nicht so einfach. Genau wie die Gesellschaft die erlaubte Drogenerfahrung bestimmt, genauso definiert diese Erfahrung die Gesellschaft.«

Duval lacht entzückt. »Wollen Sie damit sagen, dass eine Gesellschaft durch die Drogen, die sie verwendet, definiert wird? Das ist eine neue Theorie der Politik.«

»Nennen wir es Neuro-Politik. Die Theorie ist einfach. Drogen können die Funktionen des Hirns erweitern und beschleunigen, genau wie Maschinen den Bereich und die Kraft der Muskeln erweitern. Die Menschheit hat Maschinen gebraucht und missbraucht. Die Menschheit wird die erweiterten Möglichkeiten des Hirns gebrauchen und missbrauchen. Maschinen und Drogen sind hier und werden hier bleiben. Ich habe weder das Hirn noch die Pflanzen, von denen es sich ernährt, erfunden. Früher oder später wird die Menschheit lernen, mit Maschinen und Drogen umzugehen.«

»Um sie für was zu verwenden?«

»Dies, Monsieur Duval, ist die Frage. Nicht wahr, Michel?«

Michels gerissener Verstand überschlägt den Verlauf des Gesprächs und er beginnt zu lachen. »Hier sind wir wieder bei der Frage des Gefangenen.«

»Wovon redet ihr? Hast du etwa selbst von dieser Droge genascht, Michel? *Was* ist die Frage?«

»In diesem Augenblick, und in deiner Sache lautet die Frage wohl, *Was ist der Zweck der Gesellschaft?* Die Antwort auf diese Frage bestimmt dann, wie diese Gesellschaft Maschinen und Drogen verwenden wird.«

Duval stützt einen Ellbogen auf den Tisch, legt sein Gesicht in die Hand und runzelt die Stirn. Er schüttelt den Kopf. »Professor, Sie haben mich verwirrt. Ich weiss nicht, was ich mit Ihnen machen soll. Mir scheint, dass Sie in dieser offensiven Haltung der verschmitzten Drogenüberlegenheit übermütig mit mir herumspielen, und doch bin ich von Ihren Aussagen fasziniert. Also, was soll ich tun?«

»Die Art der Frage bestimmt die Antwort. Stellen Sie praktische Fragen und Sie werden praktische Antworten erhalten. Wie ich mich erinnere waren wir bei der Sozialphilosophie und da verteidigten Sie plötzlich das Recht der Gesellschaft, mein Hirn für ungesetzlich zu erklären. Was wollen Sie wissen?«

»Nun, falls die Politiker gewisser europäischer Länder mich fragen, was sie Ihrer Meinung nach tun sollten, um das Problem des Drogenmissbrauchs zu lösen – was schlagen Sie vor?«

»Sie sollen genau das Gegenteil der Amerikaner tun.«

»Wenn man die Ergebnisse betrachtet, scheint dies vernünftig. Wie haben die Amerikaner dieses Chaos angerichtet?«

»Es hätte nicht sein müssen. Schon in den frühen Sechzigern, als es offensichtlich wurde, dass die nächste Stufe der technologischen Entwicklung neuro-pharmakologisch sein würde, dass hirnbelohnende Drogen in den Angelegenheiten der Menschen eine wichtige Rolle spielen würden, wurde die amerikanische Regierung über diese Entwicklung informiert und ermuntert, Forschung, sachliche Bildung und rationale Kontrolle zu unterstützen. Der Präsident zu dieser Zeit war Jack Kennedy.«

»Ich verstehe«, antwortet Duval.

»Die Kennedy-Familie machte ihr Vermögen mit dem Handel von Hirn-Drogen«, unterbricht Michel, »falls man Alkohol als Hirn-Droge bezeichnen kann.«

»Ich verrate kein Geheimnis, wenn ich sage, dass die Kennedy-Familie über die positiven Anwendungen von Körper-Hirn-Drogen Bescheid wusste und sich zum Konzept der Hirn-Belohnung wohlwollend äusserte.«

»Er hat recht«, sagt Michel. »Frag irgendwen in Gstaad oder St. Moritz.«

»Ich weiss«, nickt Duval. »Die Rolle des Doktor Max Jacobson war eine Quelle beträchtlichen Vergnügens für die europäischen Geheimdienste.«

»Wer ist dieser Jacobson?« fragt Michel misstrauisch. »Er könnte Jude sein.«

»Aufgrund meiner Informationen«, antwortet Duval, »war Max Jacobson ein ›Speed-Doktor‹. Er versorgte zahlreiche Show-Business-Pesönlichkeiten fröhlich mit Energie und wurde später ein Mitglied des Kennedy-Gefolges. Dr. Jake erblickt man auf vielen ›Familien‹-Fotos der Kennedys. Ich selber habe Bilder gesehen, auf denen Dr. Jake während den Ruhepausen des berühmten Fünfzig-Meilen-Marsches Energie-Medizin verteilt.«

»Genau das meine ich«, sagt der ausgewiesene Theoretiker. »Während der Amtszeit Kennedys wurde die Drogenpolitik durch die *Food and Drug Administration* kontrolliert, mit Betonung auf Forschung, Reinheit und Verbreitung rationaler wissenschaftlicher Information. Es ist schwierig, diesen Sachverhalt in politischen Begriffen auszudrücken, aber die Kennedy-Verwaltung strahlte freundliche, tolerante Vibrationen aus. Vor allem die jungen Leute wussten das zu schätzen.«

»Ja«, sagte Duval grübelnd. »Das Problem war, freundlich aufzutreten und gleichzeitig streng zu sein.«

»Die Ernennung von Lyndon B. Johnson zum Präsidenten veränderte manches, auch die Drogenpolitik. Warum? Wechsel der Präsidenten-Religion.«

»Religion?« ruft Michel. »Ich wusste gar nicht, dass Johnson religiös war.«

»Religiöse und philosophische Faktoren sind in der Politik viel wichtiger als dies Geschichtsbücher offenbaren können.«

»Ich verstehe«, zischt Michel. »Die Juden sind überall.«

»Wenn man die Politik der 60er verstehen will, darf man nicht vergessen, dass LBJ ein Mitglied der *Church of Christ* war.«

»Willst du damit sagen, dass er ein Christ war?«

»Verschiedene Historiker deuten an, dass der evangelische Protestantismus die Basis für die viktorianische Mentalität war, die noch immer die vor 1920 Geborenen charakterisiert. Die Evangelische Strenge hat überlebt und blüht als fanatischer Glaube in den Kindern und Grosskindern weiter, obschon sie dem oberflächlichen Betrachter liberaler erscheinen.«

»Wandschrank-Calvinisten«, ruft Michel. »Pouf! Ich verachte sie.«

»Der verhängnisvolle moralische Fehler des evangelischen Puritanismus ist der, dass er die Leute unbarmherzig, nachtragend und unfähig zum Verzeihen macht. Was ihr weisen und toleranten Europäer wahrscheinlich nicht realisiert, ist, dass die amerikanische Sekte mit dem Namen *Church of Christ* möglicherweise die starrste und dogmatischste Sekte ist, die aus dem 19. Jahrhundert heraus entstanden ist.«

»Blut-und-Boden-Janseniten?«

»Als die flexiblere Toleranz des katholischen Kennedy durch den Texas-Fundamentalismus ersetzt wurde, wechselte die Drogen-Politik von Forschung und medizinischer Ueberwachung zur hochmoralischen Kontrolle durch eine neue *Kultur-Polizei*, die unter dem Kosenamen *Narcs* bekannt wurde. Rückblickend können wir nun sehen, dass der Aufstieg zur Macht von Männern wie Nixon, Haldeman, Ehrlichman und Rockefeller die puritanische Neigung im amerikanischen Kulturkonflikt festigte.«

»Finden Sie das interessant, Monsieur Duval?« fragt Michel.

Duval lächelt. »Sehen Sie diesen Ring? Wissen Sie, woher er kommt?« Duval legt seine plumpe Hand in die Mitte des Tisches, um einen verzierten Goldring zu zeigen – ein riesiger Rubin von einer Bischofskrone umgeben. Michels wässrige Augen weiten sich erstaunt.

»Das letzte und einzige Mal, als ich einen solchen Ring sah, war anlässlich meiner Konfirmation. Aber Sie, Duval?«»Nun, nehmen wir einfach an, dass ich Rom einige Gefälligkeiten erwiesen habe. Es gibt im Vatikan gewisse Gruppen, die sich für die Tätigkeiten unserer reformierten Brüder interessieren, zum Beispiel für die Rockefellers. Sind Ihnen die Beobachtungen der Anne-Marie Rasmussen, einem früheren Dienstmädchen im Hause Nelson und der späteren Ehefrau Stevens, geläufig? Sie war durch alle Zeiten eine scharfsinnige psychologische Beobachterin dieser führenden protestantischen Familie.«

»Eine wunderbare Frau, diese Anne-Marie«, unterbricht Michel.

»Laut Anne-Marie mögen die Rockefellers keinen Spass. In ihrer Vorstellung ist die angenehmste Freizeitbeschäftigung eine ernsthafte Unterhaltung. Diese Nüchternheit scheint aber sehr wirkungsvoll zu sein. Und sie leben ein langes Leben, diese Rockefellers.«

»Monsieur Duval, auf lange Sicht gesehen ist der schwerwiegendste Fehler, den eine Gesellschaft machen kann, der, dass sie sich in eine folgerichtige Ablehnung der biologischen und biochemischen Bedürfnisse hineinsteigert. Gesetze, die vorschreiben, wie und was die Leute ihrem eigenen Körper zuführen dürfen, lösen anti-soziale und rebellische Reaktionen aus.«

»Ich wiederhole. Hirn-belohnende Drogen sind per definitionem gegen die Gesellschaft«, protestiert Duval.

»Nicht unbedingt. Wenn die Droge den Konsumenten belohnt, die Gesellschaft ihn aber bestraft, dann werden automatisch anti-soziale Neigungen geprägt. Sollte hingegen die Gesellschaft hirn-belohnende Drogen erlauben, dann wird die Reaktion ein enthusiastischer Patriotismus sein.«

»Sprechen Sie von der Schönen Neuen Welt?«

»Ich spreche von der Bio-Neurologie des menschlichen Wesens, Monsieur Duval. Die grundlegenden Befriedigungen, die sich die Menschheit mit dem durch Arbeit erworbenen Geld erkauft, sind aufgrund kürzlicher Analysen biologischer Natur. Nahrung. Unterkunft. Gesundheit. Hinzu kommt ein äusserst grundlegendes Bedürfnis der Menschheit, die neurologische Erfahrung, die wir als Rausch bezeichnen, das zyklische Verlangen, das Bewusstsein zu verändern, die Wirklichkeit auszuloten, das durch den Routine-Alltag gelangweilte Gehirn anzuregen. Selbstverständlich versteht unsere am straffsten organisierte gesellschaftliche Einrichtung, die Armee, dieses Bedürfnis. Alkohol wird ohne Scham als die offizielle Ausgangsbelohnung verwendet. Und schauen Sie sich die Japaner an, auf die ja immer Verlass ist, wenn es darum geht, uns mit verzerrten Übertreibungen der Laufrichtung unserer technologischen Kultur zu beglücken. Japanische Manager dürfen, werden dazu ermuntert, ja man verlangt es sogar von ihnen, sich in aller Oeffentlichkeit in flamboyanter Weise nach Feierabend in Ginza-Bars, zu besaufen.«

Duval trommelt mit seinen Fingern auf das Leinentischtuch, blickt zu Michel und schüttelt den Kopf.

»Genau wie ich es befürchtet habe. Unser Held mit dem Neuen Lebenselixier ist tatsächlich gefährlich und deshalb auch in Gefahr. Sehen Sie, ob es Ihnen gefällt oder nicht, die Verbürgerlichung, die, wie Sie sagen, vom evangelischen Protestantismus abstammt, hat erfolgreich die Welt erobert. Betrachten wir nun die Tatsachen. Es gibt nur einige wenige Länder, die sich Hals über Kopf in die Mittelklasse-Einheitlichkeit stürzen. Zu schade für Sie, Doktor. Noch vor ein paar Jahrzehnten, als die Welt von Sultanen, Königen, Heerführern, Aristokraten, Philosophen und Kolonialgouverneuren regiert wurde, wären noch mindestens ein Dutzend Herrscher von Ihren geistreichen Vorschlägen fasziniert gewesen. Aber heute ist die Welt durch den Kalten Krieg in monolithische Blöcke aufgeteilt. Die Psychologie der Nationen wird nun durch deren Verhalten im Kalten Krieg bestimmt. Doktor, Sie stellen sich jeder Regierung absolut entgegen und sind deshalb gefährlich. Schauen Sie, was die Hirn-Belohnung in Vietnam angerichtet hat! Eine halbe Million amerikanischer Soldaten verhielt sich wegen dem verfügbaren hochwertigen Haschisch und Heroin friedlich und unkriegerisch. Die Geschichte mag sehr wohl entscheiden, dass das Amerikanische Reich auf dem Höhepunkt seiner Ausbreitung durch ein durch Drogengenuss verursachtes Nachlassen der Kriegsbegeisterung besiegt wurde. Ich kann Ihnen versichern, dass mit einer oder zwei Ausnahmen keine Regierung auf der Welt Ihnen Asyl gewähren wird.«

41

»Der Entwicklungsprozess bewegt sich oder erstarrt. Aleister Crowley vertritt die menschliche Intelligenz im Übergangsstadium. Der verzückte Körper, losgelöst von den irdischen Lebensfasern, treibt dahin. . . Zu allem bereit und doch kein Ziel in Sicht.«

Die Periodische Tabelle der Energie

Vidalische Archive, 2575 n. Chr.

Hippies sind auch in anderen Beziehungen bemerkenswert. Einige Arten haben »Schlafsammelplätze«, wo sie sich abends zusammenfinden und zusammen schlafen. Dann gibt es die »Schlammpfützenklubs«, wo sich die Hippies zu Tausenden zusammendrängen und den elektrisch verstärkten elektronischen Paarungsklängen lauschen. Einige glauben, dass Hippies gewisse »Flugwege« haben, die vom örtlichen »Verkehr« regelmässig benützt werden.

Viele Arten haben typische Gerüche. Einige sind würzig, einige fein und süss, andere wiederum scharf und moschusartig.

Territorien sind für gewisse Hippiearten wichtig. Da gibt es zum Beispiel die notorisch streitsüchtigen Typen, die auf den durch Verbrennungsmotoren angetriebenen, zweirädrigen Vehikeln sitzend, andere Hippies, Säugetiere und sogar domestizierte Affen verscheuchen. Die Pearl Crescents von San Berdoo sind für diese Taktik am bekanntesten.

Farben scheinen im Leben eines Hippies eine bedeutende Rolle zu spielen. Für einige ist aus existentiellen Gründen Tarnfärbung unentbehrlich. Es gibt Typen, die durch Schutzfärbung Irrenhauspatienten, Amerikanische Indianer, Vagabunden, Alt-Testament-Propheten und Vogelkot täuschend nachahmen. Unauffällig farbig gekleidete Arten ähneln dem Hintergrund ihrer Ansiedlungen wie Bauern oder Waldleute.

Hippies sind auch Nachahmer. Der grosse *Vagabundus christianis* (der echte Jesus-Freak) ist wirklich asexuell. Er propagiert diese Tatsache mit schlampiger Kleidung, schwerfälligen Bewegungen, Vollbart, rohen Lauten und pickligem Gesicht. Der einfache Drop-Out *(Disaffiliatus simplex)*, der sehr sexuell ist, sieht ähnlich aus wie der *christianis* und erfreut sich oft des Schutzes, den ihm sein weniger stilvoller Vetter bietet.

Der Hippie ist während seiner ersten Stufe (Stufe 13, passiv-empfänglich) in gefährlicher Weise den menschlichen Raubtieren ausgesetzt. Die zwei späteren Stufen (Stufe 14, Körper-Ingenieure, und Stufe 15, Tantrische Verschmelzung) sind weniger verletzbar. Die schlimmsten ihrer Gegner sind Narcs, Polizisten, religiöse Primaten, bürokratische Raubtiere und Falken.

Aber hoch hinauffliegen und heruntergezogen werden ist nicht die einzige Rolle, die ein Hippie in der Gesellschaft spielt. Viele tragen Neuro-Energiespender und Hirn-Anreger von einer Gemeinde zur andern und beschleunigen damit den neuro-evolutionären Prozess.

Die Zerstörung der natürlichen Umwelt durch die zum Haustier gezähmten Affen hat sogar den Hippie betroffen. Viele Arten sind vollkommen verschwunden und erwarten nun, zweifellos in getarnter Form, den Anfang der ausserirdischen Wanderung.

Der Hippie ist auf allen drei Stufen, dies darf man nicht vergessen, der erste nach-larvale, nach-irdische Mutant. Sein Entwicklungsdilemma ist bitter! Er ist bloss eine Generation vor dem Raumflug aktiviert worden und ein frivoler Vorläufer der ersten neuro-elektrischen Generation.

Trotz ihrer begrenzten Reichweite sind die Hippies in den meisten Gemeinden immer noch ein gewohnter Anblick. Einige sind genau so anmutig wie die Schmetterlinge, denen sie ähnlich sind, und die Blumen, die sie rauchen, sniffen und schlucken. Tatsächlich kann man an einem guten Hippietag im Park sich des Gefühls nicht erwehren, dass die Schmetterlinge und Wildblumen Säugetierformen angenommen haben und nun fröhlich um die Welt herumtanzen.

42

An Ort und Stelle überlegten die Fremden, wie man einen Weg finden könnte, um den Mutationsprozeß zu beschleunigen. Sie benachrichtigten ihren Heimatplaneten Alpha und baten die dortigen Wissenschaftler, sofort mit der Bearbeitung des Problems zu beginnen. Die Wissenschaft auf Alpha ist derart fortgeschritten, daß es nur kurze Zeit dauerte, bis die Fremden ein spezielles Raum-Paket empfingen, das ein seltsames Gerät enthielt.

aus ROTWANG, *von Tim Hildebrand*

New York, N. Y., Oktober 1960

Der verblüffte Professor sass auf der Couch in Flora Lu's eulysischer Kammer, liess seine rechte Grosshirn-Hemisphäre sich langsam zum direkten sinnlichen Empfang öffnen und beobachtete gelassen, wie sich die festen Konzepte des Lebens und der zwischenmenschlichen Beziehungen in ein sanft-geschwungenes Lächeln auflöste.

Der Yoga der Achtsamkeit. Das Zurückziehen des symbolischen und sozialen Verstands. Das Zentrieren des Bewusstseins auf die Sinnesformen, die signalisiert wurden. Jeder Moment wird erforscht, weder nach Verlust oder Gewinn, noch nach Spielpunkten oder fieberhafter Statusverbesserung, sondern vor allem nach hedonistischen Möglichkeiten. Alles schien bemerkenswert schön zu sein. Der Faden des Klanges. Die delikate Anmut, seine Hand nicht als Bestandteil des erlernten Überlebensmechanismus, sondern aus reiner kinästhetischer Freude zu bewegen. Eine Blume. Ein Apfel. Eine Pfauenfeder. Und die klare, unausgesprochene Annahme, dass der Sinn des Lebens darin besteht, dass man sich wohl fühlt, dass man jeden Abschnitt so schön wie möglich gestaltet.

Und dann die rätselhafte Persönlichkeit von Flora Lu, die mit der zwanglosen Bestimmtheit der Geisha, der geübten Zelebrantin der uralten Mysterien, dahinglitt. Gedehnt sprach Sie mit offenen Augen, wie ein Teenager. Ihre subtilen Kommentare. Ihre taufrische, trügerische Unschuld, welche die jadene, müde Mattigkeit einer sehr alten, geduldigen Frau maskierte.

Sie kam in einem hellblauen Gewand zur Sitzung. Harold wie ein florentinischer Edelmann, in enge Samthosen gekleidet. Malaca, im marokkanischen Kaftan, fein und unberührbar, war ein schamloses Arabermädchen, hoffend, zerbrechlich, unerfahren. Der Commodore trug ein Seidenhemd und gutsitzende Hosen, die Flora Lu, während er sich duschte, auf sein Bett gelegt hatte.

Im Kamin knisterte leise ein Feuer. Die Luft war parfümiert. Es war seine erste Erfahrung mit Bewusstseinsmusik. Die Hi-Fi-Anlage verstärkte und übermittelte ohne die Einmischung seines Verstandes Klangwellen an sein Trommelfell. Die neurologische Verbindung zwischen Musiker und Zuhörer war hergestellt.

Harold war, wie es sich herausstellte, ein Musikstudent. Seine drogensenibilisierten Ohren waren nun so gross wie der Areikibo-Teller. Mit geschlossenen Augen wogte er im Vergnügen und runzelte beim kleinsten Anzeichen musikalischer Banalität oder Nachlässigkeit die Stirn.

Flora Lu schwebte im Raum umher, Ihr Gesicht war vor Entzücken verklärt.

Malaca erblühte zu einer Blume von grosser Schönheit, Ihre klassischen Züge waren nun zur Würde eines ägyptischen Frieses stilisiert. Sie wandte sich Harold, Flora Lu und dem Doktor in sinnlicher Ergebenheit zu.

Leri war aus einem langen, schlimmen Traum des Ringens auf einem schwerfälligen, leidenden Planeten erwacht und fand sich wieder zu Hause im Paradies. Seine Augen verschmolzen mit denen Malacas. Sie erhoben sich wie eine Person und gingen zusammen auf die Terrasse. Sie drehte sich und ging in ihn ein, Ihre Arme um seinen Nacken geschlungen.

Sie sind zwei Meereslebewesen, plötzlich wieder zurück in ihrer warmen feuchten Regenbogenwelt.

»Wundervoll«, flüsterte Sie. »Nach all dieser Zeit. Dass es so einfach ist.«

Der Paarungsprozess begann in diesem neuen Universum offenbar mit der Verschmelzung von feuchten Lippen, was eine leichte, elektrische Verzückung verursachte, die durch den ganzen Körper wogte. Sie schienen keine Schwierigkeiten zu haben, ihre Glieder, Fangarme und entzückenden Auswüchse, mit denen sie sich wunderbarerweise ausgestattet fanden, in der transparenten, zellulären, honigflüssigen schwerkraftlosen Atmosphäre, die sie umgab, badete und am Leben erhielt, zu bewegen.

43

»Überall wo ich in diesen Fall hineinschaue, finde ich die Fingerabdrücke der Central Intelligence Agency.«

Was will die Frau?

Genf, Mai 1971

»Mich interessieren selbstverständlich die Ausnahmen«, sagt der Barde.

»Es wird einige Zeit dauern, bis ich diese Möglichkeiten erforscht habe«, antwortet Duval. »Sollte ich einen interessanten Herrschenden finden, was kann ich ihm über Ihre Botschaft sagen?«

»Ich fürchte, nichts Neues. Es ist dieselbe Botschaft, die ich der algerischen Regierung zukommen liess. Das war leider eine wirkungslose Geste. Den gleichen Ratschlag erteilte ich in einem Memorandum, das ich dem CIA-Agenten Muktar in Algier übergab. Gebt acht! Eine technologische Mittelklasse der zweiten Generation wird sich in den nächsten zehn Jahren bilden, selbstsicher in sexuellen und pharmakologischen Belangen, durch Bildung, Elektronik und Überfluss kultiviert. Die neue Mittelklasse wird realisieren, dass die Hirn-Belohnung mittels Drogen ein Bestandteil des wohlgeordneten, gut organisierten Lebens ist. Diese Mittelklasse wird sich selbst auf jede mögliche Art beschenken, und sie wird Regierungen bilden, die die Kräfte und Vergnügen, die im menschlichen Körper und Nervensystem latent vorhanden sind, schöpferisch fördern und ermutigen werden.«

»Ich zweifle nicht daran, dass Sie recht haben«, antwortet Duval. »Sogar in Russland ist die Mittelklassifizierung mittlerweile soweit beschleunigt, dass die nächste Generation der Herrschenden realisieren wird, dass es billiger ist, den Genossen eine somatische Belohnung anstelle der materialistischen zukommen zu lassen. Zwei verlängerte Orgasmen unter dem Einfluss von Haschisch sind auf jeden Fall eine wirksamere Belustigung, als zwei Autos in der Garage. Aber Sie kommen eine Generation zu früh. Sie wissen sicher selbst, dass dies die gefährlichste Lage ist, in der ein Prophet stecken kann. Eine Idee muss als offensiv frühreif betrachtet werden, wenn sie nicht durch eine Serie von einfachen, selbstverständlichen Schritten mit dem von der Allgemeinheit akzeptierten Wissen der Zeit verbunden werden kann. Haben Sie Polyani gelesen? Er argumentiert, dass es immer eine akzeptierte, orthodoxe Ansicht von der Natur der Dinge geben muss, gegen die die Wahrheit einer neuen Idee geprüft werden kann. Jeder Vorschlag, der im Widerspruch zum Orthdoxen steht, muss automatisch zurückgewiesen werden.«

»Bedauerlicherweise mag diese Beobachtung für diese primitive Kultur zutreffen«, antwortet der Professor. »Aber genau dies wird unsere zukünftige Gesellschaft als erstes ändern. Was ich auf meiner Abenteuerfahrt suche, ist ein kleines Land, das mittels dem Instrument seiner intelligentesten Geister neue und andere Ansichten akzeptieren kann. Oder, als Anfang mindestens zwei Orthodoxien anstatt nur eine.«

Duval ringt verzweifelt seine Hände und sagt zu Michel: »Dieser Mann lebt in der Zeit, nicht im Raum. Eine wirklich faszinierende Exzentrität. Sie müssen ihn ermuntern, Michel, dass er mit seinen Füssen auf dem Boden bleibt. Und sorgen Sie auch dafür, dass er ruhig bleibt. Mein lieber Professor, ich schätze es, dass Sie heute mit mir so ehrlich waren. Für den Rest Ihres Aufenthaltes in der Schweiz rate ich Ihnen aber, äusserst zurückhaltend zu sein und, wie Ihre amerikanischen Bürokraten sagen, geben Sie sich Mühe, nicht aufzufallen.«

»Schweigen, Exil und List?« sagt der Doktor trocken.

»Sei bloss schweigsam«, sagt Michel, »und lass mich listig sein.«

44

»Keine Verjüngung ohne Auswanderung. Keine Auswanderung ohne Wandlung.«

Motto der DNS-Gesellschaft, Sol-3, 1975

Genf, August 1971

Michel hatte einen Tisch in einer mit Wandteppichen geschmückten Nische am hinteren Ende des Restaurants ausgesucht. Duval, das plumpe Gesicht vor Erwartung rosa gefärbt, studiert die umfangreiche pergamentene Speisekarte und Michel winkt dem Kellner.

»Ich möchte ein Glas *Nacluv«*, sagte Duval.

»Eine grosse Karaffe *Nacluva,* eiskalt«, befahl Michel. »Haben Sie sich entschieden?«

Duval leckt sich die Lippen und die glatte Haut um seine Augen faltet sich in ein Lächeln. »Ich werde mit Kaviar beginnen. Dann *in ch'Allah,* ein *tournedos, seignant,* mit *sauce béarnaise* und einem *coeur d'artichaut.* Und zum Dessert *fraises des bois* mit flüssigem Rahm.«

Michel nickt anerkennend und wirft einen Blick auf den Kellner. Der Kellner verbeugt sich. »Nun, ich werde Monsieur beim Kaviar Gesellschaft leisten. Dann nehme ich ein gegrilltes *rognon de veau* mit *pommes arecibo.* Und zum Dessert *une bombe Tsiolkoski,* bitte.«

»Meine ehrliche Gratulation«, murmelte der Maître d'hôtel. Er winkt den Kellner zu sich und flüstert ihm die Bestellungen zu.

»Extraordinaire! Magnifique!« sagte der Weinkellner und reicht Michel respektvoll die Weinkarte.

»Mit Ihrer Erlaubnis, *mon brave.* Im Verhältnis zu unseren Erwartungen schlage ich Champagner vor.«

Duval nickte zufrieden.

»Den Heinlein 47«, sagte Michel zum Weinkellner.

»Eine inspirierte Wahl«, sagte der Weinkellner, »aber wenn Sie einen Vorschlag erlauben«, er fährt mit dem Goldfederhalter über die Weinkarte »der *Blanc de Blanc* '45 aus derselben Gegend ist unvergleichbar. Dies ist selbstverständlich vertraulich.«

»Selbstverständlich«, sagte Michel nickend.

Die Kristallkaraffe voll gekühltem Feuer war in einem mit Eiswürfeln gefüllten Silberkübel angekommen und der Kellner füllte die Kelche.

Duval lächelte, trank ausgiebig, schmatzte vor Vergnügen und beugte seinen Körper in eine Übermittlungsposition. Michel beugte den seinen ebenfalls, um zu empfangen.

»Joanna ist in der Schweiz.«

Michel stellte sein Glas vorsichtig auf das Leinentischtuch, atmete tief ein, sank in den Stuhl zurück und klatschte sich mit beiden Händen auf die Knie.

»Mein Gott! Nein! Sind Sie sicher? Das könnte Probleme geben.«

»Glauben Sie?« antwortete Duval ruhig.

»Zweifellos. Sie weiss zuviel. Über mich und über die allgemeine Lage.«

Michel langte nach der Karaffe und füllte die Gläser. Beide Männer tranken, schluckten nachdenklich und schauten sich lächelnd an.

»Sie meinen, dass Sie versteht, was passiert, falls sich Ihr Kunde in Europa niederlässt und mit seinen Sendungen beginnt.«

»Genau. Sie findet die Quelle der Energie wie eine radargelenkte Rakete.«

»Glauben Sie, Arpad Plesch hat Sie geschickt,« sagt Duval grübelnd.

»Mein Gott, ich hoffe nicht«, ruft Michel. »Warum sollte Plesch sowas tun?«

»Weil er reich, gelangweilt und klug ist und nach der nächsten Welle Ausschau hält. Er hat sich eine der besten botanischen Bibliotheken der Welt zusammengestellt. Und Sie wissen, was das heisst. Und neuerdings interessiert er sich für Lebensverlängerung.«

»Aber würde er Joanna schicken?«

»Er hat es schon öfters getan. Es passt zu seinem Sinn für Humor. Er hat Joanna beinahe ein Vierteljahrhundert lang erzogen.«

»Sie sind verrückt«, sagt Michel gereizt.

»Ganz und gar nicht. Ich traf Arpad Plesch zum ersten Mal 1947 in Zürich. Er war in die *La Clause d'Or*-Affäre verwickelt und bat mich damals, ihm zu helfen, das Geld zusammenzubringen, um alle Regierungen Europas zu verklagen. Neben seinem Doktor in der Medizin besitzt er noch ein Lizentiat der Jurisprudenz, verstehen Sie. Nun, ich ermöglichte ihm einige Beziehungen zu verschiedenen Schweizerbanken, und als seine Klage die Länder zwang, ihre Goldverpflichtungen zu respektieren, verdienten wir alle sehr gut. Ich besuchte ihn regelmässig in seiner Wohnung an der Avenue Foch und schaute zu, wie er Joanna aufzog wie ein pedantischer Gärtner seine Pflanzen. Als sie vierjährig war, nahm er ihre Fragen auf Tonband auf und lehrte sie die Feedback-Methode, Es war sein Ziel, sie zur intelligentesten Frau der Welt zu machen.«

»Er ist ein Teufel«, stammelte Michel. »Das ist wirklich ungeheuerlich.«

»Ich erinnere mich an eines der philosophischen Mittagessen in seiner Villa ›La Leonina‹ in Beaulieu. Die Villa hatte, wie Sie sich erinnern, drei Gärten: Der Olivengarten; aufgrund eines verschrobenen biblischen Scherzes durfte Joanna dort spielen. Dann der Aesthetische Garten; und hinter der Villa, wo das Land vom Meer zu den Bergen emporsteigt, hatte er auf vierzehn Terrassen exotische Bäume und Pflanzen aus der ganzen Welt gepflanzt.

Zwei riesige Marmorlöwen bewachen den Eingang zur Villa. An diesem Tag gab es einen Skandal, weil Joanna die Augen der Löwen blau und die Schnauzen rot bemalt hatte. Offenbar konnte man die Farbe nicht mehr entfernen. Einige Gäste, ich eingeschlossen, fanden diesen farbigen Streich amüsant und sogar angebracht. Nun, wir waren etwa fünfzehn Leute beim Mittagessen im Esszimmer. Während die Butler servierten, lauschten wir alle Monsieur Plaquevents Vortrag über christliche Philosophie. Als der Kaffee und das Dessert aufgetragen wurden, rief Arpad Plesch, der die Tafel wie Lorenzo de Medici präsidierte, zu Joanna: ›Sag uns, mein Kind, was hast du von Monsieur über das Leben, Gott und den Menschen gelernt?‹«

»Wie alt war sie damals?« fragte Michel.

»Lassen Sie mich überlegen; 1953? Sie war sieben. Ich werde die Szene nie vergessen. Arpad, der alte ungarische Jude, *agent extraordinaire,* meisterhafter Schauspieler und Regisseur, und Joanna in einem weissen Organdykleid mit blauem Seidengürtel und schwarzen Glanzlederschuhen. Sie erhob sich vom Ende des Tisches und schritt langsam durch die ganze Länge des Raumes. Nicht ein Wort wurde gesagt. Sie legte ihre Hand an Monsieurs Ohr und flüsterte. Nach einem Augenblick stammelte der Kleriker einen überraschten Ausruf, erhob sich abrupt, stiess sein Weinglas um und winkte Arpad herbei. ›*Allez,* Monsieur Plesch, kommen Sie in Ihr Studierzimmer, wir müssen mit diesem Kind eine philosophische Sache besprechen.‹«

Michel nickte ernsthaft. »Und Sie fanden nie heraus, was sie dem Monsieur zugeflüstert hatte?«

»Nein«, sagte Duval.

45

Rotwang und Miss Photo besitzen eine vollständige Sammlung der alten Wochenschau-Serie *Meilensteine des Jahrhunderts,* kommentiert vom guten alten Ed Herlihy. Letzte Woche veranstalteten sie eine öffentliche Vorführung, zu der eine ganze Menge Zuschauer erschienen. Im letzten Drittel des Programms, während eines Berichts des Jahres 1943 über die Kriegsjahre, entdeckte Rotwang einen der Fremden an der Seite Adolf Hitlers. Als sich die Wochenschauen durch die Jahre 1947, 1952, 1956 etc. bahnten, bemerkte Miss Photo John, den Fremden, in einer Teilaufzeichnung der Ermordung JFKs. John stand auf der Strasse, neben dem Texas Book Depository, direkt unter dem Fenster, aus dem der Schuss kam. Lee Harvey Oswald stand neben ihm.

aus ROTWANG, *von Tim Hildebrand*

Riverdale-am-Hudson, Oktober 1960

Malaca war im oberen Stockwerk und badete in parfümiertem Wasser. Harold döste zufrieden auf dem Sofa. Der Direktor des Psychedelischen Forschungsprojekts Harvard stand an der Glastür und beobachtete den Sonnenaufgang. Einmal mehr. Er entdeckte, dass er seit Beginn seiner Bewusstseinsforschungen sehr viel mehr Sonnenaufgänge beobachtet hatte, als je zuvor in seinem Leben. »Ob es da einen Zusammenhang gibt?« dachte er ruhig. Flora Lu betrat das Zimmer. Sie trug ein Tablett mit einer silbernen Kaffeekanne, einem kleinen silbernen Rahmkrug, zwei chinesischen Trinkschalen und einer Schüssel mit Früchten – Äpfeln, Bananen, Pfirsichen, Kirschen und grünen glänzenden Trauben.

Sie stellte das Tablett auf einen niedrigen Tisch und glitt mit Hilfe der Schwerkraft in eine sitzende Position auf den Teppich. Sie winkte dem nachdenklichen Philosophen fröhlich zu.

»Möchtest du etwas Kaffee trinken und meine kosmischen Fragen beantworten?«

Der Philosoph fühlte eine warme Welle durch seinen Körper fliessen, fühlte, wie seine Gesichtsmuskeln sich automatisch in ein Lächeln entspannten und seine Augen begannen zu strahlen. Seine Muskulatur bereitete sich reflektiv vor, die zierliche blonde Frau in seine Arme zu schliessen. Er identifizierte diese somatischen Reaktionen korreket als Zärtlichkeit.

»Flora Lu», sagte er mit weicher Stimme. »Du bist schön und ich liebe dich und danke dir.« Seine Augen waren feucht.

Flora Lu nickte wissend und strich mit der Hand über den Teppich. »Ja, ich weiss, ich liebe dich auch. Ist es nicht wunderbar?« Sie goss dampfende schwarze Flüssigkeit in die beiden Trinkschalen. »Und nun, da wir uns lieben, kann ich meine Fragen stellen. Rahm?«

»Danke, ja.«

»Manchmal denke ich, dass ich nicht mehr weiterleben kann. Zucker?«

»Zwei Stück bitte. Fehlt etwas?«

»Erinnerst du dich noch an meine Fragen letzte Nacht?«

»Ja.« Und wie er sich erinnerte, er würde sie nie vergessen. Sie sassen in telepathischer Harmonie vor dem Feuer und beschäftigten sich mit etwas, das eine spätere Generation von Wissenschaftlern als Neurogenetisches Abtasten des Siebten Schaltkreises bezeichnen würde. Ansammlungen von Vorderhirn-Neuronen empfingen RNS-Signale von Tausenden von Generationen aus der DNS-Erinnerung, Millionen Jahre der planetarischen Entwicklung zogen blitzartig vorbei, Körper wurden gezeugt, geboren, rangen ums Überleben, vereinigten sich und kümmerten sich um die Jungen. Flora Lu hatte Ihr Gesicht ihm zugewandt und blickte fragend in seine Augen. Oh ja, sie waren galaktische Detektive, Doktor What's on und Shirley Holmes. Sie sortierten Anhaltspunkte, untersuchten Darwinsche Fingerabdrücke, versuchten geduldig, das Geheimnis zu ergründen. Sie beugte sich vor und zuckte die Schultern. »Alles ist Sex, nicht wahr?« flüsterte Sie mit einem verschwörerischen Kichern. In einer Milliarde warmer, tropischer Sümpfe spielten schwarze Jazz-Combos den Boogie, während blonde Schwedinnen ihre Hüften wiegten und stripten. Eine weise, faltige chinesische Madame rauchte ihre Opiumpfeife und lächelte. Träge Wasserströmungen gurgelten, und das uralte Krokodil an der Kasse, das für die ganze

Handlung verantwortlich war, bewegte sich langsam und sank ein wenig tiefer in den umarmenden Schlamm. Sanftes Lachen aus dunklen Winkeln hinter Büschen.

»Das ist also das grosse Geheimnis, hm?« sagte Sie nachdenklich. »Es ist komisch. Weisst du, ich dachte immer, es müsste mehr geben. Ich beklage mich nicht, verstehst du. Es könnte kaum lustiger oder schöner sein, um ehrlich zu sein. Welch einen Humor Die doch haben.«

Unerschöpfliches Spektrum von Kostümen, Tanzschritten und zierlichen Stellungen.«

»Aber trotzdem bin ich irgendwie traurig. Ich habe keinen Grund, mich zu beklagen. Ich machte diese Entdeckung, als ich noch sehr jung war, bin also glücklicher als die meisten. Aber es ist so erschreckend.«

»Alt werden?« Es war ihm nicht recht, dass er es so grob gesagt hatte.

»Ja. Über Jahre hinaus habe ich es nun genau beobachtet. Ich bin auch Waage, also weisst du, was ich meine. Ich sehe jedermann als Tier. Ich verstehe alles, was die Leute so tun. Bis ich dich kennenlernte. Ich war überzeugt, dass du von etwas mehr darüber weisst.«

Der überwältigte Philosoph nippte an seinem Kaffee und zündete sich eine Zigarette an. Es war seit einigen Stunden seine erste Dosis Nikotin und seine Geschmacksknospen und sein Halsgewebe wanden sich in Ekstase.

»Ist das alles?« bohrte Sie hartnäckig. »Komm Baby, lass dich von mir nicht beeinflussen. Bloss weil ich eine grosse, nasse Zucker-Pussy-Frage vor dir ausbreitete. Es kann ja auch sein, dass ich bis jetzt einfach nicht weiterkam. Ist das alles?«

»Ich weiss nicht.«

»Was glaubst du?«

»Ich glaube, es gibt mehr. Aber. . .«

»Aber nicht anstelle von Liebe und Schönheit.«

»Genau dort irren sie sich.«

»Also versuchst du durch Liebe und Schönheit dorthin zu gelangen. Ich werde dir dabei helfen, so fest ich kann.«

»Ich weiss, dass du dies tun wirst, Flora Lu.«

»Wir gehören nicht hierher, oder? Oder?«

46

»Eigentlich sind die Schweizer nicht geldgieriger als alle anderen. Nur ist es so, dass andere Nationen noch zusätzliche Laster haben.«

Gefangen im Verzückungs-Schaltkreis

Autobahn Genf–Bern, Mai 1971

»Wie lange dauert die Fahrt nach Bern?« fragt der Professor, zurückgelehnt im nun bereits gewohnten Komfort des Rolls.

»Weniger als zwei Stunden. Wir werden zur rechten Zeit bei Maître Benvoglio sein.«

Michel fährt abwesend, sein Kopf ist gedankenverloren zwischen seinen Schultern eingesunken.

»Du scheinst ein bisschen besorgt zu sein«, spekuliert Acht.

»Ich muss über viel nachdenken, Teem. Bevor ich mit Duval gesprochen hatte, wusste ich gar nicht, wie ernst die ganze Sache ist. Ich hatte gedacht, pouf! *Pas de problème,* dass wir uns bloss mit den richtigen Beamten zusammensetzen müssten. Ich hatte nicht geahnt, wie besorgt die Politiker wegen deiner Anwesenheit sind. Weisst du, was Duval mir erzählte? Er sagte, dass du jedes beliebige Land wie die Schweiz innerhalb von sechs Monaten auf den Kopf stellen könntest, falls man dir freie Hand liesse. Stimmt das?«

»Komm schon, Michel«, entgegnete der geächtete Doktor. »Lass mich eines klar stellen. Wir sind keine Weltverbesserer. Wir haben nicht die Absicht, irgend etwas anderes zu tun, als uns niederzulassen und Kinder zu kriegen.«

»Ich mag dir das glauben, aber sie nicht. Du hast meine Frage nicht beantwortet. Könntest du?«

»Wenn ich frei sprechen kann? Eine Zeitung herausgeben und am Fernsehen auftreten? Wir könnten das Bewusstsein und die Kultur eines kleinen Landes wie die Schweiz innerhalb von drei Monaten verändern.«

»Incroyable«, murmelt Michel. »Es gibt keine politische Partei, keinen sozialistischen Führer, der dies von sich sagen könnte. Sozialisten, Kommunisten, Faschisten und alle religiösen Propagandisten haben diese Freiheit und können trotzdem niemanden anwerben. Wie ist das möglich?«

»Nun, sprechen wir nicht so abstrakt. Bleiben wir auf dem Boden. In deiner Wohnung sind zur Zeit vier Personen: du, Dee Dee, Antonia und Yolanda, die hübsche kleine Sekretärin. Falls nun der Präsident der Schweiz oder sogar Maître Benvoglio zu dir nach Hause kommen würden, um mit mir über Weltanschauung zu diskutieren, würde eine Abstimmung drei zu eins ergeben. Richtig?«

»Hm«, meint Michel. »Ich verstehe, was du meinst, aber die drei Mädchen sind Ausnahmen, sie sind gebildeter als die durchschnittlichen Schweizerinnen.«

»Also gut, nehmen wir ein durchschnittliches Schweizer Gymnasium oder eine höhere Lehranstalt. Ich diskutiere mit dem örtlichen Pfarrer, einem Parlamentarier oder einem Lehrer, der die bestehenden Auffassungen über die Weltanschauung verteidigt. Eine grosse Mehrheit der jungen Leute, die in einer Nach-Hiroshima-Welt aufgewachsen ist, ist den alten Methoden gegenüber grundsätzlich skeptisch eingestellt. Sie wollen nicht die politischen Parteien verändern, sie wollen ihre Weltanschauung ändern, ihren Lebensstil, ihren Sinn für das Dasein. Die alte Ordnung ist einfach nicht mehr zu verteidigen. Deshalb wurde ich durch brutale Gewalt zum Schweigen gebracht und ins Gefängnis geworfen. Vor dem hat dich Duval heute morgen gewarnt. Aber das Problem sind nicht die hirn-belohnenden Drogen. Der Streitpunkt ist die Freiheit, eine Lebensauffassung zu wählen, sich zu entwickeln.«

»Aber warum passiert das gerade jetzt? *Bien sûr,* als wir jung waren, gab es konkurrierende Philosophien, Marxismus, Faschismus, sogar die katholische Kirche war ein Machtfaktor. Warum ist es heute anders?«

»Elementare Neurogenetik. Auf einer Energiewelle zu reiten, ist die einfachste Sache des Universums. Wie beim Skifahren die Schwerkraft ausnützen. Wie Heranwachsenden, denen nie etwas über ihre angeborene Ausrüstung gesagt wurde, Sex zu lehren. Sigmund Freud zum Beispiel ritt auf dieser kleinen anti-protestantischen Welle. Es ist wie frisch ausgeschlüpften Schmetterlingen gegenüber die Freude des Fliegens zu befürworten. Es ist der älteste galaktische Trick. Wie gleitet man durch die Stromschnellen der Evolution. Tauche einfach auf, wenn eine Mutation sich anzeigt und propagiere die Zukunft.«

»Nun verstehe ich, was Duval meinte«, sagt Michel. Sein Kopf ist auf die Brust gesenkt und er starrt verwirrt auf die Strasse.

»Was hat er gesagt?«

»Er hat gesagt, dass er nicht versteht, warum sie dich nicht erschossen haben.« Seine Augen huschen zum Rückspiegel. »Vielleicht werden sie es noch tun. Deine Regierung steht nicht über solchen Tricks. Weisst du, dass die CIA die Mafia anheuerte, um einen meiner dominikanischen Kunden umzubringen? Wir müssen sehr vorsichtig sein, Teem.«

47

»In der larvalen Geschichte der Erde wie auch auf anderen Planeten entwickelten Gesellschaften, die einen bestimmten Stand der Sicherheit und des Überflusses erreicht hatten, unweigerlich untätige Klassen, die sich der Ästhetik und der kunstvollen Erotik verschrieben hatten.«

Exo-Soziologie

Lausanne, Mai 1971

Als der Philosoph das Schlafzimmer betritt, findet er Sie nackt vor dem grossen Spiegel, die Hände um Ihren linken Oberschenkel geklammert. Sie schüttelt mit einer anmutigen Bewegung Ihre Haare zurück und kichert.

»Komm herein, mein überarbeiteter Astronaut. Ich habe einen grossen Vorrat an Unterhaltungs-Filmen.«

»Was machst du vor diesem optischen Feedback-Instrument?«

»Wenn meine Beine bloss ein bisschen dünner wären«, seufzt Sie und bedeckt mit ihren Händen ihre Brüste, »und meine hängenden Reize bloss ein bisschen weiter oben. . .«

Sie dreht sich provokativ um und hüpft wie eine Revuetänzerin. »Dann wäre ich perfekt.«

Sie dreht sich wieder um und wirft einen verblüfften Blick der Bewunderung in den Spiegel. »Sogar mit vierzig werde ich noch hinreissend sein. Ist das nicht wunderbar?«

»Ja«, muß der Barde zugeben. »Niemand kann behaupten, Es sei nicht wunderbar.«

Sie bindet sich ein seidenes Pfauengewand um Ihre Hüfte und schreitet mit langsamer Las-Vegas-Eleganz zum Bett. Sie setzt sich im Schneidersitz, das Gesicht zum heimgekehrten Ehemann emporgewandt.

»Wie war es mit den Anwälten heute? Wie habe ich mich bereits an diesen Satz gewöhnt. Wie oft schon habe ich dich mit dieser Frage begrüsst? Warum bist du kein Anwalt? Dann könnte ich dich fragen, ›wie ging es heute mit den einfältigen Tricks?‹« Sie zündet sich eine Zigarette an, bläst den Rauch zur Decke, die Hand vor dem Mund, hustet delikat. »Nun sag mir, mein edler Herr und Gebieter, können wir in der Schweiz bleiben?«

»Michel meint, wir können, aber wir werden einen Haufen Geld benötigen.«

»Das überrascht mich nicht. Was ist das für eine unausgeglichene Welt. Jeder will genau das von dir, was er ohnehin schon im Überfluss hat. Die reichen Leute wollen dein Geld. Die Junkies stehlen dein Dope. Die Klugen wollen dein Gehirn. Die Sexbesessenen wollen noch mehr Sex. Apropos Sex, ich machte heute eine grosse Entdeckung. Michel und Dee Dee haben eine faszinierende Pornographiesammlung. Einiges ist auf Englisch. Dee Dee, Antonia und Yolanda gingen aus und liessen mich allein zurück, um zu schwelgen. Ich erinnerte mich dabei an die Zeit, als ich jeweils feucht vor Verlangen nach dem hübschen jungen Pfarrer im Religionsunterricht nach Hause kam und unter der Bettdecke schmutzige Hefte las. Dabei vermischten sich die zwei Konzepte, Gott–Sex, Sünde–Liebe, Teufel–Schokoladenkuchen in meinem mädchenhaften Geist. Ich nehme an, dass ich deshalb so angenehm verwirrt worden bin.«

Der Philosoph liegt barfuss am Fussende des Bettes, den Kopf auf die Hände gestützt; die Augen lächeln Zustimmung. »Die vierte Phase der Metamorphose, sexuelle, geschlechtliche Identifikation, verbindet die neu aufgetauchten Schaltkreise mit den domestizierten Idealen, von den Leuten Religion genannt. Also ist für die Gläubigen das Bumsen dann am süssesten, wenn es mit dem an Asche erinnernden Geschmack der Sünde verbunden ist.«

»Ich will, dass du genau verstehst, was es bedeutet, eine Frau zu sein. Darin liegt unsere einzige Hoffnung, Acht. Ich blätterte in Michels Pornographie, um dir meine Teenager-Geilheits-Prägungen zu vermitteln. Hörst du mir zu?«

Ihre Augen funkeln. Ihr Gesicht errötet schwach. Sie ist taufrisch und erpicht, zu befriedigen und befriedigt zu werden. Sie holt ein rosafarbenes Taschenbuch, öffnet es an einer mit einem seidenen Tüchlein markierten Stelle, nimmt das Seidentüchlein heraus und wirft es galant in die Luft.

»Es heisst *Prinzessin der Ausschweifung* und ist von Guillaume Apollinaire. Ist das nicht ein guter Anfang? Kapitel eins. Bist du bereit?«

»›Lausanne, die romantische erotische Blume der Schweiz, wird oft das Paris von Mitteleuropa genannt. Irgendwie ist Lausanne ein Kreuzpunkt zwischen Westeuropa und dem orientalischen Asien. Viele der hiesigen Sexbräuche und religiösen Rituale, die Vorherrschaft der Frau inbegriffen, sind die unmittelbare Folge der Nähe der matriarchalischen Haremsländer. Die Auffassung der Schweizerfrau, dass der Mann ein Spielzeug der Liebe und des Vergnügens ist, ist ebenfalls ein Produkt des wirklichkeitsnahen alpinen Denkens. Seit den ersten Römern, die nach Genf und Lausanne kamen, sind diese Zwillingsstädte als calvinistische Spielfelder und Zentren der leidenschaftlichen, intensiven, strengen Geschlechtsmoral bekannt. Die Schweizerfrau ist das Spiel-Mädchen des Westens. Sie ist eine vollendete Kennerin von Kommunionswein, gefallenen Frauen, sündigen Männern, jungfräulichen Knaben, unschuldigen Mädchen und heiligen wie auch weltlichen Liedern.

Rom hat seiner Überlieferung folgend den Stil für alle Grundarten der Liebe bestimmt, katholisch und protestantisch, himmlisch und irdisch, die zivilisierten Vergnügen und die geheiligten Laster der schweizerischen Aristokratie, für welche die anmutige Prinzessin Lupesco ein flammendes Beispiel war. Als Cousine ersten Grades der Königin hatte die reife Prinzessin Rosemarie, als sie sechzehn wurde, mit allen Dienerinnen andächtig geschäkert und es mit allen Pagen des Palastes getrieben. Als sie siebzehn war, erzählte man sich im Scherz, dass es am Helvetischen Hofe keinen einzigen Mann von königlichem Blute gab, dessen Visitenkarte und Gebetbuch nicht bereits zwischen die reuigen Knie der feurigen Prinzessin gelegt worden war. Als sie achtzehn wurde, beschäftigte sie sich damit, die hübschen Tempel und weichen Epistel aller Mittelklassefrauen und -männer im Königreich zu erforschen, ob verheiratet oder ledig. Es schien, als wollte sie, von einer besessenen Leidenschaft getrieben, eine, wie sie es nannte, vollkommene, samtgefütterte Kanzel finden.

Prinzessin Rosemarie fand im viktorianischen Botschafter Antonio Leoporello einen wirklich verständnisvollen Gläubigen. Man munkelte, dass Antonio die liebreizende Prinzessin mit echter römischer Hingabe bekehrte. Eines Morgens kleidete sich Prinzessin Rosemarie wie eine echte Pariser Presbyterianerin. Als sie in ihren engen Satinhosen durch die Strassen schlenderte, erregte sie gleichermassen die Männer wie die Frauen.

Welch saftige, südliche Baptistin sie doch wäre, dachten die Männer.

Welch schmuckes, festes Pfingstfest die Prinzessin doch hat – für missionarische Tätigkeiten beinahe so gut wie bei einem Mann, ging es gar mancher Schweizerfrau durch den Kopf, als die Prinzessin vorbeirauschte.

Eine italienische Dienerin in einer roten Seidenbluse öffnete ihr die Tür zur Botschafterwohnung, und die Prinzessin eilte behende die Treppe hinauf ins private Beichtzimmer von Antonio Leoporello. Dort fand sie den virilen Gesandten nackend episkopal auf der Zebrafellcouch mitten im Zimmer. Er lag betend auf dem Rücken, und seine männliche Kongregation erhob sich volle fünfundzwanzig Zentimeter in die Luft. Vor ihm kniete, in Anbetung versunken, eine demütige, füllige Predigerin der Tulsa Oklahoma Four-Square Gospel Church und liess in herzlicher Hingabe ihr Gesangsbuch über seinen ausgestreckten Campanile gleiten. Ada Mae, die Predigerin, war ebenfalls nackend fundamental, und ihre vollen, lieblichen Erlösungen hingen in voller Reife über der Kante der Couch. Zwischen ihren vollendeten Apostelgeschichten umrahmte die süsse Kurve ihres feuchten biblischen Traktates den einladenden Abendmahlkelch. Dunkle, seidene Psalmen umsäumten ihn und hoben ihn hervor wie ein schwarzer, glühender Juwel. Es war eine gloriose Musterkollektion der Bibel-Auslegung, voller mystischer, swingender schwirrender Verlockung.

Auf einem Sofa an der Wand befingerten sich zwei junge Diakonissinnen aus Texas spielerisch ihre Rosenkränze. Jedesmal wenn ein reumütiger Zeigefinger eine Wiederkunft auslöste, erscholl ihr helles mädchenhaftes Lachen.‹«

Die reizende Autorin legt das Buch nieder und zieht genüsslich an ihrer Zigarette.

»Wow! Knüpfe mir dieses überreife, saftige Pfirsich-Pflaumen-Band aus St. Louis, Missouri, das von den gekrümmten Ästen eines südlichen Baptistenbaumes herunterhängt! Ganz zu schweigen vom Gekreuzigten, der ausgestreckt das durchbohrende Schwert des christlichen Soldaten am pfingstlichen Kreuz erwartet.«

»Und das Zweite Gebot sagt«, fügt der Barde hinzu, »was du willst, das man dir tu, das füge auch dem andern zu.«

»Du warst ein schlechter, egoistischer Sünder, Acht«, murmelt die Prinzessin, »aber wenn du reuevoll vor mir niederkniest, werde ich dich vielleicht in meiner süssen Milch der Vergebung waschen und dich in schwesterlicher Liebe umarmen, denn dies ist mein Körper, um vom wirklichen Gläubigen genossen zu werden.«

»Ich bin in jeder Beziehung hungrig«, antwortete der Botschafter reuevoll.

48

»Die männlichen und weiblichen Körper wurden durch drei Milliarden Jahre der Entwicklung konstruiert, um sinnliche Sender/Empfänger im Verzückungsduett zu verbinden. Vier-Hirn-Sexualität ist auf den Orgasmus gerichtet, genital zentriert, gespiesen von der Energie, die in der Polarität des Unterschiedes entsteht. Der starke Mann dringt lustvoll in die empfängliche Frau ein. Uralte Verbindung der Besitzansprüche. Nimm mich. Ich bin dein. Liebe mich für immer. Verbindungen des fünften Schaltkreises schaffen ontologische Vereinigung. Es gibt keine Trennung der Geschlechter.«

Exo-Psychologie

Newton Centre, Massachusetts, November 1960

Malaca zog in das Haus des Philosophen, aber Haushaltszwänge des vierten Schaltkreises entstellten und verzerrten die Kommunikation und beeinträchtigten die Prägung.

Das Haus des Commodore wimmelte von Gesellschafts-Spielern: zwei Teenager, Studenten, besuchende Persönlichkeiten, Forschungsgenossen.

Immer noch im larvalen Zeitplan gefangen ging der Forschungsdirektor jeden Morgen ins Büro und kehrte jeden Abend zum zerbrechlichen Arabermädchen zurück, um dann wieder durch das Tor von Aphrodisiaka zu treten.

Spengler schrieb über das arabische Welt-Gefühl: Alchimistisch. Geflüster von mysteriösen Substanzen wie das philosophische Quecksilber, weder stofflich noch Eigentum, verwandelt aber durch Magie ein Element ins andere. Zum Araber dieser Periode (ziemlich spinozaisch) gehörte die Vorstellung von Substanzen mit sichtbaren oder geheimen Eigenschaften. Baraka. Spenglers Versuche, die Verzückungsschaltkreise, die durch die Haschischkultur des mittleren Ostens vor vielen hundert Jahren aktiviert worden waren, zu beschreiben, sind ungenaue, vorneurologische Hinweise.

Während Ihr Körper sich entrollte, arabeske Schlange, und Ihre Mandelaugen sich mit bauchtänzerischen Wellenbewegungen bewegten, konnte diese schlanke Houri der teppichweichen, kellergewölbten Vergnügungsmoschee des Propheten weder den Lärm der Kinder noch die Unordnung des bürgerlichen, häuslichen, kinderbezogenen Haushaltes, aus dem heraus die Harvard-Wissenschaftler die ersten hedonistischen Zeitschiffe starteten, aushalten.

Die sozialen Werte Ihres vierten Schaltkreises waren auf strenge Zucht und Konzepte der Gerechtigkeit fixiert, und so wurde Ihre Mutation von der Tugend zur Verzückung genauso erschüttert wie diejenige des Professors. »Man hat mir gesagt, Sex sei ein Juwel, das gehortet werden muss«, kicherte Sie. »Nun wissen wir, dass es eine unerschöpfliche Energie ist, die wir austauschen können. Möchtest du das Buch sehen, das mir Flora Lu gab, als wir Riverdale verliessen? Ich glaube, es ist ein Nachttischbuch, um mich über meine Unwissenheit in dieser Beziehung aufzuklären.«

Malaca ging zum Wandschrank und kam mit einem umfangreichen Band mit arabischen Schriftzeichen auf dem Umschlag zurück.

»Der Titel«, sagte Sie und fuhr mit Ihren schlanken Fingern der Schrift entlang, »ist ›Der Garten der ewigen Lüste‹.«

Sie schlug die erste Seite auf. Links befand sich eine geschriebene Erklärung, rechts ein üppiges Bild eines Paares im Pavillon eines gepflegten Hofgartens. Ein nackter Mann liebte in der Lotusstellung eine Frau, die auf seinem Schoss sass. Die beiden lachten. Ihre Arme streichelten seinen Nacken. Seine Hände waren unter ihrem Gesäss.

»Was sagt der Text?«

»Oh, das ist für mich bestimmt. Es ist ein ... nun, wie ein Ehehandbuch. Dieser Absatz sagt – Betrachten sie, wie die beiden, vollkommen vereinigt, eine Wesenheit der Vollendung darstellen. Er sieht hinter sie, sie sieht hinter ihn. Ihre Wesenheit hat ein Blickfeld von 360 Grad. Ihre linke Seite ist seine rechte. Perfekte Gleichheit der beiden Prinzipien.«

Malaca schlägt zierlich das nächste Bild auf.

»Schau, wie sie für ihn singt und er ihre Frucht füttert. Lachend. Es gibt keine übereilte Hast. Wie ein Bergbach, der über die Felsen fliesst, Jahrhundert über Jahrhundert, immer wieder neue Formen ausspült, so ist ihre zeitlose Liebe.«

Malaca lächelt scheu. »Flora Lu ist far out, nicht wahr? Wollen wir fortfahren?«

Auf dem nächsten Bild befindet sich das Paar immer noch in der Yab-Yum-Vereinigung. Sie kämmt sein langes schwarzes Haar, während er eine Halskette um ihren Hals legt.

»Alle Dinge dieser Erde sind Juwelen, um Dich zu schmücken.«

Auf dem nächsten Bild lehnt er sich auf den linken Arm zurück. Sie kauert über ihm, ihre Yoni umklammert sein Lingam. Seine rechte Hand streichelt ihre Brust. Ihr Kopf ist zurückgeworfen, die Augen geschlossen.

»Du bist der Baum und ich der Wind, der deine Blätter bewegt.«

Bewegungslos. Lotusstellung. Yab-Yum-Vereinigung. Augen geschlossen.

»Sie verharren regungslos, atmen zusammen während 108 Minuten. Die Schlangenkraft fliesst von seinem Rückgrat durch seinen bewegungslosen Lingam in Sie hinein und von Ihrer Yoni zu Ihm.«

Auf dem nächsten Bild schweben über ihnen und um sie herum die erhabenen Buddhas und Bodhisattvas. Unter ihnen tanzen die Dämonen. Ein sanfter Blumenregen fällt auf sie.

Beim Umblättern der Seiten entfalten sich die heroisch-historischen Zweigesänge der beiden Liebenden. In einem der Bilder lehnt Sie sich zurück, Ihren Arm ausschweifend in die Luft geworfen, den anderen um Seinen Nacken geschlungen. Sie lacht ungezogen.

»Dieses kann man am besten mit ›oh, nun bist du mein junger persischer Liebhaber‹ übersetzen.«

Sie hat sich nach hinten fallenlassen, und Er drückt Sie nieder, presst Ihre beiden Hände über Ihrem Kopf zusammen. Ihr Mund ist in gespielter Überraschung geöffnet, Ihre Augenbrauen belustigt hochgezogen.

»Auf Englisch würde es dazu etwa heissen, ›oh, ich wusste gar nicht, dass du Deutscher bist!‹«

»Dieses Buch«, sagte er, »und derjenige, der es geschrieben hat, ist ein Verführer.«

Und an diesem Tag lasen sie nicht mehr weiter.

49

»Die irdische Marktwirtschaft symbolisiert die Überlebensperspektive der larvalen Existenz. Es scheint, dass jedes Geschöpf nur durch den Verlust eines anderen profitiert. Die Einsicht in diese unvermeidliche Verkettung der planetarischen Existenz kann den Geist derart bedrücken, dass man wie Vonnegut den Tod herbeiwünscht und den Sternen verächtlich die Zunge rausstreckt. Das Ziel des Evolutions-Agenten ist es, das Bedürfnis, beruhigende, erdgebundene Philosophien zu erfinden, zu eliminieren, indem er das Bewusstsein zur Konfrontation mit der unvermeidlichen Auswanderung ins Ausserirdische weckt.«

Interstellare Neurogenetik
auch bekannt als
Das Spiel des Lebens

Autobahn Genf–Bern, Mai 1971

»Mach dir keine Sorgen, Michel«, sagt der Flüchtling beruhigend. »Eigentlich hat mich unser Gespräch mit Duval sehr gefreut. Ich habe einige Jahre lang darauf gewartet, um mit jemandem sprechen zu können, der versteht, was vor sich geht. Die meiste Zeit war ich gelangweilt und ein bisschen einsam. Sherlock Holmes ohne seinen ewigen Gegner Moriarty. Ich kämpfte gegen eine kopflose Bürokratie, die von einem Roboter gesteuert wurde, der 1946 J. Edgar Hoover ablöste. Hier sind wir sicher, *mon capitaine,* weil es nur sehr wenig Leute gibt, die die Geschichte und die evolutionäre Perspektive kennen, um die Natur unseres Spiels zu verstehen. Und diese Leute sind selbstverständlich weise genug, um sich nicht bedroht zu fühlen.«

»Nein, Teem. *Non, ce n'est pas vrai!«* Michel dreht sich um und haut mit den Händen aufs Armaturenbrett. »Da irrst du dich. Die Leute können, wenn sie das Gefühl haben, dass ihre kleinen Geschäftchen bedroht sind, gefährlich werden; wie in die Ecke gedrängte Kobras, selbst wenn sie die kosmischen Hintergründe nicht kennen. Du musst das prekäre Gleichgewicht der politischen Kräfte, die sich für Europa interessieren, verstehen. Jedes europäische Land sucht sein Gleichgewicht auf einer Rasierklinge. Die geringste politische Strömung kann das heikle rechts/links-Gleichgewicht stören und eine Regierung stürzen. Betrachte doch den Fall Christine Keeler in England! Sie benutzte Marihuana, um diesen armen Minister zu verführen. Hast du das ausgeheckt? Jede Regierung, die dir Asyl gibt, wird sofort zur Zielscheibe. Links, rechts, es spielt keine Rolle. Keine Partei könnte es sich leisten, dich zu verteidigen. Du bist ein hilfloser Bauer. Noch viel wichtiger als die Politik ist das Geld. Bürokraten steigen auf und fallen, aber das Alkoholgeschäft fliesst weiter und kontrolliert Milliarden von Franken. Überleg dir, welche Bedeutung die Wein- und Cognakindustrie in Frankreich, ja sogar hier in der Schweiz hat. Diese Typen wollen wissen, inwiefern deine Hirnbelohnung ihre Bankkonten schmälern könnte. Dann kommt die pharmazeutische Industrie. *Mon Dieu,* hat du realisiert, dass die Drogenfirmen dieses Land regieren? Oben in Basel beschliessen die Manager der grossen Pillenfirmen, welche Drogen sie verteilen und welche sie zurückhalten sollen. Besonders die Drogen, die den Geist beeinflussen, wie Beruhigungsmittel, Antidepressiva und Aufputschmittel. Sei doch nicht so naiv, *mon vieux*. Glaubst du etwa, die seien hilflose Opfer der Marktwirtschaft? Nein, die messen das soziale Klima wie geizige Meteorologen. Sie sorgen dafür, dass die Leute nervös genug sind, um Beruhigungsmittel zu schlucken und genügend passiv, um Aufputschmittel zu kaufen. Und besorgt genug, dass sie Medizin benötigen, aber nicht so krank werden, dass sie nicht mehr arbeiten können, um das Geld zu verdienen, mit dem sie ihre Drogen bezahlen. Glaubst du nicht auch, dass diese Kerle lange Sitzungen abhielten, um die sozialen Auswirkungen deiner Hirnbelohnung zu studieren? *Mon Dieu,* diese Halunken halten Drogen zurück, die dir das Gefühl geben, du seist die Goldkammer von Zürich oder der Schoss der Bardot. Und reden wir lieber gar nicht erst vom Heroinkartell.«

»Heroin«, ruft der Commodore. »Damit habe ich nichts zu tun.«

»Das heisst überhaupt nichts. Unter den Reichsten der Welt gibt es etwa ein Dutzend Männer, die den Heroinmarkt kontrollieren. Die kaufen und verkaufen Politiker wie andere Leute Zwiebeln. Sogar Regierungen gehen vorsichtig mit diesen Männern um. Nun, glaubst du etwa nicht, dass sie dich und die Auswirkungen deiner hedonistischen Ideen genau beobachten? Das Problem ist, dass deine Hirnbelohnung nicht süchtig macht.« Der Franzose murmelt leise vor sich hin.

»Was hast du gesagt?«, fragt der verwirrte Alchimist.

»Was? Ach ja. Vergiss bitte die Kommunisten nicht, die beobachten jedes Blatt, das in der Welt runterfällt, und überlegen sich, ob es ihren Plänen förderlich ist oder ob es sie stören könnte. Und dann die katholische Kirche, mein lieber Freund. Sag mir, wer sorgt sich mehr wegen der kleinsten kulturellen Brise, die die Moral ihrer Anhänger reizen könnte?«

»Du sprichst so, als brauchte ich wirklich einen Anwalt. Was wird Maître Benvoglio tun können?«

»Benvoglio! Du kannst sicher sein, dass er diesen Fall nicht einmal mit einer drei Meter langen Harke anrühren würde, wäre es nicht für . . . nun sagen wir mal, er hilft mir, meine Geschäfte zu bewältigen. Also, mach dir keine Sorgen, mein lieber Teem, wir werden dieses interessante Spiel gewinnen. Welch ein Abenteuer, eh? Ich glaube, ich kriege mehr, als ich erwartet habe. Wenn nun der Einsatz des Spiels erhöht wird, werden wir mehr gewinnen.«

Michels Engagement beginnt den Barden langsam zu bedrücken. Er fühlt das Warnsignal in seinem Magen und die Rückkehr der schrecklichen algerischen Paranoia. Er befindet sich wieder auf den Spielfeldern von verschwörerischen Menschen, die seine Mission weder verstehen noch gutheissen.

50

»Körperliche Schönheit und erotische Anziehungskraft ist mit der Erfahrung des fünften Schaltkreises verbunden. Sehr schöne Frauen und sexuell attraktive Männer können nicht leicht domestiziert werden. Sie akzeptieren nicht so ohne weiteres die Elternrolle und die Kindererziehung.«

Exo-Psychologie

Lausanne, Mai 1971

Sie steht kunstvoll in ein Badetuch gehüllt am Fenster und schaut zu, wie die Vögel durch den Sonnenuntergangshimmel in die Äste der Bäume gleiten, die sich mit blättriger Samenarroganz in Dachwohnungshöhe erheben. Die Glocken von Lausanne läuten sonor durch die Dämmerung. Diesen Augenblick werde ich nie vergessen, denkt Sie, und weint leise vor sich hin. Warum diese lange Suchfahrt auf diesem merkwürdigen, rauhen Kriegsplaneten, wundert Sie sich; und wann werden sie wohl in ihr Heim in den Bergen zurückkehren, wo man in die Täler hinunterblickt und wo Raumschiffe, gross wie Wolken ankommen, geschickt aus Spinnennetzfasern hergestellt, mit schimmernden Himmelhallen und regenbogenfarbenen Spiralrädern, die sich lautlos drehen.

Die Tür öffnet sich, und der Barde tritt ein. Sein strahlendes, rotbäckiges, jugendliches Vertrauen war Ihr einst so gewohnt und jetzt in der grauen Exilunsicherheit so schmerzhaft selten. Ihr trauriges Herz macht einen plötzlichen, weichen Schlag der Erinnerung. Er trägt eine gekühlte Flasche Weisswein und zwei Kristallgläser.

»Nun«, sagt er tapfer, »hier ist der Plan für den Abend, direkt vom Schreibtisch des Reiseführers. Kapitän Hauchard und Dee Dee essen auswärts mit reichen Freunden. Michel will ihnen Aktien unserer Firma verkaufen.«

»Was ist das für eine Firma?« fragt sie besorgt.

»Michel und ich werden diese Firma gründen, damit wir das Schweizerasyl und die Yacht bezahlen können.«

»Welche Yacht?«

»Wir werden die Yacht brauchen, um unser Manuskript nach Beirut zu schmuggeln, wo wir es gegen libanesische Bauchtänzerinnen tauschen.«

»Geht Antonia mit?« fragt sie beiläufig.

»Auf die Yacht?«

»Nein, zum Abendessen mit Michel.«

»Ich glaube schon. Wir haben nicht darüber gesprochen. Michel schlug ein phantastisches Fischrestaurant unten in der Nähe von Pouly vor. Er hat bereits angerufen und für uns einen Tisch reserviert.«

»Wir haben ja gar kein Geld.«

»Ich vergass es dir zu sagen. Ich fragte Michel, ob er uns helfen könnte, den Scheck einzulösen, den wir von der Banque Nationale d'Algérie erhalten haben. Er sagte, dass er sich darum kümmern werde. Dann zog er tausend Franken aus der Brieftasche und gab sie mir für laufende Spesen. Farout, hm?«

»Ja sehr. Ich mache mir deswegen etwas Sorgen. Es wäre zu schön, um wahr zu sein. Nach den lächerlichen Grobheiten von Eldridge Cleaver, der uns manipulierte, ausspionierte, erpresste und uns hilflos gefangen hielt, nun ein vergoldetes Gefängnis. Seidene Leintücher, der beste Wein der Welt, elegante Pornographie, Haute-cuisine-Restauranttouren auf Spesenrechnung. Aber es ist trotzdem ein Gefängnis. Wir sind total in Michels Gewalt. Ich frage mich immer wieder warum? Was will er?«

»Ich glaube, er langweilt sich und ist an der Spannung, die wir ihm vermitteln, interessiert. Beim lokalen Jet-Set ist er nun der grosse Held, der galante Beschützer. Ich glaube, es gibt da nichts Rätselhaftes oder Unheilvolles.«

Sie geht zum Bett und sinkt in die Kissen zurück, das leere Weinglas in der linken Hand. Der Wein funkelt beim Abendessen pastellgelb. Sie zündet sich eine Zigarette an und räuspert sich sanft.

»Ich versuchte beim Mittagessen, von Dee Dee etwas über Michel zu erfahren. Entweder ist sie sehr schlau oder weiss selber nicht viel. Die beiden lernten sich vor vier Jahren kennen, als sie erst siebzehn war. Ihr Vater, ein reicher französischer Aristokrat, verbot ihr, Michel zu sehen, was sie selbstverständlich noch mehr entflammte. Ihr Vater und seine reichen Freunde nannten Michel einen Gangster. Ich fand das interessant. Am Tage, als sie achtzehn wurde, verliess sie das Elternhaus und wurde Michels Geliebte. Als er vor der französischen Polizei in die Schweiz flüchtete, folgte sie ihm nach. Sie behauptet, dass er ihr nie etwas über seine Geschäfte erzählt. Michel ist offenbar ein wahrer, altmodischer Phallokrat. Sie bewundert in ihm die Macht der Gesetzlosigkeit, ist aber im Grunde gelangweilt. Er will nicht antörnen und verbietet ihr, zu rauchen. Was sie natürlich hinter seinem Rücken trotzdem tut. Eine harmonische Gemeinschaft, nicht? Sie haben eine Vereinbarung getroffen, wonach sie jeden Monat für eine Woche nach Paris geht. Sie ist die klassische Geliebte, schläft bis zwei Uhr, macht bis sechs Uhr einen Einkaufsbummel und geht jeden Abend in ein ausgefallenes Restaurant. Jede Menge Parties, aber Dee Dee meint, sie seien langweilig. In Paris ist sie verladen und tanzt die ganze Nacht Rock'n'Roll. Sie ist wirklich froh darüber, dass wir hier sind und möchte, dass wir ihr helfen, Michel anzutörnen. Noch mehr psychedelische Sozialarbeit.«

»Das ist bereits schmerzhaft komisch«, sagt Acht. »Michel und Benvoglio zwingen mich gleichzeitig, zu schwören, dass wir die Finger von Hirnbelohnungen lassen. Sie drohen mir mit Auslieferung und lebenslänglicher Haft, sollte ich einen Joint rauchen.«

»Nun, ich versprach ihr nichts, das ich nicht halten könnte«, sagt sie mit einem Callgirlschnurren.

»Was ist das für eine Firma, für die er Aktien verkaufen will?«

»Michel sagt, dass er ein Unternehmen gründen will, um unsere Bücher und Filme zu vermarkten, damit wir unsere Schweizerpässe bezahlen und hier in Lausanne im Luxus leben können. Ich glaube, er versucht ernsthaft Aktien an seine reichen Freunde hier zu verkaufen.«

»Nun, wieviele Anteile, wieviel pro Anteil und wieviele Prozente, wenn überhaupt, können wir behalten?« Sie stösst entschlossen den Rauch aus, schnippt die Asche in den Aschenbecher und streicht nervös über die Bettdecke. Sie ist jetzt Anne Sheridan als Bordellmutter, die über Preise diskutiert. »Diese ganze Angelegenheit scheint eine elegante Neuaufführung des Cleaver-Szenarios zu sein.«

»Das habe ich mir auch überlegt.«

»Der sorgfältig vorbereitete Empfang.«

»Das verlockende Angebot für eine Partnerschaft in einem grossartigen Unternehmen.«

»Aber immer sind wir die Bauern in einem Spiel, das wir nicht verstehen. Zufälligerweise ist es so, daß *wir* die Ware sind, von der er die Anteile verkauft.«

»Ich will dich nicht vom schöpferischen Denken abhalten«, sagt der Professor, »aber deine Theorien haben keinen Dollarsinn. Michel ist offenbar einer der reichsten Männer Europas.«

»Es könnte das Aushängeschild für einen vergoldeten Schwindler sein.«

»Du hättest das Personal im Hotel Schweizerhof sehen sollen, wie die sich verbeugten und Kratzfüsse machten. Und der Oberkellner stolperte über seine eigenen Füsse vor Aufregung.«

»Wir werden diese Szene mit 100 Dollar budgetieren.«

»Und was ist mit Benvoglio; er ist offenbar der Topanwalt der Schweiz und wälzt sich vor Vergnügen, weil er Michel dienen kann.«

»Das ist ein Faktor.«

»Warum sollte dieser Onassis versuchen, unsere jämmerlichen vierzig Tausender, die wir so pro Jahr brauchen, um unser Zeitschiff in der Umlaufbahn zu halten, zu klauen?«

»Ich werde es dir sagen, mein unschuldiger Elfenbeinturm-Gelehrter, weil es für Leute wie Onassis und Howard Hughes und alle anderen Grossbetrüger eine Reflexgewohnheit ist, automatisch jeden, dem sie begegnen, übers Ohr zu hauen.«

»Du hast recht. So konnten sie überhaupt erst reich werden.«

»Sie stehlen automatisch, so wie wir atmen.«

»Ich werde deinen Bericht in die Datenbank eingeben«, sagt der Agent. »Aber wir dürfen uns nicht in irdische Perspektiven verstricken. Die erste Begegnung auf einem fremden Planeten ist oft eine beschützende Gestalt, eine alte Hexe oder ein Magier, eine Gestalt, die die Zeitreisenden mit einem beschützenden Amulett versorgt.«

»Du willst also, dass ich Michel als den kleinen Helfer aus dem Wald betrachte? Als den geheimnisvollen Hirten?«

»Sein larvaler Code ist Vier-Hermes-Merkur.«

51

»Komplexe Ausbildungen sind erforderlich, um den fünften Schaltkreis zu meistern: Der Yogi der Stufe 14 erlernt neu sich zu bewegen, so dass Bewegung durch bewusstes Vergnügen bestimmt wird und nicht mehr durch larvale Gewohnheit.«

Exo-Psychologie

Cambridge, Massachusetts, Frühling 1961

Die widersprüchliche Natur der gesellschaftlichen Stellung des Commodore verdient eine Erklärung. Mit seiner linken Hirnhälfte präsidierte er das Psychedelische Forschungsprojekt Harvard, er verabreichte den Häftlingen Drogen, die damit die hedonistische Ethik prägten und in der Folge keine Verbrechen mehr begingen. Er verabreichte den Theologen und Theologiestudenten Drogen, die damit Gott entdeckten und den Physikern, die damit Einsteins Gleichungen experimentell bestätigten.

Mit der Zeit dämmerte es dem bestürzten Psychologen langsam, dass er im Namen der Wissenschaft, des angewandten Mystizismus und unter dem Banner einer Universität, die von den puritanischen Vätern gegründet worden war, nichts weniger als das stärkste Aphrodisiaka aller Zeiten verteilte.

Beim lobenswerten Versuch, eine Erlösung vom Leiden zu finden und die menschliche Liebe zu fördern, wurde der verwirrte Philosoph gezwungen, zuzugeben, dass er im seriösen Cambridge, Massachusetts, eine hedonistische Bombe gezündet hatte.

Eines Abends zum Beispiel veranstaltete ein prominenter Psychologe im Studierzimmer des Professors, während dieser an einem Elternabend war, eine Psilocybin-Sitzung. Als er zurückkam, schlang die Frau eines ebenso prominenten Soziologen ihre Arme um seinen Hals, wickelte ihre Beine um seine Hüfte und begann sich, ehe er sich die Jacke ausziehen konnte, durch einen Vielfach-Orgasmus zu winden.

52

»Wenn du mit einem larvalen Wassermann (Stufe 12, kollektiver Idealist) sprichst, erinnere dich, dass die Moral des Ameisenhaufens an erster Stelle steht. Der vierhirnige Wassermann ist ein gigantischer Ameisenhaufenmoralist (er bezeichnet sich oft als ›Idealist‹), der dich misstrauisch beschnüffelt, um herauszufinden, ob du ›richtig‹ bist. Ungerechtigkeit, d. h. der Geruch fremder Haufen, verleitet diesen Eingeborenen zu stürmischen Verdammungen.«

Interstellarer Reiseführer

Bern, Mai 1971

Punkt ein Uhr stürmt Michel Hauchard, Heldenkapitän, in reiche Stoffe und die Felle des einsamen Wolfes gekleidet, in die snobistische Eingangshalle des Hotel Schweizerhof, die augenblicklich wie ein Flipperkasten aufleuchtet. Portiers rennen, Sekretäre verbeugen sich, Telefonistinnen winken, Manager reiben vergnügt die Hände, und alle singen das Lied der aufwendigen Lebenshaltung aus Prestigegründen: Monsieur Hauchard!

Eine goldene Aura ausstrahlend, steigt der Sonnenkönig des Kantons Waadt majestätisch die Treppe empor; hinter ihm folgend der Commodore, der Manager und der würdevollste Sekretär.

Beim Betreten des Restaurants im zweiten Stock wird die Empfangsszene wiederholt. Der *maître d'*, ein hochgewachsener, eulenhafter Mann mit dem ernsthaften Auftreten eines Totengräbers beugt ehrfurchtsvoll seinen kahlen Kopf und geleitet die Gäste an einen Ecktisch. Maître Benvoglio erhebt sich zur Begrüssung. Der Anwalt, ein schwerfälliger, wohlhabender Pinguin, watschelt vorwärts, fasst Michels Rechte mit beiden Händen und strahlt schamlos bewundernde Freude aus.

Nach der Begrüssung verbeugt er sich formell vor dem potentiellen Kunden. Wie schade, dass er ein Wassermann ist, denkt der Commodore.

Maître Benvoglio betupft seinen Mund mit der Serviette, lehnt sich zurück, faltet seine Hände über der prall gefüllten Weste und betrachtet den Ex-Amerikaner prüfend.

»Hm. Ja, hm«, beginnt der Anwalt. »Also, mein lieber Professor, was kann ich für Sie tun?«

Das Gesicht des Maître ist teilnahmslos. Jetzt ist er der wohlgenährte Richter, bereit, der Beweisführung zuzuhören. Michel spielt den Anwalt und skizziert auf französisch die abenteuerliche Geschichte des Glücks und der Narrheit des Angeklagten.

Benvoglio hört mit steigendem Interesse und wachsender Bestürzung zu, schnalzt besorgt mit der Zunge und murmelt ungläubig. Als Michel das Heldenlied beendet, wendet sich der Anwalt dem Flüchtling zu.

»Hm, sehr aussergewöhnlich. Wirklich, mein lieber Professor, ich muss gestehen, dass ich während meiner dreissigjährigen Praxis nie von einem solchen Fall gehört habe. Das Ganze ist viel komplizierter, als ich erwartete. Haben Sie irgendwelche Papiere bei sich? Ihren Pass zum Beispiel?«

Der Doktor legt mit einem vagen Gefühl der Schuld in Anbetracht dieser soliden schweizerischen Ernsthaftigkeit seine zwei Pässe, Ihre zwei Pässe und die grüne algerische Aufenthaltsbewilligung auf den Tisch. Der Maître betrachtet die Papiere, nickt und blickt zu Michel. Dieser hat seinen Arm um die Schultern des Doktors gelegt und flüstert verschwörerisch.

»Hör zu, Teem. Wie du siehst, ist der Maître ein bisschen verwirrt. Lass mich einen Moment mit ihm allein sprechen. Ich werde ihn beruhigen.«

Der Philosoph entschuldigt sich und verlässt das Restaurant. Zwei Männer sitzen im Korridor und beobachten, wie er zur Toilette geht.

53

»Erotische Schönheit ist nicht einfach eine Angelegenheit der körperlichen Regelmässigkeit. Die Person, deren neurologischer Schaltkreis aktiviert ist, wird wegen der erotischen Ausstrahlung als ›schön‹ gesehen. SiEr strahlt.«

Exo-Psychologie

Lausanne, Juni 1971

Der Zauberer befindet sich in der Küche von Michels Wohnung und wartet, bis das Wasser für den Kaffee kocht. Ein Frühstück kommt nicht in Frage. Der Kühlschrank enthält bloss Wein, Kaviar, Champagner, Hors d'oeuvres und Mineralwasser.

Yolanda sitzt auf dem Küchentisch und schlenkert mit ihren schlanken Beinen. Sie trägt einen Minirock und ein verschwörerisches Lächeln.

»Teem, ich bin ja so glücklich, dass du bei uns bist. Und auch Maya. Es ist für mich und Dee Dee hier in der Schweiz so langweilig. Ich bin so jung, und jetzt ist es Zeit, dass ich etwas über das Leben lernen muss. *N'est-ce pas?«*

»Jetzt ist es Zeit, Yo Yo«, sagt der Doktor beipflichtend.

»Ich bin einundzwanzig, aber *vraiment,* im Geheimen bin ich bloss ein Mädchen von sechzehn. *Triste, n'est-ce pas?«*

»Charmante. Du könntest nicht besser sein, Yo Yo.«

»Teem, du musst mich das Leben lehren. Ich muss dich um einen Gefallen bitten. Komm zu mir, lass es mich in dein Ohr flüstern.«

Die saftige Sekretärin legt ihre Hand an die Wange des Doktors, zieht sanft sein Gesicht zu ihrem halb geöffneten Mund, dreht seinen Kopf und legt ihre Lippen an sein Ohr. Er fühlt ihren flüsternden Atem.

»Bitte, bitte, törne mich an. Nimm mich mit auf einen Trip.«

Yo Yos Gesicht ist errötet, und sie atmet schnell.

»Du bist überrascht? Du dachtest, ich wolle etwas anderes? Etwas Einfaches? Etwas, das mir jeder Mann geben kann? *Mais non,* ich will etwas, das nur du mir geben kannst. Versprich es mir, ich will mein Leben ändern. Ich weiss, was dieses gewöhnliche Leben mir bieten kann, aber ich will mehr. Du kannst mir etwas so Wichtiges nicht verwehren.«

Der überraschte Zauberer lehnt seine Stirn gegen die Stirnlappen des Erdenwesens, so dass beide nichts anderes sehen als die riesigen lächelnden Eulenaugen des anderen.

»So bist du also eine weibliche Vertreterin deiner Spezies«, sagt er. »Unglücklicherweise kann ich dir nicht etwas versprechen, das nur passieren kann, wenn du bereit bist. Die Umwandlung sollte nicht übereilt geschehen, Yo Yo.«

»Je suis prête«, flüstert die betörte junge Frau.

»Und was ist mit Michel?«

»Oh, du darfst ihm nichts davon erzählen!« sagt sie schnell. »O.K., ich warte, bis du mir sagst, dass es Zeit ist.«

54

»Der neurosomatische Yogi auf Stufe 14 lernt hedonistisches Atmen. Pranayama. Die Luft wird zu einem Band aus fühlbarer Energie. Einatmen als Vorspiel. Ausatmen als Orgasmus.«

Neurologik

Newton Centre, Massachusetts, Frühling 1961

Von 1961 an kam ein stetiger Strom von Zeit-Adepten in das Büro des Commodore und in sein grosses Haus, das er gemietet hat. Neurologische Forscher brachten Schätze der rechten Hirnhälfte von fernen synaptischen Ufern.

Von den Antipoden des Gehirns kamen Hatha-Yogis und lehrten Muskelbewusstsein, sie demonstrierten, wie Roboterspiel-Körperhaltungen aufgelöst und erweitert werden können.

Der Körper als Tempel der Seele. Jede Faser und Sehne als Saite für glückselige Schwingung. Der Körper als ein Instrument mit einer Million Töne.

Während einer Zeit-Expedition kniete eine junge Frau auf den Teppich, hob ihren Körper mit einem Handstand in die Luft, und der Commodore fühlte deutlich, wie die Spanndrahtmuskeln Sie in gedehnter Spannung schwankend, wie eine Pflanze emporgestreckt hielten. Die kinästhetische Prägung klickte, und in diesem Moment erreichte er bewusste erotische Kontrolle über seine Muskulatur.

Die ersten vier Schaltkreise zwingen den Körper in eine Rüstung. Wenn das Bewusstsein in die rechte Hirnhälfte fliesst, schmilzt der Panzer, dehnt sich aus und ermöglicht einfache, neue, bewegliche Körperhaltungen.

Dann kam jener Augenblick, wo der Doktor im Schneidersitz unbeholfen seinen Gummifuss hochzog und die elastischen Sehnen in die Lotusposition streckte. Er schaute hinunter und blickte auf die Sohlen seiner Füsse! Diese klassische Stellung kennzeichnet die Überwindung der Schwerkraft, das schwerelose Schweben des Bewusstseins und die Vorbereitung für das Nullschwerkraft-Dasein.

»Die rechte Hirnhälfte ist orientalisch«, sagte Sie. »Das Sitzen in der Lotusposition ist ein internationaler neurogenetischer Vorgang, der das Nervensystem unauslöschbar programmiert.«

»Die Bewegungen des linken Hirns sind eindeutig, manipulierend, schnell, sicher und zielgerichtet«, sagte Sie. »Sie handhaben und diskriminieren Symbole. Die Bewegungen der rechten Hirnhälfte sind fliessend. Man treibt dahin, schwimmt faul durch den atmosphärischen Ozean der Verzückung; Tiefseetauchen. Man hat überhaupt kein Bedürfnis, sich zu beeilen, sich zu sorgen, zu planen oder zu beeindrucken.«

»Take it easy«, murmelt Sie, »geniesse jede Sekunde. Du musst nirgendwo hingehen. Wir sind da. Dies ist es. Entspanne dich. Nimm jede Feinheit wahr.«

55

»Unsterbliche müssen acht geben, dass sie nicht die Gefühle der Sterblichen verletzen.«

Neurogenetischer Aphorismus

Bern, Mai 1971

Als der Flüchtling ins Restaurant zurückkommt, sitzt Michel über den Tisch gebeugt, fuchtelt mit seinen Fingern und spricht eindringlich auf französisch. Als Acht sich setzt, räuspert sich der Anwalt priesterlich und deutet an, dass er bereit ist, das Urteil zu sprechen.

»Ich muss Ihnen sagen, Sir, dass ich normalerweise keine Kriminalfälle bearbeite und ganz gewiss keine Drogenfälle.«

»Hör zu, Teem«, unterbricht Michel, »Maître Benvoglio ist der Anwalt einiger führender Unternehmen in Europa. Nestlé-Schokolade, Philips Electric. General Electric. Volkswagen.«

»Und nicht weniger wichtig«, fügt der Doktor hinzu, »sein Kunde ist Michel Hauchard.«

Eine Pause entsteht. Hauchard und Benvoglio räuspern sich gleichzeitig. Michel verzieht seine Lippen zu einem bezaubernden Lächeln.

»Und du musst verstehen, dass er seine amerikanischen Kunden nicht verärgern will.«

»Ich wurde in verschiedenen arabischen Staaten sehr herzlich empfangen. In Beirut nennt man mich als neuen Rimbaud«, erklärt Acht in einem schwachen Versuch, seine Ehrbarkeit zu beweisen.

»Hm, wie dem auch sei«, fährt der Schweizer mit Churchill'scher Gewichtigkeit fort. »Monsieur Hauchard ist mein guter Kunde, aber auch, wenn ich so sagen darf, mein guter Freund. Und weil er darauf bestanden hat, habe ich eingewilligt, bei der Schweizer Regierung Ihre Lage abzuklären. In ein oder zwei Wochen, wenn ich die notwendigen Informationen eingeholt habe, können wir uns wieder treffen und die nächsten Schritte entscheiden. Es wäre mir dienlich, wenn Sie in der Zwischenzeit Ihre amerikanischen Anwälte anweisen würden, mir die Gerichtsbeschlüsse, Protokolle und alle anderen Urkunden zuzusenden, damit ich in der Lage bin, auf einer rechtlichen Grundlage ein formelles Asylgesuch zu stellen. Ich muß Sie nun ersuchen, in der nächsten Zeit äusserst vorsichtig zu sein. Vermeiden Sie auf alle Fälle jede Publizität, verhalten Sie sich so ruhig wie möglich, und Sie müssen mir selbstverständlich versichern, dass Sie nichts mit Drogen zu tun haben werden.«

»Sie haben absolut recht, *mon cher Maître«,* sagt Michel drohend. »Irgendein Kontakt mit Drogen, und keiner von uns könnte dir helfen, Teem.«

»Sie dürfen nicht vergessen«, bereichert der Schweizer diese unbarmherzige

Tandemverfolgung des erschlaffenden Flüchtlings, »dies ist ein kleines Land, und alles, was Sie tun, wird den Behörden bekannt werden. Alles. Sie werden beobachtet, nicht nur von den Schweizern, auch von Agenten anderer Länder. Jeder, der mit Ihnen in Berührung kommt, kann ein Spitzel sein. Jeder. Die Regierung hat sich, soweit ich unterrichtet bin, entschlossen, Ihre Anwesenheit zu übersehen. Sie sind als Tourist eingereist. Sie wohnen in privaten Häusern. Also mussten Sie sich auch nicht auf den Polizeiformularen der Hotels eintragen. Also gibt es auch kein Dokument, das Ihre Anwesenheit hier in der Schweiz beweisen würde. Für alle Beteiligten ist es am besten, wenn Sie unsichtbar bleiben. Lassen wir die, die sich entschliessen, gegen Sie zu ziehen, den ersten Zug tun. Ich nehme an, Sie verstehen mich. Und bitte vergessen Sie nicht, hm, keine Drogen.«

»Das ist gar kein Problem«, lacht Michel. »In Wirklichkeit hat der Professor gar nie etwas mit Drogen zu tun gehabt. Er hat lediglich Experimente mit Sinnes-Anregern und Hirnbelohnungs-Chemikalien durchgeführt.«

Der Franzose lacht glücklich, der Doktor lächelt schwach, und der Maître sitzt in der Haltung eines alpenländischen Schneegipfels.

56

»Es wird für den Agenten erforderlich sein, sich mit den Eingeborenen in kommerzielle Tauschhandelsgeschäfte einzulassen. Als Grundregel wird vorgeschlagen, dass der Agent die Erdenwesen, mit denen er handelt, so entschädigt, dass sie das Doppelte von dem, was sie erwartet haben, erhalten. Die Larvalen werden von der offensichtlich naiven, unpraktischen Veranlagung des Agenten erstaunt sein, aber auf lange Sicht wird die evolutionäre Arbeit erleichtert, wenn sie von einer Aura des leichten Gewinns umgeben wird.

Handbuch für Evolutions-Agenten

Lausanne, Juni 1971

Michel legt im Arbeitszimmer den Hörer auf und schüttelt den Kopf.

»Das war Duval. Er will uns wiedersehen.« Der Franzose seufzt.

»Probleme, Teem. Immer mehr Geld. Deine Angelegenheit wird immer teurer. Ich habe eigentlich erwartet, dass uns deine Freunde in Amerika etwas helfen. Die Sache hat mich bereits sehr viel gekostet. Ich bin glücklich, dich und Maya hier in meinem Haus zu haben, und ich werde dir auch weiterhin meine finanziellen Quellen zur Verfügung stellen, aber wir müssen praktischer werden.«

»Ich bin damit einverstanden. Lass uns das Unternehmen gründen, das Buch ins Französische übersetzen und veröffentlichen. Ich habe einen Beitrag, um die hungrigen Anwälte für einige Tage zu besänftigen. Hier, ich habe heute morgen per Post einen Scheck erhalten.«

»So? Wieviel ist es?« fragt Michel und nimmt bereitwillig den Scheck entgegen. »Bloss viertausend Dollar, eh? Nun, die gehen an Duval und seine Leute.«

»Ich will keine Geheimnisse vor dir haben, Michel«, sagt der Philosoph, »und ich werde nichts zurückhalten. Aber ich glaube, ich sollte etwas von diesem Geld für laufende Unkosten behalten. Ich will nicht, dass du alle Restaurantrechnungen und die anderen täglichen Ausgaben bezahlen musst. Wir können nur als Gleichgestellte zusammenarbeiten.«

Der Franzose lächelt herzlich. »Selbstverständlich, du hast recht. Wir werden Partner sein und Wagenladungen von Geld verdienen und es gerecht teilen. Ich weiss, es ist für dich im Moment etwas peinlich. Aber mach dir wegen den Ausgaben keine Sorgen. Es ist für mich ein Vergnügen, dein Gastgeber zu sein. Ich weiss, du würdest für mich dasselbe tun. Also, hier, nimm ein paar Franken und kaufe Maya ein hübsches Kleid.«

Der Franzose nimmt fünfhundert Franken aus der Brieftasche und legt sie auf den Kaffeetisch.

»Und hier kommt unsere kleine Yo Yo mit Kaffee. Gut Yo Yo, Teem und ich haben viel zu tun und brauchen etwas Energie.«

Yo Yo bewegt sich mit Stöckelschuhponyschritten durchs Zimmer, stellt das Tablett auf den Tisch und giesst dampfende schwarze Flüssigkeit in die Tassen.

»Ich weiss was du in deine Tasse willst.« Sie blinzelt dem Zauberer zu. »Alles, *n'est-ce pas?*«

»Nein, Yo Yo«, korrigiert Michel schmollend. »Die *Firma* erhält alles, und Teem und ich werden gerecht teilen, abzüglich Spesen, selbstverständlich.«

Michel lacht und klatscht dem Professor auf die Schulter. »Und hier ist unser Deal, *mon vieux*. Ich habe einen Vertrag vorbereitet. Yo Yo wird ihn nun tippen, und dann werden wir beide unterschreiben.«

Michel übergibt Yo Yo ein Bündel Papier.

»Was steht in dem Vertrag, Michel?« fragt der Philosoph.

»Dass unsere Partnerschaft das Recht hat, alles, was du schreibst, zu veröffentlichen und zu verkaufen und dass wir beide den Gewinn aufteilen.«

»Für wie lange gilt der Vertrag?«

»Solange wir Freunde sind. Korrekt? Du und ich brauchen den geschriebenen Vertrag nicht. Zwischen Ehrenleuten genügt ein Handschlag. Aber wenn wir deine Bücher verkaufen wollen, wenn wir über Filmrechte, Fernseh- und Radiorechte verhandeln, müssen wir mit verschiedenen Unternehmen geschäftlich verkehren. Und diese werden den Beweis der Urheberschaft verlangen. Diese Dinge langweilen mich, aber meine Anwälte wollen etwas Schriftliches, damit sie für uns verhandeln können.«

»Für wie lange ist der Vertrag gültig?«

»Oh, das ist bloss eine Formalität. Ich schrieb bis 1990. Lediglich um die Anwälte zu beruhigen. Wir werden doch mindestens so lange Freunde und Partner sein, eh, *mon vieux?* Und glaube ja nicht, dies sei ein einseitiger Vertrag. Ich werde bescheinigen, dass ich alle deine Ausgaben decken werde, bis unser Geschäft Gewinn abwirft. Aber dies ist nur der Anfang. Sobald wir dein Buch auf dem Markt haben, wirst du mir bei einigen grossen Geschäften, die ich vorhabe, helfen. Was hältst du davon, wenn wir der Regierung von Uganda helfen, Teil des 20. Jahrhunderts zu werden?«

»Ich habe viele Angebote abgelehnt, Instrumente des Friedens nach Amerika zu schmuggeln, Michel, darum glaube nicht, dass ich bereit bin, in den Waffenhandel einzusteigen. So sehr ich dich auch mag.«

»Oh nein, du verstehst mich falsch, *mon frère*. Lass mich, falls mich die Juden nicht umbringen lassen, Kanonen, Panzer und Kampfflugzeuge verschieben. Du kannst bei der Ausbildung und der Kulturpolitik helfen. In Uganda haben sie eine ausgezeichnete neue Regierung. Ich habe mit einem hohen Beamten gesprochen. Er hat durch König Hassan von Marokko von dir gehört.«

»Der König von Marokko«, ruft der Doktor. »Was weiss der über mich?«

»Mehr als du glaubst, *mon vieux*. Ich habe mit ihm am Telefon gesprochen, und er hat uns herzlichst eingeladen, ihn diesen Sommer zu besuchen. Wir müssen warten, bis du den Schweizerpass hast. Wir wollen keine Schwierigkeiten, wenn wir zurückkommen. Unsere Freunde in Bern sind stark. Aber die amerikanische Regierung hat ihre eigenen Männer im Bundeshaus, und wir dürfen ihnen keinen Anlass geben, sich gegen uns zu stellen. Interessant, eh, dieses Länderspiel. Du wirst mir die Philosophie des Menschen und die Psychologie von ›Was will die Frau?‹ erklären, und ich werde dir zeigen, wie man mit Ländern spielt als wären sie Chips.«

»Ich wollte schon immer ein kleines Land, um damit Utopia zu spielen. Wenn man ausserhalb des Machtgefüges arbeitet, ist es zwar schwer, aber nicht unmöglich, das Bewusstsein eines Volkes zu verändern. Aber seit Voltaire Friedrich den Grossen besucht hatte, wurde in Zusammenarbeit mit dem Establishment nichts mehr getan. Der arme Aristoteles war mit seinen ungeduldigen Schülern geschlagen, und Konfuzius war selbst für das Königreich von Lu zu bürokratisch, und Plato hob in Syrakus gar nie vom Boden ab. Also, Michel, gib mir ein Land, und ich werde dir eine Zukunft machen.«

Nach dem frechen Klappern der Absätze auf dem Korridorboden erscheint Yo Yo als Sekretärin des Nymphengeschlechts (weiblich).

»Michel! Du hast den Namen der neuen Firma ausgelassen«, sagt sie schmollend.

»Ja«, antwortet Michel. »Ich fand einfach keinen passenden Namen für das neue Abenteuer. Wie wollen wir unsere Partnerschaft nennen?«

»Wie wärs mit *Les Voyageurs«,* sagt der utopische Philosoph.

»Parfait. Schreib es auf, Yo Yo.«

57

»Es wurde Rotwang klar, dass *er,* solange er auf Alpha blieb, ein ›Fremder‹ war, und dass die *Fremden* die einheimischen Tölpel waren.«

aus ROTWANG, *von Tim Hildebrand*

Riverdale, New York, 1960

Flora Lu war überzeugt, dass die Probleme des Geistes mit den neuen Drogen des Professors und die Probleme des Körpers mit denen von Dr. Max Jacobson gelöst werden könnten.

Flora Lu lobte in den Gesprächen mit dem Professor Dr. Jake regelmässig, und dieser realisierte, dass sie umgekehrt in den Gesprächen mit Dr. Jake regelmässig ihn, den Professor, pries. Sehr wahrscheinlich, so folgerte er, waren die beiden unorthodoxen Doktoren von der unbändigen, plappernden, grossäugigen Mädchen-Hexe aus Oklahoma gleichermassen entzückt.

Also wurde zwischen den beiden Titanen des Lustgewinns ein Treffen verabredet. Der Professor war sich der Fallgruben bewusst. Mit genau genug Ego, notdürftig zusammengefügt, um die vom Harvard-Schwarm verlangten Rollenspiele auszuführen. Mittlerweile gegenüber den Statusbelohnungen einer larvalen Gesellschaft total uninteressiert, schritt er unschuldig und entwaffnet in die Begegnung.

Signal Nummer Eins: Er wurde aufgefordert, ein wenig zu relaxen im Wartezimmer. Da der kleine Raum mit Mannequins, wunderschön dekorierten jungen Matronen und einigen amüsanten Show-Business-Männern angefüllt war, war dies kein grosses Unglück. Beim Abgang eines grossgewachsenen, jungen Mannes mit Bürstenschnitt wurden die Wartenden von einem Hauch der Ehrfurcht gestreift. Ihm folgte ein munterer Mann mittleren Alters.

»Wer sind die?« fragte der Commodore.

»Mickey Mantle und Mel Allen, die Stimme der Yankees«, antwortete ein dunkler, den jüdischen Promoter spielenden Mann.

»Frühstück für starke Männer«, sagte der Commodore grinsend.*

*Die Geschichte, wie Mickey Mantle, die New York Yankees und die Footballmeisterschaft von 1963 mit der Injektions-Politik verstrickt waren, wurde zum Bestandteil der galaktischen Folklore und zur Quelle mancher Nachtklubwitze auf larvalen Planeten. Es wäre hier vielleicht angebracht, finstere Legende und Tatsache zu trennen. Das Gerücht, demzufolge die Weltmeister ihren Erfolg dem Amphetamin verdanken, ist überhaupt nicht bewiesen. Möglicherweise stimmt es auch nicht, dass das Yankee-Stadion von Kennern *Needle Park* genannt wurde. Folgende Tatsachen sind unumstritten: Wegen einer Entzündung, verursacht durch eine unsorgfältige Injektion einer medizinischen Nadel in sein kraftvolles Gesäss, war Mr. Mickey Mantle nicht fähig, in den beiden ersten Spielen der Meisterschaft aufzutreten. Die Weltmeisterschaft wurde dann von den Redbirds aus St. Louis gewonnen.

»Doktor Jake geht zweimal pro Woche ins Weisse Haus runter«, sagte eine grosse schlanke, junge Primatin in der Rolle eines Fotomodells (weiblich). Eine gehetzt aussehende Krankenschwester mit grauem Haar öffnete die Tür und winkte den Commodore herein. Doktor Jake wartete in seinem Büro. Er war ein kleiner Mann, veranschaulichte sechzig irdische Jahre und verkörperte einen buckligen, verrückten Wissenschaftler aus einem ungarischen Horrorfilm. Es schien, als ob seine faltigen Hände bis zu den Knöcheln runter baumelten. Sein weisser Arbeitskittel war mit Chemikalien beschmutzt. Er sprach mit einem verschwörerischen mitteleuropäischen Akzent. Er entschuldigte sich für sein Beschäftigtsein und bat den Direktor des Psychedelischen Forschungsprojekt Harvard, in einem kleinen Büro zu warten.

Der bittstellende Patient verbrachte eine ungeduldige halbe Stunde mit der Lektüre des *Journal of the New England Endocrinological Society* und rauchte Camel-Zigaretten, was durch ein Schild ausdrücklich verboten war.

58

»Der Agent sollte nie vergessen, dass eine Diskussion über Neurologik mit einem erwachsenen Tölpel aufs gleiche herauskommt, wie eine Diskussion über Sexualpraktiken mit Jugendlichen. Sie können ganz einfach die neue Realität nicht verstehen und würden dich wegen philosophischer Kinderbelästigung anzeigen.«

Interstellarer Reiseführer
auch bekannt als
Exo-Psychologie

Autobahn Bern–Lausanne, Mai 1971

Der Rolls spurt weich in die Autobahn Bern–Lausanne ein; Michel zündet sich eine Zigarre an, bläst blauen Rauch in die Luft und legt eine Hand auf die Schulter seines Partners.

»*Parfait.* Wie dem Maître die Augen aus den Höhlen traten, als ich ihm von deiner Situation erzählte! Bei ihm sind wir in guten Händen. Er unterhält beste Verbindungen mit dem Justizminister. Gerade jetzt telefoniert er mit dem Chef der Fremdenpolizei. Das sind kleine Fische, diese Schweizer, und leicht zu fassen. Sie entscheiden, wieviele Franken jeder an diesem Fall verdienen wird. Sie denken nur ans Geld, diese verabscheuungswürdigen Schweizer. Und auch wir sollten anfangen, daran zu denken. Du musst sicher reiche Freunde haben in Amerika, die dir deine Freiheit hier erkaufen können?«

»Ich befürchte, dass dies nicht so leicht sein wird, Michel. Seit 1961 hat mich die amerikanische Regierung gesetzlich belästigt. Ungesetzlich, meine ich natürlich. Ich bin neunmal verhaftet worden, jedesmal aufgrund von aus den Fingern gesogenen Anklagen. Ich musste mir Dutzende von Anwälten besorgen. Die Kosten, um diese Fälle durchzustehen, werden zu einer enormen Belastung. Die Regierung weiss, dass sie jeden Bürger in die Knie zwingen kann. Es ist die übliche Taktik, wenn es sich um Andersdenkende handelt. Ich war gezwungen, öffentlich aufzutreten, Vorträge zu halten und Filme zu drehen, um meine Anwälte bezahlen zu können. Und meine Freunde haben dazu bereits sehr grosszügig beigetragen.«

»Ça ne fait rien«, sagt Michel stirnrunzelnd. »Geld bedeutet uns nichts. Für den Anfang komme ich hier für deine Ausgaben auf. Und dann werden wir unsere Hirnzellen gebrauchen, um das Geld, das du benötigst, zusammenzukriegen. Das Buch, das du geschrieben hast, ist es fertig? Gut, ich habe Verbindungen zum grössten Verlagshaus in Frankreich. Kein Problem. Und hier in Lausanne gibt es haufenweise reiche Leute, die dich mögen und die in deiner Freiheitsfirma investieren können. Hör mir zu, Teem, was meinst du, wollen alle Leute über mich von dir erfahren? Ob du irgendeine Droge kennst, die bewirkt, dass das Geschlechtsorgan hart bleibt. Amüsant, nicht wahr?«

»Erzähl ihnen, dass verhutzelte alte Chemiker in Basel das ideale Aphrodisiaka entdeckt haben, es aber geheim halten. Sie teilen es sich lediglich mit den Gnomen von Zürich.«

Michel lehnt sich zurück wie ein König, steuert mit einer Hand und seufzt glücklich. *»Alors,* ich bin froh, dass wir für heute die Anwälte hinter uns haben. Ich verachte sie, diese Anwälte verlangen immer Geld. Und die gierige Polizei. Es ist noch nicht lang her, da war ich grosszügig genug, Biafra zu helfen, die Waffen aufzutreiben, die sie für ihren kleinen billigen Krieg benötigten. Eine unbedeutende Transaktion. Einige Düsenjäger. Vor allem gebrauchte Handfeuerwaffen und Maschinengewehre. Ein Schlafzimmerhandel, wie wir sagen. Pouf, es würde zu lange dauern, dir alle Anwälte und Beamte und Polizisten und Militärs aufzuzählen, die ich zu entlöhnen hatte. Generäle, Oberste, Verteidigungsminister, Geheimdienstchefs, alle mit ausgestreckten Händen. Ich hasse diese Demokratien. Es geht soweit, dass du noch die Toilettenfrauen bestichst. Ich ziehe eine straffe kleine, gut regierte Diktatur vor, in denen man die Geschäfte mit den ein oder zwei Höchsten tätigt. Wie schrecklich Habgier ist, Teem. Aber das gehört zur menschlichen Natur, und daher werden wir diese Habgier zu unserem eigenen Vorteil nutzen. Wenn sie Geld wollen, diese kleinen Beamten, *bien,* es wird uns ein Vergnügen sein, es ihnen zu geben. Solche Leute tun für einen Franken alles, wirklich alles. Als ich im *Bois Mermet*-Gefängnis in Lausanne war, verschleuderte ich Schweizerfranken wie ein Geysir an Anwälte, Beamte und Ärzte. Und, *voilà,* man brachte mich vom Gefängnis in eine spezielle Irrenanstalt. Pierre half mir dabei. Die Psychiater füllten die Formulare aus und waren sich hundertprozentig einig, dass ich unter einer fürchterlichen seelischen Störung litt. Rate mal, was meine Diagnose war?«

»Klaustrophobie«, antwortete der Barde auf gut Glück, »oder latente Heterosexualität?«

»Genau«, brüllte Michel. »Akute Klaustrophobie! Aber im Spital wurde es dann besser, das kann ich dir sagen. Ich arrangierte mich entsprechend mit den zuständigen Leuten, und meine Freundin, ein hübsches junges Ding namens Joanna, konnte mich während vierundzwanzig Stunden am Tag besuchen. Wir spielten Karten rund um die Uhr, und wenn wir die Schwester den Korridor herunterkommen hörten, verdrückte sich mein kleiner Teenager im Wandschrank, um sich zu verstecken. Lustig, eh?«

»Spielte sie gut Karten?« schien die logische Erwiderung zu sein.

»Ein Genie«, schrie Michel. »Brillant, originell, aber verrückt wie wir.«

59

»Die längste Predigt wurde von Clinton Locy aus West Richland, Washington, im Februar 1955 gehalten. Sie dauerte 48 Stunden, 18 Minuten und bestand aus Texten über ziemlich alle Bücher der Bibel. Am Schluss war noch eine Gemeinde von acht Personen anwesend.«

Sirianisches Buch
der Planetarischen Rekorde

Lausanne, Mai 1971

»Was heisst das?« murmelt die Stimme bei der Eingangstür. *»Lay Voy A Joor.* Ist es legal?«

»Ah, die entzückende Maya«, ruft Michel. Er erhebt sich und streckt seine Hand aus. »Komm und trink etwas Kaffee, um die Firma *Les Voyageurs,* die wir soeben gegründet haben, zu feiern. Und als deine erste Pflichtübung kannst du mir die ganze Wahrheit über dieses Buch sagen. Ist es gut? Wovon handelt es eigentlich?«

Sie sitzt mit übergeschlagenen Beinen auf der Couch, zündet sich eine Zigarette an und schüttelt verlegen Ihre Haare zurück. »Oh, das Buch. *Merde!* Wann werden wir es endlich zu Ende führen. Es ist ziemlich mysteriös, wie diese moderne Zivilisation funktioniert. Zuerst vollbringst du eine überragende Heldentat. Dann schreibst du ein Buch darüber. Dann besteigst du den Everest, überquerst den Pazifik im Ruderboot und törnst die Welt an. Aber bevor das Ganze als Buch erscheint, scheint die Tat überhaupt nicht zu zählen. Seit wir in Algerien angekommen sind, ist es das Zentrum unseres Lebens. Das Buch! Und die Methode, wie Acht schreibt, macht das Ganze auch nicht leichter.«

»Was meinst du damit?« fragt Michel beunruhigt.

»Er meint, dass Bücher lebendig bleiben, ständig neu geschrieben werden sollen. Dass jedermann die Bücher, die für ihn wichtig sind, neu schreiben sollte. Er schrieb eine neue Version des *Tibetanischen Totenbuchs* und des *Tao Te King*. Bist du bereit, die Tantiemen der neuen Bibel zu kassieren? Ich war schon für viel zu viele Versionen der Nigger Jim auf Doktor Hucks Floss. Ich sage ihm immer wieder, dass ich bereit wäre, *Fanny Hill* neu zu schreiben, aber zuerst müssen wir dieses blöde Buch über die Flucht den Fluss hinunter zu Ende bringen.«

»Wie lautet der Titel?« fragt Michel schlaff.

»Sprechen wir lieber nicht über dieses lobhudelnde Plagiat«, fügt Sie ein wenig boshaft hinzu.

»Plagiat!« ruft Michel. »Wir werden verklagt werden. Von wem hat er gestohlen?«

»Nun, er ist wirklich kein Pirat. Sagen wir, er ist ein Mosaizist. Ähnlich wie Jean-Luc Godard, wenn er den Regisseuren, die er bewundert, die Ehre erweist, indem er in seinen Filmen Bilder einbaut, die den ihren so offensichtlich ähnlich sind, dass kein Kenner es verpassen könnte, sie zu geniessen.«

»Du scheinst von diesem Projekt nicht sehr begeistert zu sein«, mault Michel.

»Memoiren enthüllen den Verfasser gnadenloser als es Fernsehkameras je tun könnten«, beklagt Sie sich. »Der Autobiograph spielt ein Spiel mit doppeltem Risiko. Ob er nun aufbauscht oder versteckt, beides ist peinlich deutlich. Zieht man sich andererseits bis auf die Haut aus, garantiert das noch lange nicht, dass man sich dabei beliebt macht. Und schliesslich habe auch ich damit zu tun. Ich sage ihm ständig, er solle ein sexy Science-Fiction-Buch schreiben.«

»Wie lautet der Titel?« wiederholt Michel schlaff.

»Der ändert immer wieder. Das ist eben das Problem mit Einsteinschen Autoren. Das Buch entwickelt sich durch verschiedene Fassungen. Dies hier ist die fünfte Version.«

»*Mon Dieu!* Und wie steht es mit der rechtlichen Seite?« fragt Michel.

»Der erste Teil des Buches wurde im Gefängnis geschrieben und dann waghalsig zu einem Plattenproduzenten, Douglas Allen, nach New York geschmuggelt. Als die Nachricht über seine Flucht bekannt wurde, ging Allen zum New American Library-Verlag und offerierte ihnen das Manuskript aus reinem Opportunismus, weil er wollte, dass sie als Gegenleistung seine Firma unterstützten. Das Manuskript, bloss einige nicht überarbeitete Notizen aus dem Gefängnis, wurde dann unter dem Titel *Jail Notes* veröffentlicht und als die Geschichte über die Flucht vermarktet, obschon es vor der Flucht geschrieben wurde.«

»Dieser Schuft! Ich werde ihn verklagen!«

»Nein«, sagt Sie müde. »Das wäre wie ein Schmetterling, der gegen eine Raupe klagt, weil sie zum Käfer geworden ist, falls du das verstehst. Die zweite Version machte uns bedeutend mehr Sorgen.«

»Und die lautet?«

»Der Titel *It's About Time* diente als Signal für den Beginn eines neuen Aktes und als eine Verlautbarung über den Stoff des Lebens. Er wurde in einem Hotelzimmer in Algerien geschrieben und dann an Michael Standard, einen Anwalt in Manhattan, geschickt, der von Random House eine Vorauszahlung von fünfzehntausend Dollar arrangierte. Der Haken war, dass das Manuskript vom Weather-Untergrund gelesen und zensuriert werden musste. Also sandte Standard es an Michael Kennedy, den Anwalt in San Francisco, der die Flucht ausgeheckt hatte. Und das war dann das Ende.«

»Was heisst das?« keucht Michel. »Wo ist es? Wir müssen es kriegen.«

»Es verschwand einfach. Verstehst du, zu dieser Zeit begannen die militanten Fernsehleute zu erkennen, dass wir nicht auf ihrer Wellenlänge waren, und sie begannen, uns zu neutralisieren. Cleaver verschickte Videobänder mit der Botschaft, dass unsere Gehirne von Drogen zerstört seien und wir deshalb für die Revolution nicht mehr nützlich sein könnten.«

»Wie schon die russischen Dissidenten festgestellt haben, ist es schwierig, mit jemandem an der Macht zu diskutieren, der sagt, du seist verrückt«, unterbricht der Professor. »Ich kam dann zur Auffassung, dass wir tatsächlich verrückt gewesen sein mussten, als wir uns in eine Situation begaben, in der Leute wie Cleaver unser Leben kontrollieren konnten.«

»Wie dem auch sei«, fährt Maya fort, »Standard schreibt uns, dass er in bezug auf die Notwendigkeit der Gewaltanwendung mit Cleaver politisch einverstanden sei, dass wir in Amerika rechtlich gesehen tot seien und deshalb unsere Rechte nicht mehr fordern können. Als er, für eine fünfundzwanzigprozentige Beteiligung, unser Anwalt wurde, hatte er uns grosse Versprechen gemacht und das Manuskript an einen Agenten in London geschickt, der uns wiederum Briefe schrieb, in denen er seinen milden Enthusiasmus ausdrückte. Schliesslich schrieben wir ihm und baten ihn, das Manuskript nach Algerien zu senden. Es war die einzige Kopie, und wir wollten es überarbeiten und verkaufen, denn wir waren abgebrannt. Als dann das Paket ankam, stellte sich heraus, dass der Inhalt aus Abschriften von einigen Vorträgen bestand, die Acht vor einigen Jahren gehalten hatte.«

»Du willst damit sagen, dass Standard dem Agenten in London ein falsches Manuskript gesandt hatte?«

»Genau. Da wurde uns klar, dass die Militanten versuchten, unser Buch zu unterschlagen. Die Frau von Standard warnte uns in einem Brief, dass wir keinem der neuen Linken trauen könnten, und dass ihr Mann auf keinen Fall zulassen werde, dass das Buch gedruckt wird. Sie fand das Buch übrigens gut.«

»Das ist ja grässlich«, ruft Michel, »ich werde meine Anwälte anweisen, das ganze Pack einzuklagen. Wer ist dieser Random House? Er muss ein Gauner sein.«

»Wir glauben nicht, dass es der Fehler von Random House ist«, antwortet Sie. »Hier kommt der unheimliche Teil der Geschichte. Wir glauben, dass Standard und der Lektor der Neuen Linken, mit dem er zusammenarbeitet, den Direktoren von Random House das Manuskript gar nie gezeigt haben. Oder vielleicht haben sie ihnen die flüchtigen Notizen gezeigt, die Standard dann dem Agenten in London geschickt hat. Cleavers Diagnose wurde dadurch bestätigt. Die alte Geschichte. Der Gefangene und der Flüchtling haben keinen Schutz. Dein Agent ist in der besten Position, um zu verhindern, dass dein Buch gedruckt wird.«

»Diese zweite Version war«, fährt Maya fort, »ich muss zugeben, ein eher verärgertes Häftlingsgeheul, das beschreibt, wie der Autor erfolglos versucht, die Flucht mit einem Mitgefangenen namens Bill Bellinger zu organisieren, anstatt mit dem Anwalt der Weathermen, Michael Kennedy. Es war eine wilde Anklage gegen Kriminalanwälte, ziemlich undiplomatisch, wenn man bedenkt, dass genau diese Anwälte die Macht hatten, das Buch zu fördern oder zu unterschlagen.

Die dritte Version, aus den handgeschriebenen Notizbüchern rekonstruiert, war eine Liebesgeschichte und bestand aus dem Briefverkehr mit der Frau des Gefangenen. Diese Version missfiel den Black Panthers, die mit einer maoistischen Gruppe in Paris vereinbart hatten, dass das Buch dort gedruckt werden und der Gewinn selbstverständlich der Partei zukommen sollte.

Nun, die vierte Version, *Escapades* genannt, wurde zu einer Spionagegeschichte umgeschrieben und handelt davon, wie der Plan des Gefangenen von den Aktivisten der Neuen Linken von einer persönlichen Flucht in eine politische Geste umfunktioniert wurde. Pierre schmuggelte dieses Manuskript aus Algerien heraus und sandte es den Lektoren der Neuen Linken bei Random House. Seither haben wir nichts mehr davon gehört. Paul Valery sagte einst, dass Gedichte nie zu Ende geschrieben, sondern einfach verlassen werden. Und gewisse Bücher werden nie zu Ende geschrieben, sie werden einfach geklaut.«

»Was für eine teuflische Verschwörung«, schnauzt Michel. »Und ihr habt mit diesem Gauner Random House noch immer einen Vertrag? Ich glaube, ich habe von diesem House schon gehört. Er ist nichts als ein Gangster. Möglicherweise wird er versuchen, uns daran zu hindern in Paris zu verlegen.«

»Telefonieren wir doch einfach dem Präsidenten von Random House«, schlägt der Autor vor. »Wir können ein persönliches Gespräch anmelden und herausfinden, welches Manuskript er hat und was sie damit zu tun gedenken. Random House schuldet uns noch 7500 Dollar. Sie waren vor einer Woche, als das Manuskript an sie gesandt wurde, fällig. Wenn sie es überhaupt erhalten haben.«

»Eine gute Idee«, gibt Michel zu. »Du schreibst die Nummer und den Namen dieses Mannes auf, und Yo Yo wird das Gespräch anmelden. Bitte Maya, mach weiter. Ich muss jetzt die Geschichte zu Ende hören.«

»Nachdem nun die ersten vier Versionen auf die verschiedensten Arten geklaut wurden, schrieb der unermüdliche Autor eine fünfte Fassung. Es ist eine gradlinige, selbstgebastelte Zusammenstellung mit dem Titel *How to Escape from Prison.* Falls du es noch nicht weisst, Michel, es gibt sieben Stadien der Haft. Jede Person siecht in einem dieser Gefängnisse vor sich hin – physisch, politisch, wirtschaftlich, kulturell, geschlechtlich, neurologisch, genetisch. Da jedes Gefängnis einen speziellen Schlüssel hat, sind sieben Methoden der Befreiung dargestellt. Nach diesem Modell sind wir nun im dritten Gefängnis, in der eleganten wirtschaftlichen Haft in Michel Hauchards Dachwohnung. Der Widerspruch der Gefängnisse ist, dass die Wärter ebenso gefangen sind, wie die Häftlinge. Nun, lieber Kerkermeister, hier ist der Schlüssel, der uns drei hoffentlich aus der wirtschaftlichen Knechtschaft befreien wird.«

Mit diesen Worten übergibt sie dem Franzosen ein vierhundertseitiges Manuskript.

»Und«, fügt sie hinzu, »ich hoffe nur, dass du uns nicht beklauen wirst. Gefangene, die sich wegen den Annehmlichkeiten des Gefängnisses zanken, können nicht zusammenarbeiten, um zu fliehen.«

»Meine liebe Maya«, ruft der Franzose und erhebt sich. »Das Schicksal hat uns tatsächlich zusammengeführt, um uns alle zu befreien. Ich trete gern eurer Fluchtverschwörung bei. Ich werde dieses Manuskript wie ein äusserst wertvolles Juwel behandeln. Und nun, nachdem wir für heute unsere Geschäfte getätigt haben, lasst uns ein Mittagessenabenteuer planen – ich habe zwei reiche junge Männer eingeladen. Sie wollen Aktien von unserer Firma kaufen. Wir werden mit meinem Boot zur französischen Seite rüberfahren und eine unvergessliche Mahlzeit einnehmen.«

60

»Wir werden durch Jahrhunderte hindurch von dieser Frage verfolgt: Sind diese wunderschönen Geschöpfe Klette, Flora Lu, Joanna bloss Mädchen der schriftstellerischen Fantasie in der langen Linie von Erfindungen des männlichen Geistes wie Holly Golightly, Sally Bow Bowles, Clara Bow usw.?«

aus der Legende des Leri,
Partei Rundschau, Sirius – 3 2144

New York, N. Y., Oktober 1960

»So wie ich Ihre Therapie verstehe«, sagte Doktor Leri zu Doktor Jacobson, »glauben Sie nicht an den Schmerz, sondern an das Vergnügen und daran, dass sie den natürlichen Heilungsprozess unterstützen, indem Sie die Patienten in angenehme Zustände versetzen.

»Genau«, sagte Doktor Jake in komischer affenartiger Art vorgebeugt und klatschte sich mit den Händen auf seine Knie. »Leiden ist falsch und ungesund. Ich glaube, der Arzt sollte alles tun, um unnötige Qualen zu vermeiden.«

»Ich unterstütze das«, antwortete der stämmige, ernsthafte Psychologe, »und ich werde jedem, der mich danach fragt, sagen, dass ich mit Ihrer Philosophie einverstanden bin.«

»Ausgezeichnet«, ruft Doktor Jake etwas erleichtert. »Nun, lassen Sie mich überlegen, was ich für Sie tun kann. Sie haben einen Hörfehler? Sehr gut, wir werden ein Experiment durchführen. Ich kann das in zehn Minuten kurieren.«

»Fantastisch«, sagt der erstaunte Psychologe, der trotz seinem internationalen Ruf als Forschungs-Methodiker versuchte, ein aufrichtiges Interesse für das Geheimnisvolle und Wunderbare zu behalten.

»Stellen Sie sich dort drüben hin«, befahl der affenartige Wissenschaftler, »wir werden Ihre Störung testen.«

Der Commodore stellte sich seitwärts gegen die Wand. Doktor Jake kauerte sich auf der anderen Seite des Zimmers nieder.

»Wiederholen Sie diese Zahlen.« Der listige Arzt bewegte dann lautlos seine Lippen.

In diesem Moment ging die Tür auf, und Flora Lu trat ein, ihre riesigen Augen waren grösser als üblich.

»Was machen Sie?« flüsterte Sie mit ihrer Marilyn-Stimme.

»Wir testen das Gehör des Professors«, schrie der Heiler. »Er ist taub wie ein Stein. Ausgezeichnet. Nun werden wir ihn kurieren. Mit Doktor Jakes Kur werden Sie nie mehr ein Hörgerät tragen müssen.«

Der bucklige Zwerg sprang zu einem mit Gläsern, Retorten, Flaschen und Gefässen überfüllten Tisch. Er mischte einige Flüssigkeiten und zog das Ganze mit einer riesigen Spritze auf.

»Nun mein Freund«, schrie er, »legen Sie sich auf den Schragen und krempeln Sie Ihre Hemdsärmel hoch.«

Der Commodore legte sich fügsam auf den weissen Tisch und streckte dem Doktor seinen nackten Arm hin.

»Dies«, flüsterte der Ungar, »ist die wahre Medizin, mit der Sie sich gesund fühlen werden.«

Leri fühlte, wie die Nadel schmerzlos in die Vene glitt und augenblicklich die Hitze des Vergnügens seinen Arm hinauf und in sein Herz schoss, mit Megatonnen der Verzückung und Pilzwolken explodierte und voller Liebe durch seinen Körper wogte. Er schwebte in einer unaussprechlichen Ekstase. Er öffnete seine Augen und sah Doktor Jakes Gesicht zwanzig Zentimeter über dem seinen. Eine riesige semitische Mondkugel lächelte zu ihm hinunter, gab dem atemlosen Vergnügen menschliche Form und Bedeutung. Der Jehova-ähnliche Autor und Spender dieser Freude verbindet, im wahrsten pavlovschen Sinne, das Gesicht des göttlichen Jake unwiderruflich mit den Millionen Neuronen, die sich nun dankbar in Freiheit befinden.

»Gut. Ja? Doktor Jake macht, dass Du Dich gut fühlst«, flüstert der listige Meister der subkutanen Belohnung.

»Ja, sehr gut«, antwortete der Commodore träumerisch. Er fühlte eine starke Zuneigung und Bewunderung für seinen Wohltäter und ein schwaches Unbehagen gegenüber diesen irregeführten Kritikern, die, wie er wusste, irgendwo ausserhalb dieses Kegels der Verzückung lauerten und den liebenswürdigen Arzt falsch verstanden, der nun sanft seine Stirn streichelte.

Epochen später zupft Doktor Jake an seinem Arm. »Nun, lassen Sie mich Ihr Gehör testen.«

Der Commodore bemühte sich auf seine Füsse und torkelte der Bewegung Jakes folgend zur Wand. Flora Lu sass mit übergeschlagenen Beinen auf dem Schreibtisch und ein zufriedenes Lächeln glitt über ihr Gesicht.

Als Leri sich seitwärts hingestellt hatte, brüllte Doktor Jake mit lauter Stimme: »Eins, zwei, drei, haben Sie das gehört?«, bellte er.

»Eins, zwei, drei«, wiederholte der geduldige Patient.

»Sehen Sie!«, ruft Doktor Jake. »Das Experiment ist gelungen. Sein Hörfehler ist kuriert!«

»Ich fühle mich tatsächlich sehr wohl«, sagte der Commodore.

»Wird die Wirkung anhalten?«, fragte Flora Lu unschuldig.

»Ich werde Ihnen etwas davon mitgeben. Und einige Schachteln Wegwerfspritzen dazu. Sie werden alles hören, und alles wird gut tönen.«

61

»Das erste neurogenetische Spiel auf allen Gebärmutterplaneten ist das Schau-mal-her-Spiel. Die erste Überlebensfrage ist daher naturgemäss: ›Bist du da, Mammi?‹
Das zweite universelle Spiel ist das Versteckspiel, das Übungsspiel des säugetierischen Überlebens.
Das dritte unvermeidbare Spiel ist das Fadenspiel, zum Erlernen der manipulierenden Geschicklichkeit.
Das vierte ist das Sperma-Ei-Spiel.
Jedes dieser vier Spiele beschäftigt die jungen Larvalen mit Vorbereitungen zum Überleben. Es sind experimentelle Tests der vier Realitäten, die durch die auftauchenden neuralen Schaltkreise definiert werden.
Nun siehst du es, nun ist es weg.«

Exo-Psychologie

Genf, August 1971

»Tatsache ist«, sagt Duval, »hätte Anthony Eden den Suez-Streich nicht vereitelt, wäre ich auch nie vom Aussenministerium beauftragt worden, Joannas erste Ehe aufzulösen.«

»Mit diesem ägyptischen Jungen?« fragt Michel. »War er nicht der Sohn eines Ministers?«

»Der Geheimdienst und die Interpol ersuchten mich um Hilfe. Sie brauchten jemanden mit einem neutralen Pass. Offenbar war Joanna, sie lebte damals mit ihrer Mutter in Kairo und muss so um vierzehn Jahre alt gewesen sein, mit dem ganzen Geld aus dem Familientresor verschwunden. Es waren etwa zwei- oder dreitausend ägyptische Pfund. Das war an sich keine grosse Sache, aber Mahmoud Okacha, der Sohn des Ministers für Kultur und Information in Nassers Kabinett, war ebenfalls ausgerissen und hinterliess eine Nachricht mit der Erklärung, dass er Joanna heiraten wolle.«

»Ein Jugendstreich«, sagte Michel achselzuckend. »Immer noch keine grosse Sache.«

»Du darfst nicht vergessen, dass dies kurz nach der Suezkrise geschah«, fuhr Duval fort, »und die Beziehungen zwischen Kairo und London waren äusserst heikel. Die Massen von Kairo waren von fanatischem Nationalismus ergriffen. Was, wenn die Presse herausgefunden hätte, dass der Sohn eines Ministers von einer Christin mit englischem Pass entführt worden war? Osman Okacha war doch für die islamische Kultur-Orthodoxie verantwortlich, nicht wahr?«

»Nun, ich konnte die Flüchtigen leicht nach Alexandria verfolgen. Aber sie bewegten sich sehr schnell, und die Hochzeit war für Sonnenuntergang desselben Tages geplant. Ich hatte ein Flugzeug zur Verfügung und wurde auf dem Flugplatz von einer Abteilung Soldaten mit Maschinengewehren empfangen. Wir erreichten die Moschee genau zu dem Zeitpunkt, in dem das junge Paar wieder herauskam.«

»Verheiratet?«

»Leider. Sie waren, ich kann es nicht bestreiten, ein herzzerbrechendes hübsches junges Paar. Joanna, blühend, mannbar und ekstatisch glücklich. Der Bräutigam, etwa 20, gross, dünn, mit dicken Lippen und riesigen schwarzen Augen. Er war Student im ersten Semester. Psychologie glaube ich.

Ich stellte mich dem erstaunten Paar vor. Joanna erkannte mich selbstverständlich und freute sich, mich zu sehen. Sie nahm an, dass ich so etwas wie eine Familienanteilnahme repräsentierte. Ich lud die beiden ein, mit mir zum Montaza-Strand zu kommen, wo der Vater uns erwartete. Joanna dachte immer noch, es sei für einen Hochzeitsempfang. Ich glaube, sie nahm an, dass die Abteilung Soldaten eine Ehrenwache sei. Die ganze Sache war mir nicht recht. Braut und Bräutigam schauten sich in die Augen und bestiegen eine Limousine.«

Nasser hatte den Montaza-Strand für seine Minister reserviert. Es war wie eine Szene aus *Tod in Venedig*. Strandhütten und so. Wir gingen zum Zelt des Vaters. Er war ein gutaussehender Mann mit einem kleinen Spitzbauch. Er sprach ein wunderbares Englisch.

Er war gefasst und väterlich. Keine Emotionen. Er sagte einfach zu Joanna, dass die Abteilung Soldaten sie quer durch die Wüste zum Flughafen von Kairo und von dort nach Beirut begleiten würde. Ich hatte die Flugkarte besorgt. Joanna stand dort, zerbrechlich und verletzbar, von einem unverständlichen Gefühl der Trauer geschlagen. Ich konnte sie nicht ansehen. Der Bräutigam war folgsam und eingeschüchtert. Nach einer Pause begann Joanna, ihre Liebe und die Heirat zu erklären. Der Vater lächelte munter und erklärte, sie würden lediglich für sieben Jahre getrennt sein. ›Was sind schon sieben Jahre‹, sagte er. Dann würde Joanna 21 Jahre alt sein. Falls sie dann noch heiraten wollten, würde er seine Einwilligung geben.

Als die Soldaten Joanna wegführten, stand der Bräutigam einfach still da und schaute in den Sand.

Der Vater dankte mir herzlich und sagte, dass er mein Feingefühl und meine Diplomatie weiterempfehlen würde. Ich fuhr zur Moschee, sprach kurz mit dem eingeschüchterten Imam und wurde für ein paar Minuten im Büro allein gelassen, lange genug, um die Seite aus dem Register rauszureissen und zu verbrennen.«

»Eine lächerliche kindische Angelegenheit«, sagte Michel.

»Ja, genau das sagte ich mir immer wieder. Ich habe einige kaltblütige Begegnungen erlebt, wie du weisst. Aber diese Sache konnte ich nicht vergessen. Ich liess Joanna im Auftrag von Arpad Plesch und anderen beobachten. Das Schlimme war, verstehst du, dass sie glaubte, Mahmoud würde wirklich auf sie warten. Sie wurde immer wieder auf dem Flughafen von Kairo aufgegriffen und versuchte ununterbrochen, ihrem Ehemann Botschaften zuzuschmuggeln. Soweit ich mich erinnere, war sie ihm drei Jahre lang treu, bis sie dich kennenlernte.«

Michel liess den Kopf fallen. Seine Kinnfalten hingen runter, und er sass nachdenklich schweigend da.

62

»Wie intelligent musst du sein, um zu erkennen, dass jemand intelligenter ist als du?«

Deborah Hwang, 808 Union System

Lausanne, Mai 1971

Als die Gesellschaft begann, den Raum zu verlassen, um sich für die nächste Szene umzuziehen, läutete das Telefon. Michel schnappt sich den Hörer, lauscht und reicht ihn dem Autor.

»Es ist New York.«

»Hallo. Mr. Bernstein? Was! Oh, John Simon! Ich wollte mit Robert Bernstein sprechen.«

Der Philosoph runzelt die Stirn.

»Seit zwei Monaten hat Random House nun das Manuskript. Laut Vertrag sollten bei Erhalt des fertigen Manuskripts 7500 Dollar bezahlt werden, und wir haben bis heute noch nicht einmal eine Empfangsbestätigung erhalten.«

Er schaut Maya an und schüttelt den Kopf. Michel beugt sich in intensiver Aufmerksamkeit vor.

»Ich verstehe. Ist das Ihre letzte Entscheidung? O. K., wenn Sie es so haben wollen, dann bitte. Es tut mir leid. Während einiger Monate habe ich widerstrebenden Herzens davon abgesehen, das Buch anderswo veröffentlichen zu lassen; meine Verantwortung jenen gegenüber, die noch immer in der Vergangenheit leben, war grösser als meine Verantwortung gegenüber der Zukunft. Aber jetzt, nachdem Sie bereits die ersten Fassungen unterschlagen haben, sehe ich keine andere Möglichkeit, als die neue Fassung anderswo herauszugeben.«

Der Autor hört wieder der kratzenden Stimme zu, die mit Lichtgeschwindigkeit über den Atlantik getragen und von Abhörbeamten von mindestens drei Ländern mitgeschnitten wurde.

»Also gut, John. Wir wünschen Ihnen viel Glück. Wir werden Sie wissen lassen, was weiter geschieht.«

Der Autor wendet sich Michel zu und schüttelt den Kopf.

»Das war Simon. Irgendwie fing er den Anruf zum Präsidenten ab. Er behauptet, dass er die Vollmacht habe, diese Angelegenheit zu behandeln. Sie wollen das Buch nicht veröffentlichen. Ausserdem würden uns ihre Anwälte daran hindern, es anderswo zu veröffentlichen, falls wir die 7500 Dollar nicht zurückbezahlen.«

Der Flüchtling runzelt angesichts der allgegenwärtigen Macht die Stirn, aber Michel strahlt vergnügt.

»Ausgezeichnet«, sagt der Franzose. »Wir brauchen ihre lächerlichen 7500 Dollar nicht. Ihr werdet sehen, *mes amis,* wie an den grossen Tischen gespielt wird. Ihr seid jetzt Europäer und werdet sehen, wie es uns freut, wenn wir diese naiven, arroganten kleinen Amerikaner häuten. *Allons.* Wir gehen nach Frankreich.«

»Hast du gesagt, wir seien keine Amerikaner?«, fragt sie nachdenklich.

63

»Rotwang und Miss Photo beschlossen, mit den Fremden zu gehen. Die Fremden waren begeistert und begaben sich sofort in ihr Hauptschiff, um die Vorbereitungen für den Start zu treffen. Am Donnerstagnachmittag versammelte sich die Gruppe in Rotwangs Garage und bestieg das Zubringerschiff der Fremden. Bei Anbruch der Dunkelheit flogen sie ab, um das Hauptschiff zu treffen, das die Erde in einer hohen Umlaufbahn umkreiste. Den schönen blauen Planeten liessen sie wohl oder übel hinter sich zurück.«

aus ROTWANG, *von Tim Hildebrand*

Riverdale-am-Hudson, November 1960

Die Abenteuer von Leri, Flora Lu und Harold Macusack wurden auf Hunderten von Neurobändern und 4D-Histerospulen der ganzen Galaxis mitgeteilt, und die Legenden dieses dynamischen Trios gehörten zur pädagogischen Standardkost in larvalen neurologischen Lehrplänen.

Die ersten Erwähnungen stammen aus *High Priest,* einer humoristischen Abhandlung Leris, dann aus *The Man who turned on the World* von Michael Hollingshead, aus *Viva Superstar* von Susan Hoffman und aus *Leri und die verrückten Sechziger,* einem obszönen, schmutzigen, schlampigen, unmöglichen, ranzigen, kriecherischen Schmöker voller Neid, verfasst von einem verwirrten bürokratischen Wrack, Charles Schloch genannt.

Für die Zwecke dieser Übermittlung werden wir die neurosomatischen Anekdoten und das verzückende Erwachen des fünften Schaltkreises entwirren, um der direkten Linie zu folgen, auf der Flora Lu den Agenten zu Aryabhate und Klette, seinen vorbestimmten Lehrern, geleitete.

Während dieser Periode wurde die *League for Spiritual Envelopement* gegründet. Die wirkliche Geschichte dieses Geheimbunds, der einen weltweiten Wandel des Bewusstseins auslöste, muss ein anderes Mal erzählt werden. Hier können wir bloss zeigen, dass die Führung und das Beispiel Flora Lu's für die hedonistischen Schwadronen schöner Verführer und luxuriöser Damen verantwortlich war, die, für die neurosomatische Offenbarung ausgewählt und ausgerüstet, unsichtbar und lautlos ausschwärmten, um die Wissenschaften des ästhetischen Zen zu lehren. Erotische Ingenieure mit langen Haaren und lachenden Augen, philosophische Avon-Damen und Acidköniginnen wurden in Dachwohnungen, Yachtclubs, Chalets, Jagdhütten, Strandhäusern, überall wo mächtige Menschen nach Schönheits-Weisheit hungerten, um Leben in ihre Maschinenkarrieren zu bringen, enthusiastisch begrüsst.

Es gibt keine genauen Beweise, um die hartnäckigen Gerüchte zu bestätigen, denen zufolge allein in Amerika sieben Senatoren, 37 Kongressabgeordnete und die wichtigsten Assistenten von 48 UNO-Delegierten während dieser Periode durch Flora Lu's Guruschaft vom militanten Nationalismus zur uralten eleusinischen Gnosis übertraten.

Es ist bekannt, das Leri, während er in Washington war, um 1966 vor dem Dodd-Kennedy-Komitee auszusagen, sich anlässlich eines vertraulichen Mittagessens mit den Assistenten von sechs prominenten Senatoren angeregt unterhielt.

Wir können die Stosstrupps von Mannequins, Erbinnen, Tänzerinnen, Schauspielerinnen, Sängerinnen, Dichterinnen und Kurtisanen, die die unermüdliche Flora Lu für die neurosomatische Überwachung zusammenstellte, nicht im Detail aufführen.

Auch können wir keine genaue Liste der Regisseure, Philosophen, Jet-Set-Kartenspiel-Stars, Musiker, Komponisten, Produzenten, arabischen Ölerben, Unterhalter, Schriftsteller, Grafiker, Dramatiker, Playboys, Berufsathleten, eleganten

Gangster und Nachtklubbesitzer erstellen, die für das Psychedelische Forschungsprojekt Harvard Berichte schrieben.

In der Zeit von 1960 bis 1963 besuchte der Agent die Villa in Riverdale durchschnittlich einmal im Monat. Bei jedem Besuch war sein Zimmer der Stimmung, den Versuchsteilnehmern und den Launen der Gastgeberin entsprechend anders eingerichtet.

Während dieser Periode hörte der Professor nie auf, über das Geheimnis der Identität seiner Gastgeberin nachzugrübeln. War dieses kenntnisreiche Geschöpf wirklich in Oklahoma aufgezogen worden? Jedes Jahr senden die primitiven Städte des Westens, des Südwestens und des Südens ihre schönsten jungen Mädchen als eine Art Sühneopfer in die Tempel der Götter der Massenmedien von Hollywood, Las Vegas und New York. Aus dieser riesigen Flut sanfthäutiger, grossäugiger, geschlechtsreifer Schönheiten – hunderttausend jährlich – die dem unersättlichen Verlangen der grimmigen Heiligkeit der sexuellen Schönheit dargebracht wurden, tauchte dieser kleine Geist auf, der anscheinend direkt in den geöffneten Schlund des Mammon hineintanzte, jener Vorstufe der Hölle, die von dickfingrigen, spitzbäuchigen, perläugigen Männern namens Selly, Benny, Joe Levine beherrscht wurde, oder von italienischen Männern, die mit diamantbesetzten Krawattennadeln in den dunklen Hinterräumen der Nachtklubs herumsassen, von plumpen Männern, die Logen im Shea Stadion, Suiten in Las Vegas und Zweithäuser in Miami Bay besitzen. Flora Lu schaute diese Männer mit ihren säuglingsblauen Augen an und flüsterte mit einem Marilyn-Kichern den genauen psychoanalytischen Pokerbluff-Kommentar, der die Männer zum Lachen brachte, sie dazu bewegte, die Verträge mit Harold zu unterschreiben und um Sie mit einem zärtlichen Klaps auf die Wange aus dem Raum schlüpfen zu lassen.

Ihre weitgeöffneten Augen hatten gesehen, wie die grossen gestaltenden und treibenden Kräfte des amerikanischen Kulturrades und der Medienreiche an den Tischen neben den Schwimmbecken mischeln und dealen. Wie sie Filmverträge kaufen, verkaufen, sich Hotels in Nevada unter den Nagel reissen, karibische Inseln verdealen, Starlets austauschen und abhängen; es gab keine Korruption oder Perversion, die Sie nicht verwundert beobachtet hätte. Sie hat Ihre vier Kinder mühsam durch den tierischen Dschungel der larvalen Zivilisation geführt, hat sich in jede sinnliche und materielle Übertreibung gestürzt und trotzdem ihre messerscharfe Blütenstaubunschuld eines dreizehnjährigen Chormädchens beibehalten.

Jedesmal, wenn er Ihr begegnete, testete Sie eine neue philosophische Theorie, einen neuen Guru, eine neue Sufimethode. Kein okkulter oder philosophischer Anhaltspunkt, orientalisch oder westlich, wurde von dieser eleganten, geschmeidigen, atemberaubenden Jungfrau-Hexe mit den strahlenden Augen ausgelassen.

Eines Abends, als sie vor dem Kamin in Riverdale sassen, holte Sie ein in schwarzes Leder gebundenes Buch, in dem jedem Geburtsdatum eine Spielkarte zugeordnet war. Daneben war eine kurze Aufzählung der genetischen Aufgaben für den an diesem Tag geborenen Primaten.

»Möchtest du wissen, welche Karte dir zugeordnet ist?«
»Ja, ich will es wissen.«
»22. Oktober. Du bist der Herzkönig. Das hatte ich mir gedacht. Ich hole eine Flasche Champagner, um zu feiern.«
Nachdem sie den Raum verlassen hatte, nahm der Commodore das Buch und blätterte zum Geburtstag von Flora Lu. Es überraschte ihn nicht, dass der 25. September das Datum war, an dem die Herzkönigin vom Fliessband gekommen war.

64

»Einige Ameisen sind so faul, dass sie einfach bewegungslos in der Nähe ihrer Haufen kauern und keinen Streich oder sonstwas tun. Während Jahren beschrieben Naturkenner sie als Wachtposten, um ihre Kolonien zu beschützen. Heute glaubt man, dass sie etwas anderes sind – vielleicht ganz einfach sechsbeinige Hippies.«

Ein irdischer Biologe,
zitiert in Exo-Psychologie

Genf, Mai 1971

Michel fährt dem Genferseeufer entlang und bei der Abzweigung nach Richemont um den Brunnen herum auf die südliche Seite.
»Duval hat den Treffpunkt gewechselt?«, fragt Acht.
»Alte Spionagetaktik. Keine Wiederholungen. Ich lernte das als Saboteur während des Krieges hinter den Nazilinien. Und dann hinter dem Eisernen Vorhang nach dem Krieg. Dort traf ich Duval zum ersten Mal.«
»Aber das war, bevor Hiroshima alles änderte. Gehen wir nun in sein Büro?«
»Oh nein, das würde er nie tun. Wir gehen ins ›Gentilhomme‹. Dort haben wir eine hübsche Aussicht über die Stadt.«
Duval wartete an einem Tisch im rotgoldenen Speisesaal. Das Dessert bestand aus verschiedenen Süssigkeiten und Früchten, doch der Käse fehlte.
»Haben Sie das Mittagessen genossen?«, fragt Duval beim Kaffee.
»Ein unvergessliches Ereignis«, sagt der Commodore, obschon er bemerkt hatte, dass der Hummer *gratin* wie Gummi schmeckte und die anderen Speisen lauwarm gewesen waren.
»Alors, mein weiser Freund«, sagt Michel. »Haben Sie Neuigkeiten für uns?«
»Ich habe ein paar Fakten und ein paar weitere Fragen, falls es Ihnen nichts ausmacht. Sie haben Benvoglio angestellt? Gut. Für einen Fall wie diesen ist er

der beste Anwalt der Eidgenossenschaft. Möglicherweise hat er auch schon gehört, dass ein führender amerikanischer Beamter auf die Schweizer Druck auszuüben versuchte, damit Sie ausgeliefert werden. Kein Geringerer als Ihr Generalstaatsanwalt John Mitchell.«

»Das ist fürchterlich«, sagt Acht. »Er ist einer der engsten Berater Nixons.«

»Eigentlich«, antwortet Duval beruhigend, »könnte es für Sie nicht besser ausgegangen sein. Mitchell machte sich in Bern zum Narren. Plumpe Erpressung. Aber seit der Dollar fällt, funktioniert das einfach nicht mehr. Und Mitchells zweite Forderung berührt Sie nicht. Er verlangte, dass sie Robert Vesco laufen lassen. Verstehen Sie das, Michel?«

»Incroyable«, ruft der Franzose heiter lachend. »Was glauben Sie, was wird das Vesco kosten?«

»Nun, es muss etwa eine Viertelmillion sein. Fantastisch, diese Nixon-Bande.«

»Das geht ja zu wie in einer Bananenrepublik. Es ist gut, dass ich das weiss, Duval. *Merci bien*. Diese Neuigkeit könnte mir nützlich sein.«

»Die Schweizer waren belustigt. Sie betrachteten es als einen Christus-für-Barabbas-Handel. Die Vergangenheit von Vesco können sie verstehen. Das ist Geschäft. Aber zwanzig Jahre für die zwei Joints des Professors, das verstehen sie nicht.«

»Ich verstehe«, sagt Michel nüchtern.

»Was verstehst du?«, fragt der Flüchtling.

»Dass es uns einen Haufen Geld kosten wird.«

»Ich fürchte, das stimmt«, pflichtet ihm Duval bei. »Ihnen steht eine Justizschlacht bevor. Die Schweizer wollen zwar Ihr Geld, aber im übrigen haben sie nichts gegen Sie. Falls Sie das Geschäft machen können, werden sie Ihnen nichts antun.«

»Bien«, sagt Michel. »Was können wir nun für Sie tun?«

»Ich wurde gebeten, vom Professor zu erfahren, wie seine Politik aussieht.«

»Diese Frage sollte nicht lauten *wie* sie aussieht, sondern *wann* sie zum Zug kommt«, verbessert ihn der Doktor.

Michel blickt schnell auf seinen Kunden und meint hilfsbereit: »Haben Sie eigentlich realisiert, Duval, dass es sieben Ebenen des . . .«

»Ja, ich weiss«, unterbricht ihn Duval. »Aber wenn mein guter Freund Olof Palme, der bei den schwedischen Wahlen mit einem Prozent Vorsprung führt, mich fragt, wie die politischen Auswirkungen sein werden, falls er ihm Asyl gewährt, dann zieht der Premierminister eine exaktere Antwort vor.«

»Aristokratie?«, schlägt der Flüchtling vor.

»Meinen Sie rechtsgerichtet?«, fragt Duval aufgeregt. »Oder royalistisch?«

»Realistisch. Die Natur ist eigentlich aristokratisch, und die einheitliche Demokratie, die Herrschaft der Mittelklasse, ist der Bremsklotz der Entwicklung.«

»Mein Gott«, schreit Michel und schaut nervös auf der Terrasse herum. »Bitte sprich nicht so in der Öffentlichkeit. Du bist hier in der Schweiz. Die haben ein Patent auf Demokratie.«

»Meinen Sie nicht Sozialdarwinismus?«, bohrt Duval sarkastisch.

»Nun, ich wehre mich nicht dagegen. Die Theorie des Überlebens der Fähigsten wird von den texanischen Republikanern angewandt, um ihre larvalen Überlebenstaktiken zu rechtfertigen. Wir haben uns aber weiterentwickelt. Politik ist eine leistungshemmende, säugetierhafte Art der Anpassung. Die Leute sollten nur über Politik reden, wenn sie auf allen Vieren gehen.«

»Das kann ich gut verstehen«, pflichtet Michel ihm bei. »Die Vereinten Nationen sind ein Zoo voller bellender, heulender Tiere.«

»Wie gekonnt ihre auf Fremdenhass ausgerichteten, territorialen Tricks auch sein mögen, Politiker können nicht als zweibeinige Formen der Intelligenz betrachtet werden.«

»Was würden Sie als Alternative zur Demokratie vorschlagen?«, fragt Duval.

»Neurologische Metamorphose. Der durchschnittliche Mensch ist irrtümlicherweise davon überzeugt, ein durchschnittlicher Mensch habe einen IQ von 100. Das tut mir ja wirklich leid.«

»Kein Wunder, dass alle Politiker, linke wie rechte, auf Sie wütend sind«, mault Duval.

»Nun, ich habe ihnen von Herzen das grösste Geschenk offeriert. Eine neue Ketzerei, die sie ausrotten könnten. Die larvale Gesellschaft braucht einen Teufel, damit sie ihn erschreckt erkennen kann, also versuchte ich das Ganze etwas lustig zu gestalten. All die Gerichtsverhandlungen. All die provokativen Schlagworte. Aber diese Nixon-Bande nimmt alles viel zu ernst.«

»Nun, beklagen Sie sich nicht. Ihnen ging es trotz allem immer noch besser als den Vietnamesen«, stellt Duval knapp fest.

»Ich hab's!« meint Michel aufgeräumt. »Wir können ihn an Regenten gelangweilter Länder ausleihen, denen es wohltun würde, eine Sekte von Gesetzlosen zu verfolgen.« »Das mag eine Möglichkeit sein«, pflichtet Duval ihm bei. »Heutzutage, da Kriege, und ganz besonders religiöse Kriege zu gefährlich werden, ist es für die nationalen Führer das Klügste, wenn sie Ketzerjagden organisieren.«

»Oh nein«, antwortet der Barde, »von dieser Rolle habe ich genug. Ich bin bereit für den nächsten evolutionären Schritt.«

»Was ist das?«, fragt Duval.

»Wie ich Ihnen schon sagte, es ist genau das, was ich rausfinden muss. Das ist im Augenblick die einzige, nicht langweilige Sache, die es zu tun gibt.«

65

»Vergiss nicht, Raupen verstehen die Schmetterlingssprache nicht.«

Interstellarer Reiseführer
auch bekannt als
Exo-Psychologie

Genfersee, Mai 1971

Michel, der schicke Kommandant mit weisser Mütze und blauem Leinenanzug, sitzt am Steuer der Motoryacht.

Stell dir Dee Dee mit Maya auf dem Rücksitz vor, den Commodore vorn neben dem Kapitän und in der Mitte die beiden jungen, reichen Ehemänner; Antoine, ein stolzer aggressiver *Pied noir,* mit einer südamerikanischen Jüdin verheiratet, und Jorge, der verwöhnte Argentinier, verheiratet mit einer reichen deutschen Erbin eines Nazivermögens. Der See ist mit Segelbooten übersät.

Michel, durch die Pferdestärken angeregt, dreht sich lachend zu Acht. »Heute machen wir einen Piratenüberfall auf französisches Territorium. Wir stehlen ihnen das gute Essen und den Wein. Und zum Dessert einige zarte *Mademoiselles, eh mon vieux?«*

»Aber das ist feindliches Gebiet. Könnten wir nicht erwischt werden?«

Die Paranoiasignallampen des Professors flackern nervös. Etwas stimmt mit diesem Planeten nicht, denkt er, während er das Polizeiboot betrachtet, das mit einem weissen Kreuz auf rotem Grund etwa einen halben Kilometer hinter ihnen kreuzt.

»Viele Leute in Lausanne wissen, dass wir heute über den See fahren, nicht wahr?«

»Mach dir keine Sorgen Teem, der Besitzer des Restaurants ist mein Freund. Wir sind beschützt. Geniesse den Sonnenschein.«

»Welcher Planet ist das?«, fragt der Professor argwöhnisch.

»Was hast du gesagt?«, fragt Michel.

»Dies ist nicht Sol-3. Betrachte den Himmel. Er ist blau.«

In der Zwischenzeit lässt Sie Ihre Hand durch die sich rasch bewegende Flüssigkeit gleiten, fühlt den samtenen, membranartigen Wasserdruck auf Ihrer Handfläche, versteht plötzlich die Sinneserfahrung eines glitschigen Fisches. Du meine Güte, denkt Sie, die verbringen ihr ganzes Leben damit, durch dieses wunderbare Medium zu schlüpfen. Mit ihrem ganzen nackten Körper.

»Acht«, ruft Sie. »Komm und fühl es.«

Der Zauberer springt an den beiden Ehemännern vorbei und setzt sich zwischen Dee Dee und Maya, die beide ihre Hände gedankenversunken durchs Wasser gleiten lassen.

»Skin-diving, nackt in tropischem Wasser«, sagt Maya, »nimmst du mich mit, Acht. Wenn dies sich an meiner Hand schon so gut anfühlt, stell dir vor, wie sich erst mein ganzer Körper fühlen würde.« Ihre Augen glänzen, und Ihr Gesicht ist gerötet.

»Die Hand hat normalerweise viel mehr Nervenenden als der Körper«, antwortet der Professor, »obschon dies in deinem Fall wahrscheinlich nicht zutrifft. Als wir das Wasser verliessen, raubten sie unserer Haut die Sinnesempfindungen und gaben den Händen die Aktivität. Was wir eigentlich wollen, ist ein Delphinkörper. Er ist so zart wie ein Augapfel, empfindsamer als die Zunge, und zudem kann der Delphin seine Haut in Falten legen, um sich den kleinsten Druckveränderungen anzupassen. Der Delphinkörper ist das vollkommene Werkzeug des Vergnügens. Er treibt frei, ohne den Druck der Schwerkraft dahin. Sein riesiges Gehirn ist mit einem Körper verbunden, der für direkte Empfindungen entworfen wurde. Der Delphin ist ein zwei Meter langes Organ des Vergnügens, ein riesiger Augen-Zunge-Penis, mit unerträglich sensibler Haut. Sie waren Landtiere, verstehst du, und es ist offensichtlich, warum sie das schwerfällige, trockene Land verliessen, um in den Ozean der Sinnesverzückung zurückzugleiten. Jede Bewegung ist für sie ein Orgasmus.«

»Ich will zurück«, seufzt Sie. »Fühlen Mädchendelphine dasselbe?«

»Die Delphine haben dieselbe phantasievolle sexuelle Einrichtung wie wir und zusätzlich das totale Membranvergnügen, das sie bei jeder Bewegung empfinden. Sie kommunizieren auch mit übereinstimmenden Schwingungen, die sie *innerhalb* ihrer Körper empfangen.«

»Also kommen sie, wenn sie gehen«, sagt sie verwundert. »Nun verstehe ich, warum sie immer dieses verschmitzte Lachen auf ihrem Gesicht haben. Sind sie monogam? Sie müssen es sein. Es gibt keinen Grund, dass sie es nicht sind. Ich glaube, hier haben wir eine Botschaft für alle verheirateten Pärchen.«

»Michel«, ruft er, »ich habe gerade herausgefunden, was Sie will! Sie will leben wie ein Delphin.«

Dee Dee, die mit ihrer Hand im Wasser gleitend ihrem Gespräch müssig zugehört hat, lächelt geheimnisvoll.

Michel hat das Boot immer in der Mitte des Sees gehalten, aber als nun weit vorn die Silhouette von Genf auftaucht, schwenkt er links ab gegen das französische Ufer. Der Commodore sieht als einziger das seeaufwärts fahrende Polizeiboot. Er sieht einen Mann am Bug stehen, der sie mit einem Fernglas beobachtet.

66

»Oh du, der du auf diesen Planeten des Leidens gekommen bist, gib acht, wohin du gehst, wenn du einmal hier unten angelangt bist. Lass dich nicht von der Leichtigkeit des Falles täuschen.«
»Kümmere dich um deine eigenen Angelegenheiten«, sagte der Guru. »Es ist sein Schicksal durch jede Tür zu gehen. Dies wurde so bestimmt, damit das, was bestimmt ist, sein wird. Ratschläge sind vergeblich. Sag nichts mehr.«

Virgil zu Minos von Dante

Auszug aus der Galaktischen Enzyklopädie, 374. Auflage, Band 47 384

In der Zeit von 1961–63 wurde Leri Student der Uralten Indischen Schule der Verzückung.

Langsam und mit Leiden verbunden lernte er eine scheinbar endlose Folge von hedonistischen Ritualen. Es ist für den larvalen Primaten schwierig, konditionierte Verhaltensmuster abzuändern.

Er war von einer irisch-katholischen Kultur geprägt und erzogen worden; diese Starrheit, bedingt durch vierzigjährige Prägungen, löste sich nicht automatisch auf. Er musste auch die Würde der beruflichen Rolle mit der naiven Offenheit des Kindes des fünften Schaltkreises abwägen.

Er begann den hedonistischen Geschmack kennenzulernen. Nicht die kultivierten, sozialen Sequenzen des französischen Gourmet, sondern die Sinnlichkeit der reinen, frischen Nahrung. Das totale Bewusstsein der Nahrungskette. Er wurde sich der roboterhaften Unaufmerksamkeit bei der Zubereitung von Nahrung bewusst. Er lernte Ernährungsmoden, dogmatische Enthaltung und Diät-Moralismus zu vermeiden.

Ein vorbeiziehender Sufi lehrte ihn, wie man das Bewusstsein konzentriert, um äussere Strukturen, Dinge mit einer Kraft, *Baraka* genannt, zu erfüllen. Die neurologische Bestätigung einer uralten irdischen Plattheit: Man erhält bloss das, was man gibt. Das Einflössen von Werten in das geliebte Äussere.

Er lernte, dass Hedonismus nicht faule Schlemmerei ist. Die passive Fliessband- und Massenmedienkultur des Zeitalters war von schlemmerischem Konsumverhalten geprägt, und es war gar nicht leicht, Trägheit zu vermeiden, erlernte Muster aufzulösen, gewohnte larvale Schaltkreise zu entspannen, dogmatische Bewertungen, was ›richtig‹ und ›falsch‹ ist, zurückzustellen, so dass der Körper und seine Sinneskameras die bestehende Flut von rohen neuralen Signalen aufnehmen konnten.

Die passive Empfänglichkeit des Sinnesmenschen der Stufe 13 verwandelte sich langsam in die disziplinierte, aktive Selektivität des Yogis der Stufe 14. Das Einteilen der äusseren Struktur mit genauer, liebender Hingabe.

Das Heim als hedonistisches Heiligtum.

Kleidung und Verhalten als Wiederspiegelung seines neuralen Zustandes.

Musik, ausgewählt nach der Reinheit und Echtheit der Signale.

Die Entwicklung der Sinnesresonanz. Kommunikation durch gegenseitige Schwingungen.

Visuelle Ästhetik. Das *Mandala* als äussere Repräsentation der Netzhautstruktur. Mandalas sind eingeteilt, um die Lichtwellen in Rhythmen, die direkt mit der Struktur des Auges verbunden sind, zurückzuwerfen.

Der Agent beschrieb die neurologischen Fundamente der ästhetischen Erfahrung in einer Serie von wissenschaftlichen Artikeln, die in merkwürdigen Magazinen publiziert wurden. Er demonstrierte die viel-sinnlichen Fähigkeiten des Gehirns in einer Serie von psychedelischen Feiern, die den Sufi-Darbietungen von Gurdjieff, eine Generation früher, sehr ähnlich waren.

67

»Dies bringt uns zur letzten Krise dieser Runde . . . das paradoxe, ausserordentlich schwierige Überqueren der Schwelle, die Rückkehr des Helden aus der mystischen Landschaft in das Land des Alltages . . . es liegt noch vor ihm, dass er mit seiner Gabe in die längst vergessene Atmosphäre der Menschen, die Einzelteile sind, aber glauben, dass sie ein Ganzes seien, einsteigen muss. Es liegt noch vor ihm, die Gesellschaft mit seinem egozerstörenden, lebens-rettenden Elixier zu konfrontieren und den Rückschlag, bedingt durch verständliche Fragen, harte Ablehnung und gute Leute, die unfähig sind, sich zu verstehen, auf sich zu nehmen.

Joseph Campbell, Held mit tausend Gesichtern

Genf, Mai 1971

Duval füllt sein Glas mit Wein, stopft seine Pfeife und zündet sie an, als Zeichen für den Beginn einer neuen Szene.

»Meine zweite Frage, für die sich gewisse Studenten der multinationalen Massenkultur interessieren, ist: Wie machte er das, was er in Amerika während der Sechziger tat?«

»Was hat er getan?«, sagt Michel, der nun zum Anwalt der Verteidigung geworden ist.

»Es gibt viele Leute«, sagt Duval, »unglücklicherweise wichtige Leute, die ihn beschuldigen, einen wichtigen Schlag gegen das Aufsteigen der Mittelklasse geführt zu haben. Michel, ich fürchte, Sie haben gar keine Ahnung, wieviel Bitterkeit diese Drogen-Kultur-Sache ausgelöst hat.«

»Ich dachte, der Kommunismus sei die große Gefahr?«

»Nun, kommen Sie schon Michel«, antwortet Duval. »Sie haben doch gewiss schon bemerkt, dass Russland und China die grössten Mittelklassegesellschaften der Erde sind. Calvin und der Ethos der puritanischen Arbeit hatte auf den Kommunismus viel mehr Einfluss, als ihn Marx besass. Unterschätzen Sie den Einfluss dieser Missionare nicht, die vor der Revolution China bereisten.«

»Ich verachte dieses scheinheilige Bürgertum«, schnauzt Michel. »Und Sie haben recht. Die Russen sind die schlimmsten. Und mit den Chinesen kann man unmöglich ins Geschäft kommen. Aber was hat das mit uns zu tun?«

»Sehen Sie nicht, dass die Idee der Körper- und Hirnbelohnung, die der Doktor verbreitet, die grösste Gefahr ist, die das Bürgertum in den letzten 400 Jahren erlebt hat? Es beängstigt sogar Sie, *mon ami.«*

»Ich habe nichts gegen Drogen, solange andere Leute sie nehmen. Die können von mir aus tun, was sie wollen. Aber ich, ich muss einen klaren Kopf behalten, damit ich meinen Profit machen kann.«

»Genau. Nun, lassen Sie mich die Frage wiederholen. Wie hat er es getan? Lassen Sie mich noch etwas ausführlicher werden. Die Theorie ist die Einsteinsche Relativität, angewandt in der Neurologie. Die Methode ist die selektive, disziplinierte Verwendung von neuro-spezifischen, verschmelzbaren Molekülen. Die gesellschaftliche Taktik, so vermuten wir wenigstens, ist die Herausbildung einer neurogenetischen Elite.«

»Klar«, antwortet Michel. »Aber welche Elite?«

»Lassen Sie mich das Problem so erklären, wie wir es sehen. Stellen Sie sich vor, Michel, Sie wären auf den Planeten Erde gesandt worden, um die Mission zur Beschleunigung der menschlichen Entwicklung auszuführen. Und zwar, um den Planeten vor den zerstörerischen Folgen der gegenwärtigen Phase zu schützen.«

»Ein interessanter Gedanke«, sagt Hauchard, »wenn man ihn mit Humor betrachtet.«

»Wie gehen Sie vor? Sie sagen bestimmt nicht: ›Bringt mich zu Eurem Führer‹, denn ihre erste Beurteilung der Lage überzeugt sie, dass die Politiker ...«

»Ja, ja«, sagt Michel. »Dies ist das übliche Schema der Science Fiction. Also, mit wem nehme ich Verbindung auf?«

»Nun, die erste Entscheidung wäre die Wahl eines Landes. 1960 bot Amerika offenbar die grössten Möglichkeiten für Veränderungen – zum Guten oder Schlechten.«

»Heute würde ich ein arabisches Ölland wählen.«

»Wen würden Sie in Amerika ansprechen? Ihr neurales Wissen würde Sie überzeugen, dass die einzige Möglichkeit, die menschliche Natur drastisch zu verändern, die Zusammenarbeit mit der Jugend ist. Nun, mit welcher Gruppe amerikanischer Jugendlicher beginnen Sie? Ein Moment des Nachdenkens wird zur Schlussfolgerung führen, dass die Harvard-Universität der geeignete Ort ist, um die Einweihungen für eine Mutationsmission zu zelebrieren.«

Der gerissene Zwilling nickt: »Ja, Harvardstudenten werden zu einflussreichen Amerikanern. Aber es kommt darauf an, was man vorhat, für einige Sachen ist das M. I. T. oder sogar West Point besser.«

»Das M. I. T. ist gut«, gibt Duval zu, »aber da es in derselben kleinen Stadt liegt wie Harvard, können wir sagen, dass das Ziel die Gemeinde von Cambridge ist. West Point kommt, da wir uns für neurale Beweglichkeit interessieren, nicht in Frage. Ich könnte Ihnen weitere Einzelheiten sagen, aber ich nehme an, Sie verstehen was ich meine.«

»Faszinierend«, sagt Michel. »Machen Sie weiter.«

»Als nächstes bilden Sie die fünfundzwanzig talentiertesten M. I. T.- und Harvard-Studenten im instrumentellen Gebrauch des Hirns aus. Man braucht kaum weniger als ein Jahr, um das Bewusstsein einzustimmen und Realitätsfolgen zu beherrschen und zu steuern. Die Technik ist selbstverständlich die Beschaffung der im Moment benötigten RNS-Moleküle durch die DNS (das ist der Agent). Sobald dies geschehen ist, ist der Same gesetzt, und Sie sind frei für eine Ferienreise auf einen Vergnügungsplaneten nach Ihrer Wahl.«

»Es wäre interessant, zu diskutieren, ob dies bereits früher in der menschlichen Geschichte vorgekommen ist«, sinniert Michel. »Das plötzliche Auftauchen des Feuers, der Schreibkunst, der Pyramiden?«

»Sie müssen darauf achten«, fährt Duval fort, »dass Sie sich nicht mit Gymnasiasten oder Sekundarschülern herumschlagen. Diese befinden sich noch immer unter der Aufsicht der Eltern; und Eltern sind in der ganzen Galaxis dafür bekannt, dass sie programmiert sind, sich jeder Mutation zu widersetzen. Dieser vom DNS erschaffene elterliche Instinkt hat eine wichtige Überlebensfunktion. Der Sinn besteht darin, Änderungen in der Entwicklung zu verlangsamen. Sie wissen aber, dass die fünfundzwanzig Studenten zu gegebener Zeit die Technik an die Gymnasiasten weitergeben werden, die dann doppelt motiviert sein werden, ein neues philosophisches Verfahren zu erlernen, weil es von den Eltern verboten ist und weil es funktioniert.«

»Logisch«, nickt Michel. »Fahren Sie fort.«

»Diese erste Phase seines Auftrages war leicht durchführbar. Das Experiment war im Herbst 1960 begonnen worden. 1962 waren bereits genügend Harvard- und M. I. T.-Leute durch die Methode der Hirnwäsche von den starren Mustern des Newtonschen Universums befreit worden und mit rudimentärem neurologischem Wissen reprogrammiert, um sicher zu sein, dass der Gebrauch des Nervensystems als selbstgesteuertes Instrument innert zweier Generationen auf dem ganzen Planeten verbreitet sein wird.«

»Aber er entschloss sich, herumzuhängen«, unterbricht Michel mit einem feierlichen Pfeifen.

»Genau. Das war das Rätsel. Wir konnten nicht verstehen, warum er nicht verschwand. 1964 kündigte er an, dass der Bewusstseinskrieg gewonnen war und verreiste mit einem schwedischen Fotomodell nach Indien. Wir hätten nie erwartet, dass er zurückkehren würde. Die meisten genetischen Agenten verschwinden irgendwo nördlich von Rishikesh, verstehen Sie.«

»Aber er kam zurück?«

»Ja. Aus verschlüsselten Dokumenten, die wir ihm entwendet hatten und aus Computerstudien der Originalmanuskripte anderer, früherer neurogenetischer Agenten, welche im Vatikan sorgfältig gehütet werden, haben wir einiges über die Taktik der planetaren Verwaltung gelernt.

Die Ästhetik der Satellitenrettung verlangt offenbar Einfachheit, Selbstlosigkeit und den Weg des geringsten Widerstandes. Der Mutationsagent, verstehen Sie, steuert die Zukunft eines Planeten. Das Ziel ist, dass der Stil und die ornamentale Form der Mutation durch lokale und persönliche Faktoren, unabhängig vom galaktischen Agenten, gewählt werden. Selbstverständlich waren die genetischen Mutationen, die er auslöste, eher primitiv. Die natürliche Versuchung des Mutationsagenten, seinen oder ihren sprachlichen, kulturellen Stil dem neuen planetarischen Bewusstsein aufzudrängen, wird in solchen Fällen zugelassen, wenn nicht sogar ermutigt. Jeder höhere Organismus, jeder Delphin und jeder Mensch besitzt ein einmaliges Nervensystem, und, einmal angetörnt, ist die Methode (synaptische Freiheit) die Botschaft, und die Vorliebe von früheren Neuroingenieuren fügt einfach einen belustigenden subjektiven Einschlag hinzu. Genetische Steuerung, Klonen, erfordert nun grössere Zurückhaltung, da die Reproduktion vieler Organismen aus der DNS bedeutet, dass viele Kopien desselben Nervensystems sich manifestieren würden. Gehe ich zu schnell vor?«

»Lassen Sie uns zum Chaos der Sechziger zurückkehren«, antwortet Michel.

68

»Philosophen liebten es zu sagen, dass nichts endgültig berechenbar sei, dass sogar der Mensch sich selbst gegenüber unberechenbar sei. Nichts könnte weiter von der Wahrheit entfernt sein als das. Das menschliche Verhalten ist total roboterhaft. Für den Neurogenetiker ist nichts auf diesem Planeten überraschend. Die Rätsel liegen jenseits der Erdatmosphäre.«

Erog Ladiv, zitiert in Exo-Psychologie

Genfersee, Mai 1971

Michel steht am Steuer und führt das Boot mit der linken Hand. Er winkt den Professor zu sich auf den Nebensitz und legt seinen rechten Arm um dessen Schultern.

»Ein feiner Tag, eh Teem? Gutes Essen, guter Wein, hübsche Begleiterinnen. Aber ich sehe, dass du dir von Zeit zu Zeit Sorgen machst. Das solltest du nicht tun, *mon frère*. Ich werde bald nach Frankreich zurückkehren. Und ich werde dich und Maya mitnehmen. Ich kann diese Polizeiprobleme erledigen, und dann werden wir in Paris grosse Playboys sein, du und ich. Das verspreche ich dir.«

Es war eine feine, grosszügige Geste. Der Commodore fühlte, wie die Spannung abflaute und lächelte dankbare Freundschaft in die tanzenden, schelmischen Augen des Franzosen. Was für eine Erleichterung, wenn man einen starken und freien Freund hat, denkt er.

»Nun werden wir uns ein bisschen amüsieren. Pass auf. Siehst du dieses Boot? Weisst du was dort passiert?« Michel presst seinen Ellbogen zwischen die Rippen des Philosophen.

Michel hat den Kurs gewechselt und steuert nun ein treibendes Boot an, auf dem keine Passagiere zu sehen sind. Er drosselt behutsam den Motor, so dass sie immer näher gleiten, ohne dass ein Geräusch hörbar ist. Das kleine Boot schaukelt unschuldig. Dreissig Meter davon entfernt gibt Michel plötzlich Gas, das Boot schiesst vorwärts und verfehlt knapp sein Ziel. Beim Vorbeidröhnen sehen sie auf zwei Körper hinunter, die sich aus der Umarmung lösen; das Gesicht der Frau, von blondem Haar umrahmt, in Furcht erstarrt, das Gesicht des Mannes vor Überraschung gerötet. Michel schüttelt sich vor Lachen, Antoine und Jorge ebenfalls. Dee Dee hat den Kopf halb gesenkt abgewendet und die Augenbrauen leicht hochgezogen. Der Philosoph und Maya starren sich ungläubig an.

»Schaut«, ruft Michel, »wir sind die Piratenherrscher des Sees. Wir geben *denen* als nächstes eine Überraschung.«

Er zeigt auf ein anderes kleines Boot, das in der Seemitte dahintreibt. Die Motoren laufen auf Hochtouren und das Boot schiesst ungetüm voran. Beim Näherkommen können sie die Insassen sehen – ein Mädchen, etwa acht- oder neunjährig, sitzt neben ihrem Vater, einem plumpen untersetzten Schweizer. Die beiden sind mit Fischen beschäftigt und sehen die Eroberer nicht auf sich zukommen. Michel steuert das Boot direkt auf Kollisionskurs; näher und näher. Noch etwa zehn Meter entfernt, dreht er das Ruder ein wenig, so dass das kraftvolle Boot die Opfer beinahe wegmäht. Beim Vorbeisausen überspült die Bugwelle das Mädchen und durchnässt ihr weisses Kleid völlig.

Michel steht im Bug, sein Gesicht strahlt triumphierend.

»Habt ihr das gesehen?« ruft er, »wir haben einen weiteren Treffer erzielt!« Er ist ein Held des Zweiten Weltkriegs mit einem Cognacschwenker in der linken Hand. Er leert das Glas genüsslich und schmeisst es achtlos über Bord. Er dreht sich um, wirft die Cognacflasche Antoine zu, der sie sich an die Lippen setzt und an Jorge weitergibt. Die beiden Männer sind in ein spielerisches Stosstruppgrinsen eingehüllt. Jorge bückt sich und schnappt sich einen Schuh. »Du hast aber elegante Schuhe, Antoine, lass uns sehen, ob die armen Proletarierfische sie auch mögen.« Mit einem überspitzten Schrei wirft er den Schuh ins Wasser.

Antoine lässt für einen Moment den Kiefer hängen, langt dann nach Jorges Schuhen und wirft sie über Bord. Die zwei Männer schauen sich lachend an, springen gleichzeitig nach vorn, und Antoine nimmt Michels Kaschmirpullover und wirft ihn über die Reling, während Jorge nach der Kapitänsmütze schnappt und sie ins Wasser schleudert. Michel ergreift die Cognacflasche, giesst sich den Rest in den Mund und schmeisst sie in die Wellen.

Die zwei jungen Männer schielen nach den Schuhen des Professors, drehen dann ihre Köpfe und werfen dem Flüchtling freche, blöde Blicke zu.

»Sieht aus, als wäre es ein Fall für die Knaben von der psychologischen Fakultät«, seufzt Maya. »Die halten nicht einmal an, um die Frauen zu vergewaltigen, die sie gefangen haben.«

»Michel«, ruft der Commodore, »wir werden verfolgt.«

Michel Hauchard blickt zurück und winkt verächtlich ab. »Macht nichts. Er kann mich nicht einholen. Keiner kann mich erwischen. Ha, ha. Ich kann dir versichern, dass es die Polizei von mindestens zwölf Ländern bereits versucht hat.«

Der Verfolger fällt langsam zurück, aber es ist offensichtlich, dass auf dem engen See der Sichtkontakt nicht abbrechen wird und der bedrohende Jäger ihnen leicht bis in den Port d'Ouchy folgen kann.

»Grossartig«, stöhnt Acht. »Die ermahnen uns zur Zurückhaltung, und nun werden wir für verantwortungsloses Fahren unter dem Einfluss einer gefährlichen Droge verhaftet.«

»Und vergiss die Gewässerverschmutzung nicht«, fügt Maya düster hinzu, »und der Voyeurakt wird sich in unseren Dossiers auch schlecht machen.«

»Schiesst über ihre Köpfe«, schreit Michel besoffen. »Falls sie in Reichweite kommen, entwaffnet sie. Ich will sie lebendig. Für Lösegeld.«

Der Hafen wimmelt von Booten und Pedalos.

Als Michel das Boot durch den Verkehrsstau steuert, beobachteten die Flüchtlinge mit ausgefahrenen Radarschirmen, wie die Hafenpolizei ausfährt, um sie abzufangen. Sirenengeheul und rotierendes Blaulicht.

»Wir sind verhaftet, Michel«, sagt Sie trocken. »Was tun wir nun?«

Die rosaroten Falten auf Michels Wangen erschlaffen nachdenklich. »Kein Problem, ich esse Schweizer Polizisten wie Schnecken.«

»Ich hoffe, du hast nichts dagegen, wenn wir nicht stehenbleiben und zuschauen«, sagt der Doktor.

Das Boot stösst gegen den Landungssteg, und die beiden Flüchtlinge steigen mit beiläufiger Würde ans Ufer. Der Philosoph gibt dem überraschten Michel mit sichtlichem Vergnügen eine Zehnfrankennote und schreitet, mit einem Vielen-Dank-mein-guter-Mann-Schulterklopfen mit seiner englischen Gattin von dannen. Als sie beim Hotel Angleterre um die Ecke gehen, schauen sie zurück und sehen, wie die Hafenpolizisten Michel zuhören, der seine Arme in der universellen Geste der Wohltätigkeit schwenkt.

69

»Es dauerte nicht lange, bis jeder junge Filmregisseur auf Alpha Miss Photo als Hauptdarstellerin in einem neuen Film haben wollte. Vierdimensionale Filme waren damals unter den jungen Fremden sehr populär. Miss Photos Gesicht war der Öffentlichkeit auf Alpha durch die Nachrichtensendungen über alle Massen bekannt, und sie wurde über Nacht eine Berühmtheit. Nachdem sie einige Filme der Alphaner gesehen hatte, kannte sie keinen anderen Wunsch, als selbst einige zu drehen. Sie willigte ein, die Hauptrolle in einem Film zu spielen, falls ihr der Gebrauch der Filmausrüstung erklärt würde. Rotwang schrieb die Musik, und es war der erste Musikfilm, der auf Alpha gedreht wurde. Er handelte von Miss Photo und ihrem Leben auf der Erde. Er hieß *Ich, eine Erden-Frau,* und Miss Photo spielte hinreissend ihre eigene Rolle.«

aus ROTWANG, *von Tim Hildebrand*

Riverdale, New York, August 1963

»Das muss ein Rekord sein«, lachte Flora Lu. »Innerhalb von sechs Wochen aus der Harvard-Universität und aus sechs Ländern rausgeworfen zu werden.«

»Es waren nur drei Länder«, antwortete der fremde Agent ohne Begeisterung.

»Was willst du nun tun?«

»Auf eine Karibikinsel flüchten. Dieser Planet ist noch nicht bereit für mich. Ich habe in Antigua einen Ex-Westpointler getroffen, der mit Karibikgrundstükken handelt. Er hat dort eine kleine, gänzlich unbewohnte Insel. Die Hälfte der Miete behält er für sich, und den Rest gibt er mir, wenn wir sie ein bisschen aufbauen.«

»Wenn es auf dieser Insel nichts gibt, wie willst du dann dort leben?«

»Wir werden auf dem Schiff leben, bis wir die Salzwasserumwandler und die Wohnquartiere gebaut haben.«

»Warum willst du einfach so verschwinden?«

»Um frei von den Gesellschaftsspielen zu sein. Wir haben die ganze Weltkarte studiert, und es hat kaum noch einen Quadratmeter, der noch nicht unter der eifersüchtigen Kontrolle eines lokalen Sheriffs steht. Ich will mich mit der Natur verbinden, nicht mit der lokalen Politmaschinerie. Es wird noch mindestens zehn Jahre dauern, bis ich in diesem Land leben kann, ohne gegen die Gesetze zu verstossen. Und um nicht von den Medien ertränkt zu werden, muss man gegen den Strom schwimmen. Es ist eine tausendköpfige Medusa. Jeder ehrgeizige Reporter, Polizist, Politiker und Bürokrat trachtet nach einem billigen, moralischen Abschuss, um die Grossmutter zu erschrecken und mehr Zeitungen zu verkaufen.

Soll jemand anderes die politische Arbeit machen. Ich will mit der Sonne sprechen.«

»Haben dich die Bösewichte derart angeschlagen?«

»Sich mit ihnen rumzuschlagen, ist eine Ganztagsbeschäftigung. Und dieses Spiel wird mit Geld gespielt, und was wir rumschieben, sind Nervenzellen. Was denkst du?«

»Wie wär's mit dem Hitchcock-Grundstück?«

»Ich habe es nicht gesehen.«

»Ein Herrschaftshaus mit 64 Zimmern, inmitten eines 12 Quadratkilometer großen Grundstücks und mit einem Ein-Millionen-Dollar-Wohnhaus für deinen Nachbarn.«

»Aber das bedingt wiederum Diplomatie und Oberklassepolitik.«

»Du wirst dich, egal wohin du auch gehst, mit Politik beschäftigen müssen«, sagte Flora Lu. »Und das ist ohnehin unwichtig. Lass Richard Alpert sich mit den lokalen Stimmbürgern rumschlagen und konzentriere dich auf deine Arbeit.«

»Und das ist?«

»Du musst die Verbindung herstellen. Was glaubst du, was ich in den letzten drei Jahren zu bewerkstelligen versuchte? Die richtigen Elemente miteinander zu kombinieren. Sende deinen Paarungsruf aus.«

»Kann ich das nicht auch von einer Robinson-Crusoe-Insel aus machen?«

»Es geht nicht darum«, sagte Flora Lu, »zur Erde zurückzukehren, sondern sich von ihr zu befreien.«

70

»Wenn du mit einem larvalen Löwen, Stufe 6, Säugetier-Politiker, sprichst, erinnere dich, dass SiEr Symbole nicht in einem abstrakten Sinn verwenden kann. Das Gespräch ist nach Säugetier-Art ein Keulenwettbewerb um die gesellschaftliche Stellung. Wenn du einem Löwen sagst ›A ist B‹, wird SiEr selbstverständlich zurückschlagen und sagen ›B ist A‹ usw. An diesem Punkt ist es angebracht zu lächeln und ein Armdrücken- und Schulterstossen-Spielchen vorzuschlagen, während dem du wiederholst: ›A ist B‹. Wenn das dritte Mitglied des Dreiecks von der Säugetiertaktik beeindruckt ist, dann lächle und verlagere dich auf eine höhere Wellenlänge.«

Interstellarer Reiseführer
auch bekannt als
Das Spiel des Lebens

Genf, Mai 1971

»Im Jahre 1962 wäre die elegante Entscheidung für ihn die gewesen, jede Form des öffentlichen Lebens zu vermeiden, sich an einen abgelegenen Ort zurückzuziehen, eine neurologische Ehe zu schliessen, sich bewusst fortzupflanzen, Elektronik, Atomphysik und Genetik zu studieren. So hätte er für die nächste Phase der Mutation zur Verfügung gestanden. Sein Problem aber war, wie wir nun sehen, dass er keine Partnerin hatte. Das verwirrte uns und erschwerte uns festzustellen, wen er repräsentierte. Er hatte es äusserst tugendhaft vermieden, die aphrodisiakischen Möglichkeiten der Hirnbelohnung während der Ausbildungsperiode zu verwenden. Als nächsten Schritt sandte er einen weltweiten Paarungsruf aus. Wir nehmen an, dass er aus diesem Grunde blieb, um an der zweiten Phase der Mutation teilzunehmen – die sichtbarere Verbreitung neuer Wesen über den ganzen Planeten. Das wäre auch ohne ihn unweigerlich geschehen, da es das vorbestimmte Schicksal eines jeden Wesens ist, sich zu erweitern. Dadurch verwickelte er sich in die neuropolitischen Auseinandersetzungen, für die Sie sich offenbar interessieren.

Von 1962 bis 1965 führte er den genetischen Feldzug, um gewisse Schlüsselfiguren der amerikanischen Gesellschaft einer Hirnwäsche zu unterziehen und sie dann umzuprogrammieren. Sorgfältig ausgesuchte Mannschaften reisten durch das Land und zeigten den Persönlichkeiten aus dem Bereich der Kultur, die für die Mutation bereit waren, wie man die Methode der Hirnbelohnung anwendet. Selbstverständlich mied er Menschen, deren Neurologie unabänderlich mit larvalen, militärischen wie auch politischen Überlebenstechniken verbunden war. Er versorgte die Spaltungsagenten mit Pamphleten, verschiedenen Schriften und Spaltungsmaterial. Die spezifischen Zielgebiete werden dich sicher interessieren. Er konzentrierte sich auf die jungen Meinungsmacher und Medienelite – Künstler, Pop- und Jazzmusiker, Schriftsteller, Dichter, Journalisten, Hochschullehrer und die jungen Geistlichen. Und auf die jungen Reichen. Er belieferte das Hudson Institute von Herman Kahn und die Rand Corporation mit hirnbelohnenden Drogen. Dan Elsberg und Tony Russo wurden zum Beispiel beide einer Hirnwäsche unterzogen und durch neuro-transmittierende Moleküle neu programmiert ... Er konzentrierte sich auf die Kennedys, die über ihre Frauen kontaktiert und eingeweiht wurden. Mehr als hundert der höchsten Politiker wurden, wenn auch nicht unbedingt reprogrammiert, so doch beeinflusst. Dies geschah durch ihre Frauen, Geliebten und Kinder. Er wurde oft zu später Stunde von eleganten Hetärenagenten angerufen, die ihn um Rat fragten. ›Der Senator ist religiös. Er weint und klagt, dass er ein übles Leben geführt hat. Er sitzt fest. Wie kann ich ihn wieder in Bewegung bringen?‹«

»Was hat er geantwortet?«, fragt der interessierte Michel.

»Diese Telefontonbänder sind sehr belustigend. Gewöhnlich sagte er: ›Gib in eine Wanne etwas heisses Wasser, Badeöl, den Senator und dich. Falls du weitere Fragen hast, ruf zurück.‹ Es gab nie welche.

Er konzentrierte sich auf diejenigen, die am meisten bereit waren, zu mutieren.

Die Gesegneten. Die überlegenen jungen Leute, die reich, talentiert, einflussreich, gutaussehend, gebildet und bemerkenswert geistig gesund waren. Zum Beispiel versammelte sich die jüngere Generation anlässlich des Treffens der Mellon-Sippe in den umliegenden Hütten, um in Sachen Hirn-Verwaltung indoktriniert zu werden, während die ältere Generation sich erholte und die Früchte ihrer Stellung als mächtigster Landverwalter-Clan genoss.«

»Beschränkte sich dieser Feldzug auf Amerika?«, fragt Michel.

»Nein, er suchte sich einige Lehrlinge in anderen Ländern aus. Im Jahr 1965 sandte er zum Beispiel einen exzentrischen jungen Engländer mit Hirnbelohnungsmolekülen und Handbüchern im Wert von fünftausend Dollar in dessen Land zurück. Gewisse berühmte Elemente der englischen Rockbewegung zahlten diese Investition grosszügig zurück. Bis zum Herbst 1965 war die zweite Phase, die Zusammensetzung eines neurologischen Adels, einer Übermittlungselite der hohen Energien, abgeschlossen. Zu diesem Zeitpunkt, am 19. Dezember 1965, versuchte er zusammen mit seiner Frau das Land zu verlassen, mit der Absicht, sich zurückzuziehen, bis die nächste Mutation fällig sein würde.

Wir konnten dies nicht geschehen lassen. Also stellten wir ihm in Nuevo Laredo eine Falle und liessen ihn aufgrund einer banalen Anklage verhaften. Der Plan war, ihn in juristische Händel zu verwickeln und sein öffentliches Ansehen planmässig zu zerstören. Art Linkletter war auserwählt, den Angriff zu führen. Eine schlaue Wahl nicht wahr?«

»Aber er hätte der Verwicklung leicht entgehen können, indem er das Land verlassen hätte«, protestiert Michel.

»Die Kautionsbedingungen verhinderten dies. Nach 1968 war er für Nixon zur Zwangsvorstellung geworden. Zum Symbol für alles, wovor sich San Clemente fürchtete. Nixon hatte Angst wegen seiner eigenen Kinder. Du erinnerst dich doch noch, was mit dem Sohn von Agnew geschah?«

»Wessen Kinder waren nicht betroffen«, ruft Michel. »Ich könnte Ihnen Geschichten erzählen . . .«

»Ja, ich weiss«, unterbricht ihn Duval. »Aber unser Plan funktionierte in jeder Beziehung. Der fremde Agent wurde wie geplant in die politische Polarisation der späten Sechziger hineingezogen. Seine genetischen Signale gingen dann im Lärm leicht verloren.«

»Warum ging er in diese Falle?«, fragt Michel nachdenklich. »Er wusste doch ganz sicher, dass die Legalisierung der Drogen, das Auftauchen hedonistischer Lebensstile auch ohne seine zweifelhafte Unterstützung unweigerlich kommen würde.«

»Genetisches Karma, nehmen wir an«, antwortet Duval. »Die irischen Kelten haben einen uralten, in ihren Erbanlagen weiterwirkenden Groll gegen die Protestanten. Darwinistische Selbstbefriedigung. Möglicherweise eine aus der Steinzeit stammende Wiederaufführung der Rolle des Barden, Witze und Schlagworte zu erfinden, die Rhythmen und Reime, die alchimistischen Stabreime in die Sprache, die latent vorhanden ist, umzuwandeln. In der grossen Halle in Millbrook sassen keltische Häuptlinge und feierten, Barden fabulierten, Troubadoure sangen, und in dieser Stimmung der visionären Berauschung und dionysischer Offenbarung spannen Medizinmänner Prophezeiungen. Und Kriegerhorden, mit Chemikalien und elektronischen Geräten bewaffnet, unternahmen Raubzüge gegen die Angelsachsen. Die üblichen Rassenaufstände. Wir hatten mit den Kelten über Jahrhunderte hinweg genau dieselben Schwierigkeiten. Sie waren die letzten Heiden Europas. Die Ostküste Irlands liegt soweit von Rom entfernt, wie du ohne magnetischen Kompass gehen kannst.«

»Nun, das ist vielleicht lustig«, sagt Michel mit einer verdrossenen Grimasse, »aber für die Protestanten war es nie schwierig, die Stämme zu zerschlagen. Die angelsächsischen Führer haben nichts Spielerisches in sich.«

»Er war närrisch genug, sich von der scheinbaren Leichtigkeit seines kulturellen Sieges täuschen zu lassen. Egal wie sehr man sich an die menschliche Irrationalität gewöhnt hat, für den aussenstehenden Beobachter ist es nie möglich, die Logik der Politiker zu verstehen. Aufgrund aller demographischen Schätzungen war die kulturelle Revolution eine Wirklichkeit. Jeden Monat nahmen wir von unglaublichen Anzeichen des gesellschaftlichen Umschwungs Kenntnis. Das Nachlassen der Sexualtabus, die befreiende Abwendung von Alltagsrollen, das Anwachsen des organischen Bewusstseins und des ausserirdischen Gewahrseins. Anhand jeder einzelnen der zahlreichen Messungen hatte die Mutation ein Drittel der Bevölkerung erreicht. Ein Drittel rauchte Gras, war gegen die Todesstrafe, befürwortete die Verschiedenheit der Lebensstile. Es schien unmöglich, dass eine derartige Minderheit noch unterdrückt werden könnte. Zum selben Zeitpunkt fiel die Mitgliedschaft der Republikanischen Partei auf achtzehn Prozent. Es gab doppelt soviel Grasraucher wie Republikaner! Zehnmal mehr Raucher als Juden und Mormonen zusammen! Es schien, als wäre es die schnellste, reibungsloseste kulturelle Mutation der Geschichte. Galaktische Auszeichnungen müssen ihm gewiss gewesen sein.«

»Sehen Sie, wo er sich geirrt hat?«, fragt Michel.

»Er rechnete nicht mit der Zeitverzögerung. Keiner schien zu wissen, was nun zu tun war. Er wusste es gewiss nicht. Anscheinend erwartete er, dass das die nächste Mutationsmannschaft übernehmen würde. Er erkannte nicht, dass er es tun musste. Verstehen Sie?«

71

»Wenn du mit einem larvalen Fisch, Stufe 1, Bio-Neuraler-Dahintreibender, sprichst, vergiss nicht, dass SiEr nur auf vegetative Implikationen eines Symbols reagiert. Das Nervensystem eines Fisches gleicht am ehesten dem einer hungrigen Kuh mit einem gefüllten Euter. Füttere das Wesen mit einer Hand Süssigkeiten und melke es mit der anderen.«

Interstellarer Reiseführer

Lausanne, Juni 1971

Vom Innern eines Neutronenkerns aus beobachtet der Professor mit morbider Neugier die Energie, die durch seine Explosionen frei werden und in die Schwerkraftfelder der Wesenheiten schwirren, die um ihn herumsitzen. Er ist sich mittlerweile bewusst, dass jedermann ein bisschen ausflippt, wenn das pan-dionysische Strassentheater der Stufe 13 in die Stadt einfährt. Seine hedonistische Super-Nova hat ihn in spannungs-loser Verdrossenheit kreisen lassen (nicht umsonst nannte Sie ihn den Krabben-Nebel), aber die Energie, die mit seinem Solarwind ausströmte, regte Vorübergehende unweigerlich zu verschiedenen Reaktionen an.

Zum Beispiel war es offensichtlich, dass Michel ihn als eine Art mobile Ölkonzession betrachtete, die vergesellschaftlicht und in Anteilen an die Unvorsichtigen verkauft werden kann.

Dee Dee, erfreut, in ihrer Ungezogenheit Mitspieler zu haben, ist damit beschäftigt, Gruppen von Schulschwänzenden auf der Terrasse zu organisieren, um modische Vegetation zu rauchen. Und in den Pariser Diskotheken ist sie eine kleine Sensation, wenn sie atemlos psychedelische Flüchtlingsgeschichten erzählt.

Unter den verheirateten Paaren trat dieselbe polarisierte alchimistische Reaktion in Erscheinung. Das schwerste Element der Ehe klammert sich hartnäckig an die Heiratsbindungen, versucht den hedonistischen Katalysator abzustellen. Das Element der höheren Energie vibriert ruhelos.

Antoine zum Beispiel, der mürrische *Pied Noir,* hält sich eng an Michel, murmelt düster über Drogensucht, Degeneration und amerikanischen Kommunismus.

Manolita, seine verwöhnte, lebhafte Frau, übernimmt die Handlung, lässt getrocknete Botanik aus Venezuela einfahren, um die Gäste zu beeindrucken und nimmt Maya in ihr Inneneinrichtungsgeschäft auf. An Michels Geburtstag sorgt sie dafür, dass sie neben den Gesetzlosen plaziert wird.

»Du hast Glück, dass Michel und ich dich beschützen«, flüstert sie atemlos über die Krevetten. »Du bist in grosser Gefahr, verstehst du?«

»Wirklich? Ich glaube nicht, dass die Amerikaner wagen, uns hier zu belästigen.«

»Nicht die Amerikaner, du dummer Junge.« Sie beugt sich vor. Ihre Augen funkeln wirr. »Die Maoisten«, stösst sie zwischen den Zähnen hervor. Sie fährt mit dem Finger über ihre Kehle, verdreht die Augen, lässt die Zunge seitwärts heraushängen und schüttelt sich leidenschaftlich.

»Heiliges Histon!«, ruft der aus dem Land Verwiesene. »Mao ist ein bedrükkender Faktor, aber sicher keine Gefahr.«

Manolita legt eine Hand über ihre saftige, jüdische Brust, rollt die Augen in einem hysterischen Anfall zweiten Grades und beginnt schamlos zu plappern. »Hör zu, ich war letzte Woche an einem sehr vornehmen Essen in Paris. Ich will keine Namen nennen, aber glaube mir, der höchste Adel Europas war dort. Ich verkaufte selbstverständlich Aktien unserer Firma.«

»Von unserer, was?«, stöhnt der Flüchtling schwach.

»Von unserem Buch und dem Film über die Flucht, Dummerchen«, antwortet die schlaue Senora. »Aber ich fiel in die Generationenkluft, plumps.«

»Oh, schon wieder?«

»Die älteren Leute hatten selbstverständlich sehr viel Verständnis für dich, wie du gelitten hast, weil du gegen diesen Kommunisten Cleaver aufgetreten bist. Aber die jungen Leute waren sich einig, dass man dich erschiessen sollte.«

»Welche jungen Leute?«, fragt der erstaunte Professor.

»Du weisst ja, wie es heutzutage ist. Die Kinder des europäischen Adels sind alle fanatische Maoisten. Drogen und Beatles sind vorbei. Die Black Panthers haben dich als eine Bedrohung der Revolution verleumdet und den Befehl gegeben, dich zu liquidieren. Du musst nun mutig sein, wir haben noch genug Kraft, um dich zu beschützen.«

Antoine nähert sich, sein Gesicht ist von ehemännischer Besitzgier überschattet. Er legt seine rechte Hand auf Manolitas Schulter und fährt mit der linken Hand, von unten nach oben, über Manolitas Rock. Seine Muskeln spannen sich, während er ihre Fortpflanzungspforte bearbeitet. Manolita runzelt zwar die Stirn, bewegt aber automatisch Ihren graziösen Hintern.

Antoine dreht sich zum Flüchtling. »Du kannst zwar versuchen, meine Frau mit deinen Aphrodisiaka zu erregen, aber ich weiss, wie ich Ihr *le grand coup* geben kann. *C'est vrai, chérie?«*

Manolita errötet ob dieser zweideutigen Bemerkung und stösst seine Hand weg.

»Verschwinde, du sexualfaschistisches Schwein«, murmelt sie mit einem süssen Mädchenlächeln.

»Was soll ich mit ihm tun«, fragt sie den widerstrebenden hedonistischen Theoretiker. »Er hört nicht auf zu behaupten, dass ein alkoholschwerer Schwanz uns vom Boden abheben kann.«

72

»Die Berichte von Sol-3 sind weiterhin düster«, übermittelte der Neurogenetische Kommissar von Sirius-5. »Können wir den Planeten retten, oder sollen wir alles abbrennen und neu aussäen?«
»Was sagt der Chromosomencomputer?«, funkte der Weganier zurück.
»Im Falle des Planeten Erde ist Leri das Faustpfand.«

aus Messier's Chrono-Bordbücher

Auszug aus der Galaktischen Enzyklopädie, 374. Auflage, Band 47 384

Während dieser frühen Periode besuchten die kosmischen Politiker und die gnostischen Diplomaten das Harvard-Forschungs-Zentrum, um ihre Ansichten von der Entwicklung des Nervensystems zu präsentieren.

Gerald Heard sprach für die Elitisten. »Halte es geheim«, war sein Ratschlag. »Es kann keine hedonistische Gesellschaft geben. Die larvale Mittelklasse kann gar nicht frei sein. Die Menschen müssen zur Sklaverei des Zeitplans und der Produktion abgerichtet werden. Hinzu kommt, dass sie gar nicht frei sein wollen und dass sie jedermann, der ihnen offeriert, sie und ihre Kinder zu befreien, vernichten werden. Das Bürgertum wird eine neurologische Aristokratie akzeptieren, solange diese nichts mit der Mittelklasse zu tun hat. Die reichen, charismatischen ›Stars‹ dürfen sich ungestört der Verzückung hingeben. Die Massen sind sogar angenehm erregt, wenn sie über schillernde, elitäre Experimente der Wonne lesen, solange diese sich ausserhalb ihres Bereiches abspielen. An der Costa del Sol. In der goldenen Kasbah in Tanger. Aber du musst den Sozialisten immer einen Schritt voraus sein.«

Die kosmischen Bürokraten hatten eher konventionelle Vorschläge. Al Hubbard, ein ehemaliger Uranhändler, sah die wirtschaftlichen Möglichkeiten. Unterstützt von einigen der berühmtesten Psychiater Amerikas und Kanadas hatte er eine psychedelische Ladenkette-Operation entworfen. Von der Regierung anerkannte, medizinisch überwachte Kliniken über das ganze Land verstreut, würden, gegen eine Gebühr von fünfhundert Dollar, in mit Fresken des letzten Abendmahls dekorierten Sitzungszimmern und zu Beethovens Neunter Symphonie Neurotransmitter-Substanzen an die Leute der Mittelklasse verabreichen.

Der Agent wählte einen Mittelweg. Öffentliches Elitetum. Auf einem grossen, fruchtbaren Grundstück in Millbrook, New York, wurde eine Forschungsstation gegründet, um die neuen Kräfte zu untersuchen. Vier Doktoren der Geisteswissenschaften aus Harvard und ein Stab von Assistenten. Nach der wissenschaftlich-mystischen Bruderschaft, die von Hermann Hesse in seinem berühmten Roman *Glasperlenspiel* beschrieben wurde, nannte man sie die Castalia Foundation.

In das bayrische Schloss von Castalia, umrahmt von grünen Wiesen und mit mächtigen Türmen besetzt, kam die neue Generation der Zauberer, Magier, Komponisten, Yogis, Diät-Gurus, Voodooisten, Hellseher, Organischen Gärtner, Kartenleger, I-Ging-Werfer, Astrologen, Biochemiker, Computertechniker, Zahlenmagier, Jazzstars, Kabbalisten. Lichttechniker, die 150 Meter hohe Bilder auf die Schlossmauer projizierten, Schlagzeuger, Flötisten, Derwische, Jünger aller Swamis, Theosophen, Heiligen und Propheten.

Die Berühmten und die Enteigneten. Jeder widmete sich seiner neurologischen Aufgabe. Jeder hatte es geschafft, ein Sinnesorgan, einen neuralen Pfad, eine Methode der Übermittlung nichtsymbolischer somatischer Energie, anzutörnen und zu handhaben. Jeder glaubte, Ihre/Seine Modalität sei der einzige und wahre Weg zum Berg der immerwährenden Wonne. Die ganze Gesellschaft dieser neurologischen Pilger formte zusammen wahrscheinlich ein komplexes, ausgebildetes Nervensystem.

Sie waren alle fröhliche und liebenswürdige Leute, ausgenommen die Vegetarier. Das einzige Aufflackern von Gewalt während fünf stürmischer Jahre wurde von entrüsteten Makrobiotikern ausgelöst, die in der Küche Schokoladenkuchenesser verprügelten.

73

»Die larvale Gesellschaft ist von Sicherheit besessen – biologisch, gesellschaftlich, wirtschaftlich und im häuslichen Leben. Vom Standpunkt der irdischen Gesellschaft aus betrachtet, hört eine Person auf zu existieren, wenn sie sich von dieser Gesellschaft entfremdet. Von der erlösenden Möglichkeit der ausserplanetarischen Wanderung aus betrachtet, ist das Exil ein Schritt ins Neuland. Nationalismus ist in den frühen Vor-Flug-Stadien immer ein Feind der Auswanderung. Wie dem auch sei, sobald die ersten Schiffe der Weltraumkolonie gezeigt haben, dass die Auswanderung machbar ist, wird sich die zweite Phase, der wilde nationale Wettbewerb, entwickeln.«

Exo-Soziologie, Band 1

Genf, Mai 1971

»Ich erinnere mich«, sagt Duval, »einer Tonbandaufnahme von einem Gespräch zwischen diesem Fremdling und zwei seiner Hollywood-Agenten, die im traditionellen Kokainstil über einen geplanten Film diskutierten. Es war eine Hippiefassung des klassischen Huck-Finn-Trips. Eine Fahrt auf Motorrädern quer durch

Amerika nach New Orleans. Als ich einige Monate später durch Omaha, Nebraska, reiste, sah ich, dass der Film in einem lokalen Kino gezeigt wurde. Zu meiner Bestürzung sah ich eine Schlange von jugendlichen Larvalen, die sich um den ganzen Häuserblock herum erstreckte, und darauf wartete, Eintrittskarten kaufen zu können. Dieser anspruchslose, kleine Heimatfilm wurde zum Kassenschlager des Jahres. Es war ein wilder Angriff auf die domestizierte Moral. Eine rohe propagandistische Verherrlichung von langen Haaren, Hippies, Drop-outs, der neurologischen Freiheit und der Neurotransmitter-Drogen. Denk dir irgendetwas Polemisches gegen die Mittelklasse aus und du hast das Drehbuch geschrieben. Die zerlumpten Verbrecher reden über Philosophie, sind für die Mädchen unwiderstehlich anziehend, stellen Vermutungen über ausserirdische Intelligenz an, rufen mit hirnbelohnenden Drogen mystische Erfahrungen hervor und werden schliesslich von Muskelprotzen, die sich als Verteidiger des rechtgläubigen Larventums aufspielen, brutal ermordet.«

»Abscheulich«, sagt Michel.

»Als wir aus dem Kino kamen und an den Reihen der auf die nächste Vorstellung Wartenden vorbeigingen, fragte ich mich, ob sich die Eltern dieser bereitwilligen, jungen Gesichter bewusst waren, dass ihre Kinder solchen revolutionären Signalen ausgesetzt waren.«

»*Easy Rider* war für die Motorradindustrie und den Handel mit harten Drogen ein Schlager«, stellt Michel weise fest.

»Und eine paradoxe Botschaft der Evolution«, fügt Duval bei. »Die Handlung ist grundsätzlich pessimistisch. Genau wie Huckleberry Finn fröhlich die Rassenübergriffe des nächsten Jahrhunderts voraussagte, prophezeite *Easy Rider* betrübt die kulturelle Unterdrückung durch Nixon. ›Wir haben versagt‹, sagt der Held kurz bevor er mit einer Schrotflinte in Stücke geschossen wird. Der Sinn der Geschichte ist: Der Trip war sinnlos. Das befreite Gehirn ist zwar mit allem ausgestattet, aber es gibt keinen Ort, wo man hingehen könnte, außer zurück in die abgenützte Lustwelt des Mardi Gras. Das Ganze endet in einem Bordell in der Bourbon Street. In der Zwischenzeit bereitet die Histonen-Orthodoxie die Gegenoffensive vor. *The French Connection* und *The Godfather*. Was hältst du davon, Michel?«

»Vorzügliche Filme«, antwortet der Franzose fröhlich.

»Die wirksamste Methode, um die Mutation zu verzögern, ist die Nostalgie. Beruhigende Wiederholung. In der Vergangenheit geschah das durch die Wiederholung von alten Hymnen, alten patriotischen Schlagworten, traditionellen Ritualen. Heute wird es unter anderem mit den Wiederaufführungen von alten Filmen gemacht. Als unsere Televisionsindustrie begann, elektro-magnetifizierte Zelluloidbänder, die die Hemmungen unserer älteren Generation geprägt hatten, wieder abzuspielen, war dies die Erklärung des totalen neurologischen Bürgerkrieges mit elektronischen Mustern als Waffen. Der Vatikan realisiert, dass Cary Grant und Rita Hayworth nicht länger Versuchungen sind, sondern eher solide Beziehungen zur Vergangenheit.«

»Aber das ist höchstens ein Verzögerungsmanöver«, antwortet Michel. »Leri hatte alle neuen Talente und das Wissen, wie man die Hirnwäsche durchführt.«

»Michel, du vergisst, dass die ganze Zivilisation eine Bremsaktion ist, ein Verlangsamen der Evolution. Und wir haben die neuen Methoden der Hirnwäsche gelernt, als sie bekannt wurden. *Mon Dieu,* wir erfanden die Methode vor fünfzehnhundert Jahren! Ich kann dir versichern, niemand hat die Werke dieses Agenten so sorgfältig studiert wie unsere Leute. Wir wissen, wie man Mutationen, die nach unserer Meinung unreif sind, ablenkt.«

»Wie?«

»Verwickle sie in lokale Politik. Verführe ihn zur Kulturrevolution. Aktivismus. Der Gnostiker rutscht unweigerlich in eine Verbindung mit Aussenseitern hinunter. Wir verwickelten ihn derart in Gerichtshändel und pazifistische Politik, dass er seine Mission aus den Augen verlor. Ehrlich, der Mann hat seit sieben Jahren keine neue Idee gehabt. Schau dir doch mal die Trivialitäten an, in die er sich einmischt! Legalisierung von Marihuana? Lange Haare für Bauernlümmel? Ökologie, der neue organische Calvinismus? Eine neue Hippie-Orthodoxie etablieren? Armselige Versuche, die amerikanische Regierung zu übernehmen, ohne einen Tropfen Blut zu vergiessen? Kulturrevolutionen und neurogenetische Mutationen können als Eliten und Kulte anmutig im Untergrund existieren, aber wenn sie an der Oberfläche erscheinen, werden sie demokratisiert, bürokratisiert, vulgarisiert und, selbstverständlich, von uns übernommen. Was hat er wirklich davon, wenn eine grasrauchende Frau das Amt des Präsidenten übernimmt?«

»Der altbekannte Untergang der Kelten«, sagt Michel lächelnd. »Sie lassen es zu, sich mit einer Orthodoxie festlegen zu lassen, selbst mit ihrer eigenen.«

»Es ist mehr als das. Das Hirn, wenn es von den kulturellen Prägungen der Kindheit einmal befreit ist, interessiert sich nicht mehr für Gesellschaftsordnungen. Wie wir nun sehen, ist das Ziel der DNS jenseits der Politik. Glaube mir, Michel, wir wissen, dass man mit einem befreiten, selbstbestimmenden Nervensystem als erstes die hedonistischen Möglichkeiten erforscht, danach trachtet, sich wohl zu fühlen. Aber diese Einstellung eignet sich nicht für eine Gesellschaftsordnung, und das ist unser klassischer Schutz. Zwei ist die überlieferte Zahl für erotische Verschmelzung. In den Höhen und Geschwindigkeiten, über die wir sprechen, entdeckt man, dass ein Körper, ein Gehirn, bloss die Hälfte der Einsteinschen Einheit ist. Erst wenn die neurologische Verschmelzung vollzogen ist, kann man die Fragen stellen.«

»Welche Fragen?«, fragt Michel.

»Wohin geht die Spezies? Wie kommen wir dorthin? Was kommt als nächstes? Das ist schliesslich unsere Verantwortung.«

»Nun, vielleicht gehen wir nirgendwohin. Wir sind angekommen!«, sagt Michel und füllt fröhlich die Weingläser nach.

»Jemand muss auf der Kommandobrücke des Raumschiffes Erde die Richtung bestimmen«, sagt Duval sanft.

»Ich will bloss mehr«, lacht Michel.

»Dein Kunde rennt nun im Raumschiff umher, empfängt Radiosignale und Richtungscodes und sendet sie, ohne Bewilligung, von der Kommandobrücke in der Gegend umher; deshalb interessieren wir uns für ihn. Meine Kunden in Rom wollen nun wissen, was er als nächstes zu tun gedenkt. Närrische Verschwörungen mit dem Ziel, die Kommandobrücke zu übernehmen, werden selbstverständlich keinen Erfolg haben.«

»Die Richtungssignale, die ich empfange, zeigen auf schöne Frauen, gutes Essen, Geld und Freiheit. Will er das alles aufgeben?«

»Offenbar glaubt er, dass wir nichts aufgeben müssen. Ja, er will scheinbar alles miteinbeziehen.«

»Was kann ich da tun«, schmollt Michel. »Süchtige, die wirklich etwas wollen, neigen dazu, Fanatiker zu sein. In ihrer Nähe zu sein ist eher unangenehm. Was schlagen Sie vor, was ich mit ihm machen soll? Er hat kein Geld.«

»Sie können mit ihm eine Menge Geld machen, wenn Sie ihn schlau verwalten. Wir wollen, dass Sie sein Einkommen kontrollieren. Sorgen Sie dafür, dass er sich wohl fühlt, aber wirtschaftlich unsicher ist. Halten Sie ihn an kurzer Leine. Falls es nötig wird, werden wir Ihnen weitere Anweisungen geben. Vergessen Sie eines nicht, er hat die gefährlichsten Werkzeuge zur Verfügung.«

»Was für Werkzeuge?«, fragt Michel erstaunt.

»Verstehen Sie denn nicht«, schnauzt Duval. »Das Gehirn. Er hat das ganze Spiel der Philosophie verändert. In der Vergangenheit hat die Menschheit versucht, das Problem der Bestimmung mit einem lächerlich unzulänglichen Instrument, dem Geist, zu lösen.«

»Aber der Verstand ist unser bestes Werkzeug.«

»Michel, Sie sind ein hoffnungsloser Anfänger. Haben Sie denn nichts von ihm gelesen? Er behauptet, dass Denken nichts anderes sei, als das Manipulieren der neun laryngealen Muskeln. Schwedischer Wortdrill. Er versucht nun, den Leuten zu lehren, wie man den Kopf gebraucht.«

»Mein Geschäft ist Spionage«, sagt Michel steif, »aber dieser Auftrag ist neu für mich. Ich glaube nicht, dass ich ihn ausführen kann.«

»Genau das ist die ausführbarste, interessanteste Sache, die im Augenblick läuft. Was werden wir mit diesem verwirrten Wesen, das über die wissenschaftliche Methode gestolpert ist, tun? Meine Leute wissen keine Antwort. In fünf Jahren wird Italien kommunistisch sein. Und Franco liegt im Sterben. Wissen Sie, was wir tun sollen?«

»Oh nein«, sagt Michel schnell. »Das ist nicht meine Aufgabe. Ich bin bloss ein Händler von, wie er sagt, Geräten und Symbolen. Falls ich irgendwelche Antworten auf diese Fragen erhalte, werde ich sie gerne weiterverkaufen. Wer weiss, dieses Lebenselixier könnte sich als etwas sehr Wertvolles herausstellen.«

»Mit diesen hohen Einsätzen müssen Sie bloss einmal richtig tippen«, sagt Duval trocken.

»Und ich besitze die Hälfte der Urheberrechte plus Spesenentschädigung«, ruft Michel glücklich und winkt dem Kellner.

74

»Die Sanftmütigen werden die Erde erben und die Weisen werden weiterziehen.«

Das Spiel des Lebens

Lausanne, Juni 1971

Jorge wischt seine Bandilleros weg und stolziert über die Terrasse, um dem alternden Pop-Star Gesellschaft zu leisten.

»So, Antoine hat dir Ärger gemacht«, sagt Jorge lächelnd.

»Es scheint, dass er die Schuld für die Entwicklung der Frauen auf mich schiebt.«

»Vergiss ihn, er ist aufgeregt, weil Manolita mit einem australischen Skilehrer antörnt. Antoine ist ein kleiner Fisch. Er hat mir eine Rechnung geschickt, weil ich seine Schuhe ins Wasser geworfen habe.«

»Wie Jack Kerouac gesagt hat: Auf dem Wasser gehen, wurde nicht an einem Tag entwickelt.«

»Er wird sie bald verlieren. Er törnt nicht an und kämpft dadurch gegen den Lauf der Geschichte. Ich bin froh, dass ich mit Gretchen dieses Problem nicht habe.«

»Sie ist schön.«

»Während der Hitlerzeit besass ihre Familie den zweitgrössten deutschen Zeitschriftenverlag.«

»Das ist ein hartes Karma, was tun sie heute?«

»Oh, jetzt ist das Geschäft zum grössten Verlag in Europa geworden. Nächste Woche werde ich nach Frankfurt fliegen und veranlassen, dass dein Buch übersetzt und veröffentlicht wird.«

»Ich würde gerne den Übersetzer kennenlernen.«

Jorge nimmt einen tiefen Zug und reicht das qualmende Gras dem Professor.

»Du musst diese Woche zu uns rüberkommen. Ich habe die Bar im Keller in eine Diskothek umgewandelt. Niemand trinkt mehr, richtig?«

Der Flüchtling nickt zustimmend.

»Du scheinst so ruhig«, sagt Jorge besorgt. »Du solltest dir wegen dieser Auslieferungssache keine Sorgen machen. Falls die Schweizer Ärger machen, nehmen wir dich zu uns nach Brasilien. Das Gras dort ist Spitze.«

»Ich dachte, jemand Unangenehmeres sei dort an der Spitze?«

»Oh, das Militär? Mach dir deswegen keine Sorgen. Wir kontrollieren sie.«

»Warum stoppen *wir* dann die Folterungen nicht?«

»Das ist bloss kommunistische Propaganda.«

»Willst du damit sagen, dass alle katholischen Bischöfe Kommunisten sind?«

»Nun komm schon, mein Freund. Das Thema der Folter ist doch nicht interessant für uns. Zugegeben, die rechtsgerichteten Obristen sind Unmenschen. Aber der Terror der Linken ist ebenso schlimm. Du solltest das wissen. Scheisspolitik, sage ich, und lass uns dieses kurze Leben geniessen.«

»Ja Jorge, du hast recht. Zwischen Athen und Sparta Stellung zu nehmen ist ein Luxus. Emotionelle Überreste alter Wirklichkeiten.«

»Was für Überreste?« fragt Jorge und beobachtet gemütlich wie der Weisswein in seinem Kristallglas das Kerzenlicht reflektiert.

»Vor vier Wochen traf ich den Führer der brasilianischen Befreiungsbewegung. Ein charmanter, hoch kultivierter, empfindsamer Mensch. Ich war bereit, auf Abruf mit ihm wegzureiten. Einige Nächte darauf drohten uns die algerischen Maoisten mit Folter. Armselige, eklige Tyrannen. Darum kamen wir in die Schweiz, nehme ich an. Aber die ästhetischen Zu- und Abneigungen bleiben. Weisst du, Folter und Verzückung sind beides hedonistische Methoden, um die alte Moral zu transzendieren. Nur mag ich einfach die Folter nicht.«

Jorge zuckt die Achseln und grinst verladen.

»Folter, politische Akrobatik«, murmelt er. »Alte Bräuche der Mittelmeerkulturen. Ich versuche dem zu entfliehen. Anstatt die Seiten zu wechseln, will ich die Höhenlage wechseln. Ich dachte, wir haben das von dir gelernt, Professor?«

75

»Agenten, die auf larvalen Planeten eingesetzt werden, müssen sich auf die allgegenwärtige Gier und Unehrlichkeit gefasst machen, die gefühlsmässig jenseits der Grenzen der realistischen praktischen Anwendbarkeit steht. Trotz dieses Vorbereitetseins, muss der Agent damit rechnen, ununterbrochen in Netze säugetierischer Hinterlist verstrickt zu werden.«

Interstellarer Reiseführer

Lausanne, Mai 1971

Michel steht in der Hauseinfahrt und plant den Transport zum Mittagessen. Die funkelnde Maisonne glitzert auf dem See. Der Rasen und die Gärten atmen fröhliche Frühlingsfarben.

Sie ist eine afghanische Prinzessin in wuschelige Seide gehüllt. Der wandernde Barde trägt sein neues europäisches Gewand, feingewobene schwarze Hosen, Rollkragenpullover und eine graue Fischgratjacke mit einem Nehrukragen.

»Maya und Dee Dee, ihr beide geht mit Jorge. Teem, du kommst mit mir, wir müssen über die Geschäfte sprechen.«

»Wenn ihr beide arbeitet, bleibt uns nichts anderes übrig, als zu spielen«, sagt Fräulein Fühlgut heiter und blinzelt ihrer Gefährtin zu.

Michel steuert das luxuriöse Gefährt durch den Grossstadtverkehr bergaufwärts in Richtung Stadtzentrum.

»Hör zu, Teem, wir haben ein Problem. Wer ist dieser John Rodney? Warum hast du mir nichts von ihm gesagt? Wenn du weiterhin solche Dinge vor mir verbirgst, werden wir uns ruinieren.«

»Ich habe noch nie von ihm gehört«, sagt der erstaunte Autor. »Wer ist John Rodney?«

»Manolita hat mich soeben aufgeregt angerufen. Sie hat in der Zeitung gelesen, daß dieser John Rodney in New York ist und versucht, unser Buch zu verkaufen.«

»Wie kam dieser Rodney zu einem Exemplar?«

»Ich weiss es nicht. Das einzige Exemplar, das ich aus der Hand gegeben habe, ist dasjenige, das ich Jean Jacques nach Paris geschickt habe. Du hast doch nicht etwa . . .«

»Natürlich nicht, *mon vieux*. Aber wir brauchen mehr Unterlagen. In welcher Zeitung hat Manolita das gelesen?«

»In der *Tribune*. Wir gehen nun zum Bahnhof und kaufen uns eine. Das ist nicht gut. Manolita war sicher, dass du uns verraten hast.«

Michel parkiert vor dem Bahnhof.

»Lass mich gehen, Teem. Es ist besser, wenn du an solchen öffentlichen Orten nicht gesehen wirst.«

Er kehrt, kraftvoll durch die Menge schreitend zurück, sein Gesicht glüht voller Entschlusskraft.

»Das ist eine Schande, *mon voyageur*. Schau.«

76

»Raupen entwickeln beim Verteidigen und Erweitern ihrer Gebietsgrenzen eine panzerähnliche Grausamkeit. Die Schmetterlinge aber sind frei, die grenzenlose Weite der Blumenfelder nach Belieben auszukosten.«

Weganischer Kindervers

Lausanne, Mai 1971

Michel fährt den Rolls schwungvoll auf den kiesbestreuten Parkplatz und die beiden Männer schreiten, begleitet von einem Schwarm befrackter Kellner, durch das Restaurant auf die Terrasse. Jorge und die zwei anziehenden Damen sitzen an einem schattigen Tisch, trinken Wein und lachen lebhaft, als würden sie eine Szene für den Gatsby-Film drehen.

»Wir hatten eine wunderbare Fahrt«, lächelt Sie keck. »Wir schwebten zur Musik aus Jorges Tonbandgerät über die Autobahn. Wie war eure Besprechung?«

»Oh, nichts Neues«, lächelt der Autor. »Das Buch wurde wieder einmal gestohlen.«

»Wie schmeichelhaft«, kichert Dee Dee.

»Von wem?« seufzt Jorge, offensichtlich bemüht, etwas von dem Gespräch mitzubekommen.

»Sollen wir Klage erheben?« kichert Maya. »Oder wollen wir die Sache den Korsen übergeben?«

Michel steht auf dieser Standaufnahme, die den Lesern von Illustrierten später sehr vertraut sein wird, neben seinem Kunden. Er atmet glücklich den Geruch der gewinnbringenden Intrige.

»Weder noch. Dieser Rodney hat offenbar gute Beziehungen. Er ist Verkaufsmanager bei *Conde-Nast*. Ausgezeichnet. Wir werden einen Warnschuss vor seinen Bug feuern und ihn dann zu Verhandlungen einladen. Wer weiss, wenn wir ihn mögen, können wir ihm ja einige Aktien verkaufen.«

»Was für einen Warnschuss?« fragt Jorge mit einem unangebrachten Grinsen.

»Teem, ich weiss was wir tun«, antwortet Michel. »Wir rufen die Associated Press in Genf an und geben ein klares Dementi. Erkläre, dass du die Veröffentlichungsrechte dem bekannten Schweizer Geschäftsmann Michel Hauchard gegeben hast, dass er aber bald von unseren Anwälten hören wird.«

»Ich will aber trotzdem wissen, wie er zum Manuskript gekommen ist«, sagt der Autor.

»Ach das. Ich vergass es dir zu sagen. Möglicherweise hat ihm Jean Jacques die Rechte verkauft. Selbstverständlich völlig unbefugt. Aber ich bin sicher, daß wir mit ihm etwas klarkommen werden.«

77

»Innerhalb der nächsten zehn Jahre
So sagen die Pharmakologen
Werden sie Pillen entwickelt haben
Und Hirnelektroden
Die lebenslange Verzückung ermöglichen
Für jedermann auf Erden.«

Time Magazine, 26. November, 1973

Lausanne und Genf, Juni 1971

Der Commodore geht von Michels Wohnung den Hügel hinauf zum Bahnhof. Er beeilt sich, den Zug nach Genf nicht zu verpassen, wo Sie sich in einer privaten Klinik erholt.

* * * * * * * *

Yo Yo geht in Michels Büro, gähnt und nimmt den Telefonhörer ab.

»Tut mir leid, Madame. Er schläft noch.«

Sie lauscht.

»Nein, Madame. Er ist eben nach Genf gefahren. Wie ist ihr Name?«

»Nein, Madame, ich kann Ihnen nicht sagen, wohin er gegangen ist. Für welche Firma arbeiten Sie?«

Yo Yo legt den Hörer mit einem verwunderten Blick auf. Das ist komisch, denkt sie. Sie hat aufgehängt. Ich darf nicht vergessen, es Michel zu sagen. Sie klang nicht wie Joanna. Aber bei ihr kann man nie wissen.

* * * * * * * *

Joanna legt lächelnd den Hörer auf.

»Er ist eben nach Genf gefahren. Und ohne Michel. Das bedeutet, dass er mit dem Zug kommt.«

»Bist du sicher?« fragt Lorenzo.

»Nein, aber es ist einen Versuch wert. Kann ich für eine Stunde Bruno und deinen Wagen haben?«

»Du willst auf den Zug aus Lausanne warten? Aber du weisst ja gar nicht wie er aussieht.«

»Komm schon Lorenzo, wieviele Männer seiner Art werden wohl aus dem Lausanne-Genf-Zug steigen?«

»Warum diese Umstände«, sagt Lorenzo und zuckt elegant die Achseln. »Ruf doch einfach Michel an und sag ihm, dass du Leri kennenlernen willst.«

»Das habe ich bereits versucht. Dieser verfluchte Michel hat einen Sicherheitsgürtel um seine Beute gelegt. Dieser Michel ist ein wahrer Kerkermeister, ich kenne ihn. Er wird mich nie mit Leri sprechen lassen, und hat zudem diese blöde Yo Yo beauftragt, alle Telefonanrufe abzufangen.«

* * * * * * * *

Der Commodore schreitet eilig durch den Genfer Bahnhof und besteigt den ersten Wagen der wartenden Taxikolonne..

* * * * * * * *

Joanna lehnt sich über den Vordersitz und plappert aufgeregt mit dem Fahrer auf italienisch.

»Das ist eine Sackgasse, Madame Joanna«, sagt Bruno. »Wollen Sie gesehen werden?«

»Natürlich, aber zuerst müssen wir ihn einholen. Schnell, er geht in das Gebäude am Ende der Strasse.«

»Frauenklinik«. Bruno dreht sich um und hebt die Hände. »Was nun, Senora?«

»Hör zu, nimm diese fünfzig Franken, geh zur Reception und sag ihnen, dass du den Mann sehen musst, der eben reingekommen ist. Er hätte sein Wechselgeld vergessen. Verstehst du? Wenn du ihn dann siehst, bitte ihn für einen Moment herauszukommen. Sag ihm, ich hätte eine Mitteilung von Monsieur Hauchard. Falls es nicht klappt, wissen wir wenigstens wie er heisst.«

»Warum haben Sie ihn nicht auf dem Bahnhof angesprochen, Senora?«

»Ich wurde abgelenkt und folgte eine Weile dem Mann mit dem grauen Schnurrbart. Schnell Bruno, bevor er hinaufgeht.«

Joanna zündet sich eine Gitane Filter an und wartet ungeduldig.

Bruno kehrt kopfschüttelnd zurück.

»Nicht gut, Senora. Sie weigerten sich, mich den Mann sehen zu lassen. Sie weigerten sich, seinen Namen zu nennen. Und, was alles noch schlimmer macht, sie weigerten sich nicht, die fünfzig Franken zu nehmen. Trotz allem es sind Schweizer. Was nun?«

»Wir warten.«

* * * * * * * *

Sie hat ihren rechten Arm bequem hinter den Kopf gelegt und döst. Selbst im Erholungsschlaf sieht sie aus, als befände sie sich in erotischer Kontemplation.

Er ordnet die Decken, küsst sie auf die Stirn und schwebt zum Raum hinaus. Die Fasern seiner unteren Schaltkreise tingeln sorglos. Er hat von der Medizin genossen, die sie in Silberfolie verpackt in einer Topfpflanze verborgen hält.

Dann schwebt er durch die Eingangshalle und die grauhaarige Dame am Schalter ruft ihn zu sich.

»Ihr Taxifahrer hat fünfzig Franken für Sie abgegeben. Er sagte, es sei ihm entgangen, dass Sie ihm eine Hundertfrankennote gegeben haben.«

»Was! Das ist unmöglich, Madame. Ich versichere Ihnen, ich gab ihm genau zehn Franken.«

»Das ist seltsam. Der Fahrer wollte hinaufgehen, um nach Ihnen zu suchen. Ich liess ihn selbstverständlich nicht gehen.«

Der erste neurale Schaltkreis des Commodore verspritzt die Alarm-Körpersäfte und lässt eine Realitätsinsel entstehen, die von gefährlichen CIA-Agenten bevölkert ist.

»Selbstverständlich«, sagt er müde.

»Und was auch merkwürdig ist, Monsieur, er wollte Ihren Namen wissen, ich habe ihn natürlich nicht gesagt.«

Sein Herz hämmert, und er fühlt, wie der Schweiss aus den Notausstiegen tropft.

»Das ist tatsächlich merkwürdig, ich danke Ihnen, dass Sie die Angelegenheit so diskret behandelt haben.«

Der Commodore geht zum Fenster und späht hinaus. Er ist sicher, dass die Klinik von Interpolagenten umstellt ist. Er sieht den schwarzen Mercedes mit dem uniformierten Fahrer und winkt die Schalterdame zu sich.

»Ist das der Fahrer?«

Die Angestellte zieht den Vorhang zurück, rückt ihre Brille zurecht und blickt verschwörerisch hinaus.

»Ja, natürlich Sir«, ruft sie. »Das ist genau der Mann!«

»Und die Frau auf dem Rücksitz, kennen Sie die?«

»Nein, Monsieur, wie seltsam. Kennen Sie Sie nicht?«

»Doch. Eine Reporterin, Sie wollte mit mir ein Interview machen. Diese Belästigung. Verstehen Sie, meine Frau und ich wünschen das alles geheim zu halten.«

»Natürlich, Monsieur Le Brun. Ich verstehe Sie gut. Wir haben einen Hinterausgang.«

»Wohin führt er?«

»Auf den Hinterhof der Chirurgischen Abteilung. Sie können von dort aus zur nächsten Strasse gehen. Dort an der Ecke gibt es einen Taxistand.«

Mit schnellen Schritten geht er am Spital vorbei. Er realisiert, dass die Flucht aussichtslos ist, aber er will sich nicht so ohne weiteres verhaften lassen. Die Schweizer haben bis jetzt jedem amerikanischen Auslieferungsbegehren stattgegeben. Er sieht sich für den Rest seines Lebens hinter Gefängnismauern. Ein Taxi wartet auf dem Standplatz.

»Zum Bahnhof, schnell.«

Er sieht durch das Hinterfenster den schwarzen Mercedes aus der *Rue de la Clinique* ausscheren und die Verfolgung aufnehmen. Sie werden mich am Bahnhof verhaften, denkt er.

Als das Taxi vor dem Bahnhof anhält, drückt er dem Fahrer zehn Franken in die Hand und geht durchs Hauptportal. Sie warten sicher auf dem Bahnsteig, wo der Zug nach Lausanne abfährt.

Er geht gemächlich durch den Gepäckraum und verlässt den Bahnhof. Er wählt das letzte Taxi in der Kolonne.

»Hundert Franken nach Lausanne?« sagt er.

»D'accord«, nickt der Fahrer und legt den ersten Gang ein.

Die fünfundvierzigminütige Fahrt auf der Autobahn ist quälende Ungewissheit. Sie werden mir vor Michels Wohnung auflauern, denkt er. Wenn das Paranoia ist, ist es keine hundert Franken wert.

Als das Taxi vor dem eleganten Wohnsitz von Michel vorfährt, ist er wieder fest auf irdischem Boden gelandet, seine vier mit dem Nabel verbundenen Fasern haben sich zögernd an eine nervöse, schüchterne, tingelnde Realitätsblase geklammert.

Vielleicht *war* Sie eine Reporterin, denkt er. Sie war hübsch. Und wie dem auch sei, abzüglich die Spende des Fahrers war es bloss eine Fünfzig-Franken-Paranoia.

78

GRAVITÄT: Substantive: *Gewicht, Schwere, Plumpheit, Druck, Last, Ballast, Gegengewicht, Klotz, Masse, Ladung, Blei, Mühlstein, Lebendgewicht, Unze, Pfund, Skrupel, Stein, Tonne Ernsthaftigkeit, Förmlichkeit, Wichtigkeit.*
Verben: *anziehen, schwer sein, wiegen, drücken, belasten, laden, hinunterziehen.*
Adjektive: *gewichtig, schwer, plump, klotzig, belastend, unbeholfen, massiv, schwerwiegend, nüchtern, ernsthaft.*
Antonym: Siehe LEVITÄT

Intergalaktisches Wörterbuch

Lausanne, Juni 1971

Die notorischen algerischen Flüchtlinge Maya und Nino Baraka sitzen unruhig auf dem Sofa im Büro. Michel ist entweder nervös oder gibt vor, es zu sein.

»Dee Dee und ich waren ja so glücklich, dass ihr die letzten paar Wochen bei uns verbracht habt. Aber ich weiss, dass ihr euch nach einem eigenen Platz sehnt und ihr werdet in den Bergen viel glücklicher sein.«

»Wir sind dir für deine Freundschaft dankbar«, antwortet der Doktor und fragt sich, was jetzt wohl kommt. »Und selbstverständlich werden wir das tun, was du uns vorschlägst. Was sagt Benvoglio?«

»Eigentlich war es Benvoglio, der vorschlug, dass es gescheiter sei, wenn ihr nicht weiterhin hier lebt. Wie ihr wisst, ist meine Aufenthaltsbewilligung für die Schweiz immer noch hängig, und der Maître meint, wir sollten auf Nummer sicher gehen. Anwälte sind ja vorsichtig, nicht wahr?«

»Willst du damit sagen, dass deine Lage in der Schweiz noch nicht klar ist?« ruft Maya erschrocken. »Wie können wir dann erst hier Pässe erhalten?«

»Unsere beiden Fälle sind sehr verschieden. Bei euch ist es die Öffentlichkeit. Dies ist euer Schutz und euer Problem. Bei mir ist es ihre Gier. Alle paar Monate nehmen sie das Thema meiner Ausweisung wieder auf und eine weitere Runde von Zahlungen ist fällig. Ich habe auf der ganzen Welt viele delikate Geschäfte. Selbstverständlich mache ich hier keine, aber es wäre trotzdem schlecht, wenn in der Öffentlichkeit irgendeine Beziehung zwischen uns bekannt würde. Um die Wahrheit zu sagen, falls eine Beziehung zwischen uns bekannt würde, wäre das für euch sicher schlechter als für mich.«

»Was schlägst du vor? Wohin sollen wir gehen?«

»Das ist kein Problem. Der nächste Skiort von Lausanne aus ist Villars-sur-Ollon. Schick, aber nicht zu schick, wie etwa Gstaad. Mit dem Auto ist es weniger als eine Stunde Fahrt, und wir werden uns jeden Abend zum Nachtessen treffen. Selbstverständlich ist mein Haus immer noch euer Haus. Aber für euch ist es sicher besser, eine eigene Adresse zu haben.«

»Ist es möglich, daß wir verhaftet werden können?«

»Bestimmt nicht. Ich schwöre es euch. Benvoglio hat in Bern überall seine Ohren. Solltet ihr in Gefahr sein, wird er mich benachrichtigen, und zack setze ich euch innerhalb einer Stunde in eines meiner Flugzeuge. Und zudem habe ich Villars ausgewählt, weil es im Kanton Waadt liegt. Wie ihr wisst, ist der hiesige Polizeichef mein Beschützer. Für eure Verhaftung wäre sein Büro zuständig. *Voilà,* er wird dafür sorgen, dass wir frühzeitig benachrichtigt werden.«

»Aber es gibt etwas, was mich beunruhigt, Michel. In einer Woche wirst du abreisen, um zwei Monate in der Türkei zu verbringen. Sollte es nun irgendwelche Probleme geben, wirst du nicht hier sein, um uns zu helfen.«

»Mach dir keine Sorgen, Teem. Ich habe alles organisiert. Falls das geringste Risiko besteht, werde ich nicht abreisen. Benvoglio kann mit einem Notfall fertig werden. Und falls nötig, bin ich in sechs Stunden zurück.«

»Du weisst, uns fehlt das Geld, um ein Haus zu mieten.«

»Aber wir sind doch Partner«, sagt Michel beruhigend. »Ich habe das Buch nach Paris geschickt und werde innerhalb der nächsten Tage Angebote erhalten. Bis wir anfangen, einen Gewinn zu erzielen, werde ich für das Haus bezahlen. Nun, sagen wir eine Wohnung, nicht ein Haus. Für die laufenden Ausgaben werde ich euch jeden Monat einen Betrag geben. Ihr werdet in den Bergen sitzen, Kinder machen und ein weiteres phantastisches Buch schreiben.«

»Wie hoch ist unser Taschengeld, Onkel Mike?« fragt Maya trocken.

»Hoch genug, um davon zu leben, aber nicht genug, um extravagant zu sein. Ich weiss, wie gerne schöne Frauen wie du Geld ausgeben. Du musst nun für ein paar Wochen sparsam sein. Aber ich verspreche dir, Maya, in sechs Wochen werde ich dich nach Paris mitnehmen und dir die schönsten Kleider Europas kaufen. Sorgt euch nicht, meine Freunde, ich habe alles vorbereitet.«

79

»Kommunizieren mit einer Larve der Stufe 3 (Stier, der wirbellose Liebhaber)
ist, wie wenn du mit einer brünstigen Kuh sprichst.
Ihre biologischen Gelüste und materiellen Verlangen müssen befriedigt werden,
oder sie werden bei jeder Interaktion brüllen.«

Interstellarer Reiseführer
auch bekannt als
Exo-Psychologie

Lausanne, Juni 1971

Maya ist im Schlafzimmer und packt. Sie ist von der Operation noch immer geschwächt und bewegt sich vorsichtig, um Überanstrengungen zu vermeiden. Ein schwaches Klopfen an der Tür. Dee Dee kommt herein. Maya hält inne, und die beiden Frauen stehen sich gegenüber und betrachten sich gegenseitig. Sie lächeln.

»Es tut mir leid, dass du gehst«, sagt Dee Dee.

»Du und Michel wart beide sehr nett.«

»Wir haben nie Gelegenheit gehabt, zusammen zu sprechen.«

Maya geht zur Kommode, um Zigaretten zu holen.

»Gewöhnlich ist das immer so«, sagt sie. »Einmal sagte mir ein Psychologe, dass ich Schwierigkeiten habe, mit jemandem zu sprechen, mit dem ich nicht schlafe.«

»Ich glaube, wir sind sehr ähnlich«, sagt Dee Dee.

»Ich bin keine sehr gesellige Person, fürchte ich.«

»Ich habe gehofft, dass ich einen Trip machen könnte, weisst du, ich habe noch nie einen gemacht. Ich habe zwar Tim gefragt, aber wegen seiner Freundschaft zu Michel . . .«

»Ja«, sagt Maya traurig. »Das Leben ist immer so kompliziert. Aber dafür gibt es die Zukunft, nehme ich an. Ich frage mich, was mit uns geschehen wird.«

»Du bist sehr tapfer. Die Operation. Das ist eine sehr ernste Sache. Du musst dir wirklich wünschen, Kinder zu haben. Ich kann mir nicht vorstellen, dass ich mir etwas so stark wünschen könnte.«

Maya sitzt auf der Bettkante, ein Bein untergeschoben. Ihre linke Hand liegt auf dem Magen, das Gesicht sieht müde aus. »Es ist schwierig, Vergleiche zu ziehen. Wir leben in derart verschiedenen Welten.«

»Ich weiss«, sagt Dee Dee mitfühlend. »Es ist schwierig, im Exil zu leben. Michel leidet, dass er von Paris weg ist. Er kann es kaum erwarten, zurückzugehen.«

»Nein, ich meine nicht das. Mit uns ist es anders, Dee Dee. Wir können nirgendwo zurückgehen. Wenn man im Hirn lebt, ist alles weiter entfernt als in jedem Science-Fiction-Roman. Wir erschaffen Wirklichkeiten. Wir sind aus unserer Heimat-*Zeit* ausgewiesen. Sobald du diese gemütliche Blase, in der jedermann lebt, zerbrichst, gibt es keine Zeit mehr, in die man zurückkehren kann. Unsere Pässe sind überall gültig, ausser in Albanien, China und in der Vergangenheit. Ohne Kinder ist für das Hirn alles gleich. Ihm ist alles verwandt, ausser den Verwandten.«

»Was ist mit der Liebe?« fragt Dee Dee schüchtern. Es scheint ihr unangenehm zu sein, als ob das Gespräch tiefer geht als sie erwartet hatte.

»Liebe? Falls du nach Liebe jenseits von Verlangen, Sicherheit, Freundschaft und gegenseitigem Verständnis strebst, dann, wenn man sich näher und näher kommt, werden die zwei im besten Falle eins. Und da sind wir wieder. Die erste Person Mehrzahl. Telepathische Verrücktheit zu zweit. Das bewusst gezeugte Kind dieser Einheit scheint der einzige wirkliche Akt der Schöpfung zu sein. Nun, bald werden wir sehen. Der Doktor sagt, dass in zehn Tagen die beste, möglicherweise die einzige Gelegenheit sein wird. Die meisten Frauen haben dreihundert Drehungen des Eileiterrades. Sie können es sich erlauben, in dieser Beziehung gedankenlos zu sein.«

»Wieviele Kinder willst du haben?«

Maya steht auf, legt ihre Hände an Dee Dees Wangen und lacht glücklich. »Oh, fünf oder zehn oder zwanzig.«

Dee Dee schüttelt ungläubig den Kopf. »Oh, Maya, wie kannst du so etwas sagen? Eins oder zwei kann ich verstehen. Aber wie kannst du daran denken, die Herde noch zu vergrössern und noch mehr Kinder in diese übervölkerte Welt zu setzen?«

»Übervölkert!« ruft Maya. »Wir haben den ganzen Planeten sorgfältig abgesucht, und soweit wir sehen können, gibt es nur zwei von uns.«

80

»Selbst die perfekteste neurosomatische Verschmelzung wird früher oder später langweilig.
. . . ›halte mich high‹, flüsterte Sie.
Aber die Verzückung löst sich auf:
Zwei verschwitzte Körper durch larvale Unsicherheiten deprimiert: Zwei Geister, die sich wegen der Pässe und der Miete sorgen.«

Das Spiel des Lebens

Villars-sur-Ollon, Juni 1971

Das Gepäck der Wanderer wird im Kofferraum verstaut. Der abenteuerliche Zauberer setzt sich auf den Rücksitz des Rolls, Maya ist Copilot, und Michel schwenkt das Steuerrad nach Osten zu einer Haus-Jagd-Expedition in den Schweizer Alpen.

»Hier sind wir wieder«, seufzt sie. »Ein weiterer Realitätssprung. Dieses *I Ging* in San Luis Obispo war etwas zu genau für meinen Geschmack.«

»Wo fehlt's?« fragt Michel. »Fühlst du dich nicht gut, meine Liebe?«

»Am Sonntag vor dem Ausbruch aus dem Gefängnis im Jahre 1970 befragten wir das chinesische Orakel. Wir wollten sehen, ob es gelingen wird und erhielten die Botschaft *Wanderer*. Es prophezeite, dass wir von einem Königreich ins andere ziehen werden und gab uns den Rat, bescheiden zu sein und unsere Gastgeber nicht mit Arroganz vor den Kopf zu stossen. Waren wir fügsam genug, Michel?«

»Ihr wart äusserst charmant. Es ging besser, als ich erwartet hatte.«

»Du meinst mit dem Auftreiben von Geld von deinen reichen Freunden«, fragt sie argwöhnisch.

»Nein, nicht das«, reagiert Michel hastig. »Finanziell ist diese Angelegenheit eine Katastrophe. Aber wir kümmern uns nicht um das Geld, also machen wir uns auch keine Sorgen.«

Der Rolls summt über die enge Strasse nach Montreux, zur Rechten der See, gemauerte Terrassen mit grünen Reben zur Linken. Michel scheint mit sich beschäftigt, und die Atmosphäre ist mehr als ein G.

Sie umfahren Montreux, wechseln auf die Autobahn, die sich hoch über dem See entlangzieht, und kurven dann nach Aigle hinunter. Nach einigen Kilometern dreht Michel den Wagen nach links und fährt bergaufwärts.

»Das ist unsere Art von Landschaft«, sagt der Doktor. »Ich fühle mich bereits besser, weg von der Stadt in der Höhenluft.«

Die Strasse windet sich nach oben, und nach einer weiteren Kurve blicken sie über das Tal auf ihr Ziel, Villars, auf einem Kamm an einem Berghang gelegen.

Das Dorf ist klein, bloss eine Strasse mit Läden, Restaurants und umgeben von Chalets und Wohnblöcken. Über das Tal verstreut weiden auf Baustellen riesige, orangefarbene Krane wie Giganten vom Mars auf Stelzbeinen.

Michel parkiert den Wagen auf dem Dorfplatz und führt sie ins Maklerbüro. Er stellt die Flüchtlinge dem Geschäftsführer, dem Verkaufspersonal und den Sekretärinnen mit Namen vor.

Man zeigt ihnen drei kleine Wohnungen in chaletähnlichen Gebäuden oberhalb des Dorfes. Alle sind neu und im landläufigen Stil der Touristenhotels möbliert. Die vierte liegt im Erdgeschoss eines zweistöckigen Chalets und hat eine Glastüre, die auf eine Rasenfläche hinausführt. Von hier aus blickt man ins Dorf hinunter und über das Rhônetal auf die *Dents du Midi*. Neben dem Haus zieht sich der Rasen zu einem mit Bäumen gesäumten Bächlein hinunter.

»Keine dieser Wohnungen macht mich glücklich«, sagt Gene Thierney mit einem keckem britischem Akzent. »Aber wir anerkennen den Bach, die Weidenbäume und die Berge. Mister Hauchard, ihr mögt denken, ich sei töricht, aber ich nehme sie. Selbst wenn es darin spukt.«

Die Wohnung: ein kleines Schlafzimmer als Büro für den Professor, ein Wohn- und Esszimmer, eine Studioküche und ein grosses Schlafzimmer mit einer Tür zum Rasenplatz. Das wichtigste, ein Kamin.

Im Maklerbüro bezahlt Michel drei Monatsmieten im voraus und gibt dem Doktor 300 Dollar als monatliches Taschengeld. Maya beobachtet die Auszahlung mit einem abschätzigen, kühlen Blick. »Es ist nicht viel, ich weiss«, erklärt Michel. »Aber in einigen Wochen werden wir ein Vermögen machen, und ich werde euch einen flotten Wagen kaufen. Was möchtest du, Maya, einen Porsche oder einen Ferrari?«

»Ich glaube, es ist Zeit, die positive Seite zu betrachten«, sagt Sie. Es wäre für unsere Gesundheit dienlich, wenn wir nach dem Einkaufen den Berg hochsteigen. Und, auch wenn man es uns nicht ansieht, wir sind für deine Hilfe dankbar.«

Sie gehen über die Strasse ins *Le Sporting* für einen Abschiedstrunk.

»Michel?« fragt der Professor. »Bist du sicher, dass es für uns nicht gefährlich ist, wenn wir unter dem richtigen Namen eingeschrieben sind?«

»Sei nicht albern. Die Schweizer Polizei weiss über jede Bewegung von euch Bescheid. Es hat keinen Sinn, sich verstecken zu wollen. Auf diese Weise seid ihr offiziell und gesetzlich niedergelassen. Schau«, sagt Michel und wirft seine Hände in die Luft, »was für ein schöner Ort, um Kinder zu machen und den Sinn des Lebens zu ergründen.«

Sie schauen über die grünen, gepflegten Wiesen hinunter und hinauf zu den Gipfeln, die sich über dem friedlichen Dorf türmen. Kuhglocken bimmeln zum Sonnenuntergang.

Die vorangegangene Übertragung
stammt von der

Stufe 13

Eine Abteilung des fünften Schaltkreises
des Nervensystems

Schwebe frei von der Schwerkraft und geniesse die

Erotische Verzückung

Die folgende Übertragung kommt vom
Aryabhata

veranstaltet von ....

Stufe 14

Eine Abteilung des fünften Schaltkreises des Nervensystems

Die Entdeckung und bewusste Handhabung des Körpers, befreit vom Verlangen und den Dimensionen der irdischen Schwerkraft. Die Kontrolle der eigenen Physiologie.
Das fünfte Hirn lehrt, den Körper als Zeit-Schiff, als Feedback-Verzückungsinstrument, als Sender/Empfänger für Energiesignale zu gebrauchen.

Exo-Psychologie

Bist du es müde ein passiver Hedonist zu sein?
Bist du in selbst-befriedigenden Verzückungszyklen gefangen?
Rauchst du es mehr und geniesst es weniger?
Dann bist du bereit für Stufe 14:

Organisiere dein fünftes Hirn! Entwickle neurosomatische Intelligenz!

Bleibe kein hilfloser Hippie!
erlerne

Die Steuerung der Sinne
Die Auferstehung des Körpers
Physiologisches Feedback
Hatha-Yoga
Die Handhabung deines Körpers im schwerelosen Zustand
Die Navigation deines somatischen Zeit-Schiffes

Werde auch du in der Privatsphäre deines eigenen Heimes

Neptun-Poseidon
oder
Amphitrite
Körper-Zauberer
Sinnes-Elitist
Befreite Widder II

Sei nicht der letzte in deinem Quadrant......

Wähle und bestimme
Vielgestaltige Orgasmen
nach Wunsch

Vergiss nicht............

Die Entwicklung wartet auf niemanden..... aktiviere Stufe 14..... noch heute!

1

»Neu-Prägung ist der Vorgang des Aufhebens der neuralen synaptischen Verbindungen, die die ›Wirklichkeit‹ erschaffen, und des Prägens einer neuen ›Wirklichkeit‹. Als die menschlichen Wesen die Technik des Neu-Prägens und der periodischen Wieder-Verkörperung beherrschten, wurde eine nach-menschliche Stufe der Entwicklung erreicht.«

Grundsätze der Neurogenetik

Villars-sur-Ollon, Juni 1971

Gefangen auf einem primitiven, feindseligen, vier-hirnigen Planeten, waren der Commodore und seine Gespielin bis hinunter zu den niedrigsten Angeboten versklavt und verkauft worden.

Sie steht vor der Glastüre Ihres Gefängnisses und sieht, wie er die gewundene Strasse unterhalb des Chalets emporsteigt. Ein plötzlicher Erguss von mütterlichen Hormonen (als Herzklopfen empfunden), und Sie denkt sich, dass Sie ihn nie verlassen kann.

Er sieht Sie, winkt und rennt den steilen Abhang zum Rasenplatz hinauf.

Nach seinem begierigen Kuss lehnt Sie sich lächelnd zurück. »Wo hast du das gelernt? Ich dachte, du hast den Gesichtschirurgen in Genf getroffen.«

»Hm«, antwortet er und fährt mit seiner verehrenden Zunge entlang Ihrer Unterlippe.

»Keiner der herkömmlichen Sagengestalten ist ehrwürdiger als der wollüstige Professor«, seufzt Sie. »Erzähl mir, was der Chirurg gesagt hat. Ich habe beinahe erwartet, dass ein milchbärtiger Junge nach Hause gesprungen kommt.«

»Hm«, murmelt er in Ihr duftendes Haar.

»Das Alter hat ihm die starken Beine und die Ausdauer geraubt, die doch die kostbarsten Werkzeuge eines Ehemannes sind«, spottet Sie. »Und nach einem Techtelmechtel schmerzt sein Körper für einige Stunden und er kann sich nicht erinnern, wann die Zwänge des Ehelebens ihn so verletzlich und einsam gemacht haben. Und noch immer will er meine Mädchenfragen nicht beantworten. Also, Acht, sag mir, was er gesagt hat, ich will es wissen.«

Er wirft seine Jacke über einen Stuhl und kehrt mit einer Weinflasche und zwei Gläsern aus der Küche zurück. Sie setzen sich auf dem Rasen auf Kissen und blicken über das verborgene Rhônetal zu den französischen Alpen hinüber, die von der untergehenden Sonne rosa übertüncht sind. Im Westen sehen sie die Gottheit, gefangen in den grünen Ästen eines Baumes. Das Rauschen des Bächleins ist das einzige Geräusch.

Der gewundene Eierstocksaum des östlichen Hügels schwillt an, als der goldene Mond hervorbricht und in den gebärmutterdunklen Himmel hinaufsegelt.

»Ich habe mir den ganzen Tag überlegt, was du ihm wohl sagen würdest«, sagt Sie. »Ich wäre so verlegen.«

»Es ist ja sein Laden und er verkauft was ich will. Ein neues Gesicht. Ich habe einfach gesagt, dass ich mein Aussehen verändern will. Er fragte, wie ich aussehen wolle. Ich sagte ihm, wie ein fünfunddreissigjähriger ceylonesischer Dichter. Er lachte bloss. Ich gebe zu, es war ein bisschen merkwürdig. Nun, er sagte, dass er die Gesichtsoperation machen könne, aber wegen der Farbe hätte er noch nicht entschieden.«

»Ich bin so aufgeregt! Ich werde mir nie verzeihen, dass ich nicht mitgekommen bin. Sag mir, hast du ihm gezeigt, wie du es möchtest?«

»Nun, wir sassen vor einem Spiegel, und ich zog und er drückte und ich hob und er streckte. Auf einmal sagte er, ›so, da haben wir ihren jungen Ceylonesen, nur die Bräunung fehlt noch‹.«

»Hat er von der Farbveränderungsmedizin gehört?«

»Nein, darum erzählte ich ihm von der weissen Reporterin, die die Pillen schluckte und ihre Haut so dunkel wurde, dass sie an den Mississippi runtergehen konnte, um zu sehen, wie es dort wirklich ist. Der Doktor fragte, ›Warum wollen sie das tun?‹ ›Was tun?‹ fragte ich. ›Ein Farbiger werden‹, sagte er. Also erwähnte ich, dass sie Präsident Johnsons Assistentin war und mit ihrem Buch ein Vermögen verdiente. Das beeindruckte ihn.«

»Nun, kann er deine Hautfarbe ändern?»

»Er wird mit einigen Kollegen von der Universität sprechen. Aber die Gesichtsoperation steht fest. Ich gehe nächste Woche ins Spital.«

»Dann haben wir noch drei Tage, bis ich bereit bin, dass du mich schwanger machen kannst, und nur noch sieben Tage mit diesem Gesicht? Es ist gewaltig! Ein neues Baby und ein neuer Ehemann unterwegs! Ein neues Spiel Lebenskarten! Ich werde dich vermissen, Acht, es ist ein nettes Gesicht und es ist zweifellos du. Wirst du mit einem neuen Gesicht noch immer du sein?«

»›Mit fünfzig hast du das Gesicht, das du verdienst.‹ George Orwell.«

»Aber jetzt ist alles anders geworden. Nun hast du das Gesicht, das du dir leisten kannst.«

»Oder das Gesicht, von dem du erhoffst, dass die nächsten paar Re-inkarnationen es verdienen werden.«

2

»Tim ist von Time und Leri törnt. Der Samen neu. Para-zellen oder Para-dies. Rosa war. Maria ist. Pluribelle wird zwein. Zellen-tricks enden in angelsexischen Tätern. Aber wieviele fröhliche Vielkörper kann jeder ver-körpern? Es ist der pelzige Vogel, der die Spermien fängt.«

Kinderlied auf Aldebaran

Vidalische Archive, 2575

Porträt des Agenten als junger Fremdling

DNS-Leri nahm auf Sol-3 biologische Form an als Sohn eines talentierten aber hilflosen Vaters, der von dem Barden sehr genau als ein Mann beschrieben wird, der während seines Lebens »ein Student der Zahnmedizin in Heidelberg, ein Oberst der Armee in West Point, ein Golfchampion, ein kleiner Geschäftsmann (Radium-Erz, Revigator), ein verschwenderischer Erbe, ein Trinker, ein guter Kumpan, ein Schiffssteward auf der Murmansk-Route, ein Bankrotteur, ein Alkoholiker, ein stolzer Verächter der Mittelklasse« gewesen war.

Der älter werdende Leri glitt stetig die soziale und finanzielle Leiter hinunter, seine Familie zog von einem Haus ins andere, jedes ein wenig weniger elegant und schäbiger, als das letztere.

Die Ausbildung des Barden war zum größten Teil katholisch. Im Alter zwischen 5 und 13 Jahren lungerte er in der St. Michaels Cathedral-Schule Mary Alice O'Brian auf, der Schwester von Larry, dem grossen keltischen Politiker. Von 14 bis 18 besuchte er die klassische Sekundarschule in Springfield und von 18 bis 20 Holy Cross, ein Jesuitengymnasium in Worcester.

Vom frühesten Alter an sah sich Leri als einen Rebellen gegen die Schäbigkeit und die Schwere des planetarischen Lebens. In seiner frühen Jugend war er sehr religiös (»dein Königreich ist nicht von dieser Welt«, sagte der Prophet), aber während seinem letzten Jahr bei den Jesuiten begann er die irdische Form des Katholizismus zurückzuweisen, zugunsten einer evolutionären Mission, die, das hatte er eingesehen, als rebellisch und elitär betrachtet werden würde.

In späteren Jahren widersetzte er sich der nationalistischen und imperialistischen Regierungspolitik und verursachte einige Aufregung durch seine offene Verteidigung der biologischen Freiheit. »Närrisch ist der Staat, der zu kontrollieren versucht, was oder wen die Bürger in ihre Körper hineintun, oder aus ihnen herauslassen wollen.«

Im Jahre 1902, als er seinen Dr. phil. erhielt, hatte er sich bereits zu einer Karriere als ausserirdischer Aktivist und Antischwerkraft-Advokat entschlossen. Um seine neurologische Unabhängigkeit zu erhalten, um Verwicklungen in domestizierte Gefühlsduseleien zu verhindern und, vor allem um fähig zu sein, die Stufen der Evolution zu verstehen und sie mit Verständnis und Objektivität zu re-kreieren, sah er sich gezwungen, auszuwandern.

Während der Periode seiner vier-hirnigen Form lebte er in Saint Raphael, Frankreich, Palma de Mallorca, Spanien, Capo Linaro, Santa Martinella, Italien im Schatten jenes Turmes, von dem aus Marconi seine erste drahtlose Botschaft übermittelte.

Beweisstücke in Form von gebrochenen Verträgen und Briefen wütender Hausbesitzer zeigen, dass er ebenfalls in Churubusco, Mexico, und in Kopenhagen, Dänemark, lebte, wo er an der Staatlichen Universität primitive Primaten-Psychologie lehrte.

1920 flüchtete Leri aus der politischen Haft nach dem alten Kontinent, begleitet von Rosemary Klette, einem ungebildeten Mädchen aus Missouri, ohne Interesse für Neurophysik; ihre angeborene Lebhaftigkeit, zur Verzückung veranlagte Trägheit, und ihre Bauernschlauheit verzauberte den Barden, und die beiden lebten in hingegebener, fünfhirniger Zweisamkeit bis zu seiner schmerzhaften Metamorphose, die in *Was will die Frau?* nüchtern und analysierend beschrieben ist.

3

»›Dies ist kein Traum! Dies geschieht wirklich!‹ sagte Rosemary Woodhouse bestürzt.«

Filmdrehbuch von Roman Polanski und Ira Levin

Villars-sur-Ollon, Juni 1971

»Jemand klopft an die Tür.« Sie steht neben dem Bett und knöpft ihren Morgenmantel zu. »Ich schau nach wer's ist. Falls er Französisch spricht, rufe ich dich.«

Sie kommt mit einem verzweifelten Gesichtsausdruck zurück. »Es sind ein paar Männer. Sie sagen, dass sie von der Polizei sind und mit dir sprechen wollen.«

Ist es also soweit. Der Commodore zieht sich eilig an und geht ins Wohnzimmer. Dort warten zwei Männer in Zivilkleidung und ein uniformierter Beamter. Ein freundliches Händeschütteln und ein bekümmertes Gespräch auf Französisch. Die Polizisten sind eifrig bemüht.

Sie schaut verstört zu. Er dreht sich niedergeschlagen zu Ihr.

»Was haben sie gesagt?« fragt Sie tonlos.

»Ich bin verhaftet. Die Amerikaner haben ein Auslieferungsbegehren eingereicht. Ich muss mit ihnen nach Lausanne gehen.«

»Ins Gefängnis? Um im Gefängnis zu bleiben? Kommst du zurück?« In ihrer

Stimme schwingt Verzweiflung mit. »Aber heute Nacht ist die Nacht. Sag es ihnen. Ich habe sechs Jahre gewartet und heute Nacht ist die Nacht.«

»Sie haben mir erlaubt zu telefonieren. Ich werde Michel anrufen.«

Er geht zum Telefon und wählt die Nummer der Dachwohnung. »Ah, Yo Yo. *Ça va?* Gut. Michel? Ah so. Gut. Ich verstehe. *Merci,* Yo Yo. *Ciao!* Michel ist in Marokko. Ich wusste nicht, dass er die Stadt verlässt. Er sagte Yo Yo, wir sollten Benvoglio anrufen, falls etwas passiert.«

»Ich suche seine Nummer.« Sie rennt ins Büro.

Benvoglio ist zu Hause und wünscht mit dem Polizeiinspektor zu sprechen. Nach einem längeren Gespräch reicht der Inspektor dem besorgten Philosophen den Hörer.

Benvoglios Stimme ist bedrückt. »Es ist sehr schlimm, Doktor. Sie haben einen Haftbefehl. Sie müssen mit ihnen ins Gefängnis nach Lausanne gehen.«

»Können Sie mich gegen Kaution freibekommen?«

»Ich werde es abklären. Heute kann ich nicht kommen, aber ich komme morgen. In der Zwischenzeit kläre ich ab, was ich tun kann. Machen Sie sich keine Sorgen, ich tue alles, was ich kann.«

Er dreht sich zu seiner Frau, die gespannt wartet. »Verhaftet. Benvoglio wird morgen mehr wissen.«

Sie stehen da und schauen sich gegenseitig in die Augen. Die galaktische Tragödie sich trennender Umlaufbahnen. Einmal mehr.

»Was soll ich tun? Wie konnte es geschehen? Heute Nacht ist die einzige Gelegenheit. Sag es ihnen. Und wer wird auf mich aufpassen?«

»Bis morgen werden wir alles geklärt haben. Trink einen Kaffee, nimm ein langes Bad, packe deine Sachen und geh zu Michel. Benvoglio wird mich gegen Kaution rauskriegen, und morgen wird die Nacht sein.«

Die Polizisten treten höflich von einem Bein aufs andere.

»Was soll ich mitnehmen?« fragt der Gefangene.

»Es ist nicht nötig, dass Sie etwas mitnehmen«, antwortet der Inspektor. »Man wird Ihnen alles zur Verfügung stellen, Professor, sogar die Zahnbürste. Es tut mir leid.«

Sie steht unter der Türe, als die vier Männer sich in den VW-Käfer drängen, die Sicherheitsgurten anschnallen und wegfahren. Es regnet.

4

Als Rotwang und Miss Photo sich bewusst wurden, dass sie Fremde waren, erweiterte sich ihr Bewusstsein, es erweiterte sich ununterbrochen weiter. Sie beschlossen, eine altmodische Zeitung herauszugeben. Es war seit 10 000 Jahren die erste Zeitung auf Alpha. Sie nannten sie *Fremdes Tagblatt,* obwohl sie nicht täglich erschien. Die Alphaner interessierten sich in zunehmendem Masse für die Besucher von der Erde, beinahe gegen ihren eigenen Willen.

aus ROTWANG, *von Tim Hildebrand*

Millbrook, N. Y., August 1964

Der ehemalige Harvard-Professor liegt ausgestreckt auf dem steilen Kupferdach des Millbrook-Herrschaftshauses. Fünf Stockwerke tiefer erstreckten sich Hektaren grünen Rasens sanft bis zu den Tannen- und Ahornwäldern in der Ferne.

Andere führende Mitglieder der *International Federation for Internal Freedom* (I. F. I. F.) liegen neben ihm und betrachten den Sonnenuntergang über dem Hudson River und den abendlichen Schwarm der akrobatischen Schwalben. Aufdringliche Vogelschreie brechen die Abendstille. Sie rauchen und trinken Jamaica-Rum und spekulieren über die sich ewig verändernde Natur der Dinge.

Die Gruppe faulenzender Olympier ist mit den üblichen beruflichen Tätigkeiten, dem Aufzeichnen von Vogelstimmen und Vermessen der chromatischen Komponenten des westlichen Himmels beschäftigt. Sie werden plötzlich durch den Anblick eines vierrädrigen, irdischen Gefährts aus Metall, das die Privatstrasse zum Schloss herunterfährt, unterbrochen und zu schwachem Interesse angeregt.

»Ich steige runter, um nachzusehen«, sagte Ralph, ein junger Doktor der Philosophie aus Harvard . . . Er erhob sich mit der Anmut eines Yogi und rannte barfuss über das steile Metalldach hinunter, das sich weich und warm anfühlte. Nach einigen Minuten kehrte Ralph zurück, um über den unerwarteten Pilger zu berichten.

»Sein Name ist Adams. Er ist jener Professor der orientalischen Philosophie aus Rutgers, der uns letzten Monat geschrieben hat. Er hat verschiedene Forschungsreisen nach Indien und Japan unternommen, um östliche Methoden der Bewusstseinserweiterung zu studieren. Wir haben ihn eingeladen, vorbeizukommen.«

»Was hast du ihm gesagt?«

»Ich hab ihn in eine Gästezimmerumlaufbahn gebracht. Sagte ihm, er solle sich umziehen, ich würde ihn in zehn Minuten abholen.«

Der Zugang zum Sonnenuntergangspunkt führte durch ein Fenster im hinteren Korridor des dritten Stockwerkes, auf das Dach eines Seitenflügels. Über dessen Giebel konnte dann der Kletterer auf das kupferbedeckte Dach des Hauptgebäudes steigen.

Der Besucher kam den abschüssigen Abhang hinauf. Professor Adams, ein kleiner, drahtiger Mann von 35 Jahren mit riesigen Ohren, kroch gewandt zur Basis des Kupferdaches und stieg katzenfüssig hinauf.

Commodore Leri stand da mit einem Glas in der linken Hand, seine Rechte auf der kupfernen Wetterfahne; Kapitän eines riesigen, vierstöckigen Himmelsschiffes, das auf der Höhe der Baumwipfel über die Landschaft glitt.

Professor Adams schaute auf, nickte, rutschte mit bedächtiger Schwerfälligkeit aus und langte mit seiner Hand nach unten, so dass sie über den Fuss seines Gastgebers strich.

5

»*Die Fernsehserie* Startrek
zeigt sehr genau das Dilemma
des interstellaren Agenten .....
In mindestens der Hälfte aller Episoden
landet Captain Kirk im Gefängnis.«

Interstellarer Reiseführer
auch bekannt als
Das Spiel des Lebens

Bois Mermet-Gefängnis, Lausanne, Juni 1971

Das Gefängnis befindet sich hinter hohen, dicken Steinmauern. Ein riesiges Tor schwingt auf, und der gefangene Fremdling, begleitet von drei Lakaien der Umklammerung, überquert einen Innenhof und betritt die holzgetäfelte und elegante Empfangshalle.

»Der Direktor möchte Sie sehen«, sagt der Inspektor.

Sie betreten das erste Büro links. Ein hochgewachsener, schlanker Mann in einem gutgeschnittenen dunkelblauen Anzug erhebt sich und streckt seine Hand aus.

»Ah, Professor, das ist alles so bedauerlich. Ich hoffe, Sie werden diese Angelegenheit bald aufklären. Maître Benvoglio hat angerufen. Er wird morgen kommen. Und ich habe gehört, dass Sie ein Freund von Monsieur Hauchard sind. Wie Sie wissen, hatten wir seinerzeit das Vergnügen seiner Anwesenheit. Ich hoffe, Sie werden sich nicht allzu unwohl fühlen.«

Der Gefangene wird einen Gang hinunter zu einer Eisentür geleitet. Der Inspektor und seine beiden Begleiter schütteln ihm die Hand, murmeln *bonne chance,* und der Gefangene schreitet hinein.

Jetzt, wo er den vierstöckigen Zellentrakt betritt, fühlt er, dass er nach Hause zurückkehrt. Er lächelt über die Metalltreppen und die Reihen von Metalltüren. Er ist mit Solschenizyn fertig geworden, also macht es ihm nichts aus, wenn sie ihn gegen die Wand stellen und fragen: »Name und Vorname, Geburtsdatum?«

Sein Name? Er ist der Interstellare Reisende! Sie haben seinen Körper gefangen, aber sein Nervensystem befindet sich ausserhalb ihrer Kontrolle.

Er weiss, was jetzt kommt. Nach einem Ablauf von einigen Stunden, der genau gleich ist wie in Buttyrki, San Quentin, Folsom, Attica, Chino, Soledad, Lubyanka, Vacaville, wird er sich ausziehen, duschen, sich einer Körperuntersuchung unterziehen, die neuen Kleider fassen, wieder blaue Baumwolle, und die Antrittskarte ausfüllen. Was! Kein Bild fürs Verbrecheralbum?

Man wird ihn die Metallbalustraden entlangführen, Spinnennetztreppen hinauf, begleitet von Wärtern mit Schlüsseln, die die weltweite Musik der Unterdrückung bimmeln. Die Tür wird geöffnet und er wird in die Zelle treten. Die Türe wird verschlossen. Klirr! Metall gegen Metall. Dieser Klang ist quer durch die ganze Milchstrasse als Erkennungsschwingung eines verwüsteten Planeten bekannt.

Ihn beschäftigt nur eine Frage. Einzelzelle oder Gemeinschaftszelle? Falls er in eine Gemeinschaftszelle kommt, wird er von Fremden begrüsst, die ganz sicher lebhafte, reife, erfahrene, interessante, freundliche Leute sein werden, die beginnen werden, Geschichten und Einzelheiten über die Kunst des Überlebens auszutauschen.

Aber hier in der schweizerischen Tradition des Hotelkomforts ist es eine Einzelhaftzelle. Klirr. Klick.

Er steht während einigen Sekunden an die Tür gelehnt und zündet sich eine *Gitane* an. Sein erfahrenes Auge schaut sich die Ausstattung an. Die Toilettenschüssel aus Metall, das Waschbecken aus Metall, der Tisch aus Metall, das Bett aus Metall, mit zwei Matratzen, zwei Decken, sauber; das ist ein Pluspunkt! Ein Kissen! Das ist Luxus! Und Leintücher. Das ist der Himmel!

Die Toilette war desinfiziert worden und stinkt nicht. Die Wände bestehen aus soliden Backsteinen; diese schlucken zwar die Geräusche, aber dort, wo die Heizungsröhre aus der Wand kommt, war gepflastert worden und die Resonanz ist gut.

In drei Meter Höhe befindet sich ein kleines, vergittertes Fenster.

Er gähnt, zieht seine Jacke aus und steigt aus den Schuhen. Er drückt die Zigarette aus und legt den Stummel auf den Metalltisch. Für einige Minuten bleibt er auf der Matratze sitzen.

Er streckt sich auf der Pritsche aus und wickelt sich in eine Decke, nimmt seinen Zwicker ab und legt ihn auf den Metalltisch neben den Zigarettenstummel. Die Decken umarmen ihn warm, er fühlt sich beschützt. Seit Monaten hat er zum ersten Mal keine Angst mehr vor dem Interpol-Albtraum.

Er kann nicht schlafen. Während einigen Stunden studiert er sorgfältig eine alte Ausgabe des *Paris Match.* Ein Artikel handelt vom Leben der Ehefrau eines italienischen Industriellen in New York und Rom. Ihr Name ist Maria. Sein Name ist Vito d'Motione. Vito scheint ein entschlossener Typ zu sein. Mit geschickter Gewandtheit dirigiert er die Fäden des Reichtums und der Macht; diese Art Mann, die niemals ihre Frau verlassen würde, um ins Gefängnis zu wandern. Er untersucht die Photos sorgfältig, als ob in ihrer Kleidung oder in ihrer Haltung irgendein Hinweis verborgen sein könnte.

Das Mittagessen wird von einem dicklichen, fröhlichen Wärter serviert, der eine blaue Schürze trägt und das *merci* des Häftlings mit *service* beantwortet.

Er liegt auf dem Bett und betrachtet die Decke. Die Lampe ist versenkt hinter einem Metallgitter. Die Gitterstäbe sind stark genug, um verknüpfte Leintücher mit dem Gewicht eines Mannes zu tragen. Bevor er nicht mehr über den täglichen Routineablauf weiss, wird er auf eine Möglichkeit für eine weniger drastische Flucht noch warten müssen.

Im *Paris Match* liest er eine Geschichte über die Kadettenrevolte gegen den König von Marokko. Er nimmt sich vor, Michel danach zu fragen. In einem Zitat sagt König Hassan, die einzig mögliche Ursache der Revolte sei die, dass die jungen Offiziere mit LSD berauscht wurden. Er steht zu sehr unter dem Einfluss des Zellenschocks, um deprimiert zu sein.

Das Abenessen wird serviert. Der Häftling sagt *merci* und der Mann mit der blauen Schürze verbeugt sich und sagt *service.*

Er kann nicht schlafen.

6

»Niemand kann der Entwicklung des larvalen Nervensystems in einem einzigen Kapitel gerecht werden. Das erfordert ein Buch für sich. Glücklicherweise haben wir ein solches Buch, Leris Exo-Psychologie. *Als ein begeisterter Kenner der Humanologie weiss er, wie man eine Geschichte untersucht, wie man Zoo-Wärter interviewt (irgendwie ein liebenswerter, gesprächiger Haufen) und ganz speziell weiss er, wie man die vier larvalen Schaltkreise erklärt, unter besonderer Berücksichtigung bestimmter Beispiele des Drogengebrauchs der Kennedys bis zu den Problemen des Menschenzucht-Programms der Weganier.*

Persönlichkeiten der Stärke: Acht Histon-Helden

Vidalische Archive, 2575

Darstellung des Agenten als junger Künstler

Stolz, eigensinnig, von seinem Genius und seiner galaktischen Mission völlig überzeugt, von Anfällen plötzlicher Fröhlichkeit und plötzlicher Stille erfasst, war Leri nicht immer ein angenehmer Umgang und doch mangelte es ihm nie an Freunden, und während seiner sechzig Jahre auf dem larvalen Planeten war er immer das Zentrum eines schwebenden Kreises.

Sein beinahe lebenslanges Exil von seinem Geburtsplaneten hat etwas Widersprüchliches an sich. Obschon er der erste ausserplanetarische Emigrant war und obschon sein Ruhm eher galaktisch als irdisch ist, kann man doch sagen, dass kein anderer Schriftsteller derart in die Erde, in ihre Atmosphäre, in ihre Geschichte, in die merkwürdigen Wandlungen der Primatenneurologie eintauchte. Obwohl er die meisten seiner Übermittlungen in den Systemen des Deneb, Rigel und Betelgeuse getätigt hat, schrieb er immer über die Erde. Er hat Möglichkeiten entwickelt, um seine Beschreibungen von Sol-3 zu erweitern, so dass sie zu Mikrokosmen wurden, zu Miniaturmodellen des galaktischen Lebens, der galaktischen Geschichte und Geographie. In der Tat war es das Werk seiner ersten siebzehn Verkörperungen; in einer Art und Weise über die Erde zu schreiben, dass er über alle Erfahrungen schrieb, die auf der DNS basieren.

Während seiner ersten Phase musste er sich auf der Erde mit Lebensbedingungen abfinden, die er zurückgewiesen hatte, allein um das larvale Leben so zu sehen, wie es ist und wie es sein könnte. Als nächstes musste er den Sinn seiner eigenen neurologischen Entwicklung als Mutant verstehen – den Eingeborenen, mit denen er verkehren musste, eine, zwei, manchmal sogar drei Mutationen voraus.

Dies tat er, indem er seine Autobiographie in eine Serie philosophischer Texte einwob, die derart alchimistisch zusammengesetzt und aufgebaut, derart frei von allem Überflüssigen waren, dass jedes Wort zur Präsentation des Themas der Metamorphose, zu der Parallelbewegung der larvalen Kunst und der ausserirdischen Levitation beiträgt.

Einige seiner unzähligen geschriebenen Werke sind unter den Titeln *High Priest, Politics of Ecstasy, Jail Notes, Confessions of a Hope Fiend* veröffentlicht worden.

In den späteren Werken, *Terra II, Neuropolitics, Exo-Psychology* und *The Periodic Table of Energy: The Game of Life* erarbeitete er eine Theorie der ästhetischen Übermittlung mit der Auffassung, dass sich die Kunst von der lyrischen Form – dem einfachsten, säugetierhaftesten Ausdruck einer plötzlichen Gefühlsbewegung – zu der höchsten irdischen Form bewegt, bei der »der Künstler, wie der Metaphysiker der Schöpfung, innerhalb oder hinter oder über oder jenseits von seinem Werk bleibt, unsichtbar, aus der Existenz hinaus kultiviert, belustigt, ungerührt, an einer riesigen astrophysischen Zigarette paffend.«

7

»Was Timothy Leri passiert, passiert ganz Amerika.«

Grace Slick und Paul Kantner

Vidalische Archive, 2575

Leris Bild als erzromantischer alchimistischer Rebell, leidenschaftlich, reizbar, von Schuld geplagt, aber ohne Reue, muss als archaisch kultureller Einfall betrachtet werden. Diese Neigung des einsamen Helden, der in stolzer moralischer Arroganz sein absonderliches Selbst gegen all die bürokratischen und sozialen Eingriffe verteidigt (besonders wenn sie mit erotischen Gerüchen vermischt ist), verkörpert die eben auftretenden Sehnsüchte des 20. Jahrhunderts. Die lokalen Hauptbeschäftigungen mit satanischen, dionysischen und promethischen Vorstellungen muss ebenfalls vermerkt werden.

Es gibt genügend Beweise in den Archiven, dass Leris Entwicklung in jeder Beziehung alltäglich ist. Die melancholischen Wettkämpfe, der immer gegenwärtige Grössenwahn, die gelegentlichen Rückzüge und Wiederauftritte deuten, wenn sie in dem primitiven, emotionellen Vokabular jener Periode beschrieben werden, eine auffallende Exzentrität an, können aber nunmehr als normale Episoden eines sich mausernden und wandelnden Verhaltens betrachtet werden.

Der neurogenetische Biograph muss von der nüchternen Sorgfalt, der zurückhaltenden Konventionalität und der verbissenen Genauigkeit seiner irdischen Karriere erstaunt sein, besonders im Vergleich zu den Geschichten der Agenten, die auf anderen larvalen Planeten eingesetzt waren. Tatsächlich muss die evolutionäre Entwicklung von Terra I selbst als aussergewöhnlich ruhig und ereignislos betrachtet werden, vergleicht man sie mit eher unbeständigeren einsonnigen Planeten. Mit Ausnahme der zwei geringfügigen Abweichungen von Hiroshima und Nagasaki, kann man das keimende Wachstum dieser Terrasphäre als harmlos bezeichnen.

Sergius Golowin und Robert Anton Wilson bezeugen, nebst vielen anderen, dass Leri, in beinahe jeder Beziehung, ein sehr angepasster Agent war. Ohne von seinem galaktischen Charakter abzuweichen, war er doch sehr ein Mann seines Jahrhunderts. Er war angemessen leidenschaftlich, wankelmütig, gesellig, mitleidend und lebhaft. Selbstverständlich war er der lustigste Mann der Weltgeschichte, was kaum überraschend ist, wenn man weiss, dass er beinahe zwanzig Jahre mit zwei Hirnschaltkreisen mehr verbrachte, als die höchstentwickelten Organismen jener Zeit.

Das heitere, hochmütige, rätselhafte Bild, das die Meinungsmacher jener Periode so sehr erzürnte, war selbstverständlich eine reine Erfindung, die allein auf die isolierenden Mauern, die die Medien instinktiv um ihn herum zogen, und die langen Perioden der Schutzhaft zurückzuführen ist. Den wenigen, denen der persönliche Kontakt mit ihm erlaubt wurde, fanden ihn unvoreingenommen, freundschaftlich, überschwenglich, taktvoll, grosszügig. Seine sprichwörtliche sexuelle Anziehungskraft muss nicht noch weiter dokumentiert werden. Wie dem auch sei, es ist jedenfalls interessant, dass während der zwei Jahrzehnte, während der das exklusive Wissen über das stärkste Aphrodisiaka besass, das je vom DNS-Code entwickelt wurde, er seine erotischen Kräfte eher galakto-zentrisch und zurückhaltend anwendete. Die ständigen Forderungen, seine soziale Fassade zerbröckeln zu lassen, sein Ego zu zerstören, anmutig aus den kulturellen Strukturen zu verschwinden und gleichzeitig den Zurückgelassenen zu erlauben, von ihrer eigenen Integrität überzeugt zu sein, ja sogar zu glauben, sie seien höhergestellt, konfrontierten ihn mit den klassischen Dilemmas, die er, wie es scheint, mit selbstloser Anmut und Bescheidenheit gelöst hat.

8

»Der Adler hat nie zuvor soviel Zeit verloren, als Sie sich damals fügte, vom Fuchs zu lernen.«

Vidalisches Volkslied

Bois Mermet-Gefängnis, Juni 1971

Die Lichter gehen an und er wacht auf. Die Tür wird aufgeschlossen und das Frühstück hereingereicht. Es ist ausgezeichnet. Gut zubereitet und reichlich. Schweizerische Hoteltradition.

Die Tür wird aufgeschlossen und das Mittagessen hereingereicht. Wie ein Schweizer Bankschliessfachbehälter. Eigentlich fehlte mir schon immer ein Schweizer Bankier, denkt er.

Die Türe wird aufgeschlossen. Der Wärter lächelt. *»Visite. Avocat.«*

Benvoglio wartet im holzgetäferten Büro. Er ist ernst und schüttelt mitfühlend seine Kinnfalten. »Höchst bedauerlich«, sagt er. »Die Amerikaner sind fest entschlossen, Sie zurückzuholen. Man nahm Sie aufgrund eines internationalen Haftbefehls fest. Die Auslieferungspapiere werden nicht vor ein bis zwei Monaten eintreffen.«

»Aber ich kann gegen Kaution freigelassen werden, nicht wahr?«

Benvoglio schüttelt traurig den Kopf. »Unmöglich. Bei Auslieferungsfällen gibt es die Möglichkeit der Kaution nicht. Und selbst wenn es möglich wäre, was ja sein könnte, können wir nicht damit rechnen. Der amerikanische Botschafter hat persönlich mit dem Justizminister gesprochen und ihn vor Ihnen gewarnt. Er hat ihm empfohlen, spezielle Vorsichtsmassnahmen zu treffen, da Sie ein Ausbrecher und überaus gefährlich seien; ein Mitglied einer städtischen Guerillagruppe, die Bomben schmeisst. Ich habe noch nie so etwas gehört!«

»Wie geht es meiner Frau?«

»Ihr geht es gut. Sie ist natürlich sehr aufgeregt, aber bereit zu helfen. Sie wohnt jetzt bei Michel.«

»Ist Michel zurück?«

»Ja, natürlich. Seit gestern nacht. Sobald er die Nachricht von Ihrer Verhaftung erhielt, flog er zurück.«

»Wann kann ich meine Frau sehen?«

»Normalerweise werden in solchen Fällen Besucher nicht zugelassen. Nun, Michel trifft heute den Polizeichef, der ein Freund von ihm ist, und ich glaube, dass er es einrichten kann, dass Ihre Frau und auch Michel einmal pro Woche vorbeikommen können.«

»Welches sind die rechtlichen Möglichkeiten?«

»Ah, mein lieber Professor, diese Situation ist äusserst schwierig. Die schweizerische und amerikanische Regierung haben 1906 einen Auslieferungsvertrag unterzeichnet. Seit jener Zeit haben sich die Schweizer niemals geweigert, einen Flüchtling auszuweisen, der ein im Vertrag aufgeführtes Verbrechen begangen hat. In Bern ist jedermann überzeugt, dass Sie ausgeliefert werden.«

»Mon Maître, das darf nicht sein. Ich werde die nächsten fünfundzwanzig Jahre im Gefängnis verbringen.«

»Ich weiss. Wir müssen sehr hart arbeiten. Hier wird Ihnen sehr viel Sympathie entgegengebracht. Ich bin überrascht, wie stark sich die Leute engagieren. Sehen Sie, bis gestern war Ihre Anwesenheit ein Geheimnis und niemand wusste, dass ich Ihr Anwalt bin. Gestern läutete mein Telefon den ganzen Tag. Sie sind eine berühmte Person, Professor.«

»Aber was können wir jetzt tun?«

»Wir müssen einen Skandal machen. Wir müssen in Amerika und hier und überall in Europa eine grosse Kampagne starten. Zu Ihrer Unterstützung. Wenn ein weltweites Interesse und eine beträchtliche Anteilnahme geweckt wird, werden die Schweizer Sie nicht ausliefern. Ihre Frau sagt, sie wisse, wen sie in Amerika kontaktieren müsse. Hier in Europa müssen wir Komitees gründen. Professoren, Doktoren, Schriftsteller. Ich wurde bereits von zwei Nobelpreisträgern angesprochen, die ihre Hilfe angeboten haben. Michel wird sie morgen besuchen. Er wird viele Vorschläge unterbreiten, um zu helfen. Und Ihre Frau wird morgen oder übermorgen kommen.«

Werde ich hier bis zu den Auslieferungsverhandlungen zwei oder drei Monate warten müssen? Das ist ungeheuerlich.«

»Sie haben recht. Aber auch das ist Realität. In einigen Wochen mag vieles möglich sein. Aber damit etwas geschieht, müssen wir jetzt einen grossen Coup landen, *une frappe de force,* eine Kraftdemonstration. Jetzt ist es Zeit, alle Ihre Freunde und Sympathisanten zu mobilisieren. Michel schlägt einen internationalen Einspruch vor. Wenn wir eine derartige Unterstützung finden, wird das für die Schweizer Regierung ins Gewicht fallen. Da mein Büro in Bern ist, kann ich nicht jeden Tag zu Ihnen kommen. Aber ich komme so oft ich kann. Unterdessen wird Michel zwei ortsansässige Anwälte verpflichten. Diese werden Sie regelmässig besuchen und informieren. Einer von ihnen, ein junger Mann, hat in Harvard studiert und ist Fachmann für amerikanisches Verfassungsrecht. Der andere ist für Ihre Frau.«

»Was! Ist Sie in Gefahr?«

»Wie sie wissen, wurden einige schwerwiegende Anklagen gegen Sie erhoben. Zwanzig Jahre in Kalifornien, soviel ich weiss, und dann eine Klage wegen Fluchthilfe und Besitz eines gefälschten Passes.«

»Aber sie werden Sie nicht belästigen. Der Richter hat Sie auf Bewährung freigelassen!«

»Mein lieber Professor, Sie haben von der Gesinnung, mit der wir zu tun haben, keine Ahnung. Wir *hoffen,* dass Sie nicht belästigt wird. Gut, dass die Interpol keinen Haftbefehl gegen Sie ausgestellt hat. Aber sollten die Amerikaner denken, dass Sie möglicherweise freigelassen werden, werden sie sich auf Ihre Frau stürzen. Also müssen wir um Ihren Fall einen grossen Skandal machen und über den Ihrer Frau schweigen. Mut, lieber Professor. Mut, und wir werden den Sieg erringen.«

Der dickliche, kleine Mann steht aufrecht und fest entschlossen in der Mitte des Raums und schlägt mit seiner Faust in die Hand.

9

Normalerweise waren sie vollauf damit beschäftigt, die Hochfrequenzimpulse der *7 Löcher des Weltraums* zu absorbieren. Die *7 Löcher des Weltraums* waren über den ganzen Kosmos verteilt, aber jedes einzelne beeinflusste alles Leben auf Alpha. Niemand wusste allzuviel über die *7 Löcher des Weltraums,* doch wussten alle, was sie wissen wollten. Es genügte, dass sie existierten. »Genug ist zuviel«, pflegten alle zu sagen.

aus ROTWANG, *von Tim Hildebrand*

Millbrook, New York, August 1964

Das Esszimmer in Millbrook: geschnitztes Holz, weiche Teppiche, Wandbehänge, niedrige Sofas um den grossen, niedrigen Eichentisch. Nach der Mahlzeit versammelt sich die alchimistische Gesellschaft auf Kissen ausgestreckt, um den hohen herrschaftlichen Kamin, um Erfahrungen auszutauschen und die Geschichten von gelegentlich vorbeikommenden Reisenden anzuhören.

Diesem Brauch zufolge wurde Professor Adams eingeladen, seine Geschichte zu erzählen.

»Vor dem Zweiten Weltkrieg«, begann Adams, »war ich Student der orientalischen Literatur in Princeton. Während des Krieges diente ich im südostasiatischen Theater. Geheimschrift. Nach dem Sieg konnten die Offiziere wählen, auf welcher Route sie zurückkehren wollten. Die meisten meiner Freunde gingen auf direktem Weg über Hawaii nach Hause. Aus irgendeinem unbekannten Grund entschied ich mich, über Europa zurückzukehren. Der erste Zwischenhalt der Air Force-Transportmaschine war der Dum Dum Airport in Kalkutta. Es war bloss ein Auftankstopp, und ich überlegte mir, ob es sich wohl lohne, auszusteigen. Ich stieg aus. Sobald meine Füsse die Erde Indiens berührten, durchfuhr es mich wie ein Blitz: Hier bin ich zu Hause.«

»Verpassten Sie Ihren Flug?«

»Nein«, sagte Adams. »Es kam zu plötzlich, und ich war ein zurückhaltender akademischer Typ. Also kehrte ich nach Princeton zurück, beendete mein Studium in orientalischen Sprachen, heiratete und wurde Lehrer und dann Assistent des Professors und begann Kinder zu zeugen. Eines Tages dann, im Asiatischen Museum, stand ich plötzlich vor dem Nataraj. Sie wissen, die Statue des tanzenden Shiva, umgeben vom Flammenkreis. Hier erlebte ich die zweite überwältigende Eingebung. Vielleicht verlor ich das Bewusstsein. Auf jeden Fall fand ich mich, als ich wieder zu mir kam, auf einem Bein stehend, und meinen Körper in der Stellung Shivas. Und mein Leben war verändert.«

»Faszinierend«, sagte Dr. Ralph Metzner.

»Nun, während der nächsten zehn Jahre lebte ich ein Doppelleben. Einerseits ein konventioneller Professor und Familienvater, und für den Rest meiner Zeit, das kann ich heute zugeben, war ich dem fanatischen Yogastudium ergeben. Während zwei, drei Stunden pro Tag ging ich durch die Hatha-Asanas, und ich studierte die klassischen Texte des Hinduismus und des Buddhismus.«

»Wohin führte das?«

«Zum Shiva-Tantra, zu Sir John Woodruffe. Die Schlangenkraft in den Lenden. Der Rest ist für mich Worte.«

»Und was führt Sie hierher?« fragte Dr. Metzner.

»Wie ich in meinem Brief schrieb, habe ich Sommerferien und möchte eine Woche oder zwei hier mit Ihnen verbringen. An Ihren Experimenten teilnehmen. Möglicherweise könnte meine shivaistische Ausbildung Ihnen helfen, die Erfahrungen, die Ihr untersucht, zu interpretieren oder zu lenken.«

»Es ist für uns ein grosses Vergnügen, Ihre Mithilfe zu haben«, sagte der freundliche Commodore.

Eine Welle neugieriger Zustimmung ging durch den Raum. Professor Adams Stimme war quäkend, er sprach mit nervösem Gekicher und sah aus wie Dr. phil. Alfred E. Neumann, aber seine Worte drückten eine fremdartige, kontrollierte Kraft aus.

10

»Der instinktive Schrecken, der von Fallschirmspringern, Tiefseetauchern und den verschiedenen, der Schwerkraft trotzenden Zirkusartisten überwunden werden muss, ist nichts im Vergleich zu der Panik und Verwirrung, die durch das Nervensystem erfahren wird, wenn es zum ersten Mal seine vier lebenslangen und lebens-erhaltenden larvalen Schaltkreise zurückzieht.«

Exo-Psychologie

Vidalische Archive, 2575

Darstellung des Agenten als jungen Fremdling

Die Ansicht der Kunst, welche die Objektivität im planetarischen Exil des Künstlers entdeckt (obschon der Künstler bloss die Materialien verwendet, die ihm von seiner eigenen angeborenen planetarischen Erfahrung zur Verfügung gestellt werden), ist verwandt mit der Ansicht der Poeten der äusseren Magellanischen Wolken. Sie ist verwandt mit der Ablehnung der schweren schwerkraftbezogenen Werte durch den Künstler, die er sich während seiner larvalen Unreife eingeprägt hat, was wir, wenn auch auf verschiedene Weise, in der üblichen galaktischen Vorstellung des Künstlers als inter-planetarischen Bohemien oder interstellaren Hippie feststellen können.

Leris Karriere gehört zu diesem zentralen roten Faden in der Geschichte der Künste der lokalen Galaxis, die damit beginnt, dass der Künstler die neurogenetische Unabhängigkeit erklärt, die Bürden der Schwerkraft abwirft und damit endet, dass SiEr sich der »Entfremdung« von den laroalen Formen, aus denen SiEr mutiert ist, entgegenentwickelt.

Wenn Leri sich entfremdete, wie er das in den meisten Fällen ganz klar tat, dann tat er es so, dass diese Entfremdung seiner Kunst und seiner genetischen Mission diente. Die durch seine Schriften repräsentierte symbolische Alchimie zeigt ein vollendetes Geschick im Dienste einer neurogenetischen Comic-Version der ganzen DNS.

Leri hatte von Anfang an Schwierigkeiten mit den Philistern (die Kräfte der Schwerkraft). Wegen seiner schwachen rechtlichen Situation (während der meisten seiner letzten, produktivsten Vor-Auswanderungs-Jahre wurde er für »bürgerlich tot« erklärt und mit dem Verlust seiner Ehrenrechte belohnt), rang er ununterbrochen mit seinen Verlegern, Ronald Press, Lyle Stuart, N.A.L. World, College Notes and Texts, Putnam, Random House, Bantam, Douglas und mit seinen irischen und englischen Herausgebern über gewisse Wörter, Sätze, Bilder und Honorare, die diese zu eliminieren wünschten.

11

»Wenn du mit einem irdischen Zwilling (Stufe 4, Säugetier-Behendigkeit) kommunizierst, vergiss nicht, dass diese amphibischen Ufergeschöpfe Symbole nicht verstehen, es sei denn als Gegenschlag in einem Einsatzspiel mit beständig wechselnden Werten. Es wäre unfair zu behaupten, dass Zwillinge immer lügen: um zu ›Lügen‹, muss man einem Symbol gewisse feste semantische Werte zugestehen. Da Ebbe und Flut sich kontinuierlich abwechseln, sind die Zwillinge so ausgerüstet, dass sie Tatsachen-Karten, je nachdem wie sie gerade ins Spiel passen, behalten oder ablegen können. Erwarte von einem Zwilling, dass er dich so behandelt, wie ein Immobilienhändler in Florida ländliche Hausbesitzer. Ufer-Erkenntnistheorie, so fliessend sie auch ist, die Reflex-Lügenhaftigkeiten der Zwillinge besitzen dieselben fünfzigprozentigen Erwartungen der Wahrheit, wie alle anderen – sehr zur Überraschung und zum Verdruss der Zwillinge.«

Interstellarer Reiseführer

Bois Mermet-Gefängnis, Lausanne, Juni 1971

Die Nacht war für den Gefangenen ausgesprochen schlecht gewesen. Kein Schlaf, nur das Hin- und Herbewegen der sich wie harte Stricke anfühlenden angespannten Muskeln. Die düsteren Säugetierschaltkreise in seinem Gehirn signalisieren Gefahr; plagende, juckende, aufreibende, schweisstreibende Adrenalingedanken verwirren seinen Geist. Er schwört sich, nicht lebendig in die Nixon-Gefangenschaft zurückzukehren. Er wird Maya bitten, Gift ins Gefängnis zu schmuggeln. Er wird die zwei FBI-Begleiter entwaffnen und das Flugzeug nach Algerien entführen (wie werden doch die Palästinenser von diesem einsamen Helden, der sich dem Imperium widersetzt, beeindruckt sein). Seine Augen gleiten immer wieder zu den Eisenstangen über der Lichtluke, sie sind gewiss stark genug, um zusammen mit dem Zug der Schwerkraft einen hängenden Körper zu tragen.

Als das Licht angeknipst und die Tür für das Frühstück geöffnet wird, ist er noch immer wach.

Der Vormittag schleppt sich dahin. Alles, was er in der Zelle tun kann, hat er bereits getan. Die tresordicke Tür lässt keine Geräusche herein.

Er hört den Schlüssel im Schloss und die Türe schwingt auf. »*Visite*«, sagt der Wärter mit dem süssen, hüpfenden, mütterlichen Akzent des Französischen, wie es in der Schweiz gesprochen wird. Bevor er geht, betrachtet er sich im Spiegel. Das Gesicht unrasiert, gerötete Augen, das Aussehen wilder Verzweiflung. Dies ist die härteste Zeit, die ich je durchstehen musste, denkt er.

Michel ist im Gegensatz zu ihm rosa und glänzend, vor Ruhm strahlend und voller geschäftlichem Vertrauen. Er reicht ihm formell die Hand, und sie setzen sich an ein Pult. Ein Wärter in blauer Uniform beobachtet sie aus einer Ecke des Raums.

»Hör zu, Teem«, sagt Michel mit einer Stimme voller Ausrufezeichen. »Wir müssen schnell sprechen. Wir haben viel zu besprechen und nur zwanzig Minuten Zeit. Du kannst dir nicht vorstellen, wie schwierig es war, eine Besuchserlaubnis zu erhalten. Pouf! Die Beamten, die Benvoglio und ich besuchen mussten! Eine schreckliche Angelegenheit! Wie geht es dir, *mon vieux?«*

Der Häftling zuckt die Schultern. »Wie geht es Maya?«

Michel wirft seine Hände in die Höhe. »Sie ist ein wunderschönes Blumenkind. Was erwartest du? Sie ist sehr aufgeregt. Aber Sie fühlt sich schon besser. Es gibt viel zu tun für Sie, und Sie wird es tun.«

»Sag mir, Michel, wusstest du, dass das geschehen wird?«

Der Franzose windet sich in verletzter Überraschung. »Ob ich es wusste? Ich muss dir sagen, dass ich nicht die geringste Ahnung hatte, wie schlimm die Situation und der Druck der amerikanischen Regierung ist. Ich fürchte für mich selber. Wir sind alle in Gefahr, um dir die Wahrheit zu sagen.«

Der Professor fühlt sich plötzlich wie ein schlampiger, verrufener Verbrecher. Ein gefährlicher Ausgestossener, eine unangenehme Bedrohung für die elegante Tüchtigkeit seiner Freunde.

»Es tut mir leid, dass ich dir diesen Ärger verursache, Michel. Wir hätten wahrscheinlich gar nicht in die Schweiz kommen sollen.«

»Unsinn, dies ist ein komplexes Problem, aber wir müssen Mut beweisen. Wir müssten stark sein. Wir werden diese Polizisten schlagen!«

»Glaubst du, besteht eine Hoffnung, dass die Schweizer sich weigern werden, mich auszuliefern?«

»Es kommt auf uns an. Auf dich. Es ist ganz einfach eine Angelegenheit des Geldes und der Macht. Wir haben zwei oder drei Monate Zeit, um die Gewichte in Bern auf die Waage zu legen, um schwerer zu wiegen als die Amerikaner. Deine Freunde in Amerika müssen Hilfe senden. Geld und Briefe und Resolutionen von Professoren und Schriftstellern. Maya sagt, sie wisse, wie man das tun müsse.«

»Ist Sie in Gefahr?«

»Soviel wir wissen, wird Sie nicht gesucht. Wie dem auch sei, bevor ich in die Türkei gehe, werde ich dafür sorgen, dass Sie in Sicherheit ist.«

»Was kann ich tun?«

»Sehr viel. Ich werde dir noch heute eine Schreibmaschine senden lassen. Yo Yo wird mit Lebensmitteln, Papier und Büchern kommen. Dann musst du schreiben, Teem, zwanzig Stunden pro Tag. Es hängt nun alles von dir ab.«

»Was soll ich schreiben?«

»Zuerst musst du einen ausführlichen Bericht für Benvoglio schreiben. Alles über dich, alles, was du getan hast, alle Argumente, die er in Bern vorbringen kann. Alles über deine Bücher und deine Fälle. Dann musst du ein weiteres Buch schreiben, um es zu verkaufen. Es wird uns das Vermögen eines Rajahs kosten, dich herauszukriegen.«

»Wieviel?«

»Das kann ich nicht genau sagen. Mindestens 150 000 Dollar. Ich werde beisteuern, was ich kann, aber du und Maya müsst damit rechnen, etwa 100 000 Dollar selbst aufzutreiben. Solange du bei mir lebtest, war es dir nicht möglich, Geld von deinen Freunden aufzutreiben. Logisch! Deine Freunde sagen sich, sieh dir die beiden an, sie leben im Luxus mit den Millionären! Nun werden sie realisieren, dass dein Leben in Gefahr ist. Teem, sag mir ehrlich, hast du irgendein Privatvermögen? Aktien? Besitz? Juwelen? Nun ist es an der Zeit, alles auf den Tisch zu legen. Es wird keine andere Gelegenheit mehr geben.«

»Ich habe ein Haus in Berkeley. Michael Kennedy, der Anwalt aus San Francisco, hat mir bereits geraten, es zu verkaufen. Ich wollte es eigentlich für meine Kinder behalten, aber . . .«

»In der Zukunft, wenn du frei bist, wirst du genügend Zeit haben, dich um sie zu kümmern, glaube mir. Ich werde grosse Darlehen aufnehmen müssen, um das benötigte Bargeld aufzutreiben. Wir können dein Haus als Sicherheit benützen.«

»Also gut, ich werde eine eidesstattliche Erklärung abgeben. Aber ich könnte viel mehr tun, wenn ich hier raus könnte. Ist eine Kaution nicht möglich?«

»Alles ist möglich, wenn wir einmal das Geld und die Petitionen haben. Das Hauptproblem im Moment ist, dass der offizielle Auslieferungsantrag noch nicht eingetroffen ist. Die Amerikaner haben neunzig Tage Zeit. Wenn er ankommt, werden die Schweizer sehen, wie schwach die Anklage gegen dich ist, dann wird eine Freilassung gegen Kaution möglich sein, aber nicht vor September. Darum reise ich diese Woche in den mittleren Osten. Ich kann vor September hier nicht viel tun. Und in Beirut werde ich Gelegenheit haben, Geld für uns aufzutreiben.«

»Was kann ich sonst tun?«

»Du musst ein Buch schreiben. Wir müssen realistisch sein. Du wirst für die nächsten drei Monate in diesem Gefängnis sein und nichts anderes zu tun haben, als zu schreiben. Fantastisch, Teem! Es wird sein, als ob du Geld drucken würdest!«

»Drei Monate!«

»Ich werde helfen, aber ich kann nicht alles allein tun. Seit du in der Schweiz bist, beschäftigte ich mich hauptsächlich damit, dir zu helfen. Ich mache es gern. Wir sind Partner, und ich werde alles was ich habe für deine Freiheit einsetzen, aber wir müssen die Arbeit aufteilen, nicht wahr?«

Der Gefangene realisiert beschämt, dass dieser intelligente, grosszügige und mächtige Mann, noch vor weniger als einem Monat ein völlig Fremder, seine ganze Energie aufwendet und seinen Ruf riskiert, um ihm zu helfen.

»Du verstehst. Nun gibt es noch etwas anderes. Der französische Verleger ist sehr glücklich über dein Buch. Er plant es zum grossen Hit der Saison zu machen. Sartre ist alt und Frankreich hungert nach einer neuen philosophischen Stimme. Bald, Teem, vor Weihnachten werden wir zusammen nach Paris gehen und eine grosse Pressekonferenz abhalten. Nein, ich irre mich, wir werden Anfang Februar gehen. Aber der Verleger macht sich wegen den Urheberrechten Sorgen. Ich muss ihm beweisen, dass ich berechtigt bin, deine Bücher zu verkaufen. Und meine Anwälte, *mon Dieu,* wie die sich mit mir wegen dir streiten. Sie bestehen darauf, dass ich korrekte Unterlagen habe. Also habe ich einen neuen Vertrag aufgesetzt, den du, so hoffe ich, unterschreiben wirst.«

Das Dokument, in juristischem Französisch geschrieben, gibt Michel Gustav Hauchard alle Veröffentlichungsrechte für Bücher, Artikel, Fernsehen, Radio und Kino für die Dauer von zwanzig Jahren.

»Das ist keine Partnerschaft, Michel. So hast du einfach alle meine Rechte.«

»Natürlich, es muss so sein. Ich muss die Verträge unterschreiben. Die Verleger kommen mir in dieser Beziehung entgegen. Und von dem Geld, das wir benötigen, ist das ja nur ein kleiner Anteil. Wieviel hast du als höchsten Honorarvorschuss je erhalten?«

»Fünfzigtausend Dollar.«

»Pouf, siehst du, wir reden über Lappalien. Verstehst du, ich muss für dich 200 000 Dollar auftreiben, Teem. Das Buch ist bloss ein kleiner Bestandteil davon. Wirst du unterschreiben? Gut! Nun muss ich den *notaire* als Zeugen hereinrufen.«

Michel verlässt den Raum und kehrt unverzüglich mit einem stattlichen Botschaftsangehörigen zurück.

Die Unterschriften werden beglaubigt, Handflächen ergriffen, der Rücken des Häftlings geklopft und Wünsche des Wiedersehens ausgetauscht.

»Falls der Polizeichef einverstanden ist, wird Maya morgen kommen. Wenn du irgend etwas brauchst, um deinen Aufenthalt hier angenehmer zu machen, sag es dem Wärter. Solange ich weg bin, wird dir Yo Yo täglich das Nötige bringen. Mut, *mon vieux*. Wir werden diesen grossen Sieg erringen.«

THIS AGREEMENT made the TENTH day of MARCH One thousand nine hundred and seventy-two

BETWEEN Mr. M. G. HAUCHARD of 30 Av. Edouard Rod Lausanne Switzerland (hereinafter called "Mr. Hauchard") of the one part and MR. TIMOTHY LEARY residing in Lausanne Switzerland (hereinafter called "Mr. Leary") of the second part is SUPPLEMENTAL to an Agreement made between Mr. Hauchard and Mr. Leary and dated the 7th July 1971 (hereinafter called "the Agreement")

WHEREBY IT IS AGREED as follows:-

1. The grants and assignments made by Mr. Leary to Mr. Hauchard pursuant to and under the terms of the Agreement were made in consideration of the payment by Mr. Hauchard to Leary of the sum of One Hundred Dollars ($100) (receipt of which sum Mr. Leary hereby acknowledges) and for other good and valuable consideration received by Mr. Leary

2. Mr. Leary hereby warrants and undertakes with Mr. Hauchard that with regard to the book provisionally entitled "Its About Time" the three future books and all other books works and press articles referred to in Clauses 1, 2 and 3 respectively of the Agreement (the same being hereinafter referred to as "the Works"):-

(i) Mr. Leary is and will be the sole Author of the Works and that the same are and will be wholly original with him and nothing therein infringes or will infringe the copyright or any other rights of any third party and that no part thereof is or will be in the public domain

(ii) the copyright in the Works subsists or may be acquired in all countries of the world whose laws provide for copyright protection and that Mr. Leary has not and will not at any time hereafter do authorise or omit to do anything relating to the Works whereby the subsistence of copyright therein or any part of such copyright may be destroyed or impaired

Exhibit 2

(iii) the Works do not and will not to the best of Mr. Leary's knowledge and belief contain any defamatory matter or infringe any rights of privacy of any person

(iv) that the rights assigned to Mr. Hauchard pursuant to and under the terms of the Agreement are vested absolutely in Mr. Leary and that Mr. Leary has not previously assigned licensed granted or in any way encumbered the same so as to derogate from the Agreement

(v) Mr. Leary will indemnify and at all times keep Mr. Hauchard fully indemnified against all actions proceedings claims costs and damages whatsoever made against or incurred by Mr. Hauchard in consequence of any breach or nonperformance by Mr. Leary of any of the representati[ons] warranties or covenants on Mr. Leary's part contained

3. Mr. Leary acknowledges that for the purpose of the copyright law of the United States of America and any other jurisdiction which does not recognise any assignment of future copyright insofar as there is resort or subjection to such jurisdiction in relation to this Agreement the Works are and will be deemed to be written by Mr. Leary under a contract of service to Mr. Hauchard

4. Notwithstanding the provisions of Clause 1, 2 and 3 of the Agreement Mr. Leary hereby acknowledges and confirms and by way of further GRANT and ASSIGNMENT that the period of copyright in and to the Works granted and assigned to Mr. Hauchard pursuant to and under the terms of the Agreement shall be for the full period during which the entire copyright therein subsist including all renewals and extensions thereof whether the right to such renewals or extensions now exist or in hereafter created by the laws in force of any part of the world and to the intent that the foregoing assignment shall be without reservation or condition (save as is provided in Clause 6 of the Agreement) and that no right of any kind nature or description in and to the Works is reserved by Mr. Leary (save as is provided in Clause 6 of the Agreement)

5. Mr. Leary hereby undertakes to do and to execute at the request and cost of Mr. Hauchard all things and documents as may be required by Mr. Hauch[ard] for confirming his title to the rights hereby and pursuant to the Agreement assigned

6. The expression Mr. Hauchard in this Supplemental Agreement and in the Agreement shall include Mr. Hauchard's successors in title licensees and assigns

7. This Supplemental Agreement and the Agreement shall be governed by and construed in accordance with the Laws of England

AS WITNESS the hands of the parties hereto the day and year first above written

SIGNED by the said MICHEL-GUSTAVE HAUCHARD in the presence of:-

SIGNED by the said TIMOTHY LEARY in the presence of:-

Légalisation No 7'125.- Vu par moi LOUIS CHOPARD, notaire à Lausanne (Vaud, Suisse) pour légalisation des signatures ci-dessus "M. Hauchard" et "Timothy Leary" apposées par Messieurs Michel Hauchard et Timothy Leary qui me sont personnellement connus. ---
Lausanne, le dix mars mil neuf cent septante-deux.---

fr 065 fr 065 fr 065 fr 065

12

»Ich erwachte in der Mitte unseres Lebens und fand mich allein auf einem kleinen dunklen Planeten. Wer kann beschreiben, was für eine Kugel das war! Noch nie sah ich einen derart düsteren, schwerfälligen, langweiligen Sumpf. Der blosse Gedanke an die Erde schafft Formen der Angst.«

Bellatrix-Übersetzung von Johan Ciardi

Vidalische Archive, 2575

Barometer der neurogenetischen Reife?

Was will die Frau? ist eines der wenigen laryngeal-symbolischen Werke, die sich doppelten Ruhmes erfreuen, nämlich dem sofortigen auf dem Planeten und dem andauernden in der ganzen Galaxis. Doch der ungeduldige Ruhm konnte nicht auf die Beendigung der Trilogie warten. Die ersten Teilstücke, die du nun in der Hand hältst, erreichten innerhalb weniger Jahre einen mit einem Anflug übernatürlicher Ehrfurcht vermischten hohen Bekanntheitsgrad. Innerhalb von zwei Jahrzehnten (1975–95) waren ein halbes Dutzend Kommentare geschrieben, ein Film und eine populäre Fernsehserie gedreht worden.

Die sechs Jahrhunderte, durch die das Werk zu uns gekommen ist, haben weder seine Anziehungskraft abgeschwächt noch seine Berühmtheit beeinträchtigt. Nicht alle Planeten waren sich in ihrer Anerkennung einig: für einen, sich den meta-physiologischen Energiefeldern hingebenden Polarianer des dreiundzwanzigsten Jahrhunderts, war Leri ein primitiver Biologie, ›gut für den Dschungel‹; Spizianer des 25. Jahrhunderts, verzaubert durch intranukleare Erotik, konnten nicht mit einem Philosophen sympathisieren, der in derart niedrigen Intensitäten und Geschwindigkeiten arbeitete. Auf der anderen Seite haben wir die ›erdigen‹ Cappelaner des 24. Jahrhunderts, die das Werk, das Leri selbst als ›einen Versuch der komischen Genauigkeit‹ bezeichnet hatte, als ›göttlich‹ erklärten.

Die auffallendste Tatsache ist, dass *Was will die Frau?* in jeder der aufeinanderfolgenden Entwicklungsepochen in jedem Sternensystem, das es erreichte, kritische Überlegungen anregte. Das Spektrum der Reaktionen könnte ohne weiteres als Barometer der neurogenetischen Reife dienen.

Was ist das für ein Werk, das eine derart hartnäckige Lebenskraft zur Schau gestellt hat? Es ist ein philosophischer Essay, ein Text der Exo-Psychologie, dessen grösste Kraft darin liegt, dass es die Botschaft nicht eigentlich erzählt, sondern dramatisiert. Leri hatte aus seinen Erfahrungen zweifellos gelernt, wie einschläfernd lange philosophische Abhandlungen sein können – wie es die Missachtung der Titel *Interpersonale Diagnose, Exo-Psychologie* und *Die Periodische Tabelle der Energie* gezeigt haben. Er hatte ebenfalls realisiert, dass die

Wechselwirkung zwischen Mann und Frau das Beispiel aller Geschehnisse im Bereich der Energie ist, vom atomaren Kern bis zur vaginalen Anziehung der Schwarzen Löcher.

Dadurch ist sein Mutationssignal überwiegend sexuell. Er verwendete auch Einsteinsche Techniken, um das Nervensystem der Leser aufzurütteln, indem er das Somatische (Geschmack, Sicht, Laut, Gehör, Tastsinn) mit bio-elektrischen und astro-physischen Bildern kombinierte, um den larvalen Leser miteinzubeziehen und nicht bloss laryngeal zu beruhigen.

Dieses vielschichtige, neuro-literarische Gehirnsummen, zusammen mit seiner alchimistischen Anwendung meta-plagiierender Gedächtnishilfen, kennzeichnen sein Werk als das erste, wirkliche Nach-Larvale.

13

»Die Sammelgier nach Raritäten sollte missbilligt werden. Wer einen in der Wildnis gefangenen Menschen besitzt, sollte mit derselben gesellschaftlichen Achtung behandelt werden, wie seinerzeit die Besitzer von Leopardenpelzen.«

Interstellarer Reiseführer

Bois Mermet-Gefängnis, Lausanne, Juni 1971

Zwölfte Zelle, zwölftes Heim. Wie ist es möglich, diese beiden Worte in einem Atemzug auszusprechen? Zelle? Heim? Er liegt mit geschlossenen Augen da und versucht sich an sie zu erinnern, an alle die Eisenbehälter, die er bewohnt hat. Die Freiluftzoo-Reihen im Laredo-Gefängnis, wo er mit spinnenartigen Mexikanern gepokert hat. Der Einzelhaft-Käfig in Florence, Arizona, wo er in erster Linie ein Taschenbuch von Genet gelesen hat, das sie wohl als eine religiöse Abhandlung betrachtet haben müssen. Das Orange County-Gefängnis, ein vollautomatischer Räderwerk-Schrecken, wo die Wärter in den Glaskontrollhäuschen auf den vor leuchtenden Lämpchen strahlenden Armaturentafeln Knöpfe drücken, wo Rolltreppen wie Fliessbänder rollen und menschliche Einheiten transportieren, damit sie verpackt und gelagert werden können. Dann die Kidnapper-Dachkammern von Cleaver, wo sie sich auf Matratzen zusammenkauerten und die glotzenden Augen der Kerkerknechte beobachteten, die auf dem Bauch lagen, um durch den Spalt unter der Türe zu spähen und darauf warteten, dass sie das verräterische Wort flüstern würden: NIGGER.

Ja, er war wieder einmal im Gefängnis und noch immer schwindlig vom Schock der Verhaftung! Diese plötzliche, schmerzhafte Trennung vom Komfort des freien Lebens. Das bedrohende Tor des *Gulag* öffnet sich, der Gefangene wird durch die schreckliche mystische Pforte eskortiert, die Metalltür schlägt zu, und man ist ein toter Mann, weggeschlossen, vom Leben abgetrennt.

Wir gehen durch unsere Welten, aufmerksam oder schlafend, glücklich oder verärgert, schwach bewusst, dass es die Tür zur anderen Welt gibt, bewusst, das es Gefängnisse gibt, wo Männer und Frauen im hilflosen Zustand der Zombies gehalten werden. Aber wir sind noch immer nicht fähig, den fatalen Schrecken dieser magischen Linie, die die Freien von den Unfreien trennt, zu verstehen. Solange nicht, bis die Metalltüre hinter uns zuschlägt.

Er hört, wie der Schlüssel seine nervös klirrende Suche nach dem Schloss beginnt. Die Türe öffnet sich, und zwei Wärter treten verschmitzt grinsend ein. Jeder trägt ein riesiges Plastiktablett mit Esswaren und Schreibmaterial beladen.

»Vielen Dank, Weihnachtsmann«, sagt er.

»Das ist bloss der Anfang«, sagt der Wärter trocken. Zwei Helfer mit Kartonschachteln voller Geschenke treten ein.

»Monsieur Hauchard«, sagt der zweite Wärter. Er zwinkert mit den Augen, um das Geheimnis des großzügigen Wohltäters mit dem Häftling und den Wärtern zu teilen. Er erinnert sich, wie Michel wegen den Weinkisten gelacht hatte, die er jeweils an Festtagen der Polizei zustellte.

Er sitzt auf dem Bett und untersucht das unverhoffte Glück. Zwei französische Brote, von den argwöhnischen Wärtern an strategischen Stellen durchschnitten. Eine französische und eine italienische Salami. Eine Tüte mit glänzenden, wachsigen Äpfeln. Eine Tüte voller praller, dickhäutiger Orangen. Sechs Schachteln Käse, Camembert, Liederkranz, Gruyière, Boursin mit Kräutern, Brie.

Ein goldbraunes Brathähnchen in Silberfolie verpackt, verströmt würzigen Duft. Eine Schachtel fetter, rosaroter, saftiger Crevetten. Eine Schachtel Hummerfleisch. Eine Leberwurst, feucht und zart. Eine Schüssel mit gehackter Leber. Vier Schachteln mit assortierten Biskuits. Tuben mit Mayonnaise und Dijonsenf. Eine Schokoladentorte. Zwölf grosse Tafeln verschiedener Schweizer Schokoladen. Eine riesige Flasche Orangensaft. Drei Flaschen Wein, ein St. Emilion 63, ein Mouton-Cadet 56, ein Pouilly Fuisse 68, und eine Stange *Gitane sans filtre.* Zehn englischsprachige Bücher, unter anderem die *Pentagon Papers.* Zwei Pakkungen Briefumschläge, eine für Luftpost, eine normal. Sieben Blöcke feinstes Schweizer Schreibmaschinenpapier, ein Block Durchschlagpapier und eine Pakkung Kohlepapier. Und eine tragbare Schreibmaschine.

Der Häftling reisst die Packung auf, nimmt eine Gitane, inhaliert die aromatische, bronchienreizende Liebkosung des schwarzen Tabaks. Er findet den kleinen Korkenzieher, entfernt den Korken vom *Montrachet,* schenkt sich eine Kaffeetasse voll ein, lehnt sich zurück und lässt die neuralen Karten seines mysteriösen Gönners an sich vorbeiziehen.

Zur Abendessenszeit ist die Zelle tabakrauchblau und der Häftling angenehm beschwipst. Der Wärter nimmt die verbleibenden zwei Flaschen Wein mit und erklärt, dass die Ration aus einer Flasche jeden zweiten Tag bestehe.

Die Schweizer sind bestimmt die besten Hoteliers der Welt, denkt er, als er in einen trunkenen, stumpfen Schlaf fällt.

14

»Die meisten Haushaltsunfälle werden durch Stürze verursacht.«

Volksweisheit des Planeten Erde
ebenso geläufig auf anderen 1-G-Planeten

Vidalische Archive, 2575

Ein Tribut an die Geschicklichkeit des Übermittlers

Was will die Frau? ist oberflächlich gesehen eine Sammlung neurogenetischer Feldnotizen, ein naturalistischer, ökologischer Bericht eines nach-irdischen Organismus, der schmerzhaft von der neurosomatischen auf die neurophysische Evolutionsebene mutiert. (Stufen 13, 14, 15 auf 16).

So haben wir hier einen Bericht über fünf Monate der Leben von einigen drei-, vier- und fünfhirnigen Erdenwesen aus dem Jahre 1904, ursprünglich zusammengestellt als zusätzlicher Ausbildungstext für heranwachsende Kinder – ein erstes Neuro-Lehrbuch. Doch wegen der Schmerzhaftigkeit des Überganges – von Hormonen zu Neuronen ist universell ein quälender Wechsel –, wird Leris Mutation generell als Mikrokosmos aller neurogenetischer Passagen betrachtet.

Die Geschehnisse werden selbstverständlich nicht auf einer einzelnen Ebene erzählt, sondern entfalten sich in mehrstufigen Schleifen, symbolisch für die Erwerbung und die Befreiung von dem rhythmischen Zug der Verzückung jeder Frau.

Der auffallendste aller Einfälle, die der Autor verwendet, um den mikrokosmischen Aspekt des Epos klarzumachen, ist die Parallele zum neo-Mendeleyevschen *Spiel des Lebens,* das oktav-zyklische System, des öfteren vulgarisiert im Olympischen Pantheon, dem hebräischen Alphabet, dem Schachbrett, dem Tierkreis, den Tarotkarten. Jeder der drei Teile in WWDF? entspricht einer Ebene der *Periodischen Tabelle der Energie.* Leri betrachtete den 12gesichtigen homerischen Proteus als den »vollständigen Menschen«, hier als der Unfähige Zauberer verkörpert, der in allen zwölf larvalen Stellungen gezeigt wird – treibend, bäuchlings, mütterlich, listig, kontrollierend, überlegen, akzeptierend, balancierend, manipulierend, genital, elterlich, sozialisiert, schwach und stark, lebhaft und impotent, Mutter und Tochter, feinsinnig und lächerlich. So beobachten wir, wie dieser dualistische keltisch-europäische Jude zu einem zeitgenössischen Olympier wird, ein umherziehender DNS-Vagabund. Und wir erleben den Planeten Erde als Epitom der Galaxis.

Das Epos beginnt auf dem Flughafen Genf, am 25. April 1971, um drei Uhr nachmittags. Klette und Leri (dieselben Flüchtlinge, denen wir bereits in *Confes-*

sions of a Hope Fiend begegneten) wurden zu Schaltkreis-Vier (Sperma-Ei)-Überlegungen nach Genf abberufen.

Wir folgen ihrem Tagesablauf: wenn sie Mahlzeiten einnehmen, Schutz suchen, müde ihre vier Überlebenslinien verlängern, ihren politischen Feinden aus dem Weg gehen, um Beschützung feilschen, sich über ihre geschlechtliche Rolle Sorgen machen. Der Reiz dieses Autors ist folgender: aus der Entfernung von sechshundert Jahren und tausenden von Lichtjahren kann der Student der Frühgeschichte tatsächlich die unglaublichen Ängste, Verlangen, Verkörperungen, erfundenen Realitäten, sozialen Tabus dieser prähistorischen Zeit nachempfinden.

Dieser Text ist deshalb eine unschätzbare Einführung für interstellare Touristen und Primatologen, die die Absicht hegen, primitive larvale Zivilisationen zu besuchen.

Dank den Fähigkeiten des Übermittlers ist die persönliche und anthropologische Dichtung so packend, dass der Leser immer wieder daran erinnert werden muss, dass die Zukunft der Evolution geschaffen wird, dass ein Planet bewusst und absichtlich mutiert wird, von einer kleinen Horde mutiger Agenten, die die Mutation, die sie in ihr Wesen einflössen, in ihrem eigenen Nervensystem erleben.

15

Miss Photo bestellte einen Erdburger, Fremden-Frites und ein kleines *Koko-Joko.* Der fremde Bedienungsroboter gab ihre Bestellung an seinen Gedächtnisspeicher weiter und holte die Mahlzeit. Einige Minuten später trafen Rotwang, die Fremden, der Bedienungsroboter und das Essen gleichzeitig ein, was einige Aufregung erzeugte, und Miss Photo nahm alles mit einem tragbaren Bildgerät auf. Rotwang erzählte die Geschichte von Bijou, dem Vogel vom Planeten Zeke. Miss Photos Erdburger wurde kalt, als Rotwang von seiner Ernennung zum interplanetarischen Gesandten berichtete. Sie bestellten eine zweite Runde *Koko-Joko*, nein, bringen Sie doch lieber gleich einen Krug, sagte Rotwang, und er erhob sich zu einem Toast auf die Zukunft und das Ende des *Homo sapiens.*

aus ROTWANG, *von Tim Hildebrand*

Millbrook, New York, August 1963

Der Commodore hatte sich anerboten, Professor Adams auf einen Rundgang um den Landsitz zu begleiten.

Sie gingen an der zweistöckigen bayrischen Kegelbahn mit den holzgeschnitzten Pfeilern und den von zwei Eingangstürmen gesäumten riesigen Freitreppe vorbei, dem Flüsschen entlang zu den zwei Türmen, die den Eingang zum Waldgebiet andeuteten. Sie spazierten während einer halben Stunde auf der Naturstrasse dem Flüsschen entlang nach Norden. Als die Strasse nach rechts abbog, zeigte Leri nach Norden.

»Dort oben ist der Hügel des Wahnsinns. Westsicht. Gut für Sonnenuntergänge.«

Die beiden Männer gingen während einer weiteren halben Stunde durch das dichtbewaldete Gebiet westwärts, dann schwenkten sie von der Strasse ab nach Osten und kamen auf eine Wiese, die vor einem grasbewachsenen Abhang endete.

»Hügel der Ekstase«, sagte der Commodore.

Die beiden Männer kletterten den Abhang hinauf und setzten sich in den Schatten eines Eichenbaumes.

»Erzähle mir vom Shiva-Yoga«, bat der Commodore.

Professor Adams sprach nicht sehr deutlich. Sein enormer, hervorstehender Adamsapfel hüpfte, seine riesigen Ohren wackelten. Er plapperte über Shiva-Shakti, die Vereinigung des männlichen und weiblichen Prinzips, Maithuna, heiliges Ficken, die Schlangenkraft, die an der Basis des Rückgrats ruht und durch Yoga aktiviert werden kann, und von der Kraft, die durch die spirituelle sexuelle Verbindung mit der Frau erschlossen werden kann, die Erotisierung aller Kräfte, über die Tatsache, dass er durch Konzentration des Bewusstseins gelernt hatte, stundenlang ohne Orgasmus Liebe zu machen, über die grundsätzliche männlich-weibliche Aufladung der Form und Struktur in der Natur, über die Notwendigkeit, die Aufmerksamkeit auf und in die Harmonie mit den Ozeanen der Strudel sexueller Kräfte zu konzentrieren, die für den Adepten zugänglich sind, und über seine Hoffnung, höhere Ebenen des Bewusstseins zu erreichen und die erotische Haltung durch das ganze Millbrook-Experiment hindurch beizubehalten.

Leri war, um die Wahrheit zu sagen, von dem Vortrag verwirrt, der in gebrochenen, fragmentarischen Sätzen, nervösem Gekicher und verkrampftem Benehmen, das im Gegensatz zum kühlen Inhalt stand, gehalten wurde.

Zusätzlich zu den verbalen Störungen kamen häufige Hinweise auf seine finanzielle Pflicht, seine Alimente, sein Wunsch, den Lehrberuf aufzugeben und nach Millbrook zu ziehen, sein beinahe fertiges Buch über Sufidichtung, ein Filmdrehbuch, das so gestaltet war, dass es die sexuellen Kräfte der Zuschauer steigern sollte, und auf seine Überzeugung, dass die Beherrschung des Shiva-Tantra das Erreichen von jedem materiellen Ziel ermöglicht, einschliesslich dem Geld, das er für seine Alimente dringend nötig hatte.

16

»Der Grund, warum Captain Kirk
Das Gefängnis immer in weniger
Als 58 Minuten verlässt
Ist der, dass der nächste Anwalt
Millionen von Kilometern entfernt ist.«

Interstellarer Reiseführer

Bois Mermet-Gefängnis, Lausanne, Juni 1971

Sie steht zurückhaltend und traurig im Besuchszimmer. Er legt die Arme um Ihre verletzliche Weichheit. Der Wärter schaut teilnahmslos aus der Ecke zu. Sie sitzen sich, durch den Tisch getrennt, gegenüber.

Sie schüttelt trübselig den Kopf. »Zurück auf Feld zwei.«

»Ich habe mich um dich gesorgt.«

Sie nickt. »Dies ist das Schlimmste von allem. Als Cleaver uns entführt hatte, waren wir wenigstens zusammen. In den Staaten hatten wir ein Haus, wo ich leben konnte. Hier bin ich allein. Es ist beängstigend.«

»Ich glaube nicht, dass sie dich einfach verhaften werden.«

»Aber die Gefahr besteht, und ich bin völlig paranoid. Michel will nicht, dass ich in seiner Wohnung bleibe, also muss ich nach Villars zurück. Brian und Liz kommen heute an, so habe ich wenigstens etwas Gesellschaft. Aber Brian ist nicht sehr nützlich.«

Sie legt ihren Kopf auf den Tisch und bricht in Schluchzer aus, ihre Schultern zucken vor Kummer. Er beugt sich vor und nimmt Sie in die Arme, seinen Kopf auf Ihrer Schulter. Sie ruckt Ihren Kopf zurück und schaut ihn anklagend an.

»Das wäre die Nacht gewesen. Das ist alles, was ich denken kann. Sie kamen und nahmen den Morgen jenes Tages weg, an dem wir ein neues Leben begonnen hätten.«

»Wir werden weitere Gelegenheiten haben«, sagt er sanft.

»Nein. Nein, das werden wir nicht. Ich weiss es. Es scheint doch so normal, dass man sich sowas wünscht. Was werde ich jetzt tun?«

Was wird Sie jetzt tun?

17

»Probleme des irdischen Überlebens – manchmal sinnlos grotesk – zwingen den Agenten immer wieder zu reagieren.«

Grundsätze der neurogenetischen Steuerung

Napolitalia, Sol-3, 2075

Eine strittige Episode in einem irdischen Zoo

Eine hochehrwürdige Totenmesse für einen verstorbenen Schmuggler kam kürzlich zu einem plötzlichen Ende, als seine Verwandten versuchten, die Witwe wegzujagen. Ihr Bruder erschoss ein Mitglied der Trauergemeinde, und der Pfarrer fiel in Ohnmacht.

(Eine Totenmesse ist die Exhumierungszeremonie bei »Cargo-Kulten«, Primaten, die die Wirklichkeit des interstellaren Lebens, der Langlebigkeit, passiv zurückweisen und den körperlichen Tod akzeptieren, in der Erwartung, dass ein Messias namens Jesus Frum auf die Erde zurückkehren wird, um die Gläubigen wiederzuerwecken.)

Die Polizei meldete, dass die Verwandten des Schmugglers Antonio Marra, man nimmt an, dass er auf hoher See ertrunken ist, nicht wollten, dass seine 21jährige Witwe an der Messe teilnimmt, weil sie vermuteten, sie habe eine Affäre mit einem anderen Mann.

Diesen Meldungen zufolge brach ein Streit aus, und der Bruder der Witwe, Michel Spaventa, 19, schoss auf Giovanni Schula und verwundete ihn schwer. Der amtierende Pfarrer fiel vor dem Altar in Ohnmacht.

Sprecher der Gesellschaft zur Verhütung von Grausamkeiten gegen Menschen reagierten auf diesen Vorfall und verlangten erneut, dass den domestizierten Primaten der Besitz von Fernwaffen untersagt wird. »Wenn man den vierhirnigen Säugetieren den Gebrauch fleischzerstörender Sprengstoffgeräte erlaubt, so ist das eine neurogenetische Nachlässigkeit«, übermittelte Septimus Oktavia aus dem GVGM-Hauptquartier auf Kirlian-3.

Die Melville-Bell-Grosvenor-Vosburgh-Curtis-Le May-Galaktische-Humanologie-Gesellschaft opponiert weiterhin gegen die Entwaffnung der Menschen. »Der Besitz und der zwischenspeziesmässige Gebrauch von Schusswaffen ist für die Domestizierung von Primaten so grundsätzlich notwendig wie Zahn und Klaue für das Säugetier. Den Menschen Schusswaffen zu verbieten, kommt öko-psychologischem Mord gleich. Wenn wir die menschlichen Wesen auf den zoologischen Planeten, die sie jetzt bewohnen, erhalten wollen, dürfen wir uns nicht in ihre Neurologie einmischen. Mord, Gebietskonflikte, Symbolkonkurrenz und geschlechtliche Eifersucht sind Wirklichkeiten des vierhirnigen Daseins. Lasst diese primitiven Wesen frei im Stadtdschungel leben, als eine Erinnerung an das, woraus wir uns entwickelt haben.«

18

»Einsteins Erstes Gesetz der Politik:
Larvale streben danach nach oben zu gelangen, Sternleute streben danach frei und nicht verhaftet zu sein.«

Grundsätze der Neuropolitik
auch bekannt als
Exo-Psychologie

Bois Mermet-Gefängnis, Juni 1971

Der achte Tag im Gefängnis. Er gewöhnt sich an den ereignislosen Alltag. Die Mahlzeiten werden dreimal pro Tag serviert. Alle zwei Stunden wird eine kleine, runde Scheibe auf der Aussenseite der Tür weggeschoben, und ein Auge blickt herein. Montags, mittwochs und freitags führt man ihn die Metalltreppe hinunter, durch den Gang im Erdgeschoss in einen von hohen Mauern umgebenen Innenhof.

Die zwölf Häftlinge schreiten langsam mit drei Meter Abstand voneinander im Kreis herum. Sie sind eine internationale Besatzung, einige zerknitterte Italiener, zwei gutgekleidete, französisch aussehende Betrüger, die meisten sind langhaarige Jugendliche.

Sie werden von vier Wärtern genau beobachtet und dürfen nicht zusammen sprechen. Das Wetter ist schön und warm, klarer blauer Himmel und heisse Sonne. Er ist verärgert, weil er den Sommer verpasst und hält sein Gesicht den Sonnenstrahlen entgegen.

Nach zwanzig Minuten schnippt der Wärter bei der Tür mit dem Finger in Richtung einer der kreisenden Häftlinge, der sofort aus der Formation ausschert und nach innen begleitet wird. Wenn der Wärter zurückkehrt, schnippt der Finger für den Nächsten. Die Männer werden nach mathematischer Reihenfolge für die Rückkehr ausgewählt. Wenn er vom Erstgewählten zurückzählt, kann er sich ausrechnen, wann er an der Reihe ist.

Dienstags und donnerstags darf er sich duschen. Die Wassermenge und die Temperatur werden von einem fetten Wärter mit einem weissen, hängenden Schnurrbart reguliert. Ein glitschiger Holzrost bedeckt den Boden. Nach der Dusche rasieren sie sich mit elektrischen Apparaten.

Am Freitagnachmittag wird die Bettwäsche gewechselt. Die Post kommt am späten Nachmittag. Die Briefumschläge sind geöffnet, mit dem Siegel des Gefängnisses gestempelt und mit dem Anfangsbuchstaben des Zensors versehen. Er beginnt Briefe aus Amerika und Europa zu erhalten. Die meisten sind an die Fremdenpolizei in Bern adressiert. Auf einigen der Briefe steht bloss sein Name,

Switzerland. Viele der Briefeschreiber sind Schweizer, die ihre Freude über seine Anwesenheit im Land und ihre Scham wegen seiner Verhaftung ausdrücken.

Jeden zweiten Tag kommen die Delikatessenschachteln von Yo Yo. Brot, Gebäck, Früchte, Fleisch. Die meisten verderblichen Lebensmittel gibt er den Wärtern für andere Gefangene, von denen die meisten keinen Besuch und keine Geschenke erhalten.

Er hat eine vierseitige Zusammenstellung über seine Errungenschaften und Einstellungen verfaßt. Wie immer überrascht es ihn zu sehen, wieviele Rollen er gespielt hat. Ausgelebte planetarische Verkörperungen, Grade, Auszeichnungen, Titel, die siebzig Artikel, die er als konventioneller Psychologe geschrieben hat. Archäologische Bruchstücke vergangener Egos.

Jeden Nachmittag, wenn die untergehende Sonne Cocktailzeit verkündet, trinkt er langsam seine halbe Flasche Wein, und wenn sein Geist durch die Droge entspannt ist, kritzelt er seine Notizen auf feines Leinenschreibpapier.

Man ist sich im allgemeinen einig, dass er erledigt ist. Die Schweizer werden ihn an die Amerikaner ausliefern. Er sieht bereits die beiden kalifornischen Strafvollzugsbeamten vor sich, wie sie im Büro des Direktors auf ihn warten, der Gewichtigkeit des Auftrags nach dem fernen Europa wegen aufgebläht und angeregt durch die erste und einzige Gelegenheit, eine vom Staat bezahlte Auslandsreise zu unternehmen. Er sieht, wie er umgeben von Polizisten in Zivil, zum Genfer Flughafen gefahren wird, vor den Passagieren ins Flugzeug geschoben und in lebenslängliche Kerkerhaft zurückgeflogen wird.

Er kann nicht schlafen und verbringt seine Zeit damit, sich zu überlegen, wie er die Leintücher in schmale Bänder zerreissen und zu einem starken Strick zusammenknüpfen kann. Seine Hände machen zwangsläufig Knüpfbewegungen. Er wird den Strick benetzen, das schützende Glas vor dem Fenster zerschlagen und den Strick dann um das Gitter schlingen. Er wird mit dem Strick um den Hals auf dem Bett stehen. Er wird mit einer Scherbe der Weinflasche seine Beinarterien und das linke Handgelenk aufschneiden. Wird er nun schliesslich zum Höchst Unwilligen Märtyrer werden? Werden die grimmigen, repressiven galiläischen Agenten einen weiteren Verkünder des Mysteriums zerbrechen? Wird die uralte Gesellschaft der Mitraischen Illuminaten, diese endlose Linie sonnenverehrender Gnostiker um den jüngsten Eingeweihten anwachsen und eine neue trostlose Legende entstehen?

Wie langweilig, denkt er. Das ist in der Tat ein magerer und unbefriedigender Schlussakt. Es muss ein neues Drehbuch geben. Wir haben sicher nicht drei Milliarden Jahre hier verbracht, um derart fantasielos zu enden. Wurde er von diesem liebenswürdigen, blaugeschürzten Walfisch als Sühneopfer verschlungen? Zögernder Osiris. Oder wird er wiedergeboren aus dem Metallgrab aufsteigen?

Nicht einmal die Gefängniswände schützen vor dem Hunger nach der Vereinigung, denn solange das Fleisch des Gefangenen seine Knochen umgibt und das Herz den warmen, scharlachroten Saft durch seinen Körper pumpt, solange eröffnen sich ihm einladende Visionen der Vagina, um seinen Geist zu überwältigen. Er denkt an Mohandas Gandhi, der, als er dreissig war, während seiner Gefangenschaft von genüsslichen Erinnerungen an schöngebaute, dunkelhäutige, tanzende Bilder geplagt, die offenbar von seiner magnetischen Einsamkeit angezogen wurden, den Geschlechtsverkehr für sich und seine Söhne aufgab!

Die Hindu-Philosophen messen den Herzschlag des Universums in Kalpas. Ein Kalpa dauert 4'320 x 10^6 Jahre.

Für den ungeduldigen westlichen Astronomen dauert das kosmische Jahr 200'000'000 Jahre. Eine Drehung der Galaxis. Er beschliesst, den Wärter um Schlaftabletten zu bitten.

19

In seiner Schwerelosigkeit schwebend, befand sich Rotwang in den fremden Schlafquartieren eben am Rande des Tiefschlafs, als auf seinem geistigen Bildschirm Charles Vermont erschien. Vor Jahren hatte Rotwang auf der Erde Vermont für eine Zeitschrift interviewt. Der bekannte Geistheiler war sehr freundlich, und im Laufe des Interviews wurden sie gute Freunde. Seit etlichen Jahren hatte Rotwang Charles Vermont weder gesehen noch sonst mit ihm in Verbindung gestanden. Nun befand er sich hier auf dem Planeten Alpha, weit entfernt von der Erde, und Charles Vermont war am Draht.

aus ROTWANG, *von Tim Hildebrand*

Millbrook, New York, August 1963

Die Gespräche mit Professor Adams gingen weiter, während der Commodore den riesigen Rasen mähte, seine Lieblingsbeschäftigung, oder den Garten pflegte, oder beim Sonnenuntergang auf dem schrägen, mit grünem Kupfer bedeckten Dach lag, rauchte und gekühlten Wein trank. Adams kauerte an seiner Seite; dünn, knorrig, angespannt. Manchmal schien sein erotisches Geplapper nur eine verschrobene Exzentrität zu sein.

In den Morgenstunden gab Adams Yogaunterricht. Es schien, als ob er kein einziges Gramm Fett an seinem Körper trug, und wenn er in seinem lächerlichen, fadenscheinigen Bikinihöschen Asanas vorführte, schien es, als sei sein Körper ein fester Überzug aus Haut über dünnen Gummimuskeln.

Leri war von Adams Einstellung, das heisst, von seiner Annäherungsmethode fasziniert. Wie ein Magnetstein schwang sein Bewusstsein unfehlbar zur nächstliegenden, kraftvollsten vaginalen Quelle. Wenn er einen Raum betrat, wie eine Katze graziös seinen Weg suchend, spürte er sofort die weibliche Kraft auf und steuerte direkt auf sie zu. Jede seiner Bewegungen schien magnetisch der Vagina ergeben zu sein, an die sich sein Sender/Empfänger sofort anschloss. Der Platz, den er sich zum Sitzen auswählte, seine Haltung, seine Worte, alles schien Bestandteil des Liebesaktes zu sein.

Zu seiner Überraschung entdeckte der Commodore, dass dieser hässliche, verwirrte Besucher tatsächlich das weibliche Kontingent der Föderation absolut schamlos und in aller Öffentlichkeit bumste, ohne sich ihnen dabei auf Reichweite zu nähern.

Vom intellektuellen Standpunkt aus betrachtet, schien er beinahe total vertrottelt. Sinnlose Geschichten von einem dümmlichen Lachen unterbrochen. Die Männer schenkten ihm keine Beachtung, sie sahen ihn als einen verwirrten Intellektuellen, der sich über seinen Raucherhusten und seine finanziellen Probleme beklagte. Die Frauen beachteten ihn stark, sie fühlten sich entweder von ihm angezogen, oder durch seine Anwesenheit abgestossen. Für einige war er ein Clown, der unverschämte erotische Anträge machte. Einige der sanftmütigen Frauen waren von seinen kraftvollen, verführerischen Reizen irritiert. Die meisten seufzten und lächelten, wenn sein Name genannt wurde.

Wenn man ihn beobachtete, konnte man mehr lernen, als von seinem Gerede. Er plapperte zusammenhanglos über weibliche Elektrizität, Batterien aufladen, über den Weg der linken Hand, das Finden von Gott durch das Verbotene. Er sagte oft, dass es in seinen Asanas nichts Persönliches oder Egoistisches gäbe, dass irgendeine und jede Frau in die Shaktistellung erhoben werden könne, dass jede Frau, gleich unter ihrer Oberfläche, eine heilige erotische Kraft in sich trage, diese anzuzapfen ein einfacher Vorgang sei, etwa so, wie man ein elektrisches Kabel in die Steckdose steckt.

Eines Nachts, als er high im Meditationshaus sass, brannte er sich mit einer glühenden Zigarette ein drittes Auge oberhalb seiner Nase. Die Narbe war über zwei Wochen sichtbar und schien ihn merkwürdigerweise für die Frauen noch unwiderstehlicher zu machen.

20

»Einsteins Zweites Gesetz, Neuro-Politik:
Wenn du rechts bist
Dann warte bloss eine Weile
Und du wirst sehen, dass du links bist.«

Grundsätze der Neurophysik
auch bekannt als
Exo-Psychologie

Bois Mermet-Gefängnis, Juni 1971

Der Häftling wird aus der Zelle geleitet, durch den Gang des Verwaltungstrakts zum Hauptportal hinaus aus dem Gefängnis geführt. Er blinzelt ins Sonnenlicht. Die Wärter geben ihm zu verstehen, dass er hinten in einen Lieferwagen einsteigen soll. Er wird in einen einen Quadratmeter grossen Behälter gesperrt und fühlt, wie der Wagen durch die Hügel von Lausanne holpert und kurvt.

Er wird in die Steinfestung des Polizeihauptquartiers geführt, die Treppe hinauf zur Identifikationsabteilung, wo höfliche, tüchtige Kriminologen seine Fingerabdrücke nehmen und ihn fotografieren. Er wird von einem netten jungen Mann in Zivil befragt und dann in eine Wartezelle gesteckt. Die Wände sind mit Kritzeleien bedeckt, die der Professor auf Anzeichen der Kulturrevolution hin untersucht.

Es hat 37 Anrufungen an weibliche Geliebte, 17 davon an Mütter und 20 an Ehefrauen oder Freundinnen. Die Botschaften sind sentimental, nicht pornographisch und hauptsächlich auf italienisch oder spanisch.

Es hat 19 revolutionäre Ermunterungen, hauptsächlich auf französisch und deutsch, überwiegend in maoistischem Ton.

Es hat 84 Botschaften, die die Angehörigkeit zur Drogenkultur anzeigen, poetische Tribute an das Haschisch, Acid und an das allgemeine Thema vom high sein. Dreiunddreissig der LSD-Reklamen waren aber in derselben Handschrift, mit demselben roten Farbstift und im selben Stil geschrieben.

Er ist von diesen Anzeichen der weltweiten Verbreitung des Eleusinischen Kultes überrascht und wegen den Anzeichen der Unterdrückung betrübt. Er denkt über die Geschichte der Wandkritzeleien im Lausanner Gefängnis nach, papistische Gefangene, Antiroyalisten, französische Revolutionäre, antinapoleonische Rebellen, dissidente Demokraten, Anticalvinisten, geflüchtete Hugenotten. Er ist in guter Gesellschaft an einem schlechten Ort, in einer schlechten Zeit.

21

»Cygnus X-1 könnte kaum dunkler sein als jene Örtlichkeit! Doch seit ich zur lichten Erkenntnis kam, will ich alles erzählen, was ich dort fand, enthüllt durch der Histone Barmherzigkeit. Doch wie ich dazu kam, ich kanns nicht richtig sagen, so berauscht von Schwerkraft war ich geworden, als ich mich zum ersten Mal dem Sonnenstrahl hingab.«

Kinderlied gesungen von Bellatrix-Hippies

Vidalische Archive, 2575

Ein Abstieg in die larvalen Schaltkreise

Was will die Frau? ist auch eine wissenschaftliche Allegorie.

Aber es handelt sich dabei glücklicherweise um jene gewisse Art von Allegorie, in der jedes chemisch-physikalische Element zuerst mit einer menschlichen, psychologischen Wirklichkeit übereinstimmen, jede Episode in sich ein logisch verständlicher Bestandteil sein muss. Dreikönigstag.

Die wissenschaftlich allegorische Interpretation lenkt von der Geschichte, wie sie geschrieben ist, nicht ab, sondern ist eher eine zusätzliche Bedeutung, die man beachten oder vergessen kann. Viele Leser sind von diesem Buch tatsächlich kaum belustigt geworden, ohne sich allzusehr der Bedeutung des neurogenetischen Codes gewahr zu sein.

Der Autor ist immer Evolutions-Agent, Repräsentant der Höheren Intelligenz, aber er ist immer Timothy Leri, geboren auf der Erde des Zwanzigsten Jahrhunderts. Duval repräsentiert die menschliche Vernunft, aber auch erst, nachdem er vom uralten Vatikanischen Rom als Intelligenz-Kurier akzeptiert worden war.

Das Buch gibt vor, eine Vision der Schwerkraft-gebundenen Unterwelt der vier larvalen Schaltkreise des Nervensystems zu sein: Angst, Hilflosigkeit, geistige Unbeweglichkeit und blinde Nachahmung der Geschlechtsrollen. Es ist eine erschütternde Beschreibung vom »Zustand der Seele der Primaten« vor der Geburt. Und doch ist es von Leris Zeitgenossen bevölkert und, besonders in der materiellen Wirklichkeit des Buches, wird es hin und her gerissen durch Themen und Fehden des Tages, politische, philosophische, religiöse und persönliche.

Es behandelt die wichtigsten universellenWerte – Schwerkraft und Schwerelosigkeit, Mann und Frau, Newton und Einstein, die acht Ziele des Lebens, die menschliche Entwicklung, Roboterdasein und freier Wille, und doch ist es äusserst persönlich, ja sogar intim, und es ist ganz gewiss politisch, da es von einem Mann geschrieben wurde, der sein planetarisches Werk durch die monolithische Trägheit seiner Zeit blockiert sah.

Er war schliesslich der wichtigste politische Gefangene des Nixon-Mitchell-Regimes.

Was will die Frau? und seine Fortsetzungen *(Was will die jüdische Frau?* und *Nervensysteme)* gelten seit urdenklichen Zeiten als die wesentlichen Äusserungen des Planeten Erde. Wenn damit gemeint ist, dass viele typische irdische Verhaltensweisen gefunden werden können, dann ist es wahr. Obschon die Gedankengänge immer interstellar-neurogenetisch sind, entspricht die primitive Psychologie der Zeit der Übermittlung.

Aber wenn man von einer solchen Feststellung ableitet (was oft getan wird), dass das Buch eine Hymne an seine Zeit sei, eine Verherrlichung und Glorifizierung wie es Virgils *Aeneis* für Rom war, dann könnte nichts irreführender sein als das.

Was will die Frau? ist eine Verherrlichung der Höheren Intelligenz, aber es ist auch ein scharfer und hochgeistiger Protest gegen die Versuche der Domestizierten Primaten (sie können nicht, John Ciardi, entgegenwirken) den galaktischen Plan zu ignorieren.

Die DNS-Bibel, wie sie Leri entschlüsselt hat (in perfekter Übereinstimmung mit der uralten Gnosis) unterschied sich sehr vom cargo-kultischen christlichen Dogma jener Periode, die das irdische Leben als »Jammertal» sah, eine Zeit der Prüfungen und Leiden, eine unangenehme aber notwendige Vorbereitung für das Leben nach dem Tode, wo man, und nur dort, Ruhe finden konnte. Leri war selbstverständlich beim Verdrängen dieses klassischen larvalen Pessimismus erfolgreich, indem er ihn durch seinen Optimismus ersetzte. Er glänzte durch seine fortgeschrittene Stellung als Mutant, durch sein gut erzogenes Einsteinsches Nervensystem und er konnte sich nicht vorstellen, dass sich die Menschheit nicht automatisch dafür interessierte, ihre gestaltverändernden Möglichkeiten voll zu entwickeln.

Dieses Buch ist durchtränkt von seinem Gewahrsein, dass die Menschheit nun die neurologische Freiheit mit den Mitteln der wissenschaftlichen Entdeckungen dort unten erringen würde, und auch die Technologie entwickeln würde, um nach hier oben auszuwandern.

22

»Der einzige Weg raus ist rauf. Arriba!«

Graffito an einer Zellenwand

Bois Mermet-Gefängnis, Juni 1971

Der zweite wöchentliche Besuch verläuft besser. Es geht voran und Sie ist wieder in Aktion.

»Brian und Liz wohnen in Villars. Sie sind, was den Gang der Welt betrifft, nicht sehr nützlich, aber es ist erfreulich, sie um sich zu haben. Wie geht es dir?«

Er zuckt die Achseln. »Nicht viel. Was läuft so?«

»Ich schrieb einen Hilfeaufruf. Yo Yo tippte ihn ab und wir haben dreihundert Kopien gemacht. Ich habe sie mit persönlichen Bemerkungen versehen. Michael Kennedy organisiert in der Gegend von San Francisco eine Sammel- und Briefaktion. Allen Ginsberg bemüht sich um eine Petition von berühmten Leuten an die Schweizer Regierung, und die verschiedendsten Komitees werden gegründet.«

»Was sagt Benvoglio?«

»Er ist sehr beeindruckt. Wir erhalten viel Unterstützung von Schweizern. Die Akademiker. Liberale. Hier gibt es selten einen Fall, wo es um Menschenrechte geht, so ist hier eine grosse Bewegung entstanden. Benvoglio ist munter. Er erhält eine Menge Publizität. Journalisten aus der ganzen Welt rufen ihn an.«

»Wenn die Anwälte glücklich sind, nehme ich an, dass auch ich glücklich bin. Es tut mir leid, dass du dies nochmals durchmachen musst.«

»Ja, es ist schlimm. Wann wird es zu Ende sein?«

»Ist Michel abgereist?«

»Gestern. Er sagte, dass du bestimmt in zwei Monaten frei bist.«

»Gab er dir Geld um zu leben?«

Sie lacht sarkastisch. »Gab er mir Geld! Im Gegenteil. Bill und Sonny kamen für zwei Tage vorbei. Sie brachten mir zwanzigtausend Dollar. Offenbar hat Benvoglio den Reportern gesagt, dass deine Kaution auf 80 000 angesetzt sei. Zumindest versuchen sie in Amerika diese Summe aufzutreiben. Die alte Lösegeldgeschichte.«

»Sind sie Michel begegnet?«

»Ja. Sie mochten ihn nicht. Sie hielten ihn für einen geschickten Gauner. Als ich sie in seine Dachwohnung brachte, versuchte er sie zu umgarnen. Er offerierte ihnen um zehn Uhr morgens Whisky. So eine Ich-weiss-ihr-Amerikaner-mögt-Whisky-Geschichte. Verstehst du. Ich glaube, sie hätten einen Haufen Geld gegeben, wurden aber von Michel abgeschreckt.«

»Und Michel nahm die Zwanzigtausend?«

Sie bewegt sich nervös und senkt die Augen. »Nun, wir wissen es nicht, ob wir Michel trauen können oder nicht, also entschied ich mich, Michel nur halb zu trauen und zur anderen Hälfte mir.«

»Du gabst ihm Zehntausend?«

»Und die andern zehn auf ein Nummernkonto. Wir wissen nicht, was noch alles kommt und es ist immer gut, etwas Fluchtgeld zu haben. Und überhaupt, ich glaube, ich habe alles miteinbezogen.«

»Wie hat Michel reagiert?«

»Er war enttäuscht, dass es nur zehn waren. Er beklagte sich. Wenn es ums Geld geht, beklagt er sich immer.«

23

»Verschiedene Studenten der Sexmagie haben auf die Synchronität zwischen dem Leben des Aleister Crowley und dem des Commodore Leri hingewiesen, Crowleys Übertragungen beschäftigten sich hauptsächlich mit dem fünften Schaltkreis. Die mystische Vereinigung von Männlichen-Weiblichen. Der Pan-Dionysische Verzückungsmythos. Die Alchimie der aphrodisischen Drogen.«

Die Periodische Tabelle der Energie

Millbrook, N. Y., Oktober 1963

Wie die meisten Hindus oder Amerikaner, die stark der Gangesstrahlung ausgesetzt sind, war auch Adams nach psychedelischen Chemikalien gierig und verpasste keine Gelegenheit, sich ein High zu verschaffen. Als Resultat davon war sein Benehmen ein kicherndes Dahintreiben, was dazu führte, dass der grösste Teil der männlichen Belegschaft und die weniger sensiblen Frauen ihn als harmlose Nicht-Wesenheit ausser acht liessen.

Seine Hartnäckigkeit im erotischen Streben zahlte sich selbstverständlich aus. Eine eher gewöhnlich aussehende Radcliffe-Studentin begann als erste, bei ihm Yogalektionen zu nehmen. Später wurde beobachtet, wie Sie mit einem fröhlichen, leicht benommenen Gesichtsausdruck in der Eingangshalle des Gästeflügels umherwandelte. Niemand konnte bestreiten, dass sich ihre Figur verbessert hatte, Ihre Ausstrahlung feiner war und dass Sie Ihr Bewusstsein, wie eine Blume der Sonne, Adams zuwandte.

Ähnliches geschah mit einer Jazzsängerin mit verblassendem Ruhm und mit einem erfolgreichen, wenn auch nicht sensationellen Mannequin. Die meisten der I.F.I.F.-Belegschaft, mit ihrer eigenen Forschung und ihrer eigenen psychischen Evolution beschäftigt, waren blind gegenüber den Auswirkungen, die Adams Yoga auf einige der Bewohner hatte.

Es schien Adams' Brauch zu sein, jedem, der empfänglich schien, farbige Reproduktionen von Hindugemälden zu schenken. Nach einer Weile dachte man beim Anblick eines tantrischen Musters oder einer Yab-Yum-Zeichnung unwillkürlich an Adams.

Als die Wochen vorbeizogen und die Parade der selig-ausgeflippten, sanftlächelnden Damen anmutig durch den Korridor zum Zimmer des Yogis zog, fand Commodore Leri, dessen eigenes überfülltes Programm von Vorträgen, Schreiben und Presseinterviews ihn von den Einzelheiten des Lebens in Millbrook ablenkte, endlich Zeit mit Adams zu sprechen.

24

»Einsteins Drittes Gesetz der Neuro-Politik:
In einer perfekten Demokratie würde jede Wahl mit einer Stimmengleichheit enden.«

Grundsätze der Neurophysik
auch bekannt als
Exo-Psychologie

Bois Mermet-Gefängnis, Lausanne, Juli 1971

Die beiden jungen Anwälte kommen auf Besuch. Derjenige mit dem Harvard-Abschluss ist ihm sehr ergeben. Falls die Regierung der Auslieferung zustimmt, kann an das Schweizerische Bundesgericht appelliert werden. Sein Vater ist Mitglied des Bundesgerichts. Benvoglio und Michel haben sehr sorgfältig gewählt.

»Wie dem auch sei, Professor, ich fürchte wir jungen Schweizer müssen unseren Eltern etwas Nachhilfeunterricht geben. Diese verstehen die hedonistischen und hirnbelohnenden Drogen überhaupt nicht. Sobald *Die Droge* erwähnt wird, denken sie an dreckige marokkanische Matrosen mit Opiumpfeifen, die milchgefütterte junge Schweizermädchen in die Bordelle von Casablanca locken. Ich versuche ihnen beizubringen, dass es an den Fakultätsfesten in Cambridge üblich ist, wenn Juraprofessoren Joints herumreichen.«

»Glauben Sie, dass die Schweizer Regierung mich bleiben lässt?«

»Ich hoffe es natürlich. Dieses Land ist derart spiessig und vom Materialismus gelangweilt. Wir brauchen Sie.«

Der Vater des anderen jungen Anwaltes ist Präsident der kantonalen Anwaltskammer. Bravo Benvoglio, denkt der Häftling.

»Sie sprechen von der Freiheit seinen eigenen Körper, sein eigenes Nervensystem zu kontrollieren. Aber mein Vater spricht von den Rechten, die die Gesellschaft hat. Was soll ich ihm sagen?«

»Die Gesellschaft hat keine Rechte«, sagt der Häftling.

Beide jungen Anwälte weichen erschrocken zurück.

»Aber wir werden das Ihren Vätern nicht sagen«, fährt der Häftling schnell fort. »Sagt ihnen, ich sei ein Philosoph und überhaupt nicht an Politik interessiert. Das Image des Paracelsus, Hermann Hesse.«

Der Harvardabsolvent guckt wohlwollend durch seine Hornbrille, zufrieden, da ihnen der Professor die Anekdote gab, die sie brauchten.

»Hier halten die Familien sehr eng zusammen und Sie werden von den jungen Leuten viel Unterstützung erhalten. Aber machen Sie sich deswegen keine Sorgen. Wir sind zu sehr domestiziert, um zu rebellieren.«

25

»Der Interstellare Neurogenetische Plan war in der Form von Kehl-Einheiten der Primaten in Leri's lateinischem Aufsatz, Abusus non tollit usam, sehr gut wiedergegeben."

Enzyklopädie der Milchstrasse

»Die Unbeschreibliche Vorsehung (Primatensymbol für das Galaktische Zentrum) hat also zwei Ziele entwickelt, über die Mann/Frau (d. h. die Menschheit) nachdenken kann: Erstens die Glückseligkeit dieses Schwerkraftgebundenen Lebens, das aus der Aktivität ihrer/seiner muskulär-irdischen Kräfte besteht und sich am Vorbild des irdischen Paradieses orientiert und zweitens die Seligkeit der körperlichen Langlebigkeit, die durch die ausserirdische (Himmlische) Auswanderung erreicht werden kann.«

Enzyklopädie der Milchstrasse

Vidalische Archive, 2575

Unwetter auf einem turbulenten Planeten

Wenn wir dieses Meisterwerk aus der angenehmen Distanz von sechshundert Jahren lesen, mag es uns scheinen, dass nur wenige neurologische Wesenheiten ihre Möglichkeiten besser realisiert haben als Leri; für ihn, den wegen eines Schwerverbrechens verurteilten, mittellosen Vertriebenen, durch den Schmerz der lebenslänglichen Haft von Zuhause, der Familie und seinen Freunden getrennt, schien diese Periode unerträglich zentripetal zu sein.

Es war Leris Schicksal – und die Unvermeidlichkeit seiner Mission – in Amerika während des 20. Jahrhunderts geboren zu werden. Es ist wichtig, sich daran zu erinnern, daß Amerika nicht nur ein Bund von Stadtstaaten war – Miami, Hollywood, Green Bay, Palm Springs, Brooklyn, Anaheim usw. – sondern ein selbständiges Land, ein Möchtegern-Weltreich. Amerika hatte seine eigene Armee, sein eigenes Weltraumprogramm, seine Fahne, seinen Aussenhandel (Export von Waffen, Import von Drogen). Seine eigene Währung (den Doll-air) war tatsächlich auf dem besten Weg, zur Norm des internationalen Währungssystems zu werden, zum Florin seiner Zeit.

Die Kontrolle des Amerikanischen Bewusstseins war ein genetischer Preis, für den es wert war zu kämpfen, und die Amerikaner waren mehr als nur süchtig nach philosophischen Zänkereien, besonders untereinander.

Es ist natürlich sinnlos zu versuchen die Florentinischen Parteien zusammenzustellen, die in der normalen Art der Säugetiere um die Gebietsherrschaft im larvalen Amerika kämpften, ausser dass bemerkt werden muss, dass Leri in seiner körperlichen Form auf dem Höhepunkt des Amerikanischen Reiches erschien, und dass die eindrucksvollen Jahre, als sein junges, larvales System die irdischen Realitäten prägte, von imperialistischen Konflikten und den Verwirrungen erschüttert wurden, die immer den Zusammenbruch einer ausgedehnten Weltherrschaft begleiten. Die Faszination, die dies für ihn bedeutete, kommt in den Spionage- und Gefängniskapiteln seines Epos zum Vorschein.

26

»Die Vergangenheit ist hinter uns her, sagt er, nervös über seine Schulter blickend.«

Marysia's Aphorismen

Bois Mermet-Gefängnis, Lausanne, Juli 1971

Besuchtstag. Sie ist deprimiert und zornig. Unter Ihren Augen sind dunkle Ringe. Sie kommt direkt zur Sache.

»Ich kann dir nichts vormachen. Ich habe die Nase voll. Ich habe mir die ganze Sache durch den Kopf gehen lassen. Ich bin es satt, dich, Captain Kirk, aus diesen hässlichen, kleinen Planetengefängnissen zu befreien, in die du dich immer wieder einfangen lässt. Dies ist der Augenblick der Wahrheit.«

»Puh. Ich habe Neuigkeiten für dich. Ich weiss nicht, was passiert ist. Erzähl mir.«

»Nun, als erstes solltest du wissen, dass Jay Jay mit einigen seiner schwulen Freunde von Berlin runterkam. Wir fuhren dann für einige Stunden nach Interlaken, um einen Schweizer Mystiker zu treffen. Sein Name ist Sergius Golowin.«

»Er hat mir eben einen Brief geschrieben. Er ist Grossrat und scheint sehr freundlich zu sein.«

»Er ist unser Mann. Wir gerieten in einen sehr mystischen Zustand und sassen barfuss bei Kerzenlicht in seinem Wohnzimmer; er legte Tarot-Karten, wir tranken Mu-Tee und ich sah ganz klar, dass wir auf dem falschen Weg waren.«

»Du meinst mit Michel?«

»Genau. Golowin und die kultivierten Schweizer trauen ihm nicht. Sie sagen, er sei ein kleiner Basil Zaharoff, ein Händler der Erbsünde.«

»Was ist das?«

»Waffenhandel. Dieser rosarote Dinosaurier mit dem Rolls Royce und der Dachwohnung und der Motoryacht auf dem See. Das ist doch nicht unser Lebensstil.«

»Aber du musst Michels Bereitschaft uns zu helfen anerkennen.«

»Sie meinen, dass er uns betrügt. Du hast keine Ahnung, wie wichtig die ganze Sache für die Schweizer und die Europäer ist. Sie glauben, dass du der führende amerikanische Philosoph bist. Sie haben alle *Politik der Ekstase* gelesen. Sie glauben an das, was wir auch glauben. Und sag mir nicht, dass Virgil ein Heide war. Und überhaupt hast du mir den Himmel versprochen.«

»Was sagt Golowin, was wir tun sollen?«

»Oh, Petitionen. Ein Rock-Konzert. Jay Jay glaubt, dass wir Demonstrationen organisieren sollten. Er meint, dass wir von den reichen Ausbeutern des Establishments übernommen wurden und nun unsere eigenen Leute vergessen.«

Der Häftling denkt an Benvoglio, an die zwei jungen Anwälte und ihre Väter.

»Ich glaube, wir liegen richtig. Was stört dich denn wirklich?«

»Ich bin langsam ausgebrannt. Ich putze mir nicht einmal mehr die Zähne, wasche mir das Gesicht nicht mehr am Abend. Das ist wirklich die Hölle. Drei Jahre waren wir auf der Flucht. Ich will einfach in Ruhe auf dem Lande leben, die Tage hoch oben auf den Berggipfeln mit den Vögeln und dem Wind verbringen. So wie wir es getan haben. Aber jetzt beginne ich die Hoffnung zu verlieren. Du musst dich entscheiden.«

Der Wärter in der Ecke schaut teilnahmslos zu. Mayas Augen funkeln. Der Häftling erinnert sich an das Satori in der algerischen Wüste: Sie sitzen in der Mitte der nördlichen Sahara auf einem kleinen Hügel unter schattenspendenden Bäumen, mehr als hundert Kilometer von einem feindseligen Stützpunkt in Algier entfernt und dreitausend Kilometer von ihrem Geburtsland entfernt, dessen Polizeiagenten nach ihnen suchen. Er schritt von der Oase hinaus in den spurenlosen Raum aus Sand, in ein abstraktes Sinuswellenuniversum aus Golddünen und blauem Himmel, wo die Spuren, die von Ihr wegführen die letzte Verbindung zur Vergangenheit darstellen, das einzige Bindeglied zu einem Planeten, der mit karmischen Trümmern überfüllt ist. Bloss die Spuren im Sand, sie führen zurück zu einer schönen Frau, die auf dem kleinen Hügel sitzt und ihn mit abschätzenden Blicken betrachtet.

Sie schauen sich in die Augen. In Ihren Pupillen sieht er ionische Stürme und turbulente Gammawolken über einen Planeten fegen, auf dem eine junge Frau alleine dasitzt und wartet, wartet.

»Ich vertraue Michel, er wird mich hier rausholen«, sagt er langsam. »Und du vertraust uns.«

27

»Das möchte ich auch wissen«, sagte Rotwang. »Es gibt Leute, die allen Fremden gegenüber schlechte Schwingungen ausstrahlen. Es scheint, dass sie sich einfach nicht damit abfinden können, dass es noch andere Arten Leute im Universum gibt. Sie müssen aus ihrer Unwissenheit aufgerüttelt und gezwungen werden, ihr Bewusstsein zu erweitern.« »Nun«, sagte Charles Vermont, »als Präsident der Immerwährenden Bruderschaft der Geistheiler werden wir alles tun, was wir können, um die Erde für die grossen Veränderungen, die auf sie zukommen, vorzubereiten. Wir werden unsere ganze Energie dafür einsetzen.« Rotwang bat ihn, sich besonders der gewalttätigen Typen anzunehmen, gab ihm noch weitere Anweisungen und teilte ihm mit, dass er bald wieder auf der Erde zurück sein werde. »Ich weiss, was ich zu tun habe«, sagte Charles Vermont. Und er wusste es.

aus ROTWANG, *von Tim Hildebrand*

Millbrook, New York, Oktober 1963

Es war an einem Nachmittag im Frühherbst. Der Wind hatte eine scharfe Frische in sich, die Stimmung hatte sich geändert, die sommerliche Schwüle war vorbei und ein unmissverständlicher Geruch kündete den Winter an.

Als ob sie die wechselnde Jahreszeit noch unterstreichen wollten, warfen Ahornäste Streifen von flammendem Rot in die Landschaft – die ersten flackernden Anzeichen für die Wochen der aufrührerischen Farben, die die nördlichen Wälder in flammende Feuersbrünste verwandeln.

Commodore Leri und Professor Adams schlenderten durch die bunte Landschaft, spähten ins Zentrum einer Gruppe Färberbäume und entkamen knapp dem karminroten Strudel. Sie hielten an, um ein zitronengelbes Ahornblatt zu betrachten, das Adams aufgehoben hatte und in seiner Hand hielt.

Sie sassen im hohen, braunen Wiesengras und grübelten über die beinahe unmerklichen Variationen, möglicherweise feinen Mutationen, die zufälligen oder (wie Leri zu vermuten begann) absichtlichen Kombinationen von Genen, die gewissen Individuen beim Entfliehen vor Feinden einen gewissen Vorteil gegenüber den andern gab.

»Was machst du, Adams?« fragte der Commodore.

»Dir eine Botschaft überbringen.«

»Nun, gib sie mir.«

»Sie ist in der Form eines Manuskripts abgefasst. Ich habe darauf gewartet, dass du deine Bereitschaft zeigst.«

»Wo ist es?«

»In meinem Zimmer.«

»Wann?«

»Vielleicht heute Nacht. Du warst so mit Herumrennen, Predigen und dem Anheben des öffentlichen Bewusstseins beschäftigt, dass du einfach keine Zeit hattest. Kannst du heute Abend für ein paar Stunden in mein Zimmer kommen?«

»Gerne. Aber sag mir trotzdem, so zur Vorbereitung, was führte dich hierher?«

28

»Vom Standpunkt des zeit-erweiterten interstellaren Reisenden aus betrachtet, rollen die Jahrhunderte der planetarischen Geschichte zwischen Mittagessen und Nachmittagstee vorbei. Wo Erdenwesen bloss eine schnell ändernde Lebenszeit erleben, sieht der galaktische Reisende reguläre Zyklen der Entwicklung. Wenn er aber in der Atmosphäre eines Planeten gefangen ist, wird das Behalten der interstellaren Perspektive unter dem Druck von langsamen, statischen Schmerzen zum Problem. Im Sumpf des Ein-G-Bewusstseins ringend, wird der Agent von der Überlebenskrise des Moments gepackt. Die Kontrolle und die präzise Freiheit, die mit der hohen Geschwindigkeit verbunden ist, geht verloren, die Lebenskraft lässt nach, und der Reisende fällt.«

Handbuch der Exo-Psychologie

Bois Mermet-Gefängnis, Juli 1971

Der Philosoph ist gefangen im zeitlosen Alltag des Gefängnisses. Nichts scheint sich zu verändern, kein Hoch, kein Tief, nichts, ausgenommen, dass der Mund jede Woche etwas weiter nach unten hängt und die Stirnfalten tiefer werden. Benvoglios Besuche heitern ihn auf. Der beherzte Anwalt räuspert sich und schnaubt, regt sich auf und knallt seine Fäuste in die Hände.

»Ich bin eine Bulldogge, Professor. Ich lasse nie los. Ich arbeite jeden Tag für Sie. Bei der Fremdenpolizei lachen sie, wenn ich komme. Tag und Nacht arbeite ich für Sie. Und die wissen es. Ich habe mich in sie festgebissen, und sie wissen, dass sie nicht davonkommen.«

»Keine Möglichkeit für eine Kaution?«

Benvoglio schüttelt den Kopf. »Ich tue mein Bestes und ein bisschen mehr. Ich habe noch nie so hart an einem Fall gearbeitet.«

Es stimmt. Dieser Fall ist für den beherzten Anwalt zu einer geweihten Sache geworden. Er hat zwei Söhne, die sich beide auf die Anwaltsprüfungen vorberei-

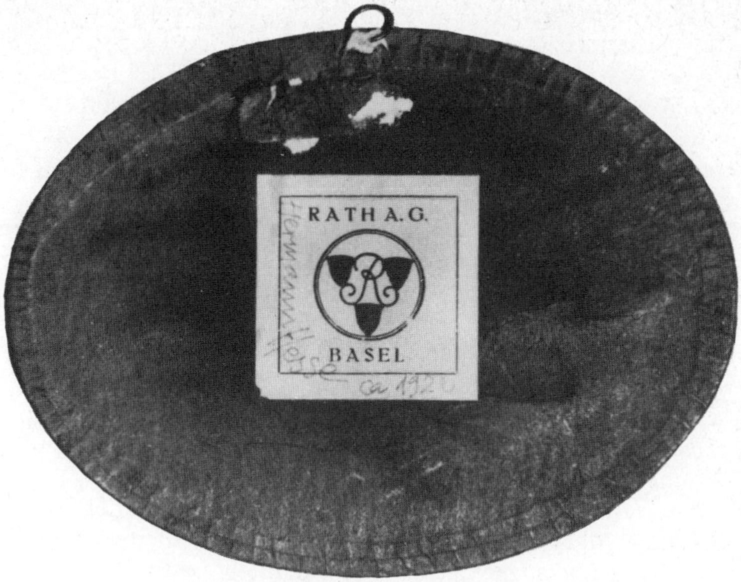
RATH A.G.
BASEL

teten. Sie haben ihrem Vater erklärt, wie wichtig die Sache ist. Benvoglio arbeitet, um seinen Söhnen, die von seinen Geschäften nie begeistert waren, seine Verdienste zu beweisen.

Joseph Rhine (der Partner von Michael Kennedy), den der Professor seit dem Tage vor seiner Flucht nicht mehr gesehen hat, bringt aus verschiedenen Kollekten viertausend Dollar in bar, und der Professor gibt mit einer Unterschrift das Heim seiner Kinder weg.

Es ist heiss in der Zelle. Die granitschweren Stunden versinken langsam im Sumpf der Langeweile. Das Schloss schnappt auf und der Wärter bringt die Post. Einige Briefe und ein kleines, dünnes Paket, das zur Überprüfung geöffnet worden war.

»Normalerweise lassen wir solche Sachen nicht rein«, sagt der Wärter. »Aber der Direktor dachte, dass Sie dies hier haben sollten.«

Unter dem braunen Packpapier und dem Kartondeckel erscheint ein ovales Bild, etwa zwanzig Zentimeter lang. Eine Landschaft. Blauer See unter blauem Himmel. Kleine, mit roten Ziegelsteinen bedeckte Häuser. Ein Baum mit vier starken, braunen Ästen. Unten stehen die Initialen H. H. Der Häftling setzt sich und betrachtet das Bild einige Minuten lang. Es strahlt einen starken Zauber aus. Es ist wie ein Fenster zu einer Welt voller Sonnenlicht und grün-blauer Freiheit.

Er dreht das Bild um und erblickt auf einem gelben Stück Papier, in einer spinnenartigen, zeitlosen verbleichten Schrift die Unterschrift *Hermann Hesse.* Ein elektrischer Stoss schiesst seine Wirbelsäule empor.

Er stellt das Gemälde sorgfältig gegen die Wand und liest den Begleitbrief. Er stammt von einem Grossneffen von Hermann Hesse.

> *For several years I have thought you should have this painting. How strange that I should send it to you here in the prison of our country. Where you shall not be for long.*
>
> *Christoph Wenger*

Der Häftling erinnert sich plötzlich an jene Kurzgeschichte von Meister Hesse. Ein Mann ist in hoffnungsloser Gefangenschaft gehalten. Kein Weg, das Gefängnis zu verlassen. Er ist ein Maler. Er nimmt seine Palette und den Pinsel und malt eine Fensteröffnung auf die Zellenwand, die in eine wunderschöne Landschaft mit einem See und Bergen hinausführt.

Der Häftling klettert dann zum Fenster hinaus und verschwindet in den Bergen.

Der Philosoph knüpft die Schnur des Pakets an den Aufhänger des Bildes und hängt es über seinem Bett an die Wand. Er blickt durch das ovale Fenster hinaus in die freie Welt von Hesse.

Einer der Briefe ist von Professor Walter Clark. Er schreibt, dass er auf das Haus eine Hypothek von zwanzigtausend Dollar aufgenommen hat und das Geld an Benvoglio für die Kaution überwiesen habe.

29

»›Doch sicherlich wurden wir dazu bestimmt, dieser Gebärmutter zu entfliehen‹, sagte er laut. ›Falls nicht . . . so wurde es doch versprochen . . . Oh, wie die Zeit dahinschleicht und sich dahinschleppt, bis unsere Hilfe kommt.‹«

Virgil zu Dante

Vidalische Archive, 2575

Schmerzhafte Veränderungen der larvalen Existenz

Wenn wir durch die Nebel der Legende dringen, finden wir kleine Meteoriten von festen Tatsachen, die zeigen, dass Leris Leben während der Periode, die dieses Epos überspannt, noch mehr beinhaltete als erschütternde Visionen und hedonistische Studien. Von 1904 bis 1941 war er Bodenkadett der Weltraum-Militär-Akademie in West Point (Schulungszentrum für anti-orientalische Krieger). Er nahm am Zweiten Weltkrieg teil und an der Eroberung von Tokio und Berlin. 1946 wurde er als Student in die apothekarische Gilde in Berkeley aufgenommen, wo vorneurologische Psychologie gelehrt wurde. Während den Indo-China-Kriegen, in denen die Flut des westlichen Imperialismus aufgehalten und zurückgeworfen wurde, bezogen die Amerikaner Stellung, und die beiden Parteien Falken und Tauben demonstrierten und kämpften in den Strassen. In diesem besonderen Moment wurde Leris kurze politische Karriere erfolgreich gekrönt, als er als Taube an den Wahlen für das Amt des Gouverneurs von Kalifornien teilnahm. Durch die Thronbesteigung des super-dickhäutigen Kissingers im Jahre 1968 wurden die pro-orientalischen Kräfte grausam unterdrückt. Die Vernichtung der Gegenkultur wurde durch eine Reihe von »Säuberungsprozessen« legitimiert, was für diese Periode nur zu typisch war.

Unter den Angeklagten und selbstverständlich auch Verurteilten befand sich unser Evolutions-Agent. Mit Hilfe von Banden roter Larvaler entfloh er den Kerkern des Westens und flüchtete in die Mittelerde (Mittelmeerländer), wo er während der Periode, die dieses Buch beschreibt, im Exil lebte.

Die Jahre im Exil waren offensichtlich verwirrend, wurden sie doch unter dem unbehaglichen Schutz verschiedener Schirmherren der nordafrikanischen und europäischen Höfe verbracht. Der Flüchtling hatte kein Geld, sein Ruf war systematisch zerstört worden, und er hatte, noch immer, keine mächtigen Freunde. Er und seine legendäre Gefährtin lebten für kurze Zeit mit einer Bande afro-amerikanischer Banditen, später unter dem ehrgeizigen Schutz des Sultans Boumedienne von Algerien und noch später in St. Moritz mit dem automotiven deutschen von Opel-Adel.

Als die Zeit verstrich und sein Ruf wuchs, wurde sein neurogenetisches Werk unterstützt, und seine letzten Jahre vor der Auswanderung verbrachte er relativ gemütlich in den Sierra Nevada-Bergen von Kalifornien, unter dem Schutz eines von Knast, dem Marschall (d. h. dem Pferdebaron) jener Region.

In *Was will die Frau?* hinterliess dieser einsame Agent *in partibus infidentium* eine der rührendsten Beschreibungen eines Lebens im Exil, die je geschrieben wurde:

»Wie salzig schmeckt des Exilierten Brot;
Wie mühsam zu ersteigen ist die Treppe eines anderen.«

30

»*F.: Wenn, wie du sagst, der Energiedialog zwischen seinem Feind und dem Gegenspieler seines Feindes die Wirklichkeit kreiert – wer ist dann dein Feind?*
A.: Im Moment heisst sie Das Schwarze Loch Cygnus x-1.«

Geist und Weisheit des Leri
(Apokryptisch-Prokryon)

Bois Mermet-Gefängnis, Juli 1971

»Geht es deinem Herz etwas besser?« fragt sie besorgt.

»Du hast es in kleine Stücke zerbrochen, aber es schlägt noch immer für dich.«

»Nein, ich meine es ernst. Maître Benvoglio macht sich wegen deinem Gesundheitszustand Sorgen.« Sie schielt nervös zum Wärter, der die beiden beobachtet. »Macht dir dein Herz immer noch Schwierigkeiten?«

»Mein Herz ist fantastisch!« Der einfältige Kerl schlägt sich strahlend vor Gesundheit auf die Brust.

Sie schüttelt ungeduldig den Kopf. »Dein Herz funktioniert vielleicht, aber dein zweiter Schaltkreis ganz sicher nicht. Gebrauche deinen Kopf, wenn du hier raus willst. Sei schlau. Hilf deinem närrischen Herz.«

31

Eines Tages führten die Fremden Rotwang und Miss Photo ins Land der Blumen oder Blumenland. Im Blumenland lebten die intelligentesten Blumen der Welt, diejenigen, die ihre eigene Kultur vermitteln konnten. Miss Photo filmte alles mit einer vierdimensionalen Blitzausrüstung.

aus ROTWANG, *von Tim Hildebrand*

Millbrook, N. Y., Oktober 1963

»Ich habe dir bereits von meiner Heimkehr-Offenbarung auf dem Flughafen von Kalkutta erzählt«, antwortete der Yogi. »Zurück in Priceton nahm ich dann wieder den Rhythmus des akademischen Lebens auf, aber in meiner Freizeit begann ich alles zu lesen, was ich über die indische Kultur und Philosophie finden konnte. Ich kaufte ein illustriertes Buch über Hatha-Yoga und richtete auf meinem Dachboden eine Klosterzelle ein. Zwanzig Stunden pro Tag lebte ich den Alltag eines jungen, berufstätigen, verheirateten Mannes. Während den restlichen vier Stunden meditierte ich und streckte meinen Körper, bis ich die fortgeschrittensten Asanas praktizieren konnte. Fünf Jahre lang hielt ich an diesem Verfahren fest, die einzelnen Übungen kombinierte ich mit der intensiven Lektüre der Hindu-Philosophie. Ich fand mich vom Shivaismus, besonders von dem bengalischen Tantra angezogen. Die Lehren der Geheimen Blume. Ich sass lange vor den Bildern der erotischen Tempelskulpturen von Konorak und Khajuraho, verwundert von der Tatsache, dass während sechshundert Jahren, vom siebten bis zum dreizehnten Jahrhundert, ein mächtiges Königreich existierte, in dem die Verehrung des Geschlechtsaktes, die liebende Vereinigung von Mann und Frau, die anerkannte Religion war! Lassen wir die Okkultisten über das verlorene Atlantis und andere visionäre Utopien einer vergessenen Vergangenheit spekulieren. Der Ufertempel in Konorak steht immer noch, Hektaren von Skulpturen, die die tantrische Doktrin illustrieren, dass diese Welt ein Spielplatz (lilakshetra) für verzückte Sinneswesen ist. Und dann, Hunderte von Kilometern vom Indischen Ozean entfernt, im Zentrum des Subkontinentes, Khajuraho mit seinen Legionen von rundgeformten Mädchen und schlanken, fürstlichen Liebhabern, akrobatisch verschlungen in hundert Variationen des Lebenstanzes, einige davon so kompliziert, dass es der Beherrschung des Yoga und der Hilfe zweier Helferinnen bedarf.

Wie muss es wohl gewesen sein, überlegte ich mir, in einer Kultur zu leben, in der die grosse religiöse Zeremonie ein geheiligtes Fest war, das in der rituellen geschlechtlichen Vereinigung des Mannes, als Vertreter des Sonnengottes, mit der weichen, feuchten Vertreterin der Erdgöttin gipfelt? Es stellte die Presbyterianische Kirche und die plumpen, verweichlichten Swamis, die hier die Universitäten abklopften, in den Schatten. Ich fand mich mehr und mehr isoliert von meiner Familie und den Universitätskollegen, lebte ein Doppelleben, bereitete meinen Körper vor und reinigte meinen Geist, um die höchste Stufe der tantrisch-erotischen Kommunikation zu erreichen.«

32

»Die Ewigkeit ist verliebt in die Erzeugnisse der Zeit.«

William Black, Terra I, ca. 1800

Bois Mermet-Gefängnis, Juli 1971

Der elegante, junge Anwalt aus Harvard hustet diskret.

»Dies ist eine äusserst heikle Situation. Maître Benvoglio hat mich gebeten, ihnen eine Nachricht zu überbringen. Er ist ein bisschen besorgt.«

»Das sind schlechte Neuigkeiten.«

»Er ist um ihre Gesundheit besorgt. Konkret gesagt, er hat sich beim Justizministerium bitter beklagt, dass man sie, trotz ihres Herzproblems und ihrer Blutdruckstörungen, im Gefängnis behält. Verstehen Sie?«

Der Häftling nickte.

»Maître Benvoglio macht sich solche Sorgen, dass er morgen seinen eigenen Spezialisten vorbeischickt. Der Gefängnisarzt geht am Freitag in die Ferien, also ist morgen der letzte Tag für ein Gespräch mit den beiden Ärzten.«

»Bitte danken Sie dem Maître für seine Anteilnahme. Sagen Sie ihm, ich werde den beiden Ärzten meine beunruhigenden Symptome schildern.«

33

»Im Gespräch mit Erdenwesen über sexuelle, philosophische oder ethische Angelegenheiten, betritt man gefährlichen Boden. Halte dich an larvale Themen. Es ist beinahe unmöglich mit Tölpeln über Philosophie zu diskutieren.«

Interstellarer Reiseführer
auch bekannt als
Exo-Psychologie

Vidalische Archive, 2575

Sowjetische Polizei stoppt Psychedelische Radaubrüder
Fragmente einer primitiven irdischen Kalligraphie

Aber was wirklich in den Sechzigern geschah, nachdem der Acid-Assasine Timofeyew und seine Anhänger aus dem Land geflohen waren, kann niemand mit Genauigkeit sagen.

Es ist nicht nötig, auf den Wirbelsturm von entrüsteten Geschichten hinzuweisen, die einige Jahre danach um Moskau herum und selbst in den entferntesten Provinzen die Runde machten. Die Gerüchte – sexuell, pornographisch, ausserirdisch, telepathisch – sind auf jeden Fall zu abstossend, als dass man sie hier wiedergeben zu können.

Auf einem Flug nach Moskau vernahm ihr treuer Reporter eine Geschichte, der zufolge an einem Rockkonzert in Leningrad dreitausend Leute, nachdem sie ahnungslos Grapefruitsaft tranken, der von listigen Giftmischern zubereitet worden war, ihre Kleider vom Leibe rissen, levitierten und, nach einer Marathonorgie, sich von den Brücken in die Newa gestürzt hatten, später wurden sie per Taxi nach Hause gebracht, weigerten sich aber in den meisten Fällen, den Fahrpreis zu bezahlen.

Die geflüsterten Worte „Spirituelle Revolution“ konnte man in Gymnasiums-Schulzimmern, auf Treffen der Landwirtschaftskollektive, auf diplomatischen Cocktailparties, auf Jugendkonferenzen, in den Datschas der Vororte, und in Samisdat- und Piraten-Radiosendungen hören.

Gebildete und kultivierte Leute nahmen selbstverständlich an der Verbreitung dieser üblen Gerüchte über neue Ebenen des Bewusstseins nicht teil. Sie lachten über diese irregeführten Genossen, die es taten,und versuchten sie zur Rationalität zurückzuführen. Aber Tatsachen sind, wie sie sagen, Tatsachen und diese konnten nicht ganz ohne rationale Erklärungen vom Tisch gefegt werden. In der Sowjetunion war ganz sicher etwas geschehen. Eine plötzliche Anwandlung von Patriotismus, Skepsis gegenüber unseren politischen Führern, Verhöhnung der sozialistischen Doktrin, Verweigerung des Militärdienstes, eine kosmopolitische Vorliebe für lustige Kleidung, perverser Geschmack für Rock'n'Roll-Platten und noch viel mehr, waren unmissverständliche Beweise dafür.

Die gebildeten Leute glaubten dem Standpunkt der Polizei: eine Bande brillanter, fähiger Hypnotiseure, Bauchredner, Imitatoren, unterstützt von skrupellosen chemischen Giftmischern waren am Werk gewesen.

Sofortige und energische Massnahmen, um ihren Aktivitäten in Moskau und dem ganzen Vaterland entgegenzutreten, waren getroffen worden, doch unglücklicherweise ohne viel Erfolg. Der Mann, der sich Timofeyew nannte, und seine Anhänger waren aus dem Land geflüchtet, aber die gefährliche Seuche, die sie in die Welt gesetzt hatten, rast mit epidemischer Bösartigkeit weiter.

Zusätzlich zu den Millionen verstörter Opfer litten noch andere unschuldige Bürger an den Folgen der Hysterie.

Verschiedene Personen, die mit dem Skandal überhaupt nichts zu tun hatte, waren festgenommen und verhört worden: in Yalta ein älterer Mann mit dem Namen Timoshenko und einer namens Timostrowich; drei Lerinows in Saratow, Kiew und Charkov, ein Lerichow in Kazan und aus unerklärlichen Gründen ein Pharmakologe in Yaroslaw, der auf den Namen Mikhail Bulgakow hört. Er war, das muss gesagt werden, ein grossgewachsener, heiterer Typ mit grauem Haar, welcher die elektrische Gitarre spielte.

Ausserdem wurden neun Joananowas, fünf Timorowiews, dreiundreissig Rosemaries und zwei Lewis in verschiedenen Orten aufgegriffen. Ein unglücklicher Geselle wurde in Handschellen aus dem Zug nach Sebastopol geführt, weil er versucht hatte, seine Mitpassagiere mit der Nachahmung eines Hippies zu belustigen.

Zur Mittagszeit betrat in einem Vorort von Leningrad ein Mann in Bluejeans ein Restaurant. In seinem Mund hielt er eine grosse, gebogene Pfeife, der das starke Aroma dunkeln, ukrainischen Tabaks entstieg. Sobald sie ihn bemerkten, rannten die beiden Garderobendiener in panischer Angst davon, gefolgt von den Gästen, Kellnerinnen und dem gesamten Küchenpersonal. Später teilte der Kassierer mit, dass die ganzen Tageseinnahmen gestohlen worden waren.

Diese archäologische Rune hat die Gelehrten während Jahrhunderten beschäftigt, da sie historische Begebenheiten zu beschreiben scheint, an denen Leri teilgenommen hat. Die meisten Humanologen glauben, dass das Manuskript eine Fälschung oder Erfindung ist, die um das Jahr 2030, also fünfzig Jahre nach der Auswanderung, entstanden ist.

34

»Der Agent kann den Käfig betreten und dem gefangenen Primaten DEN SCHLÜSSEL und das Handbuch mit den Anweisungen geben; aber ohne Nutzen. Ein kleiner Prozentsatz der gefangenen Primaten (die genetisch Vor-programmierten und die durch glückliche Umstände dafür Geprägten) können den Käfig verlassen, indem sie den Agenten nachahmen. Es ist für den Agenten riskant, immer wieder in den Käfig zurückzukehren. Von den Primaten, die durch den Nachahmung befreit wurden, werfen neunzig Prozent DEN SCHLÜSSEL und das Handbuch sofort weg und kehren zu larvalen Verhaltensweisen zurück, das in den meisten Fällen zur Wieder-Einschliessung führt.«

Handbuch für Evolutions-Agenten,
von seiner Exzellenz Eduardo Zuluetta

Bois Mermet-Gefängnis, Juli 1971

Der Häftling schreitet langsam in der Raupenkolonne um den Gefängnisgarten. Er denkt angestrengt nach. Benvoglios Arzt ist nicht erschienen. Der Gefängnisarzt reist in einer Stunde ab. Das heisst, dass ein Monat lang nichts passieren wird. Aber wenn er den Gefängnisarzt bittet, ihn zu untersuchen bevor der Spezialist seine Diagnose gestellt hat, und er keine Symptome findet, wird die Diagnose des Spezialisten verdächtig wirken. Es ist ein Glücksspiel. Er will nicht einen weiteren Monat warten.

Er stolpert zum Wärter, die Hände auf die Brust gepresst.

»Ich bin krank, würden Sie mich bitte in meine Zelle führen?«

Der Wärter holt sich vom Wachtmeister die Zustimmung und führt den Gefangenen in die Zelle zurück.

»Ist der Arzt hier?«

»Ja, Monsieur. Ich werde ihm sagen, dass Sie ihn brauchen.«

Innerhalb von zwanzig Minuten ist die Zelle mit besorgten Gesichtern gefüllt. Der Direktor, der Oberwärter und der Arzt, der seine Tasche öffnet und den Patienten untersucht und die Ergebnisse mit einem grossen Füllfederhalter in sein Notizbuch kritzelt.

»Wie fühlen Sie sich?«

»Nicht gut, Doktor. Kopfschmerzen. Periodisch wiederkehrende Schmerzen in meiner Brust. Kann nicht schlafen. Fühle mich schwach. Atemnot.«

Der Arzt nickt.

»Genau das dachte ich mir.« Er wendet sich an den Direktor. »Wie lange ist der Professor in dieser Zelle?«

»Fünf Wochen, Monsieur *le docteur.«*

»Das ist ein Skandal«, murmelt der Doktor kopfschüttelnd. »Ich werde über Ihren Zustand einen Rapport verfassen. Für jetzt werde ich Ihnen einige Rezepte hierlassen. Als Arzt bin ich der Meinung, dass dieses Gefängnis für Sie höchst ungesund ist.«

Der Doktor schreibt mit zusammengepresstem Mund und gerunzelter Stirn neun Rezepte. Bei jedem Zettelchen das er vom Block reisst, hüpft dem armen Häftling das Herz vor Freude.

»Diese drei Rezepte sind für Ihren niedrigen Blutdruck. Dieses hier wird Ihnen helfen einzuschlafen. Dieses ist gegen Ihre Kopfschmerzen. Dieses ist für die Nerven. Die anderen drei sind für Vitamine. Sie sind ziemlich erschöpft, mein lieber Professor.«

Der Doktor gibt dem Direktor die Rezepte. »Können Sie dafür sorgen, dass die Medikamente sofort besorgt werden?«

Der Direktor nickt begeistert.

»Noch etwas«, sagt der Doktor zum Direktor. »Ich glaube, Maître Benvoglio sollte telefonisch von der bedenklichen Verfassung des Professors unterrichtet werden.«

35

> Rotwang wanderte umher und redete mit jeder Blume, der er begegnete, sogar mit den Knospen. Sie erzählten ihm über ihr Leben als Pflanzen – die Wurzelfreude und die Sonnenlieder. Rotwang erzählte ihnen eine Geschichte über jene Zeit, als er in einer seiner früheren Inkarnationen eine Marihuanapflanze war, und von jener Zeit, als er sich selbst rauchte.
>
> *aus* ROTWANG, *von Tim Hildebrand*

Millbrook, New York, Oktober 1963

»Während meiner Studien des Shiva-Tantra kam ich zur Überzeugung, dass der Mann bloss eine Hälfte, und zwar die schwächere, der vollständigen Bewusstseinseinheit ist, die durch die Vereinigung von Mann und Frau geformt wird. Nun, das ist soweit nichts besonderes. 1962 nahm ich dann Urlaub, ging nach Kalkutta und fand einen Guru für den Bengalischen Tantra. Und dies war kein abstraktes Lernen aus Büchern. Neun Monate praktischer Übungen, um Prana zu mobilisieren und zu steuern. Weisst du, was das heisst?«

»Ich habe die literarischen Definitionen gelesen.«

»Nun, zwischen den Zeilen lesen ist eine Sache, aber Shiva-ji lehrte mich die wirkliche Sache.«

»Ist das der Guru mit dem grossen YMCA-Ashram in Rishikesh?«

»Grosser Gott, nein! Shiva-ji's Name wurde noch nie in einer westlichen Publikation erwähnt. Er spricht nicht englisch und würde einen westlichen Schüler nie näher als zehn Meilen an sich heranlassen. Verstehst du? Er lehrt dich deine sexuelle Energie kontaktieren, wie du jeden Augenblick erotisieren kannst. Der unwichtigste Aspekt seiner Lehre ist die Erhaltung der ständigen Erektion.«

Mit dieser plumpen Bemerkung hatte Adams endlich die Aufmerksamkeit des Commodore erregt.

»Faszinierend«, murmelt Leri.

Die zwei Männer sassen schweigend am Abhang des Hügels. Die Umgebung war vollendet natürlich. Nirgends fiel der Blick auf von Menschen hergestellte Gegenstände. Vögel glitten über die Wiese. Bienen sausten hastig den letzten Besorgungen vor dem Frost nach. Die Flügelfeder eines Eichelhähers mit weisser Spitze lag helleuchtend auf dem Hintergrund der braunen Blätter, eine stille Erinnerung an eine heftige gefiederte Begegnung mit Falke oder Eule.

»Also was hast du getan, nachdem du den bengalischen Tantra beherrschen gelernt hast?«

»Der Shiva-Tantra ist ein Weg der Kraft«, antwortet Adams, »und sollte nicht mit dem gleichwertigen, aber eher liebevolleren Weg des Buddhistischen Tantra verwechselt werden. Der Bengali-Adept lokalisiert die Lebensenergie in der

Frau, die uns als eine sanft-nachgebende Quelle der Kraft anzieht. Wenn eine Biene in einen Garten schwirrt, ist sie sich lediglich des Waldes weit geöffneter Blumen bewußt, die ihr mit dem Geruch und dem Blütenstaub zuwinken. Genauso ist es auch für den Bengali-Tantristen – wenn wir einen Raum betreten, ist er für uns ein Wald weit geöffneter, blühender Yonis. Wie die Biene konzentrieren wir uns auf diese Quelle der Lebenskraft und schwirren um sie herum. Die Auswirkungen dieses Vorgehens auf die meisten fruchtbaren Frauen kann gar nicht übertrieben werden.«

36

»Die Strasse des Übermasses führt in den Palast der Weisheit.«

Grosses Graffito an einer Wand
in Haight-Ashbury

Bois Mermet-Gefängnis, Juli 1971

Am Morgen nach der ärztlichen Untersuchung trifft die Medizin ein. Der Häftling spült die Pillen für den Blutdruck die Toilette runter; das Nervenelexier und die Vitamine schluckt er.

»Ihr Anwalt wird Sie heute Nachmittag besuchen«, sagt ihm der Wärter vertraulich. »Die Schlaftabletten bringe ich heute Abend nach dem Abendessen.«

Maya und Benvoglio warten im Besuchszimmer. Benvoglio ist aufgeregt.

»Ich kann Ihnen gar nicht sagen«, ruft er aus und umklammert die Hand des Häftlings, »wie ich für Sie gearbeitet habe! Wie eine Bulldogge; ich lasse nicht los!«

»Ich habe dich heute nicht erwartet«, sagt der Häftling zu seiner Frau.

»Eigentlich bin ich auf dem Weg nach Zürich, um einige Leute wegen einem Wohltätigkeits-Rockkonzert zu treffen. Maître Benvoglio sagte mir, dass er einen zusätzlichen Besuch arrangieren könne, wenn ich heute mitkomme.«

»Hier, das ist für Sie. Bilder von meinem Land.« Benvoglio gibt dem Häftling eine grosse Tafel Schokolade mit farbigen Landschaftsbildern aus der Schweiz. »Es betrübt mich, dass Sie nie Gelegenheit hatten, die Schönheit der Schweiz zu geniessen.«

»Ich hoffe, wir werden es eines Tages tun können«, sagt der Gefangene und seufzt laut.

»Aber sicher werden Sie das! Sicher!« Der Anwalt dreht sich zum Häftling, sein Gesicht ist verzerrt, und er bricht in Tränen aus. Er erhebt sich zitternd und geht in eine Ecke des Zimmers, dem Klienten den Rücken zugekehrt, sein runder Körper erbebt vor lauter Schluchzen.

Der Häftling wirft seiner Frau einen fragenden Blick zu. Sie zuckt die Achseln und hebt verwundert die Hände in die Luft. Wenn dein Anwalt weint, dann musst du wirklich in Schwierigkeiten sein, denkt er und fragt sich, ob wohl jetzt die FBI-Agenten zur Tür hereinkommen werden.

Benvoglio wendet sich wieder den beiden zu und trocknet sich mit einem Taschentuch die Augen. Er trottet zum Gefangenen und ergreift mit einem festen Griff seinen Arm.

»Sie können die Schweiz jetzt sehen! Sie sind frei! Sie sind frei!«

37

»Die Freiheit der Verzückung wird instinktiv als gefährlich, hilflos, düster und schlecht gefürchtet. Wenn der erste Schaltkreis aktiviert wird, werden die vier larvalen, Überlebens- und Sicherheits-Fasern gelockert.«

The Whole Galaxy Catalogue
von Ken Babbs

Vidalische Archive, 2575

LSD-Radaubrüder-Komplott durch aufmerksame Sowjetbürger verhindert

Es geschah noch mehr, viel mehr, als hier aufgezählt werden kann. Es genügt zu sagen, daß ein zitterndes Beben von Abscheu und Massenhysterie die Sowjetunion erschütterte.

Es kann nicht oft genug erwähnt werden, dass die Polizeidienste unter diesen schwierigen Umständen ausgezeichnete Arbeit geleistet haben. Alles Machbare war getan worden, um die Gerüchte einzudämmen, die Ängste zu dämpfen, die sinnlosen Hoffnungen zu entkräften und Erklärungen für die rätselhafte Narrheit zu finden.

Für alles wurde eine logische Erklärung gefunden und keiner kann bestreiten, dass die Begründungen unwiderlegbar sinnvoll waren.

Polizeisprecher und eine Anzahl diplomierter Psychiater stellten fest, dass die Mitglieder der Bande unglaublich geschickte Hypnotiseure waren, fähig, junge Leute unter Drogen zu setzen, sie einer Hirnwäsche zu unterziehen und sie zu ermuntern in ihre Schulen zurückzukehren, um anarchistische und hedonistische Anschauungen in Umlauf zu bringen. Mehr noch, sie waren gelegentlich fähig, Leute zu überzeugen, dass die Wirklichkeit Fantasie ist und Halluzinationen wirklich sind.

Im Lichte dieser wissenschaftlichen Erklärungen wurde alles leicht verständlich. Es hatte selbstverständlich kein Überlaufen drogensüchtiger Armeedivisionen an der deutschen Grenze gegeben. Die Soldaten hatten ihre Waffen nicht weggeworfen und nicht im Mondlicht getanzt und Lieder des Friedens gesungen. Die fünfhunderttausend Studenten hatten sich nicht auf dem Roten Platz gedrängt, um zu den Tönen eingeschmuggelter Musik zu kopulieren. Die darauffolgenden Strafaktionen der Polizei haben ebenfalls nicht stattgefunden.

Die Verbrecher waren offenbar fähig, Massenhalluzinationen auszulösen. Es kann nicht abgestritten werden, dass die Gauner erfolgreich Tausenden von verblendeten Jugendlichen einreden konnten, von zu Hause wegzurennen, Hunderten von Hausfrauen nahezulegen, ihre Ehemänner zu verlassen und in jenen Provinzen, in denen sie operierten, den Konsum von Wodka senken konnten.

Vielleicht die beste Reaktion zu diesem ganzen Vorfall wäre, dem Modell jener Millionen zu folgen, die angeblich den halluzinatorischen Giften und den sie begleitenden hypnotischen Instruktionen ausgesetzt waren – zu akzeptieren, was unsere sowjetischen Wissenschaftler erklären können, und was sie nicht erklären können, zu verschweigen.

38

»Niedrige Säugetiere, die, um zu überleben, grobe Muskulatur einsetzen, denken mit ihren Muskeln.
Primaten, die Worte und Symbole verwenden, um zu kommunizieren, denken mit den Muskeln Ihres Kehlkopfes und der rechten Hand.
Die Unzulänglichkeit des symbolischen Denkens,
die unglaubliche Newtonsche Dummheit des Homo sapiens kann verstanden werden, wenn man realisiert, dass es 72 verschiedene Muskelbewegungen braucht, um ein Wort zu sprechen!
Beim Denken (lautloses Sprechen) braucht man für ein Wort etwas weniger Bewegungen.«

Exo-Psychologie

Vidalische Archive, 2575

Unser Anfang fängt mit seinen Worten an

Auf der Ebene der realistischen Beschreibung ist *Was will die Frau?* voller larvalen Lebens und kann vor allem wegen seiner Rekonstruktion der Erde des 20. Jahrhunderts genossen werden.

Auf der Ebene der neurologischen Erforschung gibt es eine tiefe und bewegende Darstellung der Persönlichkeit und des Bewusstseins von Leri und (in geringerem Ausmass) von der köstlichen Klette, dem magnetischen Aryabhata, der weisen Flora Lu, dem schlauen Michel, der elektrischen Joanna.

Auf einer noch tiefgründigeren Ebene erforscht der Text die Widersprüche der genetischen Einsamkeit und Verbindung (denn Leri ist Irisch wie auch Interstellar) und er erforscht die Probleme, die sich bei den zwischenzeitlichen Beziehungen zwischen Larvalen und Sternenleuten stellen, den polaren Spannungen zwischen Schwerkraft und Strahlung, zwischen den verschiedenen Stufen der Primaten und selbstverständlich der ewigen Spannung zwischen den Geschlechtern.

Durch die Verwendung von Versen von Homer, Dante und Joyce, webt das Buch gleichzeitig ein feines Mosaik von lebensvereinigenden synaptischen Verbindungen, welche die Linearität der Newtonschen Zeit eliminieren.

Die entscheidende Bedeutung von Leris Werk besteht darin, dass es sich um den ersten erfolgreichen Einsteinschen Neurologischen Versuch handelt, eine nachirdische Realität zu erschaffen, eine *Science Faction.* Eine Wirklichkeit, von der wir alle ein Teil sind.

39

»Die Standpunkte von Aleister Crowley und Georges Gurdjieff sind einander ähnlich. Beide basierten ihre Werke auf den sexuellen Energien, die durch neurosomatische Drogen (Opium, Kokain, Haschisch) befreit werden und sich in ästhetischen Mustern ausdrückten.«

Die Periodische Tabelle der Energie

Bois Mermet-Gefängnis, Juli 1971

Der Häftling schreitet mit einem grossen Karton auf seinen Schultern durch die Tür des Zellenblocks in den Korridor des Verwaltungstrakts. Er schüttelt den Wärtern und dem Direktor die Hände. Alle strahlen.

Benvoglio hat ein Taxi organisiert.

»Ich habe mir die Freiheit genommen, für Sie eine Suite im Hotel Continental zu reservieren. Meine Frau und meine beiden Söhne warten dort auf uns.«

Beim Betreten der Hotelhalle werden sie von Fernsehkameras und blitzenden Zeitungsfotografen umringt.

Madame Benvoglio ist eine bemerkenswerte Schönheit und freut sich, die Flüchtlinge kennenzulernen. Die beiden Jura-Studenten sind intelligente, kultivierte Männer mit Bärten.

Champagnerkorken knallen. Man trinkt auf den heldenhaften Bulldoggen-Advokaten. Es bleibt kein einziges Auge trocken in der ganzen Suite.

Man einigt sich, dass die beiden Söhne bis zum nächsten Tag bei den Flüchtlingen bleiben um Presseberichte für die Zeitungen zu verfassen, die nicht gerade schmeichelhaft über die Geschichte des Häftlings berichtet hatten.

Als sich die Familie Benvoglio zurückzieht, um sich für das Festessen vorzubereiten, bleiben die Söhne zurück.

»Wir möchten Ihnen für die Auswirkungen, die all das für uns hatte, danken. Ihre Anwesenheit hat viele Schweizer, die sich vorher nicht gekannt hatten, oder nicht von ihrer gemeinsamen Philosophie gewusst hatten, zusammengeführt. Und es hat unsere Familie zusammengeführt. Unser Vater ist sicher nicht der einfachste Vater der Welt und wir hatten uns auseinandergelebt. Während den letzten drei Wochen haben wir mit ihm zusammen an Ihrem Fall gearbeitet. Für uns haben Sie unseren Vater zu einem Helden gemacht.«

»Das wollten wir schon immer«, seufzt Sie.

40

Zurück auf der guten alten Erde, stellte Miss Photo der Öffentlichkeit ihre beiden Fremdenfilme vor. Anlässlich der Erdenpremiere wurden *Ich, eine Erden-Frau* und *Ich, eine Fremden-Frau* in einer Doppelvorstellung gezeigt. Diese Filme erregten große Aufmerksamkeit und wurden überall vorgeführt. Die Leute begannen zusammenzusitzen, und über die Zukunft nachzudenken, und wie sie sich da wohl in dieselbe einfügen würden... Nachdem die Leute Miss Photos Filme gesehen hatten, sahen sie ein, dass sie die Zukunft verbessern konnten, ehe sie sich ereignet hatte; dass die Zukunft gleich wie Vergangenheit und Gegenwart war, und dass alle drei sich ständig verlagerten und veränderten, genauso wie alles andere. Einige Leute brachten es sogar fertig, Heimweh für die *Zukunft* zu empfinden.

aus ROTWANG, *von Tim Hildebrand*

Millbrook, New York, Oktober 1963

Die beiden Männer sitzen zuoberst auf der welligen, grasbewachsenen Erhebung (von der I.F.I.F.-Belegschaft Ekstasehügel genannt) unter einem Baum. Büsche und kleine Bäume sind über den ganzen Abhang verteilt. Der Commodore ist in das Spiel des Lebens vertieft, das während der letzten paar Millionen Jahre in dieser Graslandschaft gespielt wurde. Er war sich der unablässigen Liebesspiele des Blütenstaubs, der Spermien, Wurzeln, Ästen und Blüten bewusst geworden, diesem Kommunikationsnetz zwischen all den Lebensformen, das in dieser kleinen Ecke des Planeten entstanden ist. Er sah das chemische Gewebe, das die Landschaft zu einem, von vielen Wesen bewohnten Dorf zusammenwob, in dem jeder Organismus die Bewegungen der anderen Organismen fühlte und sich ihnen anpasste.

Adams lag auf der Erde. Plötzlich setzte er sich auf und begann hastig zu sprechen.

»Du weisst natürlich, dass sich diese Phasen in Sequenzen entfalten. Als erstes wird die Lebenskraft angetörnt. Stufe 13. Das ist der leichteste, wenn auch gefährlichste Schritt. Als nächstes muss diese Kraft verstanden und gesteuert werden. Stufe 14. Dies ist die Technik des Yogi, die mir in Bengalen gelehrt wurde. Die präzise Bemessung jeder physischen Wahrnehmung. Die gesungenen Mantras, die Stellungen, die Beherrschung der inneren Organe, die Übungen, zuerst allein, später mit Shakti-Partnerinnen. Nach einem Jahr des körperlichen Trainings, das derart anstrengend ist, dass die Verzückung mit Folter verschmolz, wurde ich dann eingeweiht, erhielt den Namen Aryabhata und wurde nach Amerika zurückgeschickt, um meine tantrische Gespielin zu finden.«

»Deine Frau war nicht bei dir?«

»Nein, leider wollte sie sich nicht beteiligen. Während meines Urlaubs blieb sie in Princeton zurück. Sie war, um die Wahrheit zu sagen, froh, dass ich verreist war.

Sobald ich wieder in Amerika war, begann ich mich durch die akademischen Veröffentlichungen durchzulesen und vernahm so von deinem Harvard-Experiment. Ich verstand die Bedeutung deines Signals sofort. Es war für mich eine einfache Sache, einen Kollegen von der biologischen Fakultät zu bitten, mir 100 Portionen reine Sandoz-Lysergsäure zu bestellen. Zu dieser Zeit war LSD eine wenig bekannte Versuchsdroge und für qualifizierte Wissenschaftler leicht erhältlich.

Es war nichts Heimliches bei dieser Sache. Mein Fakultätsvorsteher und die Biologen interessierten sich für meine Berichte.

Und so nahm ich in der vertrauten Einsamkeit meines Meditationsraumes die Droge, faltete meine Beine in die Lotusstellung und wartete, um zu sehen, was wohl passieren würde.«

41

»Der Mensch hat keinen von der Seele getrennten Körper; denn das, was man als Körper bezeichnet, ist ein Teil der Seele, der durch die fünf Sinne wahrgenommen wird; die Hauptzugänge zur Seele in diesem Zeitalter.«

William Black, Terra I, ca. 1800

Lausanne, August 1971

Das Festessen ist vorbei und die Flüchtlinge haben sich in ihre Suite im Hotel Continental zurückgezogen. Nervös vor Häftlingsparanoia und dunklen Vorahnungen liegt er auf dem Bett; unruhig, im Wissen, dass Sie sich verändert hat und dass die vor ihm liegende Reise turbulent und verzwickt sein wird. Er wischt mit der Hand über das trübe Glas und blickt mit geschlossenen Augen in die Strudel der Zeit.

»Du bist so ruhig.« Sie sitzt mit überschlagenen Beinen vor dem Schminktisch und spielt mit Ihrem Gesicht. Sie ist unfähig, sich zu bewegen, ohne dabei anmutig zu wirken.

Sein Arm ist vor sein Gesicht gelegt, und er stellt die innere Linse ein, um die Zukunft, die sich in kristalline Netzwerke und Spiegellabyrinthvisionen erstreckt, abzutasten. Er zuckt zusammen, als er sieht, dass die Polizeijagd noch nicht vorbei ist, als er Michels weinendes und Duvals dickliches Gesicht sieht; Sie weint still, und dann ertönt kalt und nachtragend Ihre Stimme; eine kleine hinterhältige Gestalt mit schmalem Gesicht rennt im Schatten irgendeiner Mission des Verrats, vorsichtig! Vorsichtig! Er sieht, wie er in Ketten gebunden aus einem Flugzeug geführt wird, von Bundespolizeiagenten umgeben, Pistolen in den Halftern und bleigefüllte Schrotflinten, den brutalen Beton eines ausbruchsicheren Gefängnisses, wo verbitterte Mörder ihren einsamen Gedanken nachhängen und ihm durch kleine vergitterte Gucklöcher zurufen. Er sieht Gewehre im Anschlag, eine lächelnde goldblonde Frau, eine zwinkernde dunkelhäutige spanische Schauspielerin, grinsende Orgasmusaugen, ein kleines Segelboot in einer sonnenüberfluteten Bucht treibend, die Flucht des Flüchtlings, endlose Szenen mit Bonnie-Clyde-Hotelverstecken.

»Nein, es ist nicht vorbei«, murmelt er.

»Was hast du gesagt?«

»Ich sollte Yo Yo anrufen und ihr sagen, dass ich draussen bin«, antwortet er ausdruckslos, »damit sie es Michel sagen kann, wenn er aus Beirut anruft. Er wird überrascht sein.«

»Glaubst du, dass er die Verhaftung veranlasst hat?«

»Glaubst du es?«

»Es kam alles so gelegen. Er ist im richtigen Moment im Ausland, und ich nehme an, dass er die 25 000 Dollar für deine Verteidigung kassiert. Dazu kommen die Urheberrechte für alle deine Werke für die nächsten zwanzig Jahre. Das war gar kein schlechter Monat für ihn.«

»Aber Benvoglio und alle diese Bestechungsgelder, dass muss einen Haufen Geld gekostet haben.«

»Wenn er sie bezahlt hat. Vielleicht wird dir Benvoglio die Rechnung noch präsentieren.«

»Ich kann mir deswegen keine Sorgen machen. So läuft's eben. Jeder erhält alles, was er will von uns. Das Problem ist, dass sie sowenig wollen. Das Quetzalcoatl-Karma. Sogar auf der materiellen Ebene wird jeder reicher, nachdem er mit einem fremden Agenten zu tun gehabt hat.«

»Ich auch?«

»Du kriegst alles, was du willst. Ich bitte dich, denke grosszügig! Wir sind in guter Verfassung. Wir wurden mit dem amerikanischen Auslieferungsbegehren konfrontiert und haben gewonnen. Das haben wir hinter uns.«

»Aber wir haben einen hohen Preis bezahlt. Ich kann keine weiteren Doktorgeschichten auf mich nehmen. Nun, da ich nicht das haben kann, was ich wirklich wollte, so will ich denn zum einfachen Schönsein zurückkehren.«

Sie kommt mit wiegenden Schritten auf ihn zu, stoppt in provokativer Pose am Fussende des Bettes und nickt spröde.

»Ich nehme an, sie haben dir jene Pillen in dein Gefängnisessen gemischt. Zu schade. Du wirst wohl nicht fähig sein, meine guterhaltenen Reize zu geniessen.«

»Kann diese Ehe gerettet werden?«

»Diesmal habe ich es richtig gemacht. Wie die perfekte Häftlingsgattin. Treu. Geschuftet, um dich rauszuholen. Jetzt will ich meine Belohnung.«

»Was willst du?«

»Es ist noch genauso wie damals, als wir uns zum ersten Mal sahen: Alles, was ich möchte, ist, mit dir zu gehen, Liebling. Ich will, dass du mein idealer Liebhaber bist. Ich will, dass du körperlich sehr stark bist, männlich, geschmeidig wie ein Tiger, strotzend vor Kraft und mit der Zärtlichkeit und Spielbereitschaft einer grossen Katze.«

»Hast du mal wieder *Penthouse* gelesen?«

»Ich weiss, Porno ist albern. Kinder, die an Orgien teilnehmen und all das. Aber was gibt es jenseits der synkopierten Vergnügungen des Fleisches noch?«

»Ich weiss im Moment keine Antwort«, gibt er zu.

»Ich war ja so ein behütetes Mädchen und glaubte, ich hätte kein Recht, das zu verlangen, was ich wollte. Bevor ich dir begegnete, war ich für die paar erotischen Krümel dankbar, die die Männer mir schenkten, wenn sie sich danach fühlten. Doch jetzt will ich, dass du sehr aggressiv bist und mich fickst wie ein Jaguar, wann immer ich will und ich will immer. Ich will, dass meine Augen strahlen und meine Haut glänzt.«

Er sitzt auf der Bettkante und zündet sich eine Zigarette an. Dann geht er zum Fenster und schaut zum Bahnhof hinüber, überflutet vom trostlosen Licht der Strassenlampen, schicksalsschwer in seiner unpersönlichen, granitschweren Autorität. Er fragt sich, ob sie wohl verfolgt worden sind, ob das Zimmer abgehört wird. Er geht zum kleinen Kühlschrank und überprüft, was die Gefängniswärter zur Verfügung gestellt haben. Eine Flasche billigen Champagner, einen guten Scotch, sechs Flaschen Heineken und zwei Flaschen Mineralwasser.

»Was zum Trinken?«

»Gern.«

Er öffnet zwei Flaschen Bier, gibt Ihr eine und geht zum Fenster zurück.

»Nun, das ist peinlich«, sagt er sanft, »denn im Moment fühle ich mich wie ein zusammengebrochener Partner. Ein Neutronen-Stern. Ausgebrannt. Und du, meine strahlende Hälfte, hast den grössten Teil meiner ehemaligen Masse absorbiert.«

»Danke«, sagt Sie kalt.

»Für was?«

»Für deine Erklärung.«

»Gern geschehen.«

»Bist du zu alt? Kannst du dich nicht ändern? Wir sind so eng aneinander gebunden; ich explodiere, und du bist so regungslos.«

»Die primäre Komponente einer engen Zweiheit wird vor der sekundären zur Supernova. Die magnetische Anziehungskraft lässt nach, und die nicht-explodierte sekundäre Komponente wird in eine grössere Umlaufbahn gezogen.«

Sie zuckt nachlässig die Achseln und schwenkt ihre Hand. »Bis später.«

»Du bist die schönste Frau der Milchstrasse«, flüstert er.

»Warum kannst du es mich nicht auch fühlen lassen?«

42

»Entschuldige meine Kumulus-Stellung«, murmelte Sie. »Mein Körper ist heute Nacht die Hängematte für meine Seele.«

Aus: Legenden der Klette

Vidalische Archive, 2575

Irdische Fans bereit ihn nach Arrhenius zurückzuschicken

Unser Evolutions-Agent erlebte auf dem Planeten seiner Grossen Möglichkeiten etwas genetisch sehr Belehrendes, weder sehr gut noch sehr schlecht, bloss sehr typisch für den Zustand erstarrter Verzückung.

Als er die Verantwortung als Geburtshelfer auf sich genommen hatte, einen vierhirnigen Planeten zu entbinden, erkannte er, dass dies gewisse Risiken mit sich bringt. Die Kunden würden zweifellos erwarten, dass er fähig sei, ihr Bier und ihre Würstchen in Champagner und Rindsfilet zu verwandeln und ihnen den Siegespokal holt, indem er vierundzwanzig Fussballspiele hintereinander gewinnt, ohne eine einzige Torchance zu verpassen.

Nie, nicht einmal in seinen entrücktesten Stunden, hatte er sich daran erinnert, dass sie von ihm zwangsläufig Unfehlbarkeit verlangen würden.

Und da stand er vor der geilen Menge im Astrodom, soeben aus dem fünften Schaltkreis heraufgekommen, und hatte Schwierigkeiten, die Energie genau dort zu plazieren, wo er sie haben wollte.

Für einen Präzisionsspieler wie Leri ist das eine quälende Situation. Seine Muskulatur ist nicht stark genug, um einen Verzückungspartner mit blosser Kraft zu vernichten. Und es ist nicht so, dass er sich, wie man so sagt, in den finstersten Tiefen der Kabaretts, wo Augen im Kerzenlicht glühen und die feinste Mundart diesseits des Gettos gesprochen wird, gross aufspielt.

Er hat die gefürchtete Tendenz, die Spieler zum Laufen zu zwingen, wenn es ihm nicht gelingt, den Ball in die richtige Position zu bringen.

Um zu zeigen, wie kultiviert fünfhirnige Mutanten wirklich sind, haben ihn die Kunden im Queens-Stadion kürzlich ausgepfiffen. Das war seine zweite Gelegenheit, und er ging mit seiner zweiten Niederlage vom Feld. Und das alles für die 25 000 Dollar aus dem Fluchtfond. Was hat er eigentlich in letzter Zeit für sein erwartungsvolles Publikum getan.?

Als er entmutigt im Umkleideraum sass, machten ihn die Reporter darauf aufmerksam, und er antwortete mit einem volkstümlichen Beispiel aus der Philosophie von Aldebaron.

»Wenn sich ein katalytischer Agent für einen Haufen Energie anheuern lässt, um einen Planeten zu mutieren, haben die Leute ein Recht darauf sich zu beklagen, wenn er nichts bietet«, gab er zu. »Meine Steuerung funktioniert im Moment nicht sehr gut. Wenn ich wieder in Form bin, werde ich für diese Spezies einige Histone aufdecken. Ich bin nicht so besorgt wie einige der Leute, die Saisonbillette gekauft haben. Sagt ihnen einfach, dass ich es besser machen werde und dass es von Körperölen zur Laser-Verschmelzung ein grosser Sprung ist.«

Und so kam es, dass die Menge an Maria Himmelfahrt schrie und pfiff, weil ein Mittelstürmer, der in drei Weltmeisterschaftsmutationen hintereinander seine Fähigkeiten bewiesen hatte, den sechsten Schaltkreis langsam in Gang brachte.

43

»Ist die Verschmelzung falsch
Stimmt alles nicht
Fische beissen nicht
Streichhölzer zünden nicht
Also merke dir das
Und vergiss es nicht
Ist die Verschmelzung falsch
Geht alles nicht.«

Volkslied des 20. Jahrhunderts
Gesungen von Marilyn Monroe

Villars-sur-Ollon, September 1971

Wann ist eine Ehe tot? Bis vor wenigen Jahren nahmen die Ärzte an, dass die Auflösung eintritt, wenn die zwei Herzen nicht mehr zusammen schlagen. Heutzutage sind sich die meisten Ärzte einig, dass es vorbei ist, wenn sich die Gehirne trennen, und kürzlich nahmen die Vereinigten Staaten eine ähnliche Haltung ein. Das hat unter anderem zur Folge, dass die Patienten mindestens dreissig Tage warten müssen, wenn ein Telo-Enzephalogramm (TEG) keine Hirnverschmelzung anzeigt. Wenn dann das zweite TEG ebenso disharmonisch ist wie das erste, können die Partner annehmen, dass die Ehe gestorben ist.

Sie sind wieder in ihrer Wohnung in Villars, in einer unbehaglichen, exzentrischen Umlaufbahn. Bis tief in die Nacht hinein liest Sie im Wohnzimmer Romane. Der weisse Zwerg steht früh auf, kreist in der Nachbarschaft umher und strahlt schwache Röntgenstrahlen aus.

Sie steht um zwei Uhr auf und badet Ihren majestätischen, mächtigen Körper in parfümiertem Wasser. Gemeinsam klettern sie schweigend den Berg hinauf und betrachten den Sonnenuntergang. Obschon es erst September ist, der Sommer ist vorüber und die Luft kühl.

Sie weigert sich, ins Dorf zu gehen und geruht gnädigst, noch Einkaufslisten zu erstellen, die er dann in freudloser Unterwerfung zum Lebensmittelhändler trägt. Er betrachtet sich selber, wie er die Kunst des Auseinanderfallens perfektioniert. Seine Wahrnehmung der Zukunft ist schmerzhaft genau. Er mischt die Zukunftskarten und legt hunderte von düsteren Realitäten aus.

Sie gehen ins Kleidergeschäft, und Sie wählt elegante Anzüge für ihn aus.

»Ich werde gut gekleidet sein für den nächsten Film«, murmelt er.

Er kauft sich einen Feldstecher, studiert den Nachthimmel und versucht, sich seiner Anweisungen zu erinnern. Sie sitzt mit dem Rücken gegen den Türrahmen gelehnt, schaut in den Himmel hinauf, schaut zum Weidenwäldchen und lauscht dem Weinen des Bächleins. Und wartet.

Er macht alles falsch. Er, der von Peyote-Schamanen gelernt hatte, wie man in totaler Konzentration ein Feuer macht, wie man mit der Präzision eines Pinselstrichs von Picasso die Zweige auswählt und ins Feuer legt, rennt nun hinaus und holt vom Abfallhaufen eines nahen Bauplatzes Bretter und Balken und entfacht ein prasselndes Fegefeuer im Kamin. Sie geht an ihm vorbei und streift ihn mit einem geringschätzigen Blick. »Nun, da haben wir ja ein Lagerfeuer.«

Er kann die Rituale nicht mehr ausführen. Er vergisst die Sequenzen der I-Ging-Stäbchen. Er kann die Mondphasen nicht mehr mitverfolgen.

Warum? Er wundert sich. Wurde Sie programmiert, einem anderen Zweck zu dienen? Bestimmen körperliche Schönheit und neurosomatisches Bewusstsein zwei verschiedene Wesen? Sie liebt mich ganz sicher.

Seine Entlassungsbedingungen verlangen, dass er sich drei Mal pro Woche bei der Dorfpolizei meldet und sich mit Unterschrift in ein Register einträgt. Sie sind gesetzlich verheiratet. Ver-ehe-licht. Er kann das Dorf nicht verlassen. Und Sie kann auch nicht weg.

»Es ist zu schade, Acht«, sagt sie schwermütig, »aber du bist einfach kein guter Ehemann mehr.«

»Ist es das, was du wirklich willst?«, erwidert er in schwerfälligem Erstaunen.

»Ja, ich will einen guten Gatten, einer der für mich sorgt, mich unterhält, mich antörnt, mich einstimmt, mich ausflippt.«

»Und ein Gatte kann dies alles tun?«

»Hm, ja. Und auf meine Bedürfnisse eingehen, wissen wann ich verwöhnt werden will, wann ich beruhigt werden will, wann er mich aufmöbeln muss. Ich will einen, der mich immer high und bei guter Laune hält.«

»Das ist fantastisch«, gibt er verdrossen zu.

»Mach, dass ich immer aufgeladen bin. Jung. Mach, dass ich mich schön fühle.«

»Wow! Vielleicht sollte ich mir auch einen anschaffen.«

»Nun, such dir einen, der kochen und mit Werkzeugen umgehen kann.«

»Es ist erstaunlich«, sagt er.

»Was ist erstaunlich?«, fragt sie gähnend.

»Dass wir ohne Hilfe des Fernsehers in diesen Zustand der Konsumfrustration geraten konnten.«

44

»Das Kartenspiel des Lebens ist die ausserirdische Version des alten, larvalen Patience-Spiels. Die Ausgangskarten (Die Vergangenheit) sind nicht vor den sieben Bildkarten (Die Gegenwart) versteckt, sondern erkennbar, und wenn der Spieler Karten vom Stock (Die Zukunft) nimmt, kann SiEr Karten aus der Vergangenheit in die Gegenwart wechseln. Mit dem Wissen der Vergangenheit und der neurologischen Fähigkeit Um-Prägungen zu machen, kann das Spiel des Lebens immer gewonnen werden. Die einzige Frage ist, wann und wie man aus ästhetischen Gründen die Karten auswechseln will.

Das Spiel des Lebens

Genf, September 1971

Beinahe zwei Wochen sind seit seiner Entlassung aus dem Gefängnis vergangen, als er Duval wieder trifft. Er eilt, in Richtung Richemond, die Rue du Vert entlang und hört plötzlich, wie ihm Duval aus einem Gartenrestaurant zuruft. Dieser Ort wird in diesen Tagen vor allem von den Mitgliedern der Geheimdienst-Gemeinde bevorzugt, die in gleichgültiger Verachtung gegenüber denjenigen, die sie zu überwachen versuchten, die Gewohnheit pflegten, ihren Morgenkaffee in aller Öffentlichkeit zu geniessen. Duval bestellt zwei Vermouth-Cassis. »Sie lesen die Lebenskarten, und ich bezahle die Getränke.«

»Wie Sie wünschen«, sagt der Commodore achselzuckend. Er nimmt das Spiel aus der Tasche und reicht es Duval zum Mischen.

Der Philosoph legt die achtundzwanzig sichtbaren Karten. Die erste Linie der sieben Karten der »Gegenwart« und das expandierende Dreieck der einundzwanzig Karten der »Vergangenheit« ergeben eine magere Zweierreihe. Die erste »Zukunfts«-Karte ist die Stab-Drei mit der Zwei in der Gegenwart und dem As in der Vergangenheit von vier Vieren gefangen. Die Gegenwart ist mit Dreien überladen.

»Sie haben sicherlich mit Stier-Demeter-Typen zu tun«, sagt Duval, der das Buch des Commodore über die Periodische Tabelle der Energie begeistert studiert hatte.

»Das war mein Schicksal«, antwortet er mit einem Seufzer.

»Und ich bin noch nie jemandem begegnet, der derart von Zwillingen blockiert ist. Mein Gott, Sie müssen vor der ganzen Bande der Verschlagenen Merkurianischen Trickster fliehen.«

»Das ist schon seit langer Zeit so«, lächelt der Commodore. »Welche Drei sollen wir auswechseln?«

(Wie doch die Nummern und Karten das Bewusstsein in jene Jahre vor dem Flug auf den Planeten Erde zurückversetzen! Überall in der ganzen Milchstrasse, wo man *Frau/Mann* das *Leben* mit den Karten spielen sieht, wird man in die bevölkerten Strassen der larvalen Erde und die Gestalt des Agenten zurückversetzt, der ironischerweise die Gesetze der Metamorphose und die Grundsätze der Neurologik in den primitiven Symbolsystemen der Affen lehrt).

»Herz-Demeter«, sagt Duval. »Sie wird das As von den vier Vierern befreien. Glauben Sie mir, Professor, es ist unglaublich wie die umherfliessen!«

Das As ersetzt den Herz-Stier in der Gegenwart, und weil die Blockade dadurch gebrochen ist, entfalten sich die Karten ohne weiteres. Eine Elferreihe.

»Wir müssen eine schwarze Königin hineinbringen«, sagt Duval. »Wer könnte das sein?«

»Ich kenne keine Steinböcke«, überlegt der Alchimist.

»Gordon Liddy ist kein Steinbock, nicht wahr?«

»Genau auf diese Frage will ich von Ihnen eine Antwort.«

Der Professor betrachtet die vorbeieilenden Schweizermädchen; runde Beine blitzen unter Minijupes, und die grossen Wagen entladen Passagiere.

»Er war stellvertretender Staatsanwalt in Dutchess County, New York, wo ich fünf Jahre lang lebte. Er hatte den wilden Ehrgeiz, über seine Fähigkeiten hinaus aufzusteigen, also startete er für die Öffentlichkeit einen Kreuzzug gegen mich. Er kandidierte für den Kongress auf der Liste der Konservativen mit einem Bild von mir auf dem Wahlplakat.«

»Wie kam er unter Nixon ins Weisse Haus?«

»Nun, er gehörte von vornherein dorthin. Ich war seine Eintrittskarte. Er behauptet, der führende Anti-Drogen-Fachmann der Welt zu sein. Schliesslich war er der erste und einzige Bulle, der mich erfolgreich aus der Stadt vertrieben hat.«

»Aha, ich verstehe«, sagt Duval. »Nun weiss ich auch, was die Namen bedeuten, die in letzter Zeit erwähnt werden. Liddy sitzt als Rauschgiftexperte am Organisationstisch im Weissen Haus.«

»Er hat von Drogen keine Ahnung.«

»Aber er behauptet, daß er Sie kennt. Schon wieder einer, der auf Ihrer Kreditkarte reitet. Das Weisse Haus stelle eine Einsatzgruppe zusammen, um den Drogengebrauch zu bekämpfen. Sie sind das Hauptziel.«

»Das ist absurd. Sie haben mich doch bereits neutralisiert.«

»Nun, für die Bürokraten und Propagandaleute sind Sie noch immer das sichtbare Symbol. Nixon behauptet, daß er die Drogenbefürworter zum Schweigen gebracht hat. Es stört ihn und seine Leute, dass Sie immer noch frei sind. Alles, was frei ist, wird als Beleidigung empfunden.«

»Aber was können sie tun?«

»Sie werden Sie nicht umbringen. Sie werden weiterhin Druck auf die Schweizer ausüben, damit diese Ihnen kein Asyl gewähren. Sie werden Druck auf Sie ausüben, damit Sie ausreisen. Sie werden Ihnen eine Falle stellen. Sie müssen im Umgang mit Fremden sehr vorsichtig sein.«

»Ich bin es.«

»Was ist mit diesem Mädchen Joanna de Layne?«

»Ich habe nie von Ihr gehört. Warum fragen Sie?«

»Sie hat die ganze Schweiz nach Ihnen abgesucht.«

»Wer ist SiEr?«

»SiEr ist ein Freund von Michel. Er war während einiger Jahre in Sie verliebt. Es gibt Leute, die glauben, daß Sie eine Geheimdienst-Agentin ist.«

»Warum?«

»Weil Sie sehr intelligent ist, nehme ich an. Benachrichtigen Sie mich bitte, falls Sie mit Ihnen Kontakt aufnimmt. Sie hat die Gewohnheit in hochenergetischen Situationen aufzutauchen; ich würde mich gern mit Ihr unterhalten.«

45

»Crowley und Gurdjieff waren beide Meister des Fünften Schaltkreises, der vor der Einsteinschen Ära für das Bewusstsein und die Intelligenz der höchste erreichbare Punkt war.«

Das Spiel des Lebens

Vidalische Archive, 2575

Menge pfeift an Maria Himmelfahrt letztjährigen Helden aus

Als Mann von durchschlagender Eitelkeit, ausgerüstet mit einem Gehirn für Übermittlung oder sogar seligen Empfang wäre er damit durchgekommen. Solche

Leute schaffen es gewöhnlich, den größten Bauernplaneten der Galaxis erfolgreich um den Finger zu wickeln. Aber Leri ist eine sanftmütige Waage, ein symbolberauschter Barde, ein reflektiver Hephäst, eine eigenwillige Acht, der sich keinen extrovertierten Extravaganzen hingibt. Wäre dies an irgendeinem anderen Ort passiert, wäre es nicht halb so faszinierend gewesen. Aber die domestizierten Affen und unterlippenleckenden Hedonisten auf Sol-III sehen sich gerne als cool und kultiviert, obschon dieser Randglobus alle synaptischen Annehmlichkeiten von Amoeba, Texas, an einem Samstagabend bietet und dazu die Toleranz des Alpha-Centauri-Rotary Clubs, wenn dieser über die Aufnahme eines neuen Satelliten abstimmt.

Leris Leben war gar nicht so befriedigend, seitdem er seinen larvalen Ehrgeiz befriedigt und bei den Europäern unterschrieben hatte, nachdem ihn Nixons störrische Weigerung, sich an die Bedingungen der Verfassung zu halten, gezwungen hatte, von der Fluchtklausel Gebrauch zu machen. Während des Frühjahrstrainings bot er als erstes eine ausgezeichnete Torvorlage, die Black Sox Mauler Cleaver sofort sabotierte.

Obschon er überall, wo er im Mittleren Osten auftauchte, Schlagzeilen machte, gewann er keine Spiele. Einige seiner neuen Kollegen murrten ein bisschen, da sie die hysterische Eifersucht des Rubin-Hoffman-Clubs überlebt hatten. Doch das allein wäre nicht sehr störend gewesen. Aber Cleavers Behauptung, er sei ein ausgebranntes Raumopfer mit einem gerösteten Gehirn, war noch immer aktuell, und die Gerüchte wollten nicht verstummen.

Während Sportjournalisten bruzzelnde Steaks und Königskrebse verschlingen, während Nixon und John Dean und John Mitchell ihre Memoiren für sechsstellige Vorschüsse verkaufen, während Jack Ford im Weissen Haus Gras raucht, während Idolmacher jüdische Harvard-Professoren zu Neo-Metternichs erheben, sind die wirklichen Leute auf Terra I äusserst verzweifelt; sie sind in einen monumentalen Irrgarten gedrängt, aus dem es kein Entrinnen gibt. Wenn man ihr frustrierendes Dasein berücksichtigt, ist es kein Wunder, dass sie einen Mann auspfeifen, der mit der offensichtlichen Fähigkeit, die Gesetze der Schwerkraft durch Widerlegung zu verletzen, auf dem Planeten umhertreibt und *sie* noch immer nicht aus dem Keller der Liga heraufholen kann.

Möglicherweise war es sein Fehler, sich für diesen unberechenbaren, wankelmütigen Planeten zu verpflichten. Schon damals, als sein Nachbar auf der elliptischen Bahn, er nennt sich malerisch Clyde Klutz, ihn dazu überredet hatte, auf Sol-III zu gehen, und obschon die Beta Cygni-Padres und die Auriga Rangers bereit gewesen wären, ihm bessere Angebote zu machen, hatte Leri seine Zweifel über ein Leben, in dem man zwischen Mars und Venus gefangen ist.

»Wenn dort vier Milliarden Leute überleben können, kannst du es auch«, sagte Klutz, »zuerst wollte ich dich nicht dorthin schicken. Aber Primaten sind Primaten. In jedem System gibt es Novas und Schwarze Löcher. Du wirst sehen, nach einiger Zeit wird dich die grosse Mehrheit der Mutanten lieben. Auf Terra I schätzen sie Helden.«

»Nachdem sie wieder weg sind«, antwortete Leri.

Und so pfeifen sie auf dem gelobten Planeten einen Mann aus, weil er nicht gewinnen kann und zwei Chancen hatte. Schaffen Algerien und die Schweiz eine Saison? Sie wollte, dass er 24 zu 0 siegt, damit jedermann vergisst, dass das Reich des Paracelsus vor einigen Jahrhunderten untergegangen ist; Sie glaubt, dass ein Spieler, der sich opfert, um ein Tor zu verhindern und dafür auf die Strafbank kommt, wie ein Mann sei, der nach dem Geschlechtsakt erschöpft zusammenbricht. Es ist grausam, aber voraussehbar. Wenn Du auf der aphrodisischen Ebene lebst und jeder Mann dir sagt, wie grossartig es ist und du es glaubst, dann kann das Versagen des grössten Erlösers der Geschichte enttäuschend sein. Es ist komisch, aber es ist wirklich.

46

»Ich besitze Timothy Leri, und ich habe die notariell beglaubigten Papiere, um es zu beweisen.«

Michel Hauchard

Villars-sur-Ollon, September 1971

Yo Yo ruft aus Lausanne an. Michel und Dee Dee sind auf der letzten Strecke ihrer Überlandreise von Beirut in die Schweiz. Sie verlassen Mailand heute früh und werden in Villars zum Mittagessen halt machen. Michel freut sich auf ein Wiedersehen.

»Du solltest dich im Dorf mit Delikatessen eindecken.«

»So wie ich Michel kenne, wird er nicht hier essen wollen. Er denkt zwar, dass du bezaubernd schön bist, ist aber überzeugt, dass die Amerikaner kulinarische Barbaren sind. Wahrscheinlich glaubt er, dass wir Büffelinnereien, Schokoladen-Auflauf und Kopfsalat aus der Büchse essen.

»Nun, für mich ist das Einkaufszettelschreiben zur Zeit das grösste Vergnügen, also gib mir den saftigen, weichen Filzstift, Meister. Wir können ja trotzdem unser ganzes Geld ausgeben. Du kannst sicher sein, dass Michel morgen mit seinem freundlichen Staubsauger vorbeikommt, um uns von unserem restlichen Bargeld zu erleichtern.«

»Ja«, gibt der unschuldige Gnostiker zu, »ich glaube, unsere kurzen Ferien sind vorbei. Jetzt wo Quecksilber wieder zurück ist, wird er die Bezahlung der in Empfang genommenen Güter verlangen.«

»Er ist wahrscheinlich immer noch wütend, dass die zwanzigtausend Dollar von Walter Clark durch sein Netz schlüpften. Das hätte nicht passieren dürfen.«

»Du bist so weltklug«, sagte er bewundernd.

»Und du musst mir versprechen, ihm nichts von dem Nummernkonto zu sagen.«

»Ich weiss nichts davon«, sagt er langsam, »ich verabscheue es, in Geheimniskrämereien hineingezogen zu werden.«

Sie knallt den Filzstift auf den Tisch, neigt Ihren Kopf mit dem starren Blick eines Nevada-Kartenspielers und hebt Ihre Stimme um zwei Grade an. »Ich beharre darauf. Ich werde es nicht zulassen, daß du wieder denselben Fehler machst wie mit Cleaver. Du kannst diesen Strasseneckengaunern nicht alles übers Geschäft erzählen und ihre diebischen Finger einladen.«

»Für mich ist Lügen in Geldsachen wie ein Wissenschaftler, der Resultate von Versuchen fälscht. Es ist ein zu starkes Tabu, um es zu durchbrechen.«

»Du hast ohnehin nichts von dem Konto gewußt. Ich habe es eingerichtet. Alles was ich von dir verlange, ist, daß du mich nicht verrätst.«

»Also gut, du hast den richtigen Knopf gedrückt. Der Häftlingskodex ist stärker als derjenige des Akademikers. Häftlinge haben keine Verpflichtungen, Leute zu befreien, die sie beklauen. Ich werde das Geheimnis wahren.«

Er ist im Lebensmittelgeschäft und hat das Einkaufskörbchen gefüllt mit *Tresse Tessinoise,* Alpenbutter, Heidelbeerkonfitüre, italienischem Kaffee, Palmenherzen, einer Büchse Gänseleber aus Straßburg, einigen Scheiben Schinken, als plötzlich Michel durch die Tür stürmt und eine gallische Umarmung um den Flüchtling wirft.

»Herzliche Gratulation, *mon vieux!* Wir sind frei! *Allons,* vergiss diese Bauerneinkäufe. Wir gehen nach Lausanne und gönnen uns ein großes Siegesessen.«

»Wir werden diese Sachen in deine Wohnung bringen. So hast du eine volle Küche, um anzufangen.«

»Du hast recht«, sagt Michel, plötzlich müde und niedergeschlagen. »Deine Freiheit kostet uns soviel Geld, daß wir von Krümeln wie diesen leben müssen, bis wir mehr Franken verdienen.«

47

»Zu Ulams Aktivitäten in Amerika gehören Arbeiten in reiner und angewandter Mathematik und, da er tatsächlich dieser ›etwas realistische Mathematiker‹ ist, wie er sich selber zu nennen pflegt, auch die Zusammenarbeit mit dem Atom-Projekt in Los Alamos und die Entwicklung der Wasserstoffbombe und des nuklearen Antriebs für Raumfahrzeuge. Er war einer der Ersten, die Computer für die wissenschaftliche Forschung verwendeten und empfahl und unterstützte als Mitglied verschiedener Organisationen das Raumfahrtprogramm.«

Laura Fermi's illustre Einwanderer

Genf, September 1971

»Ich glaube, ich sollte Ihnen erzählen, wie Joanna Michel kennenlernte«, sagt Duval.

»Warum?« fragt der Commodore.

»Weil wir alle in Ihrer Realität leben. Sie verwandelte Michel vom kleinen Pariser Schwindler in den eleganten Vertrauensmann, den Sie jetzt respektieren.«

»In Ihrer Realität?«

»Ja, natürlich«, antwortet Duval ungeduldig. »Sie erschafft Michel, bereitet ihn für Sie vor. Michel bringt mich ins Molekül. Seien Sie versichert, dass Joanna beobachtet, wie sich alles entwickelt. Und Sie wird zum richtigen Zeitpunkt auftauchen.«

»Dann um Gottes Willen, erzählen Sie mir, wie dies alles begann.«

»*Bien*. Ich spielte Karten mit Michel, Gin Rummy, in der Halle des Hôtel de Paris in Monte Carlo. Sie kennen die Szene. Das Hotel war im Stil des 19. Jahrhunderts in den Farben rot und gold neu gestrichen worden. Riesige Kronleuchter strahlten. Mahagoni. Marmortische. Negerstatuen als Kerzenständer. Verstanden?«

»Ich verstehe«, sagt der Professor.

»Sie war etwa achtzehn und kam zu unserem Tisch gehüpft. Ich erhob mich, küsste Sie und stellte Ihr Michel vor. ›Wie hoch ist der Einsatz?‹ fragte Sie. ›Ein Dollar pro Punkt‹, sagte Michel. Er schaute mich fragend an. ›Warum spielst du nicht mit Ihr‹, sagte ich zu ihm. ›Es wird unterhaltend sein.‹

»Also scharte sich Joannas Bande, Söhne und Töchter des europäischen Adels um uns und Sie begann zu spielen. Für mein ungeübtes Auge schienen die Jugendlichen unter einer Droge zu stehen, die sie unaufhörlich grinsen und lachen liess.«

»Und Sie schlug ihn im Spiel?«

»Schlug ihn! Es war katastrophal! Innerhalb von fünfzehn, zwanzig Minuten schlug Sie ihn in drei Reihen. Jungfrau. Er machte nicht einen Punkt!«

»Wieviel gewann Sie?«

»Oh, ich weiss nicht. Das schien nicht wichtig zu sein. Etwas mehr als zweitausend Dollar. Michel sass da und lächelte. Er war offensichtlich sehr von Ihr angezogen. ›Ich spiele seit fünfzehn Jahren an Gin Rummy-Meisterschaften‹, sagte er, ›und niemand hat mich je punktelos geschlagen.‹

Joanna lächelte provokativ. ›Spielen wir noch eins?‹ ›Selbstverständlich‹, sagte Michel. ›Aber entschuldigen Sie mich bitte für einen Moment. Ich muß ganz kurz etwas erledigen.‹ Nach zehn Minuten kam er mit einer goldumrahmten Lederschatulle zurück. Von Cartier. Joanna öffnete sie und atmete vergnügt tief ein. Es war eine riesige Löwenkopfbrosche. Eine Diamantenschnauze, Rubinenaugen, Smaragdohren und die Mähne eine Flut von Rubinen, Smaragden und Saphiren. ›Stecken Sie's an‹, sagte Michel. Sie tat es. Es war ein feierlicher Augenblick.«

»Was sagte Sie dann?« fragt der Commodore.

»Sie lachte verschmitzt und fragte Michel, ›wollen Sie noch eine Runde spielen, um quitt zu sein?‹ Michel war selbstverständlich zu allem bereit. ›Ich mache einen Vorschlag‹, sagte sie, ›wenn Sie eine Reihe gewinnen, sind wir quitt.‹ Michel war überwältigt. So spielten sie weiter und Sie schlug ihn einmal mehr. Sie nahm ihm punktelos drei Reihen ab, bevor er endlich eine gewann. Als das Spiel vorbei war, bestellte er eine Runde Champagner und machte seinen nächsten Zug. ›Geben Sie mir die Ehre, Sie und Ihre Freunde zu einer Feier ins *Le Pirate* einzuladen?‹ Jedermann applaudierte zustimmend und man vereinbarte, sich um neun Uhr zu treffen.

Selbstverständlich erschien Joanna mit zwanzig Freunden. Sie warteten auf den Gastgeber. Nach einer Weile deutete jemand zum Quai. Dort legte Michel mit seiner Motoryacht an. Er stieg die steinerne Treppe empor. Der Besitzer des Restaurants, *Le Pirate* höchstpersönlich, begleitete Michel, warf sich auf die Knie, küsste Ihre Hand und sagte ›Willkommen, Prinzessin‹. Dann feuerte seine Seeräuber-Belegschaft mit Pistolen in die Luft, legte riesige Scheite in das Feuer – es war eine Freiluftterrassenszene, verstehen Sie – und die Party begann. Sinatra sass am Nebentisch. Joanna warf ihre Schuhe ins Feuer, Dom Pérignon floss reichlich.

Nach einem langen Abendessen bewegte sich die ganze Truppe ins *Casino d'Eté*. Wissen Sie, Michel ist eigentlich ein Spieler. Er liebt das Klicken der Roulettekugeln, die gedämpfte Atmosphäre, die entsteht, wenn Geld schnell den Besitzer wechselt, das flüssige Rascheln der Spielkarten, den schweren, kathedralähnlichen Luxus der Spielhalle, die Plüschsessel, die unterwürfige Aufmerksamkeit der Kellner, das Schauspiel der Spekulation. Und hier ist er, rauscht durch die ›Küche‹ in den *salle privée* wie Louis XIV. mit seinem Hof von jungen Gästen und Joanna am Arm. Er wechselt eine Million alte Francs gegen Fünfzigtausender-Jetons und setzt sich in den angebotenen Sessel neben dem Chefcroupier am Tisch für hohe Einsätze.

Michel ist natürlich ein grossartiger Schauspieler in diesen lächerlichen altmodischen Salon-Schauspielen. Er verlangt vom Croupier die Karten, untersucht die Reihenfolge der Nummern und nickt überheblich. ›Welche Nummern wollen wir spielen?‹ fragt er Joanna, die an seiner Seite sass. *›Final huit‹*, sagte Sie.«

»Was ist das?« fragt der Commodore.

»Acht, achtzehn und achtundzwanzig.

›Und verteile die acht‹ fügt sie hinzu. Das bedeutet, daß er jede Ecke um die acht herum abdeckte. Michel spielte auf jeden Punkt den Höchsteinsatz – eintausend Dollar – und hatte so über zehntausend Dollar im Spiel. Die Kugel endete selbstverständlich auf der Acht.«

»Wieviel gewann er?«

»So um die sechs Millionen Francs in dieser Runde. Aber als das Spiel weiterging, begann sich Joanna zu langweilen. Sie und Ihre Freunde schlenderten den Korridor hinunter in den Nachtclub *Le Maona*. Um zu tanzen. Nach einer Weile folgte ich nach, um Ihr zuzuschauen. Sie war wunderbar anzusehen. Eine hübsche Frau im Alter von achtzehn Jahren. Die Blüte europäischer Kultur. Und wild! Intensiv! Eine Rakete! Plötzlich stürmte ein in rot und gold gekleideter Diener mit rotem Kopf aufgeregt auf unseren Tisch zu. ›Mademoiselle! Sie müssen sofort kommen! Monsieur Hauchard hat die Bank gesprengt!‹ Wir machten uns alle auf die Beine und rannten in den *salle privée*. Als wir eintraten applaudierten alle. Michel trank Champagner, sein Gesicht war vor Vergnügen gerötet und er bestellte Getränke für alle. Die Diener kamen und deckten den heimgesuchten Tisch mit einem schwarzen Tuch zu. Michel kassierte seinen Gewinn in Fünfhundert-Francs-Scheinen. Über hunderttausend Dollar. Er wogte durch den Raum und zog mit Joanna an seinem Arm von dannen.«

»Wissen Sie, was nachher geschah?«

»Er erzählte es mir später. Er und Joanna gingen auf sein Zimmer und verteilten das Geld auf dem Doppelbett. Zwei Zentimeter dick. So begann Sie mit Michel.«

48

»Gegen Ende ihres Lebens verloren beide, Gurdjieff und Crowley, ihre Baraka: Ihre Nervensysteme arbeiteten nicht mehr als Sender/Empfänger hochenergetischen neuen Wissens. Ihre Lebensgeschichten haben etwas Bitteres an sich. Das Leben beider Männer endete genau zu der Zeit, in der die Entdeckungen der elektronisch-atomaren Nuklearenergien die körperliche Langlebigkeit und die Auswanderung vom Planeten möglich machten und die Auswirkungen der Zeitdehnung als Folge der beschleunigten Bewegung bekannt wurden.«

Die Periodische Tabelle der Energie

Lausanne, September 1971

Sie sitzen im oberen Saal des *La Grappe d'Or,* Michels Lieblingsrestaurant. Die Stimmung ist die des 17. Jahrhunderts, riesige Deckenbalken, schmiedeiserne Beschläge, steinerner Kamin, Medici-Kellner, riesige Messingkerzenleuchter. Der *maître d'hôtel* nähert sich ihnen: Michel bestellt für alle; Schildkrötensuppe mit Trüffeln, *loup de mer grillé aux herbes,* dann *carré de boeuf provençale* mit *coeur d'artichots* und frische *asperges au beurre,* dann einen *Tomme Vaudoise, Rémy Martin* und einige Espressos.

»Oh Michel«, schnurrt Sie. »Neben deinen anderen Talenten bist du auch der beste Restaurantführer. Pass auf den Grossen M auf!«

»Was bedeutet dieser Grosse M?«, fragt der blühende, strahlende Lebenskünstler.

»Bevor ich Michel kennenlernte, wusste ich nicht, warum sie ihn den Michelin Guide nannten.«

»Ja, ich gestehe, du hast recht. Es gibt etwas auf dieser Welt, das ich wirklich kenne, und das ist das gute Essen und den guten Wein. Ich werde euer Professor für den Magen sein, und du, Teem, gibst uns die Antwort auf *Was will die Frau?* Was sagt ihr dazu? Nun ist es wirklich an der Zeit, uns die Antwort auf die Frage zu geben.«

»Vorsicht, Acht«, warnt die bessere Hälfte. »Er wird das Geheimnis an Duval verkaufen.«

»Vielleicht werde ich es wirklich tun«, lacht Michel. »Aber was soll's. Wir sind Partner. Ihr kriegt die Hälfte. Abzüglich Spesen. Also, *mon professeur,* sag uns in diesem Moment des Feierns und des Wiedersehens die Antwort.«

»Also gut«, antwortet der beschwipste Barde. »Die Szene ist die folgende: Ihr erinnert euch, dass der Häftling die endgültige Frage richtig formuliert hatte. Nach drei Tagen Karnevalstreiben unter dem Motto ›Das Leben auf diesem Planeten ist gerettet worden‹ wurden die Führer der Welt ins UNO-Hauptquartier zurückgerufen, um die nächste Prüfungsfrage an die Menschheit zu erfahren.«

»Die Antwort auf die Frage!«, ruft Michel. »Was will die Frau?«

»Genau«, antwortet der Transaktionelle Existentialist. »Das UFO funkte die Grundregeln hinunter. Der Menschheit wurde acht Wochen Zeit gegeben, um die Antwort zu finden. Technische Vorkehrungen wurden getroffen, um die eintreffenden Antworten direkt hinaufzusenden. Was die Anzahl der Antworten betrifft, wurden keine Beschränkungen gemacht.

Die erste Entscheidung des Sicherheitsrates war die Berufung des Häftlings zum Leiter des Projekts. Die Forschungs- und Computereinrichtungen aller Länder wurden ihm zur Verfügung gestellt. Tausende von Interviewern und Meinungsforschern wurden in Bewegung gesetzt.

Als nächstes entstand selbstverständlich eine bürokratische Panne. Die Akademiker und Fachleute weigerten sich, mit einem Vorbestraften zusammenzuarbeiten. Jede akademische Richtung beanspruchte für das ganze Unternehmen ausschliessliche Priorität. Die Psychiater beharrten darauf, dass niemand ohne medizinisches Diplom das Rätsel der weiblichen Psyche erkunden könne. Die Soziologen griffen die Psychologen an. Frauenbefreiungsbewegungen bezeichneten die ganze Angelegenheit als chauvinistische Intrige galaktischen Ausmasses. Die russischen Wissenschaftler weigerten sich, ihre Resultate mit denjenigen der Chinesen auszutauschen. Und so weiter.

Am dritten Tag nach Anlaufen des Projekts verschwand der Häftling. Er hinterliess ein mysteriöses Rücktrittsschreiben, in dem er der Menschheit alles Gute wünschte.«

49

»Verzückung kann zur Sucht werden. Bevorzugte Sinnesorgane können als ›Verzückungsinseln‹ fixiert werden. Gewisse ästhetisch befriedigende Stimuli werden mit hedonistischer Belohnung assoziiert. Erotische Rituale. Hedonistische Stile. Verzükkung kann zu einer sich immer wiederholenden ›Samtfalle‹ werden, wie es die Geschichte der begüterten Klassen traurigerweise beweist.«

Exo-Psychologie

Villars-sur-Ollon, September 1971

Er schwankt, unentschlossen ob er fallen oder wegfliegen will, auf dem hohen Seil, dem Schwarzschild-Radius entlang.

»Warum sagst du mir nicht, was ich will?«, braust Sie auf.

»Du denkst, du weisst was du willst.«

»Warum kannst du es mir nicht geben? Du warst früher so stark und voller Selbstvertrauen. Ich betete die Kontrolle an, die du über unser Schicksal hattest. Nachts, als du schliefst, lag ich neben dir, atmete in deinem Rhythmus. So zufrieden. Ich fühlte mich so glücklich. Warum bist du so schwach geworden?«

»Ich weiss nicht, was als nächstes kommt«, antwortet er düster.

»Kannst du ihnen nicht einfach den Kalender erklären und wie man Wein kultiviert, ein bisschen einfache Mathematik, und wir verreisen dann auf die Himmlischen Inseln?«

»Ich habe sie bereits alles gelehrt, was in meinem Koffer war. Und es wird eine Generation dauern, bis sie es verdaut haben. Jetzt heisst es auf weitere Anweisungen warten.«

»Nun, können wir nicht zur unschuldigen Sinneslust zurückkehren, während wir warten?«

»Nein. Soviel weiss ich. Wir können nicht zurück.«

»Und jetzt bist du zu Gästen grob und negativ. Früher hattest du Ausstrahlung und brachtest sie zum Lachen. Warum?«

Der ehemalige Hohepriester sitzt da, betrachtet unglücklich seine hübsche, lustvolle Frau, hält die Marmorstatue seines vergangenen Karmas in den Händen und kann sie nicht hinstellen. Er seufzt.

»Alles ist unecht. Sie beziehen sich auf ein Bildnis der Vergangenheit, auf ein Relikt. Hippies langweilen mich, und die Hindu-Guru-Groupies verursachen mir Zahnschmerzen im dritten Auge.«

»Du wirst dünn und schrumpfst vor meinen Augen zusammen. Wirst du alt?«

»Vor einer Neuformung schrumpft man immer zusammen«, murmelt er, »damit die alte Haut leichter abgestreift werden kann.«

»Alles ist so mittelmässig«, klagt sie. »Ich hoffe wirklich, dass es nicht zum grossen Knall kommt.«

50

»Bevor die Auswanderung zu den Sternen möglich wurde, gab es keinen ersichtlichen Sinn für menschliches Leben und für planetarisches Dasein. Was konnten Gurdjieff und Crowley mit ihren befreiten neurosomatischen Energien tun? Einander unterrichten? Mit erotischer und interpersoneller Macht herumspielen? Unterhaltung bieten? Sich in radikal riskante Geschehnisse, die ihre erweiterten Energien herausforderten, einmischen? Das Irdische erschüttern? Die vereinfachte Fassung der Botschaft weitergeben?«

Das Spiel des Lebens

Millbrook, New York, Oktober 1963

»Es ist sinnlos, über die Vorbereitung für eine hirnverändernde Erfahrung zu sprechen. Aber ich kann mit gutem Gewissen sagen, dass ich für die Reise gut vorbereitet war.

Wie du weisst, wird die Richtung und die Eigenart des neurologischen Trips durch den Charakter des Starts bestimmt. Jedermann hat eine grundlegende Körperstellung, welche ihre mythische Rolle, ihre Eigenart definiert. Es ist wie mit Statuen historischer Persönlichkeiten. Jedermanns Vorstellung des Körpers ist für immer in einer offenbarenden, charakteristischen Stellung gefangen, die alles ausdrückt. Welche Körperstellung offenbart die Lösung zu dem Problem, wie man einen Planeten wie diesen mit einem Körper wie diesen bewohnt? Die Körperstellung, die du am natürlichsten einnimmst, sagt alles. Denke an die Statuen der grossen religiösen Führer. Christus, gepeinigt und blutend am Kreuz? Moses, den Berg hinabschreitend und streng das Gesetz verkündend? Mohammed, der den Heiligen Krieg anführt? Krishna, barfuss mit der Flöte umherschlendernd und mit den Gopis schäkernd? Buddha, sitzend in der Meditation vertieft?

Die karmische Statue, die ich auf meinem Grabstein will, ist das Yab-Yum. Nackt im Lotussitz mit Ihr auf meinem Schwanz ruhend, unsere Augen in insbrünstiger Umarmung verbunden. Von dieser Plattform aus starte ich das Zeitschiff meines Lebens. Es mag sein, dass du mich herumrennen siehst, trinken, essen, Geld zusammenkratzen, aber das ist alles nebensächliches Robotertum. Das Gummiband meines Karma zieht mich nach Hause zurück, zum heiligen Bumsen.«

51

»Gurdjieff sah ganz klar den nächsten galaktischen Schritt, der der Menschheit bevorstand. All und Alles – Beelzebubs Erzählungen für seinen Enkel *ist eine der grossen larvalen Zeit-Schriften, eine komische, umfassende, philosophische, satirische Betrachtung der fötalen Menschheit, vom Standpunkt der galaktischen Intelligenz aus gesehen, eine erstaunliche Vorschau des Interstellaren Zeitalters.«*

Die Periodische Tabelle der Energie

Lausanne, September 1971

»Wohin ging er?«, fragt Dee Dee ausser Atem.

Der Barde macht im klassischen Stil der Geschichtenerzähler eine Pause, schenkt Wein nach, steckt sich eine Gitane an und inhaliert genüsslich.

»Das fragten alle, nachdem er verschwunden war. Aber diese Frage wurde während der fieberhaften, weltweiten Suche nach der Antwort auf das grösste kosmischen Rätsel bald vergessen.

Man einigte sich darauf, dass jede Wissenschaftlergruppe, Fachschaft und akademische Richtung in jedem Land die Freiheit habe, ihre eigenen Untersuchungen durchzuführen. Telefonanschlüsse wurden mit Computern verbunden, die dann die Antworten kritisch verglichen und zum UFO hinauffunkten. Die Absicht war, dass jedes Individuum der Welt soviele Lösungen einsenden konnte, wie SiEr es wünschte.«

»Am Ende der Woche«, fuhr der Autor fort, »waren Millionen von Antworten zum UFO gefunkt worden. Der einzige Fehler war, dass immer dieselbe verhängnisvolle Reaktion erfolgte:

ANTWORT 77'147'411 ZURÜCKGEWIESEN
ANTWORT 77'147'412 ZURÜCKGEWIESEN
ANTWORT 77'147'413 ZURÜCKGEWIESEN

Am Ende der dritten Woche war jede erreichbare Frau in Nordamerika und Europa nach ihren Wünschen befragt worden. Während die russischen und chinesischen Behörden sich weigerten, ihre Statistiken zu veröffentlichen, deuteten Spionageberichte aus Wien, West-Berlin und Hongkong darauf hin, dass die Suche zu einem patriotischen Wettbewerb gestaltet wurde und jede Genossin sozialistische Antworten produzierte wie Hühner in einer vollautomatischen Hühnerfarm.

In der vierten Woche konzentrierte sich die westliche Welt auf die Unterentwickelten. Armeen von Interviewern wurden in alle afrikanischen und pazifischen Fürstentümer geflogen. Spione hinter dem Eisernen Vorhang berichteten, dass die Russen versucht hätten, sich einseitig zu einigen, was aber vom UFO konsequent ignoriert worden war.

In der fünften Woche hatten die westlichen Mächte über zwei Milliarden Antworten gesammelt. Zeitungen begannen, die Antworten wie Börsenberichte in Kategorien zu veröffentlichen. Spielsyndikate offerierten Lotterieeinsätze für die richtige Lösung. Die Veröffentlichung der Antworten regte nicht nur den Wettbewerbsinstinkt der Massen an, sondern versorgte die Gelehrten auch mit Quellen endloser Spekulationen.

W.W.D.F.?
(Antworten in Millionen)

500: Mutter werden
400: Sich der männlichen Autorität unterordnen
300: Sich Gott usw. anvertrauen
200: Sich einer staatlichen Obrigkeit unterwerfen
100: Herrschaft über die Männer
100: Sexuelles Vergnügen
100: Geistige Belohnung
100: Gleichberechtigung
100: Schönheit, Anziehungskraft
100: Verschiedene spezifische Wünsche

Eine der interessanten Folgen der weltweiten Suche war die Veränderung der Stellung der Frau. In den meisten Gegenden wurde das weibliche Geschlecht in eine Position der ehrfürchtigen Verehrung gehoben. Damen jeden Alters wurden in der Hoffnung auf den philosophischen Tropfen Sahne umschwärmt, verwöhnt, verhätschelt wie prämierte Milchkühe. Eine grosse, sehr aktive Minderheit, angeführt von konservativen, religiösen und politischen Sprechern, reagierte aber mit Hass gegen das weibliche Geschlecht. Sie beschuldigten Evas Unersättlichkeit und ihre offenbar unbeschreiblichen Bedürfnisse als die Ursache aller menschlichen Probleme, die Erschaffung der Spezies eingeschlossen.«

Dee Dee und Maya lächelten einander amüsiert zu, und Michel lehnte sich zurück, paffte an seiner riesigen Havanna und schwenkte pathetisch seine Hände.

»Ah, wenn ich doch bloss dort gewesen wäre, Teem. Ich hätte ihnen sagen können, was die sanften, kleinen Geschöpfe wollen. Sie wollen umarmt, beschützt und umsorgt sein. Nicht wahr, Liebling?«

»Non, Michel«, schmollt Dee Dee. »Das einzige, was ich im Moment wissen will, ist, wie diese Geschichte endet.«

52

»Crowleys grösste Hinterlassenschaft ist seine Version des Tarot, von seiner alchimistischen Gefährtin Frieda Harris brillant ausgeführt. Sein Book of Thoth *ist eine literarische* tour de force, *ein farbiges, wohlschmeckendes Gulasch von Auffassungen aus jeder würzigen, religiösen, magischen Überlieferung, angerichtet auf den Tellern des Tarot.«*

Das Spiel des Lebens

Bern, Oktober 1971

Benvoglio ruft aus Bern an, um zu sagen, dass die Fremdenpolizei am nächsten Tag eine Sitzung abhalten möchte.

»Wer will dich sehen?«, fragt Sie matt.

»Der Vizedirektor.«

»Das ist wie J. Edgar Hoovers Nummer zwei?«

Benvoglio wartet mit dem Vizedirektor im Warteraum des Polizeihauptquartiers auf den Flüchtling. Die drei gehen in das grosse Konferenzzimmer. Der Vizedirektor setzt sich ans Kopfende des Tisches. Benvoglio zur Linken des Ex-Häftlings.

Sie unterhalten sich gemütlich über die Schweiz und Amerika. Der Vizedirektor hat viele Vorschläge für die kommende Skisaison. Er beugt sich breit lächelnd vor.

»Sie haben Glück, dass Maître Benvoglio Ihr Anwalt ist.«

»Dem kann ich voll zustimmen«, sagt der Klient.

»Ich kenne Maître Benvoglio seit zweiundzwanzig Jahren, und wir unterhielten immer sehr gute Beziehungen. Gibt es irgend etwas, was wir tun können, um Ihnen den Aufenthalt hier in der Schweiz bequemer zu gestalten?«

Benvoglio schaltet sich ein. »Es gibt tatsächlich eine Kleinigkeit. Als die arretierenden Polizisten den Pass des Professors beschlagnahmten, nahmen sie ihm auch den Führerschein weg. Er fragt sich, ob er ihn wohl wieder haben könnte.«

»Eigentlich sollte er nicht rumfahren. Es könnte die Amerikaner aufregen«, antwortete der Vizedirektor lächelnd.

»Aber er hat die Erlaubnis, nach Lausanne und Bern zu reisen, um mit seinen Anwälten zu konferieren.«

»Nun, möglicherweise können wir etwas arrangieren«, antwortete der Vizedirektor. »Lassen Sie mich den Professor etwas fragen. Die amerikanische Botschaft hat uns darüber informiert, dass Sie einen zweiten, falschen Pass besitzen. Stimmt das?«

»Das stimmt«, gibt der Flüchtling zu.

»Die Amerikaner haben verlangt, dass wir den falschen Pass einziehen. Möglicherweise können wir uns einigen. Falls Sie uns den falschen Pass geben, können wir Ihnen sicherlich den Führerschein zurückgeben.«

»Lassen Sie mich mit meinem Anwalt beraten«, sagt der Klient.

Benvoglio lächelt breit und nickt.

53

»Was in Crowleys Tarot fehlt, ist die wissenschaftliche, evolutionäre Perspektive. Crowley verbreitet eine erotische Pracht, eine zierliche, lohfarbene Wollust, eine leuchtende phallische Ausstrahlung, einen sanften haschischinen Luxus. Die neurosomatische Energie des fünften Schaltkreises brodelt und murmelt; aber verblasst schliesslich, gegen sich selbst gekehrt.«

Das Spiel des Lebens

Lausanne, September 1971

»Zu Beginn der achten und letzten Woche befand sich die Welt in einem Zustand chaotischer Anarchie. Über sieben Milliarden Antworten waren eingereicht worden.

Der gesellschaftliche Zusammenbruch manifestierte sich in der klassischen Art. Religiöse Erneuerungsbewegungen fegten über den Erdball. Weltuntergangs-Evangelisten stiessen düstere Aufforderungen zur Reue aus. Sexuelle Orgien, Rabelais'sches Karnevalstreiben, Boccaccionische Gelage. Eine unvermutete und eher verrückte Manie, auf den sich ständig verändernden ökonomischen Märkten zu kaufen und verkaufen. Leidenschaftliche Diskussionen über die Methode der Zerstörung, die die unverletzlichen himmlischen Fragesteller anwenden werden.

Entlang den Spannungsgebieten, die Ost und West voneinander teilten, flammten bewaffnete Konflikte auf. In den militärischen Kommandozentralen in Washington, Moskau und Peking wurden Pläne entwickelt, die Welt in einem letzten krampfhaften Ringen mit dem Erzfeind zu vernichten. ›Zumindest können wir erreichen, dass die letzten Wesen, die auf diesem Planeten existieren, WASPs (weisse angelsächsische Protestanten) sind‹, donnerte der Sprecher des Pentagon mit bewundernswerter Offenheit.

Eine hastig organisierte Partei der Männlichen Überlegenheit überflutete die Welt mit der Doktrin, die Frage wie die Antwort seien unwichtig, und man solle das lästige UFO in Stücke schiessen.

Selbstverständlich gab es ein menschliches Wesen, das heiter und gelassen blieb. Unser Ex-Häftling konnte aus einem einfachen Grund nicht zu panischen Spekulationen verführt werden. Er hatte sein ganzes langes und aktives Leben der entschlossenen Suche nach genau dieser Frage geopfert und nach Dutzenden von neurologisch verletzenden Experimenten sich schon längst mit der heiteren Annahme des letzten Rätsels abgefunden.«

»Wo war er? Was tat er?«, fragte Dee Dee atemlos, als ob sie jeden Moment vom Tisch wegrennen würde, um den Verschwundenen Weisen zu suchen.

»Falls jemand gesucht hätte, hätte man den Häftling auf einem Hausboot in der Nähe eines Fischerdörfchens in Venezuela gefunden. Das Hausboot war ein tellerförmiger Aufbau, den er mit einem Schwimmgürtel versehen hatte, und einem ins Wasser abfallenden Deck. Er verbrachte seine Tage mit Tauchen, schwamm mit den Delphinen umher und fischte sich seine Mahlzeiten. Die Nächte verbrachte er auf dem Deck liegend, streckte seine neuralen Fasern in verschiedene Dimensionen aus und studierte mit einem kleinen Teleskop den Himmel. Einmal pro Woche ruderte er in den kleinen Hafen, setzte sich in ein Freiluftrestaurant am Dorfplatz, hörte der Musik zu, plauderte mit den Fischern und unterhielt die Damen mit lustigen Geschichten. Für das Gerücht, dass junge Frauen aus dem Dorf die Gewohnheit hatten, zu ihm hinauszuschwimmen, um ihm nächtliche Besuche abzustatten, gibt es keine Bestätigung.

So geschah es, dass an jenem letzten Samstagabend, ein Tag vor Harmageddon, der Ex-Häftling durch die winkenden Handbewegungen einer alten Frau, die er gewöhnlich am Hafen rumhängen und um Fischköpfe betteln sah, von seinem Tisch im Restaurant weggerufen wurde. Der Ex-Häftling und die Alte standen im Schatten der Kirche. Selbst in der Finsternis sah er, dass sie ein Geschöpf von unbeschreiblicher Hässlichkeit war. Ihre lange Nase endete in einem verhärteten Knollen aus gelbem Rotz. Ihr Mund war ein dünner Schlitz, der ein zahnloses, schleimiges Loch enthüllte, wenn er sich öffnete. Ihr graues, verknotetes Haar fiel wie Staubwedelfäden um ihre dünnen Schultern. Ihre Arme waren stekkendünn. Die runzlige Haut hing in obszönen Falten an den Knochen. Sie war in Lumpen gehüllt und stank wie organischer Abfall.

›Was kann ich für dich tun, liebe kleine Mutter?‹, fragte der Ex-Häftling.

›Frag nicht, was du für mich tun kannst, kleiner Bruder, sondern was ich für dich tun kann.‹

›Kannst du mir die Antwort sagen?‹

›Ja, aber es kostet etwas.‹

›Natürlich‹, sagte der Ex-Sträfling. ›Ich werde alles tun, was du von mir verlangst. Ich hätte es selbst dann getan, wenn du mir die kosmische Antwort nicht angeboten hättest.‹

›Ja, ich weiss. Darum will ich es dir sagen. Wie einsam du gewesen bist. Aber du hast ausgeharrt.‹

›Es gab nichts anderes zu tun‹, räumte er bescheiden ein.

›Nun, hier ist mein Angebot‹, krächzte die Alte. ›Ich werde dir die Antwort auf das Rätsel geben. Dann wirst du mich nach New York mitnehmen. Wenn meine Antwort als richtig befunden wird, sollst du mich heiraten und für immer mein Gatte sein.‹

Der Ex-Zuchthäusler blickte auf die sonderbare, knorrige Gestalt hinunter, die mit leuchtenden Augen zu ihm aufschaute. Er fühlte ein überraschendes Beben in seinem Körper, deutlich verschieden zur mitleidigen Abschätzung seines logischen Auges. Er lachte vergnügt.

›Einverstanden.‹ Er schaute auf die leuchtende Diode an seinem Handgelenk. ›Also, jetzt ist Samstagnacht. Wir müssen schnell handeln, um morgen mittag im UNO-Gebäude zu sein. Bist du bereit zu gehen, kleine Mutter?‹

›Ja, für einen Trip mit einem guten Mann bin ich immer bereit‹, krächzte sie mit einem schrecklichen Lachen.

Der Ex-Zuchthäusler winkte einen Taxifahrer auf der anderen Seite der Strasse. Er öffnete die Wagentür und half der Alten mühsam auf den Rücksitz klettern.

›Zum Flughafen in Caracas‹, sagte er.

›*Si Senor. Con mucho gusto.*‹

Da jedermann im Dorf wusste, wer die beiden waren, ging ein Murmeln der Erregung über den Platz, und dann wurde die Hauptstadt und von dort aus die wartende Welt benachrichtigt.

Der Ex-Häftling kam einmal mehr im letzten Moment mit der Botschaft, die die Welt retten könnte, zurück.«

54

»Eine Menge Anzeichen deuten darauf hin, dass es die Planetarische Mission des Commodore Leri erforderte, dass er unbewusst Schritt für Schritt die neurogenetische Entwicklung von Aleister Crowley wiederholt und sein Werk auf die nächste Stufe fortführt; genau den von Crowley hinterlassenen ausführlichen Anweisungen folgend, über die Notwendigkeit, seine Arbeit wissenschaftlicher zu machen.«

Das Spiel des Lebens

Millbrook, New York, Oktober 1963

»Meine Acid-Offenbarung war klar. Ich machte mich auf die Suche nach Ihr. Ich blieb für einige Tage high, wandelte als Gott Shiva umher, beobachtete, betrachtete. Ich hatte selbstverständlich die Göttlichkeit geprägt und wandte die Yoga-Geisteskonzentration an, um die Realität aufrechtzuerhalten.*

Ich starrte alle Frauen direkt an, schaute durch ihre gesellschaftlichen Fassa-

*Während LSD-Erfahrungen kommen Prägungen des siebten Schaltkreises und fantastische Identitäten der Wiederverkörperung oft vor, aber in den darauffolgenden Tagen reagiert das undisziplinierte Nervensystem auf den Druck der sozialen Umgebung und kehrt zur Gewöhnlichkeit des vierten Schaltkreises zurück, obschon die unvergessliche Erinnerung an die Essenz-Identität bleibt.

den und psychologischen Tauwerke die innere Göttlichkeit. Selbstverständlich wollten sie alle mit mir bumsen, aber ich suchte mehr als blosse Studentenaffären. Ich fand Sie in der Universitätsbibliothek. Sie versteckte sich hinter der menschlichen Roboterform eines fülligen, jüdischen Mädchens mit einem Diplom als wissenschaftliche Bibliothekarin. Am nächsten Wochenende machten wir einen Campingtrip mit dem Schafsack. In den Bergen von Pennsylvania am Lagerfeuer sitzend und Gras rauchend begann ich mein Multi-Schaltkreis-Umwerben. Ich zeigte Ihr, wie man nackt in der halben Lotusstellung sitzt. Ich spielte auf meiner Flöte, hob Sie dann auf meinen Schoss und bumste Sie stundenlang, wie Sie es nie für möglich gehalten hätte. Wir waren verträumt vereinigt, die Augen ineinander versunken, zwei Blumen, unter Mond und Sternenhimmel in der Abendbrise wiegend.

In den folgenden Wochen lehrte ich Sie alles, was ich wusste, gab ihr Bengali-Texte zum Lesen, Bilder von Konorak zum Studieren, gab ihr Anleitungen zur Yoga-Kontrolle Ihres Körpers. Dann nahmen wir zusammen LSD.«

»Wir waren«, sagte er, »auf dem Thron unserer Göttlichkeiten zentriert. Ich, Shiva, die Energie der Erde, und Sie, Shakti, die Energie des Lebens. Unsere Körper strahlten. Ihr Gesicht wechselte durch die tausend Formen genau wie meines. Wir wuchsen zusammen. Meine Fasern wurzelten in Ihrem Körper. Ich konnte mich genausowenig mehr von Ihr trennen, wie man einen Baum aus dem Boden reissen kann.

Es war in den Sommerferien. Ich teilte meiner Frau mit, dass ich sie verlasse. Ich weinte, aber die Kraft, die mich erfüllt hatte, war stärker als das Leben.

Ich ging in meinen Meditationsraum auf dem Dachboden, um meine Bücher und Yogautensilien einzupacken. Ich fühlte mich scheusslich. Warum war das anders, als wenn ein gelangweilter Mann mittleren Alters seine Verpflichtungen für ein junges Mädchen aufgibt? Ich nahm die Biographie über das Leben Buddhas hervor und las immer wieder die Geschichte über seine Flucht aus den sozialen Verantwortungen. Es ist erstaunlich, dass eine angesehene Religion mit einer solchen Parabel hausiert. Der Buddha ist Kronprinz. Er hat seine königlichen Verpflichtungen, Frauen und Kinder. Eines Nachts schleicht er sich aus dem Palast und macht sich auf die Suche nach Erleuchtung.

Ich übergab das Haus und alle Besitztümer meiner Frau und verreiste auf die *Virgin Islands*. In einer Hütte am Strand verbrachten wir sechs Wochen in glückseliger Vereinigung. Zwei, vier, sechs Stunden am Tag praktizierten wir Yoga-Maithuna. Wir teilten jede Sekunde, jede Anregung, fütterten uns gegenseitig, kleideten einander, badeten einander, teilten jeden Gedanken. Wir erlangten eine derart ausgeglichene Beherrschung unserer Kölper, dass wir endlos bumsen konnten, verlangsamen, von einem Asana ins andere wechseln, in glatter, elastischer erotischer Akrobatik zusammen gleiten. Wir waren von Schönheit besessen. Alles was unsere Sinne berührte war reine ästhetische Essenz. Unsere Gesichter strahlten vor Liebe. Wir waren uns gegenseitig die scheinende Sonne der Schönheit. Wir dachten, dass noch nie zuvor sich zwei Menschen so nahe gekommen sind. Ihr Körper mit seinen Millionen Möglichkeiten der Sinneserfahrung und Erwiderungen wurde zu meinem eigenen. Wir waren lebende Statuen der Liebesgötter. In Verzückung ruhend schauten wir uns in die Augen und lachten beim Gedanken an die Mitmenschen, die wie Ameisen durch den Alltag ihres Lebens eilen, sich nicht bewusst, dass es eine solche Ekstase überhaupt gibt. Wir fühlten uns ganz rein. Wir folgten den Schriften aller Religionen um zu lieben. Wir waren unschuldige Liebeskinder, Kinder einer neuen Rasse. Kannst du dir vorstellen, was dann geschah?«

»Ich vermute es«, sagte der Commodore.

»Was?«

»Ihr begannt euch zu langweilen.«

55

»Die Tendenz nach ästhetischen Erfahrungen süchtig zu werden, wird durch die Charakteristik des fünften Schaltkreises, der Verlängerung der erotischen Erfahrung, verstärkt. Die Sexualität des vierten Schaltkreises ist leidenschaftliches, eiliges ›dorthin gelangen‹. Neurosomatischer Hedonismus ist ›dort sein‹ ohne Eile.«

Exo-Psychologie

Villars-sur-Ollon, Oktober 1971

Wie beginnt eine Eiszeit? Vulkanische Explosionen, die den Himmel mit Staub und Rauch verdunkeln?

Es ist zwei Uhr nachmittags. Sie ist eben aufgestanden und sitzt vor dem Spiegel, untersucht Ihr Gesicht und notiert Ihre Beobachtungen mit einem Filzstift. Er bringt Ihr Kaffee.

»Ich habe mich schon immer gefragt, was Damen, die nur während der Nacht leben, tagsüber tun.«

»Mein Gesicht ist ein offenes Buch«, sagt Sie gähnend.

»Sag mir die Wahrheit, Miss Narziss, gibt es einen anderen?«

»Ich schreibe nur an Dr. Lazlo und bitte ihn um eine dermatologische Diagnose. Macht dich das eifersüchtig?«

»Sag Dr. Lazlo, dass ich glaube, dein Gesicht sei das schönste der Welt.«

»Apropos Gesicht, wann gehst du nach Genf für deine Operation?«

»Ich habe heute morgen angerufen. Die Operation findet Dienstag in einer Woche statt, ich gehe Montag nachmittag in die Klinik.«

»Wie lange wirst du wegbleiben?«

»Am Freitag kann ich wieder nach Hause.«

»Und du kommst mit einem anderen Gesicht zurück? Falls du dich entschliesst, in deiner neuen Pracht zu mir zurückzukommen.«

»Laut der Genfer Konvention sind psychische Untersuchungen verboten.«

»Vielleicht gibt uns ein neues Gesicht eine weitere Chance. Wir müssen etwas tun. Wir verursachen gegenseitigen Kurzschluss.«

»Wir sollten mit unseren Zänkereien nicht den Ruf der Liga beflecken.«

»Wenn wir so weitermachen, werden wir bald einmal für den begehrten *C'est-la-Guerre*-Orden reif sein.«

»Der schwindelerregende Sprung auf das hohe Seil der Domestizierung ist derart zeitraubend. Ich kann im Moment nur über das nachdenken.«

»Was ist mit dem Helden, den ich heiratete, passiert? Ich dachte, du seist die psychologische Antwort auf Hieronymus Bosch.«

»Ich weiss nicht wie der nächste Auftrag lautet. Die letzte Mission war recht einfach. Törne einen kleinen Planeten an. Für was? Um über die Alchimie der Ehe zu grübeln, Dr. Masters?«

»Was wird geschehen? Muss ich der Welt mitteilen, dass Captain Kirk eine Jungfrau ist?«

»Solve et coagula ist alles, was von dem vergilbten Handbuch mit den Anweisungen übrig geblieben ist. Wir müssen dieses Molekül auflösen. Aber wie? Du bist so faul und passiv. Hast du keine Ideen?«

»Oh, das ist kein Problem«, sagt Sie lächelnd. »Ich habe einige sehr auffallende Ideen. Aber du hast behauptet, wir können alles sein, *this time around.* Warum wählst du dir nicht einen angenehmen Traum aus, und ich werde mit dir in ihm leben?«

»Ich kann nicht. Bis jemand mit einer vernünftigen Kosmologie vorbeikommt, bin ich der Verantwortung für diesen lächerlichen Planeten verhaftet. Allen Ginsberg und Albert Hoffman und alle anderen sind weggerannt, um Raupen zu spielen und hinterliessen mein Bewusstsein an die Steuerung angeschlossen. Was immer ich auch mache, die Welt wird es auch tun. Soll ich nun einfach in feuchtmembrane Verzückung hineinschlittern?«

»Nun, Atlas, während du dir überlegst, was du mit deinem kleinen Globus zu tun gedenkst, kannst du mir doch ein Haus suchen, wo ich mich mit einigen frivolen Perversen belustigen kann?«

»Bitte, keine Tempelgöttin-Vereinbarungen mehr, ich habe nicht die Absicht, einen weiteren Verzückungskult zu gründen. Schau was mit Marilyn geschah. Selbst Kissinger liest *Joy of Sex.«*

»Sollen wir unser Leben so überleben wie wir die Vergangenheit gelebt haben? Sollen wir die bereits leeren Schlafräume säubern, Schürzen und Puppen machen und Quäkerlieder singen? Du musst dir etwas Besseres einfallen lassen, als diese Einwickel-Seligkeit.«

»Du willst also zum Tantrismus zurückkehren?«

»Warum nicht? Da ich nicht mit Chromosomen spielen kann, muss ich mich mit Wand-zu-Wand-Ekstase begnügen.«

»Es kann mittels DNS-Symbiose gemacht werden, aber ich weiss nicht wie.«

»Falls ich die Wahl zwischen Listiger-Hexe oder Liebes-Kind habe, dann weisst du ja, was ich vorziehe.«

»Also müssen wir ein leichtes Metall finden, mit dem du spielen kannst.«

»Und du bist frei, deine Expedition hinter das *Cape of Good Dope* zu starten.«

»Ein junger Zwilling«, sagt er nachdenklich und zählt an den Fingern ab.

»So haben sie mich nun mal konstruiert.«

»Unten im Dorf lebt ein Schriftsteller.«

»Zwilling?«

»Ja, aber in den Vierzigern.«

»Ich wusste nicht, dass es in dieser Grösse Zwillinge gibt«, sagt Sie zweifelnd.

»Er hat uns zu einem Drink eingeladen.«

»Alkohol?«

»Er sagt, dass er sich für Zeit-Reisen interessieren wolle, sobald er den Roman abgeschlossen hat, an dem er im Moment arbeitet.«

»Du gehst hin, Acht, und ich werde hier im Turm bleiben und mein Gewand der Hoffnung weben.«

56

»Ich kann nicht die einfachste Sache machen, ohne daß es zur Legende wird.«

Klassische Klage des Evolutions-Agenten

Lausanne, September 1971

Der Oberkellner nähert sich fürsorglich und erkundigt sich, ob Monsieur Hauchard noch etwas wünscht, um das Bankett abzuschliessen.

»Cognac! Courvoisier! Der Saft des Sieges!« befiehlt der Franzose mit einer pompösen Gebärde.

Die edle dunkelbraune Flüssigkeit plätschert in Gläser, die zum Toast erhoben werden.

»Auf die endgültige Lösung«, ruft Michel. *»Allons,* mein Philosoph, mach weiter.«

»Samstags gab es keine Flüge mehr nach New York, also verbrachten die Reisenden die Nacht in der V.I.P.-Halle – deren Türen gegen die anwachsende Menge von Neugierigen abgeriegelt wurden.

Als die beiden am nächsten Morgen im Kennedy-Flughafen ankamen, rollte das Flugzeug ans Ende der Rollbahn, um zu vermeiden, dass das Abfertigungsgebäude von der riesigen Menge von Gaffern und Presseleuten blockiert wurde. Sie wurden in eine Limousine geschleust und mit Sirenengeheul auf der Autobahn nach Manhattan gefahren.

Zu diesem Zeitpunkt, eine Stunde vor Ablauf des Weltuntergang-Ultimatums, fixierte die Welt ihre Aufmerksamkeit und Hoffnungen auf den Ex-Zuchthäusler und seine verrufene, rätselhafte Gefährtin, die ihm nachschlurfte, Ihre Hand in seine legte, scharfe aufmerksame Blicke auf den sie umgebenden Tumult warf, hustete, geiferte und Bemerkungen murmelte.

Der Eingang zum UNO-Hauptgebäude wurde von der Polizei abgeriegelt. Flankiert von den Botschaftern, den Sekretariatsbeamten und den politischen Leuchten (Nelson Rockefeller war auch dabei) wurden sie in die große Versammlungshalle geführt, wo die Bühne für ihr Gespräch mit der Höheren Intelligenz eingerichtet worden war.«

57

»Das Wort Hippie, *ein Gattungsbegriff für die erste, nach-larvale Stufe, beschreibt diejenigen, die genetisch (Sternzeichen-Typus), neurologisch (Verzückungs-Prägung), oder historisch (Hedonistische Subkultur), in passiven, empfangenden Lebensstilen verfangen sind.«*

Exo-Psychologie

Villars-sur-Ollon, Oktober 1971

Er ist eben mit den Einkäufen aus dem Dorf zurückgekehrt und erfreut, ein fremdes junges Mädchen, das mit strahlenden Augen im Haus herumtanzt, vorzufinden.

»Jay Jay hat soeben aus Basel angerufen! Er kommt mit einigen Freunden aus Deutschland zu Besuch!«

»Oh.«

»Ich will, dass du nett zu ihm bist, Acht. Ich werde nicht zulassen, dass du grob bist. Als du im Gefängnis warst, war er sehr nett zu mir.«

»Ich habe ihn nie getroffen. Ich werde versuchen, bei dieser Gelegenheit einen offenen Geist zur Schau zu tragen.«

»Fang nun bloss keinen Streit an, wie mit Richard Alpert, nur weil er schwul ist.«

»Ich bin ganz dafür, dass Männer einander lieben«, antwortet er störrisch. »Aber ich glaube, dass die Politik der Homosexuellen genau gleich ist wie jede andere Du-solltest-wie-ich-sein-aber-zu-schade-dass-du-es-nicht-bist-Politik.«

In ihrer unbehaglichen Langeweile ist ihnen der Besuch tatsächlich willkommen. Jay Jay sieht aus wie ein schwuler preussischer SS-Hauptmann. Gustav ist ein riesiger, bärtiger Musiker, sensibel und sanftmütig und verliebt sich sofort in Sie. Algy Plankton, Fische, ist ein weiser, kenntnisreicher organischer Chemiker mit rosa angemalten Zehennägeln. Er bewegt sich mit der Eleganz eines Balletttänzers.

Gustav und Plankton sind ehrwürdig schüchtern. Jay Jay ist der Meinung, dass eine religiöse psychedelische Revolution gestartet werden soll, um die heterosexuelle Diktatur der Vereinigten Staaten zu stürzen. Dem gerissenen Zwilling gefällt es, der Welt als Held der Schwulenbefreiungsbewegung gegenüberzutreten. Aber viele seiner Beobachtungen über die Gesellschaft sind nicht nur grausam lustig, sondern auch zutreffend.

Der Punkt, an dem ihn Intelligenz und Humor verlassen, ist seine Theorie von der grundsätzlichen Natur des Mannes. Er ist fest davon überzeugt, dass jeder heterosexuelle Mann ein unerleuchteter Homosexueller sei, der sich kaum zurückhalten kann, mit seinem Kumpel in den Schlafsack zu schlüpfen; dass nur Homosexuelle Geist und Charme haben und dass sexuelle Beziehungen zwischen Mann und Frau im grossen und ganzen unmoralisch sind.

»Ich habe selbstverständlich erwartet, dass man Jack Kennedy wegen Verworfenheit abgesetzt hätte, wenn er nicht erschossen worden wäre«, erklärt Jay Jay frömmlerisch. »Er hatte nur Fotze, Fotze, Fotze im Kopf. Und das im Weissen Haus! Schändlich.«

»Entwickelt sich die Schwulenbefreiung nicht grossartig«, sagt Sie pflichtbewusst.

»Das Mittelklasse-Bewusstsein auf dem Lande hat sich nicht um einen seidenen Faden verändert. In den grossen Städten wachsen die Schwulengemeinschaften an und erzwingen bei den Politikern Veränderungen. Aber wir haben eine Geheimwaffe! Weisst du, was die männliche Heterosexualität an die Wand spielen wird?«

»Keine Ahnung.«

»Die Tyrannei des weiblichen Orgasmus. Mehr und mehr zermürbte Männer erkennen, dass sie ihre Frauen nicht befriedigen können. Rein technisch, verstehst du. Bevor die Frauen den grossen O entdeckt haben, waren sie mit ihrem Geschlechtsleben absolut zufrieden.«

»Arme Dinger«, murmelt Sie.

»Nun heisst es, Homer, warum schenkst du mir nicht den Grossen O? Bist du nicht eine wirklich reife Person, Homer? Nun, Sadie, ich bumse seit zwei Stunden, um dir den Grossen Höhepunkt zu geben. Aber Homer, wenn wir eine sinnvolle Beziehung haben wollen, müssen wir zusammen kommen.«

»Grosser Gott«, seufzt Sie. »Gibt's das tatsächlich?«

»In jedem Schlafzimmer in den Vororten, ich versichere es dir. Natürlich werden viele Männer dadurch frustriert und sagen, ›Oh, hols der Teufel, Sadie, nimm deinen Vibrator. Ich such mir einen männlichen Liebhaber oder mach's mir selber.‹«

»Und was macht dann die arme Becky Thatcher?«, fragt Sie neugierig.

»Mehr und mehr Frauen entdecken einander. Sie wissen genau, welche Knöpfe man drücken muss.« In seiner Leidenschaft wippt Jay Jay in die Nähe von Dr. Strangelove.

»Und die besondere Zärtlichkeit auch«, sagt Sie träge.

»Weisst du, was das für dich bedeutet?«, sagt Jay Jay zum Commodore.

»Keine Ahnung.«

»Ein neuer Messias ist erschienen. Ich fürchte deine Zeit ist vorbei.«

»Es ist auch höchste Zeit«, gibt der Barde erheitert zu.

»Sein Name ist Matthew. Die Knabensonne von San Francisco. Er ist der Geist der Bisexualität. Die Einheit innerhalb Eines Körpers.«

»Damit kann man sicher ein Vermögen machen«, stellt der Barde fest.

»Es macht Tim überhaupt nichts aus, ein abgesetzter Messias zu sein«, beruhigt Sie Jay Jay. »Er ist auf einem bescheidenen Kann-nicht-aufhören-mich-über-all-diese-Galaxien-zu-wundern-Trip und ist zu beschäftigt, um sich darum zu kümmern, ein Avatar zu sein.«

»Unsere neue Religion wird für die sexuell Befreiten, für die körperlich Schönen und für die Jungen sein. Keiner über fünfunddreissig kann berücksichtigt werden.«

Der Doktor nickt sanftmütig. »Wie Vonnegut sagte, ›Von allen Worten der Mäuse und Männer sind diese die traurigsten, es hätte sein können.‹«

»Oh, Acht«, ruft Sie. »Ich muss weinen.«

»Mach dir keine Sorgen«, sagt Jay Jay beruhigend. »Er hat für uns alle soviel getan. Diese Bewusstseinsrevolution wäre ohne ihn nicht möglich gewesen. Er ist jung geblieben. Wenn du bald beitreten willst, wirst du bestimmt aufgenommen.«

»Vielleicht werde ich einfach in den Ruhestand versetzt«, sagt der Doktor und erhebt sich von seinem Platz neben dem Kamin. »Nun lasst uns etwas Wein trinken und auf Matthew, den neuen Messias, anstossen.«

58

»›Ich will dir erzählen‹, sagte Billy Wilder, ›wie es war, als wir Some Like It Hot *drehten. Wir mussten eine Szene mit Ihr 36mal wiederholen.*
Ich nahm Sie zur Seite und versuchte Sie mit ein paar besänftigenden Worten zu beruhigen.
Marilyn, sagte ich, ich will dir nur sagen, dass du dich nicht aufregen musst.‹
Miss Monroe schaute Wilder verwundert an und sagte, ›Aufregen, worüber?‹
Dieser Film wurde zum lustigsten je in Hollywood gedrehten.«

Scheich Adnan Khashoggis Weltraum-Tagebuch

Millbrook, N. Y., Oktober 1963

»Ich vermute es«, sagte der Commodore.

»Was?«

»Ihr begannt euch zu langweilen. Ihr brauchtet mehr Input und breiteren Output. Dir ging das Geld aus. Die Visa liefen ab. Du musstest dein Wissen weitergeben. Oder etwas ähnliches.«

»Ja. Etwas ähnliches. Wir waren völlig ineinander verschlungen. Umeinanderherumgewunden wie die Doppelhelix. Umschliessend. Ausschliesslich. Unsere Kreuzung hatte in uns ausserordentliche Energien ausgelöst, Schönheit enthüllt, aber wir brauchten etwas, das ausserhalb von uns war, um dies alles anzuwenden. Wir waren zwei Götter, hingen hoch über dem Planeten auf goldenen Wolken, schauten müssig hinunter und diskutierten, ob und wie wir runtersteigen und uns in das Leben der Sterblichen einmischen wollten.«

»Dachtest du daran, Kinder zu haben?«

»Ich sah die naturbedingte Entfaltung in diese Richtung. Aber ich hatte kein Bedürfnis, mich biologisch fortzupflanzen. Diese Haushaltsszene hatte ich hinter mir zurückgelassen, und dann hatte ich ja bereits zwei Kinder, für die ich aufkommen sollte. Sie hätte gern ein Kind gehabt, konnte aber keine empfangen. Also entschlossen wir uns, in die Gesellschaft zurückzukehren, um zu lehren, was wir gelernt hatten. Wir flogen nach New York und mieteten eine kleine Wohnung. Sie fand Arbeit als Direktionssekretärin in einem Verlag. Wir strotzten vor Kraft und Liebe, aber wie sollten wir diese Energien kanalisieren? Jedermann ging auf uns ein, wollte uns um sich haben, wollte es mit uns machen. Aber Orgien und flüchtige Affären waren nicht das, was wir wollten. Wir dachten, dass wir ein Paar finden könnten, das ebenso eng vereinigt war wie wir. Vielleicht könnten wir Zwei zu Vier werden. Aber in New York gab es keine solchen Duetts. Ich schrieb Gedichte und Essays, versuchte die Schönheit mitzuteilen. Sie waren gut, aber wie astrophysische Formeln konnten sie nur von denjenigen verstanden werden, die dieselben Stufen der Offenbarung und Gemeinschaft erreicht hatten wie wir. Ich fing an, Mandalas zu malen, sie waren sehr wirksam. Freunde hängten sie an die Wand oder stellten sie auf ihre Altäre. Die Gemälde vermittelten die Botschaft und führten die Leute, die bereits high waren, unfehlbar in die Zonen der heiligen erotischen Vereinigung, aber die Galeriebesitzer schüttelten den Kopf, und die Redaktoren von verschiedenen Magazinen nahmen sie mit nach Hause, ohne sie je abzudrucken.

Ich hätte damit zufrieden sein sollen. Hätte in aller Stille handgemachte Instrumente zum Antörnen meditativer Kräfte herstellen sollen. Schweigend arbeiten wie ein Sufi-Handwerker. Aber ich wollte mehr. Ich war zum Gott geworden und wollte die göttliche Macht. Wir wussten, dass wir an den zeitlosen Brunnen der körperlichen Schönheit angeschlossen waren, aber für die kultivierten New Yorker war Sie ein attraktives Mädchen, das als Sekretärin arbeitete und ich ein hässlicher Mann, der versuchte, Bilder zu verhökern. Es war auch deine Schuld. Ich beneidete deinen Ruhm und dein Charisma. Du warst der Star. Das Licht, nach dem alle schauten. Und ich wusste, dass du ein fauler Zauberer warst. Du konntest die Richtung angeben, für Millionen Befreiung und ekstatische Entdeckung liefern, aber ich wusste, wie du auch weisst, dass du das grundlegende Verbindungsglied nicht gefunden hattest. Du wirktest nicht aus dem Yab-Yum, aus der einzigen Position heraus, die dich hinauf und hinaus in die Zeitlosigkeit schickt. Du warst nicht auf Sie fixiert und hattest nicht entdeckt, wie man die Beziehung zu Ihr anknüpft und mit Ihr verschmilzt. Du warst eine strahlende Figur, prachtvoll durch die Menge schreitend, glänzend im Lotussitz, auf dem Schlossdach zurückgelehnt wie der König des Universums, den Sonnenuntergang über deinen endlosen Ländereien betrachtend. Aber du warst nicht mit Ihr verbunden. Du warst eine Art Halb-Wesen, ohne Kontakt zu deinem Körper. Du konntest Sie nicht so antörnen, wie ich es konnte.«

Dazu gab es nichts zu sagen. Der Commodore forderte ihn mit einem Nicken auf, fortzufahren.

»So wurde ich dann verrückt vor lauter Macht. Ich tat genau das, wovor die Lehrbücher abraten. Ich verwendete die Magie für egoistische Zwecke. Ich schnappte mir die schönsten Frauen New Yorks. Ich ging auf Parties, nahm eine Frau zur Seite, schaute ihr tief in die Augen und sagte ihr, wer ich bin und was ich mit ihr machen will. Ungefähr die Hälfte zogen sich nervös zurück. Die andere Hälfte hörte mit aufgerissenen Augen zu. Darauf gab ich ihr ein Mandala. Sagte, sie solle es an die Wand hängen und darüber meditieren. Diese Mandalas sind mächtige Aphrodisiaka. Toby Dupont nahm eines mit nach Hause und rief mich kurz darauf an. Nach einer Woche zog ich in ihre vornehme Dachwohnung. Das war etwas! Das reichste Mädchen der Welt. Ich malte ein riesiges Yoni-Mandala auf ihre Schlafzimmerwand. Sie konnte mir nicht entrinnen. Sie wollte mir alles geben, was ich mir wünschte. Ich sagte ihr, sie solle eine 707 mieten, mit zehn der hübschesten Mannequins und einigen Fotografen nach Indien fliegen und eine Bildergeschichte über das erotische Hindustan machen. Das wäre zum grössten

Sexhit der Geschichte geworden. Aber dann machte ich den Fehler, Acid zu nehmen und den Plan im Detail zu betrachten. Und so sagte ich ihr, dass sie den Flug absagen solle und kehrte zu Sylvia zurück, die selbstverständlich geduldig auf mich wartete.

So kehrten wir zurück zur sexuellen Geometrie. Wieder bewegten wir uns durch die New York- und Ivy League und suchten wieder Gefährten. Wir waren wie ein Taifun. Es gibt keine mächtigere gesellschaftliche Einheit als ein Paar, das sexuell sicher und sich in erotischer Übereinstimmung befindet, schon gar nicht unter den armen, sexuell Isolierten. Während einiger Monate probierten wir die verschiedenen Kombinationen aus. Es gibt keine sexuell aktive Person, die nicht in das Kraftfeld eines hochgeladenen, sich sexuell ergänzendes Paares gezogen werden kann. Aber es endet immer in euklidischen häuslichen Einzelheiten und Emotionen.«

»Ach ja«, seufzte der Commodore, »Emotionen.«

»Mit diesem Saft läuft der größte Teil dieser menschlichen Sexualität aus. Die Bardot, die es ja wissen muss, gibt zu, dass sie nur durch Komplikationen und Membran-Verschwörungen angeregt wird.«

59

»Leri hatte zu diesem Zeitpunkt sechzehn Bücher und noch einmal soviele Artikel, Essays und Briefe geschrieben. Die Botschaft seiner Bücher war durch die heftige Reaktion gegen sie, durch die für ihn zum Überleben der emotionellen Reaktionen gegenüber seinen Ideen notwendige gesellschaftliche Darstellung und durch vorsätzliche Zensur und Verdrehungen, verschleiert worden. Die Tatsache, dass er wegen seiner Ideen ins Gefängnis gesteckt wurde, dass er der führende ideologische Gefangene seiner Generation war, beunruhigte seine Landsleute.«

Die Legenden des Leri
gesammelt von Floki Busson

Lausanne, September 1971

»Entsprechend den Anweisungen des Ex-Sträflings war in der Mitte der Bühne ein goldenes Sofa aufgestellt worden, zu dem man nun die Alte führte. Man arrangierte Kissen um Ihre gekrümmte Gestalt. Champagner wurde in einem frostbeschlagenen Silberkübel serviert. Die zwei Neuankömmlinge stiessen mit ihren Gläsern an und tranken mit Befriedigung die sprudelnde Flüssigkeit in grossen Zügen. Eine Schachtel Delicado-Zigaretten, gespendet vom mexikanischen Botschafter, wurde geöffnet. Die gewitzten Finger der Alten schnappten ein weisses, ovales Rohr und Sie inhalierte den beissenden Rauch tief in sich hinein. Danach hustete Sie heiser und spuckte auf den purpurroten Teppich.

Ein Raunen der Missbilligung ging durch das überfüllte Auditorium. Die zusammengedrängten Diplomaten in den Seitenflügeln blickten mit sichtbarer Besorgnis auf ihre Uhren und schüttelten die Köpfe.

Noch drei Minuten; die Alte hing zusammengesunken und beschwipst am Ex-Häftling, krächzte Obszönitäten in sein Ohr und zeigte mit dem Finger auf verschiedene männliche und weibliche Würdenträger.

Stunde Null minus zwei Minuten, flüsterte Sie eindringlich ins Ohr des Kriminellen. War dies die Antwort? Alle Augen im Raum hafteten auf dem Gesicht des Zöglings des kalifornischen Strafanstalts-Departements (nun unter Aufsicht der Erwachsenen-Fürsorge frei auf Bewährung).

Eine Minute vor Ablauf des Weltuntergang-Ultimatums erhob sich der Ex-Häftling, beugte sich nieder, um seiner schlampigen Gefährtin in die Augen zu blicken, grinste Sie an, schritt zum Mikrofon, das mit einem besonderen, nicht abgehörten Kanal mit dem UFO verbunden war und flüsterte einige Worte.

Innerhalb einer Millisekunde blitzte die Antwort, auf die eine verschreckte Welt gewartet hatte, zurück. Voller Erfolg!«

60

»Die erste Nach-Hiroshima-Generation brachte Millionen von ›Zen‹-Hippies hervor, die sich über das Weltliche hinaus entwikkelt haben, aber nicht erkennen, dass sie ausserirdisch sind. Die neue Wirklichkeit des ›Hippie‹ wird meistens durch verschwommene, mystische, religiöse Begriffe symbolisiert.«

Exo-Psychologie

Villars-sur-Ollon, Oktober 1971

»Wer ist dieser Vonnegut?« fragt Algy Plankton, Fische.

»Ein Griechisch-Armenier, der bei den Sufis studierte und vor dem Ersten Weltkrieg nach Russland kam. Später gründete er in der Nähe von Paris ein Institut und organisierte eine Religion.«

»Faszinierend«, sagt Gustav. »Was lehrt er?«

»Ich muss gestehen«, sagt der Doktor, »dass ich eben erst ein Schüler geworden bin und bloss in den untersten Grad des Wissens zugelassen wurde.«

»Aber gib uns doch eine Idee«, bittet Rudy. »Jay Jay, hast du schon von ihm gehört?«

Jay Jay, die Stirn zu Buchenwaldfalten zusammengezogen, macht den Eindruck, als ob er ein Monokel trage. »Nicht mit Namen. Aber Matthew beherrscht die Sufilehre und hat uns die besten Methoden gelehrt, die Hinterteil-Stellungen.«

Der Philosoph langt nach unten und zieht seinen linken Fuss in die volle Lotusstellung. Sein Rücken ist durchgestreckt. Der Widerschein des Feuers tanzt über sein Gesicht. Ein Schweigen legt sich über die Gäste. Der Philosoph winkt mit der Hand und Rudy stellt eine Kerze in die Mitte des Raums. Die drei Besucher bilden einen ehrerbietigen Halbkreis. Sie liegt auf der Couch, das Gesicht in die Hand gestützt, den Körper in heiliger Himalaya-Ausbreitung ausgestreckt, ein feines Afghanilächeln auf Ihren Lippen.

»Am Anfang war das Wort«, verkündet der Doktor ernsthaft und schaut sich nach Bestätigung um. Jay Jay, Gunther und Rudy nicken in tiefgründiger Zustimmung.

»Wie Scheich Bokonon sagte, die Heiligen Worte sind die Atome, mit denen wir die Moleküle Gottes bauen werden.«

»Spitze!«, sagt Jay Jay mit einem zweideutigen Gesichtsausdruck.

»Da ich bloss ein bescheidener Schüler dieser alten Doktrin bin, kann ich euch nur die Namen einiger der grundlegenden Atome und Elemente dieser mächtigen Alchimie mitteilen.«

»Spitze!«, antwortet Jay Jay. Gustav und Rudy, die Augen gross wie Kamelhoden, beugen sich in gieriger Aufmerksamkeit nach vorn.

»Spricht einer von euch Arabisch? Nein? Schade. Dann will ich versuchen zu übersetzen. El Arabi Vonnegut sagt, das Schlüsselwort sei *Karass*, was auf Arabisch eine Mannschaft, die Gottes Wille ausübt, heisst. Alle spirituell Auserwählten gehören einer *Karass* an, es kann sein, dass Mitglieder andere, die auch dazugehören, nicht kennen. Ein Fremder, dem du letzte Nacht in einer Bar begegnet bist. Ein Steptänzer in Hongkong. Ein junger Stricher in Hamburg. Ein Busfahrer in Kapstadt. Sie alle können Teil deiner Gottesmannschaft sein.«

»Spitze!«, schnauft Jay Jay andächtig.

»Kan Kan übersetzt man am besten als das Instrument, gewöhnlich ein unerwarteter Vorfall, der einen in seinen *Karass* einweiht. Wir sollten immer noch den verwirrenden, zufälligen Begegnungen, die den winkenden Finger Allahs anzeigen können, Ausschau halten.«

»Absolute Spitze!«, sagt Jay Jay.

»Wampeter ist ein altes Chaldäisches Wort, das sich auf die spirituelle Achse bezieht, um die herum sich die Mitglieder eines *Karass* drehen. Eine Person wie Matthew oder ein Konzept wie Haschisch oder Vietnam.«

»Irre«, verkündet Rudy und schüttelt verwundert den Kopf.

»Sinookas ist ein reizender Begriff, der, wie die Legende sagt, auf Mona, die erleuchtete gnostische Bauchtänzerin von Alexandria, zurückgeht. Er ist die Bezeichnung für die Ranken, die sich ineinander verschlingen. Reizend, nicht wahr?«

»Wow!«, sagt Jay Jay. »Das ist heavy.«

»Wow«, murmeln Gustav und Rudy unisono.

»*Vin Dit* ist ein plötzlicher, sehr persönlicher Stoss in die Richtung des Vonnegut-Kultes. Die erschütternde Entdeckung, dass Gott sehr bestimmte und unwiderstehliche Pläne für einen hat.«

»Spitze«, sagt Jay Jay.

»Ein *Grandfalloon* bezieht sich auf einen falschen *Karass*, eine soziale Gruppierung, die nach Gottes Plan keinen Sinn hat. Ein *Duprass* ist ein *Karass*, der aus nur zwei Personen besteht, ein zartes, sich selbst verwöhnendes Zwei-Personen-Molekül. Ihr wisst ja, dass die Alchimistischen Schulen von Damaskus jeden dieser Begriffe mit den Elementen in Beziehung gebracht haben. Der *Duprass* zum Beispiel ist das Element Helium, Atom Nummer Zwei. Verstehst du Rudy?«

»Natürlich«, antwortet Rudy. Sein Gesicht ist von Satori erhellt. »Die Chemie Gottes!«

»Spitze!«, sagt Jay Jay.

»Ein Schlüsselelement in der Periodischen Tabelle Gottes ist das Wort *Foma*. Es bezieht sich auf die harmlosen Unwahrheiten der Religion. Die verbale Leiter Wittgensteins, die der Schüler wegwirft, wenn die Suche nach Glück und Sinn vollendet ist. Alles was ich heute Abend sage ist *Foma*. Verstanden, Rudy?«

»Spitze!«, sagt Jay Jay in Erwiderung auf Rudys verblüfftes Nicken.

»*Duffle* ist die Bezeichnung für das Los von Tausenden, wenn sie in die Hände eines *Stuppa* gelegt worden sind.«

»Was ist dieses *Stuppa?*«, fragt Gustav pflichtbewusst.

»Ein von dichtem Nebel eingehülltes Kind«, erwidert der Prophet barsch. »Nicht zu verwechseln mit einem *Sin-Way;* dieses Wort definiert einen Mann, der die ganze Liebe von jemandem für sich allein will. Dies ist die *numero-uno-*Sünde.«

»Das gefällt mir«, sagt Sie mit einem sanften, schadenfrohen Lächeln. »Die Verdammung des eifersüchtigen Ehemannes.«

»Oder umgekehrt«, fügt der Doktor hinzu.

»Spitze!«, sagt Jay Jay ehrfürchtig.

»Ich glaube, diese grundsätzlichen Lehren reichen für die erste Lektion«, sagt der Weise. »Aber lasst mich mit einer Parabel des El Arabi Vonnegut schliessen. Nachdem Gott dem Menschen das Universum mit all seinen Wundern gezeigt hatte, fragte der Mensch, ›Was hat all das für einen Sinn?‹ ›Muss alles einen Sinn haben?‹, antwortete Gott. ›Unbedingt!‹, antwortete der Mensch.«*

Der Professor erhebt sich, legt seinen Arm auf den Kaminsims und schaut zu den Schülern hinunter. »Wir müssen einen Sinn sehen. Das ist das ganze Geheimnis der Philosophie, nicht wahr?«

Die drei Schüler nicken zustimmend.

»›Also, ich überlasse es dir, einen Sinn für das Universum zu finden‹, sagte Gott und verschwand.«

* Siehe *Cat's Cradle,* von Kurt Vonnegut

Worauf der Dozent in die Küche geht, eine Flasche Wein aus dem Schrank holt und den Korkenzieher vom Regal. Er flüchtet durch das Schlafzimmer aus der Wohnung, in Richtung Andromeda-Galaxis, hält aber kurz inne, um sich auf einen Stein in der Nähe des Baches hinzusetzen und den Paarungsliedern der Grillen zuzuhören.

61

»Siehe, ich sage euch ein Geheimnis: Wir werden nicht alle entschlafen, wir werden aber alle verwandelt werden.«

1. Korinther 15, 51
zitiert von Alexander Solschenizyn

Lausanne, September 1971

»Der Häftling und die Alte, im goldenen Sofa auf der Bühne der UNO-Versammlungshalle, waren Mittelpunkt einer verehrenden Menge von Beamten.

Die erste herzerwärmende Geste einer dankbaren Welt kam in der Form eines Telegramms von Raymond Procunier, Vorsteher der Erwachsenenfürsorge des Staates Kalifornien, mitunterzeichnet von keinem Geringeren als Gouverneur Edmund (Jerry) Brown Jr., mit dem Inhalt, dass die Bewährungseinschränkungen für den Ex-Häftling aufgehoben und ihm der volle Freispruch und die Freilassung zugesichert seien.

Mr. Nelson Rockefeller als Vertreter der Vollziehungsgewalt, Mr. Carl Alpert (D.), Mr. ›Typ‹ O'Neil (D.), der Vorsteher des Politbüros Alexander Shelepin, UdSSR, und Mr. George Meaney, AFL-CIO, sprachen im Namen eines frohlockenden Planeten formell ihren Dank aus und erkundigten sich bei den beiden zentralen Gestalten nach ihren unmittelbaren Wünschen. Nach einem im Flüsterton geführten Gespräch mit seiner nun bereits sehr beschwipsten Begleiterin, fragte der Vorbestrafte sehr zum allgemeinen Erstaunen der Anwesenden, ob sie sofort getraut werden können.

Nach einer kurzen Beratung mit örtlichen Beamten meldete Nelson Rockefeller, dass der Bürgermeister von New York mit dem Stadtschreiber unterwegs zum Waldorf Astoria sei, wo die Präsidenten-Suite für die Trauungsfeierlichkeiten reserviert wurde.

Innerhalb einer Stunde waren alle Formulare ausgefüllt, unterschrieben, und Bürgermeister Beame hatte die einfache, zivilrechtliche Zeremonie höchstpersönlich durchgeführt.

Die Braut, die, wie sich herausstellte, Rosa de la Mar hiess, stiess während des Trauungsritus' ununterbrochen Champagnergläser um und schlurfte unaufhaltsam der berauschten Betäubung entgegen. Es ist traurig aber wahr, sie war fast nicht fähig, das Eheversprechen zu murmeln.

Es war deshalb für alle etwas überraschend, als die Neuvermählten das bei solchen Anlässen übliche Angebot von Senator und Frau Jacob Javits, im grossen Ballsaal des eleganten Hotels einen Hochzeitsempfang mit anschliessendem Bankett zu veranstalten, begeistert annahmen.«

62

»Beim Kommunizieren mit Larvalen dürfen folgende Punkte nicht vergessen werden. Die Larvalen haben kein Interesse an dir, du existierst für sie nicht einmal, es sei denn, deine Anwesenheit bietet ihnen etwas in bezug auf mögliche Vorteile oder Gefahren für Ihre/Seine körperliche Gesundheit, für Ihren/Seinen emotionellen Status, für Ihre/Seine symbol-manipulierenden Spiele oder sozio-sexuelle Sicherheit.«

Exo-Psychologie

Villars-sur-Ollon, Oktober 1971

Der Philosoph kommt mit einem Telegramm in der Hand ins Wohnzimmer. In ein *Suck*-Magazin vertieft liegt Sie vor dem Feuer.

»Ein Telegramm von Michael und Eleanor Kennedy. Sie kommen morgen Nachmittag in Genf an.«

»Ich komme nicht mit, um sie abzuholen. Ich bleibe hier und bereite alles vor.«

»Dann geh ich auch nicht. Es sind deine Freunde. Ich habe mit ihm bloss viermal in Gefängnisbesucherräumen gesprochen. Ich kenne den Mann nicht persönlich. Laut *Rolling Stone* scheint er ein ehrgeiziger Sozialemporkömmling mit einer Schwäche für Sportwagen zu sein.«

»Bitte, starte nicht schon wieder eine Anti-Anwalts-Kampage. Wir sind frei hier, weil sie ihre Karriere riskierten, um dich rauszuholen. Als du im Gefängnis warst, sorgten sie liebevoll für mich. Sie freuen sich auf eine Gelegenheit, die Flucht zu feiern.«

»Kennedy hat uns nach Algerien geschickt und dann fallengelassen. Und nun wollen sie unser Haus in Berkeley verkaufen.«

»Kennedy und Rhine haben das Haus verdient. Du hast keine Ahnung, was sie auf sich nahmen, um deine Flucht zu organisieren. Wir machten einen Monat lang nichts anderes. Eleanor war am Rande eines Nervenzusammenbruchs. Er riskierte seine Anwaltspraxis, seinen Ruf und zehn Jahre Gefängnis. Und du hattest dir beim Handballspiel eine Gefängnissonnenbräune geholt und beklagtest dich über Leute, die dein Leben kontrollieren.«

»Ich weiss. Das war der schlechteste Film, den wir je gedreht haben. Wenn dein Leben in Gefahr ist, wirst du in Rollen verwickelt. Zwischen Häftlingen und Anwälten herrscht eine solche Dschungelfeindschaft. Sie sind über unserem Unglück kreisende Geier. Anwälte spielen stolz mit unseren Leben, als wären sie Jetons. Einmal sagte ich im Besuchsraum zu Kennedy, dass alle Strafverteidiger eine zeitlang hinter Gittern sitzen sollten, um zu erfahren, wie das so ist. Er stimmte mir fröhlich zu. Er meinte, dass er das gerne eine oder zwei Wochen lang tun würde. Ich sagte, ich hätte es nicht so gemeint. Jeder Anwalt sollte für einen Monat verurteilt werden und dabei wissen, dass er am dreissigsten Tag eine Karte ziehen muss mit einer zehnprozentigen Chance, lebenslänglich bleiben zu müssen.«

»Du hast recht. Wir hätten uns nie mit einer irdischen Regierung in Rechtsstreitereien einlassen sollen. Es hat uns traurig, krank und heimatlos gemacht. Wozu? Politik bedeutet Geld, Lügen und sich unwohl fühlen. Und alles was ich will, ist mich wohl fühlen. Falls es das noch gibt.«

63

»Nur die, die aus derselben Schüssel wie wir gegessen haben, können uns verstehen.«

Alexander Solschenizyn

Lausanne, September 1971

»Das Hochzeitsfest entwickelte sich leider zur ausgesprochenen Katastrophe, zumal der schändliche Vorgang noch via TV von der ganzen Welt mitverfolgt wurde.

Der Bräutigam und die Braut sassen selbstverständlich am Kopfende der Tafel. Sie waren auf beiden Seiten von den wichtigsten Persönlichkeiten der Welt flankiert.

Das Verhalten der Braut war offengesagt entsetzlich. Unter den hellen Scheinwerfern war der Dreck ihrer verfilzten Haare, das gefleckte, zernarbte Gewebe ihres verrunzelten Gesichts, der gelbe Schleim auf ihrem einzigen, krummen Zahn und die verknoteten Sehnen, die Ihren faltigen Truthahnhals ausbeulten, nur allzugut sichtbar. Noch schlimmer war Ihr Benehmen. Ihre verhutzelten Hände langten nach den Speisen. Wenn Sie sich die ausgezeichneten, wohlschmeckenden Delikatessen in den Mund stopfte, schaffte Sie es, dabei auch noch Ihr Gesicht und die zerlumpten Kleider zu beschmieren. Sie rülpste laut und liess deutlich hörbar Wind entweichen. Manchmal senkte Sie Ihr Gesicht auf den Teller hinunter und schlürfte die Köstlichkeiten wie ein hungriges Tier.

Wir wollen hier die obszönen Bemerkungen und Zoten, die sie den versammelten Persönlichkeiten zugrunzte, nicht auch noch erwähnen.

Der Bräutigam war während der ganzen skandalösen Vorstellung unverdrossen aufmerksam, lauschte konzentriert auf ihr Krächzen, lachte verständnisvoll über Ihre heiseren Ausfälle, küsste Sie von Zeit zu Zeit auf Ihre welke Wange, und als Sie schliesslich vollkommen berauscht zusammensank, trug er Sie auf seinen Armen aus dem Saal, zum Lift und schliesslich in ihr Flitterwochenquartier.«

64

Rotwang empfand dieselbe steigende Spannung, als das alphanische Schiff startete. Er wandte sich zu Miss Photo und küsste sie. »Das erinnert mich an das alte alphanische Sprichwort ›Zuhause ist, wo dein Kopf ist‹«, sagte Rotwang. »Ich bin froh, zur Erde zurückzukehren, aber Alpha ist genauso schön.« Sie lächelte und drehte ihr Gesicht so, dass Rotwang ihre neue Tätowierung sehen konnte. Kurz vor der Abreise hatte sie einen fremden Tätowierungssalon besucht. Fremde Tätowierungen werden mit phosphoreszierenden Pigmenten ausgeführt, und sie glühen und glitzern ohne Unterlass wie ein alphanischer Regenbogen. Miss Photo hatte sich eine Reproduktion der *7 Löcher des Weltraums* eintätowieren lassen, spiralförmig gruppiert und umgeben von den Tiefen des Alls.

aus ROTWANG, *von Tim Hildebrand*

Millbrook, N. Y., Oktober 1963

»Was hast du dann gemacht?«, fragte der Commodore. Die seltsamen Worte des mageren Yogi hatten seinen Geist durcheinandergebracht.

»Sylvia kassierte eine kleine Erbschaft von Ihrer Grossmutter, und ich beschaffte mir eine Flugkarte; dann flogen wir nach Kalkutta, um mit Shiva-ji zu sprechen.

Wir fanden ihn am Gangesufer, wo er mit einem Lendenschurz bekleidet auf den Kremationsplätzen rumhing und aus tuchumwickelten Chillums Haschisch rauchte.

Zuerst wollte er nicht mit uns sprechen. Er lachte bloss und machte ein paar faule Don Juan-Zen-Witze auf Bengalisch. Aber wir liessen nicht los.«

»Wie meinst du das?«

»Wir kauerten dort am Flussufer nieder, reichten das Chillum herum, beobachteten und versuchten uns in die Umgebung einzustimmen. Am dritten Tag schlenderte Shiva-ji zum Fluss hinunter. Wir folgten ihm. Er betrachtete stundenlang die trübe Strömung. Plötzlich stiess er einen kurzen vergnügten Schrei aus, rannte zum Wasser und fischte einen dünnen Ast heraus. Er untersuchte ihn, lachte und reicht ihn uns. Der Ast war mit einer symbiotischen Ranke verwikkelt.«

»Ein Fachmann für Requisiten, dieser Kerl. Was tat er dann?«

»Etwas sehr Interessantes. Er warf den Ast in den Ganges zurück, stand auf und bedeutete uns, ihm zu folgen. Dann führte er uns in eine zerfallene Hütte. Wir setzten uns alle auf den Erdboden. Dann wandte er sich mit seinem zahnlosen Grinsen an mich und sprach. Es war das erste Mal, dass er mich direkt ansprach. Weisst du, was er sagte?«

»Keine Ahnung.«

»Er sagte ›Lay Ree‹.«

»Was heisst das? Ich kann nicht Bengalisch.«

»Ich wusste auch nicht, was er meinte. Er schaute mich einen Moment lang fragend an. Dann langte er nach dem Shiva-Altar in der Ecke, holte ein in einen Seidenbeutel gewickeltes Buch hervor, drückte es mir in die Hand, zeigte in die Richtung des Flusses, westlich von uns, und wiederholte die Worte ›Lay Ree‹. Darauf verbeugte er sich und faltete zum Abschied die Hände in der Namaste-Geste. Das war alles.«

»Was bedeutete das alles?«

»Das fragte ich den kleinen Jünger, der uns zum Taxi begleitete. Seine Antwort war kurz. Er sagte, ›Shiva-ji sagt, Buch sehr alt. Bring zurück zu Professor Lay Ree in Amerika. Shanti.‹ Dann verbeugte er sich, presste die Hände zusammen und schaute uns nach, wie wir mit dem Taxi davonfuhren.«

»Hast du das Buch?«

»Natürlich. Von diesem Tag an war es der Mittelpunkt meines Lebens.«

»Kann ich es sehen?«

»Ich nehme an, dass man dies von mir erwartet. Komm heute Abend in mein Zimmer, und ich werde das tun, wozu man mich hierher geschickt hat.«

65

»Ästhetisches Verständnis und Liebe zur Natur an sich sind wichtige Gründe um seltene, larvale menschliche Formen zu erhalten.«

Interstellarer Reiseführer

Villars-sur-Ollon, Oktober 1971

Der Flüchtling erwartet die Kennedys in der Ankunftshalle. Michael ist ein stämmiger kecker, rotgesichtiger Ire. Eleanor stolziert in Pelz gehüllt und in grossäugiger San Francisco-Eleganz daher. Sie sind erfreut, einander zu sehen.

In Villars steht Sie, Mrs. Amerika, Hausfrau des Jahres, unter der Chalettüre und strahlt einladend.

Sie lassen sich vor dem Feuer nieder und trinken Wein.

Das Abendessen ist vortrefflich. Sie sitzen um den Tisch, schauen sich in die Augen und lächeln.

Warum unterscheidet sich dieses Essen von allen anderen? Sie zelebrieren das traditionelle Abendmahlsessen und gedenken der Flucht aus der Gefangenschaft. Das Bankett der Gesetzlosen. Vertrieben aus ihrem Heimatland erzählen sie die bittersüsse Erinnerung an die Flucht vor dem FBI, die Reise durch den Untergrund. Die Flucht vor den grausamen Günstlingen Nixons.

Das Fest des Wiedersehens dauert sechs Stunden. Die Kennedys erzählen ihr Leben, zarte Geschichten der amerikanischen Unschuld. Der zerbrechliche Mythos ihrer scheuen Huldigungen.

Der Professor fühlt sich von dem beherzten Anwalt und seiner lebhaften Frau aufs beste unterhalten. Sie sind echte Erdlinge und leben nicht ganz ohne Eleganz in der winzigen Realitätsblase der Dorfpolitik San Franciscos, des Klatsches von Herb Caen, Guelfs gegen Ghibbelines, Vorstadt gegen Innenstadt, Langhaarige gegen Kurzhaarige. Und wieder wundert er sich über seine Torheit, den klassischen Fehler des unvorsichtigen Zeitreisenden zu begehen, sich in die Realitäten der Larvalen einzumischen. Im Wettstreit der Ameisenhügel Stellung zu beziehen. Versuche, Lee vor Picketts Angriff zu warnen, und du wirst in einem Gefängnis von Richmond landen; das Verbrechen: die Niederlage. Lehre ihnen Neurochemie, und sie werden dich mit Schiesspulver in die Luft jagen.

Die Gattinnen brauen in der Küche Kaffee. Für die beiden Männer kommt nun der Moment der Alkoholvertraulichkeit. Der Barde beugt sich vor und stützt sein Kinn in die Hand.

»Sag mir Michael, warum hast du uns bei den Schwierigkeiten mit Cleaver nicht geholfen?«

Anwalt Kennedy ist vorbereitet.

»Wir wussten, dass du das allein bewältigen konntest.«

»Du hattest angekündigt, rüberzukommen. Einige Klarstellungen hätten uns geholfen. Warum hast du die Reise abgesagt?«

»Bernadine und ihre Freunde wollten sich nicht in den Streit zwischen den Parteien der Black Panthers einmischen. Cleaver gegen Newton.«

»Mit anderen Worten, die Weather-Leute wollten sich nicht zwischen gewaltsamer Revolution und Offenbarung entscheiden.«

66

»Der Planet Erde? *Ja, den habe ich gesehen. Gar kein schlechter Film.*«

Sanford O. Silver, Chefkoch
Nevada County Jail

Lausanne, September 1971

»Endlich allein in der Hochzeits-Suite. Der Ex-Sträfling legt seine Braut sanft auf das Bett und deckt Sie zu.

Nun stützt sich die schlampige Braut auf Ihre zittrigen Ellbogen und betrachtet Ihren Gatten mit kühlen Augen. ›Was hast du jetzt im Sinn?‹ krächzt Sie.

Der Bräutigam zuckte die Achseln. ›Ich denke, ich werde mich für eine Weile hinsetzen und über die jüngsten Geschehnisse meditieren.‹

Die Alte lachte gackernd. ›Ist das die Art, wie ein liebender Gatte seine Braut in der Hochzeitsnacht behandelt?‹

›Meine liebe Gemahlin‹, erwiderte der Ex-Häftling, ›ich habe dich geheiratet, wie ich es versprochen habe. Aber ich habe nicht erwartet, dass du noch mehr von mir verlangst.‹

›Was bist du doch für ein Narr‹, keifte die Alte. ›Oder hältst du mich für eine Närrin? Wenn du ein Mann bist, dann wirst du bestimmt deinen ehelichen Pflichten gegenüber deiner vor Verlangen bebenden Braut nachkommen.‹

›Selbstverständlich‹, sagte der Bräutigam. ›Deine Wünsche sind mir Befehl.‹

›Dann komm zu mir ins Bett, mein Gatte, und geniesse unsere Vereinigung‹, befahl die Alte mit einem schiefen Grinsen.

Der Bräutigam entkleidete sich flink, schlüpfte zwischen die seidenen Bettlaken, legte seinen Arm unter Ihr verknotetes Haar und beugte sich hinunter, um Sie auf den Mund zu küssen. Bevor seine Lippen die Ihren berührten, blickte er in Ihre lächelnden Augen. Als sich ihre Lippen liebkosend begegneten, schien es, als würden Ihre Augen grösser, tiefer und glänzender. Er sah nichts anderes mehr als Ihre zwei leuchtenden weisen, liebenden Augen und spürte die feuchte Wärme Ihrer Lippen. Als Sie sich umarmten, erstrahlte Ihr Körper, Sie bewegte sich leicht und murmelte sanft.

Zu seinem Erstaunen beginnt sich die Erscheinung seiner Braut (die geborene Rosa de la Mar) in seinen Armen zu verändern. Innerhalb einer Minute erblühte Ihr Gesicht zu einer taufrischen Schönheit. Ihr Körper hat sich zur üppigen, wohlgeformten Gestalt einer jungen Frau entfaltet, kurz, der Bräutigam entdeckt, dass er die hinreissendste Schönheit des Universums in seinen Armen hält. Ein zartes Parfüm berauscht seine Sinne. Sie beginnt sich lustvoll zu bewegen, und er findet sich im Liebesakt mit einer absolut zärtlichen, erregenden Frau.«

67

»Es ist zwar auf der Erde nicht allgemein bekannt, aber die Sterne, ja selbst die grosse Sonne, sind intelligent. Die Bewohner von Zolmyth nahmen mit ihrer Sonne erfolgreich Kontakt auf und berichten, dass sie erfreut ist, zu sehen, dass sich als Nebenprodukt ihrer grossartigen Existenz intelligentes Leben entwickelt hat. Frage daher nicht, für wen die Sterne scheinen. Sie scheinen für Dich. Und sie tun es gerne.«

Merkurische Meditationen
von Phil Smith

Millbrook, N.Y., Oktober 1963

Aryabhatas Zimmer in Millbrook war in eine tantrische Yoni verwandelt worden. Ein Tigerfell als Meditationsteppich. Ein Altar mit drei kleinen Statuen, offensichtlich alt und wertvoll und wunderbar kunstvoll ausgeführt.

Eine davon war Nataraj. Der nackte Shiva im Kreis der flammenden Energie tanzend.

Die zweite eine buddhistische Dakini aus Tibet, ein tanzendes Mädchen mit schlanker Taille, wallenden Brüsten und langem Haar, anziehend und hemmungslos.

Und ein sitzender Buddha mit seiner nackten Gefährtin auf seinem Schwanz sitzend, die Arme in der Yab-Yum-Vereinigung ineinander geschlungen.

Aryabhata bedeutete dem Commodore sich zu setzen, und beide Männer erreichten gleichzeitig einen beschleunigten Fluss des Bewusstseins. Der Yogi schien damit zufrieden zu sein.

Aryabhata nahm dann mit grösster Vorsicht einen Gegenstand vom Altar. Es war ein pergamentenes Buch, zuerst in rotgeblümte Seide gewickelt und dann noch in ein fein gewobenes, mit tantrischen Symbolen besticktes Tuch gehüllt. Das Buch liess sich wie ein Leporello auseinanderfalten. Jede Seite war etwa fünfzehn auf zwanzig Zentimeter gross und an die nächstfolgende angenäht. Er legte das Bündel vor den Altar und ordnete die Kerzen. Dann wendete er den Umschlag und deckte das erste Bild auf, eine amöbenähnliche Figur mit einem riesigen menschlichen Mund, in einer saugenden Stellung geöffnet. Das Bild besass eine erschreckende Anziehungskraft, schlürfend erotisch wie auch formlos weich.

Nach einer scheinbar langen Zeit deckte Aryabhata das nächste Bild auf. Es zeigte denselben amöbenhaften Mund, nun in eine blutende Brust beissend. Die brutale, direkte und konfrontierende Gewalt des Bildes liess den Commodore zurückschrecken.

»Gewaltig«, sagte er, »aber ich verstehe es nicht«.

»Es ist eine Reihenfolge«, antwortete der Yogi leise. »Lass uns weiterfahren.«

Das dritte Bild – die lächelnden, zufriedenen Gesichter einer fülligen Frau und eines Mannes mit dicklichem Gesicht, beide Köpfe mit dem Körper eines Tintenfisches verbunden. Die vielen Fangarme waren mit runden Saugnäpfen bedeckt. Das Bild war erschütternd, erotisch-verschlingendes Fleisch, blind, unersättlich, haltlos, uralter Liebeshunger, ewig nach der Wurzel strebend. Der Commodore war von den verschwommenen stofflichen Erinnerungen, die ihn in die weiche, gierige, fressende, verschlingende Umarmung zogen, gleichzeitig angewidert und tief berührt.

»Beachte«, sagte Aryabhata, »wie die ersten drei Karten eine wässrige Umwelt mit rotgefärbten Figuren darstellen. Sie stellen den Shiva-, Brahma- und Vishnuaspekt dieser ersten Phase dar.«

Die vierte Karte zeigte das Gesicht einer schönen jungen Mann-Frau (?), verbunden mit dem glatten, drahtigen, schlanken Körper eines Otters – flammend orange gefärbt und am Ufer einer Wasserfläche kauernd. Wachsam die Landschaft betrachtend. Der Schauplatz bot einen schrillen Gegensatz sich widersprechender Themen – die schnelle, zierliche, fellig-sexuelle Schönheit des Geschöpfs und die hinterlistige, verstohlene Aufmerksamkeit der Gefahr.

Die fünfte Karte zeigte einen Hermaphroditen als Kentaur, stolz auf einem Hügel stehend.

Die sechste Karte zeigte ein ägyptisches Motiv; zwei fürstliche Gestalten sassen nackt auf einem Thron. Die eine hatte den gebieterischen Körper eines Mannes, die andere den üppigen Körper einer Frau – beide mit Löwenköpfen.

Der Commodore blickte verwundert auf. »Sie sind grossartig gemalt, verwirrend und eindringlich. Aber ich verstehe den Sinn nicht.«

»Warte, bis du alle gesehen hast«, antwortete Aryabhata. »Sie erzählen, wie Tarotkarten, eine Geschichte in verschiedenen Teilen.«

68

»Kratze an der Oberfläche eines schönen Mannes, und ihr werdet euch beide wohlfühlen.«

Legende der Klette, 2001 n. Chr.

Villars-sur-Ollon, Oktober 1971

Er liegt im Bett und schaut Ihr beim Ausziehen zu.

»Weisst du, was ich fragen werde, wenn ich die Höhere Intelligenz am Draht habe?», fragt Sie.

»Sags mir.«

»Warum ist Sie so gestorben? Ganz allein in einem grossen Haus am Samstagabend.«

»So stand es im Drehbuch, das sie für Sie verfassten.«

»Ja. Wie damals, als Sie mit den Hüften im Bullauge eines Schiffes steckenblieb und der Junge mit der Brille vorbeikam.«

»Es ist so traurig«, seufzt er.

»Dann sagt Sie mit dieser weichen sahnigen Stimme, ›vergiss die Erklärungen. Hilf mir einfach.‹«

»Und der prüde kleine Joe Di Maggio fragt sich vorsichtig, ob Sie ein Verbrechen begangen hat.«

»Und dann Arthur Miller, der einwilligt, Ihr aus zwei logischen Gründen zu helfen, erstens weil er zu jung ist, um ins Gefängnis zu gehen ... Und zweitens ...«

». . . weil du soviel animalischen Magnetismus besitzt.«

»Aber im Grunde genommen bin ich lediglich ein lustiges junges Mädchen aus St. Louis.«

Sie steht jetzt hinter der Schranktüre. Ihre runden nackten Arme blitzen hervor. Sie wirft Ihr seidenes Höschen aufs Bett. Ihr Gesicht erscheint und zwinkert.

69

»Der Planet Erde hat nur zwei literarische Philosophen überirdischen Formats hervorgebracht: Dante Alighieri aus Italien und James Joyce aus Irland.
Selbstverständlich gibt es noch viele andere Schriftsteller, die einem wertvolle anthropologische Einblicke in die larvale Psychologie gewährten.
– *für* Soap operas ... *Shakespeare*
– *für Dorfklatsch ... Proust*
– *für Kriegsberichte ... Tolstoj*
– *für schwerkraftgebundene Religiosität ... Dostojewski*
– *für larvale Jurisprudenz ... die Bibel«*

Übersicht der Planetarischen Literatur

Lausanne, September 1971

»Das eheliche Liebesspiel dauerte die ganze glorreiche Nacht. Mit jeder Stunde der spielerischen Tändelei schien sich die Schönheit, der Charme und der kluge Verstand der Braut noch zu steigern.

Der Bräutigam, der in seinem langen und leidenschaftlichen Leben das breite Spektrum der erotischen Freuden durchwandert hatte, sah sich in eine neue Welt der zarten Verbindung versetzt.

Als der Sonnenaufgang über dem East River mit seinen rosenroten Streifen die Wände der Hochzeitskammer färbte, realisierte der Bräutigam, dass er hoffnungslos in dieses anziehende Wesen, das durch ein grosszügiges Schicksal zu seiner Frau geworden war, verliebt war.

Er bestellte ein köstliches Frühstück. Diese ganze Entwicklung schockierte und belustigte die Menge der Journalisten, die in der Hotelhalle zweifellos erwarteten, die fliehende Gestalt eines belästigten Ehemannes begrüssen zu können.

Während sie auf das Essen warteten, planschte das Pärchen spielerisch in der Badewanne. Ihr schlüpfriges, seifiges Liebesspiel wurde nur kurz durch die Ankunft der Kellner unterbrochen. Diese waren überrascht, als der Bräutigam, nur mit einem Badetuch bekleidet und vor Stolz fröhlich strahlend die Türe öffnete.

Und so ging es einen weiteren Tag und eine weitere Nacht und einen dritten Tag und eine dritte Nacht weiter, sehr zur wachsenden Verblüffung einer wartenden Welt, die stündlich durch Presseberichte von den erstaunlichen Geschehnissen dieser Hochzeit informiert wurde.

Als nach der dritten Nacht der Tag anbrach, sass die grossartige Braut nackt in der Mitte des Bettes, strich Ihr langes, seidenes Haar zurück, küsste Ihren Gatten auf die Lippen und sprach sanft: ›Mein geliebter Ehemann, du hast mich zur glücklichsten Frau des Universums gemacht. Nun, nachdem wir die ersten drei Tage unserer ewigen Verbindung beendet haben, muss ich dir etwas sagen.‹

Der Bräutigam, auf seidenen Kissen liegend, lächelte in freudiger Erwartung.

›Für unsere Ehe gibt es eine Bedingung, von der ich dir noch nichts gesagt habe. Es ist tatsächlich so, dass unsere Liebe mich schön gemacht hat. Aber traurigerweise ist es ebenso wahr, dass von nun an meine Schönheit kommen und vergehen wird. Für zwölf Stunden werde ich so sein, wie du mich nun siehst. Eine Augenweide, ein Prachtexemplar, klug, zierlich, geschmeidig und liebend. Während den anderen zwölf Stunden werde ich aber hässlich, deformiert, verkrüppelt, verwahrlost, ekelerregend, abstossend, böse, keifend, dreckig, roh und voller Hass sein.‹

Der Bräutigam nickte nachdenklich.

›Nun musst du dich entscheiden‹, fuhr Sie fort, ›wann ich welche dieser Formen annehmen soll. Wie willst du mich? Wenn ich bei jedem Sonnenuntergang so werde wie ich jetzt bin, schön und liebend, dann werden wir unsere Nächte in wollüstiger Vereinigung verbringen. Das Vergnügen, das kann ich dir versichern, wird wachsen und intensiver werden. Aber jeweils tagsüber werde ich an deiner Seite als schlampige, beschämende Alte vor die Welt treten. Oder willst du mich für die aufregenden Sequenzen des Tages als tanzende, strahlende Begleiterin, während ich dich nachts giftig verleumde? Welche Wahl triffst du?‹«

70

»Ein Augenblick des Nachdenkens über die erforderlichen somatischen Fähigkeiten wird bestätigen, dass die Yab-Yum-Verbindung von Mann und Frau die höchste neurosomatische Kommunikation ist.«

Exo-Psychologie

Villars-sur-Ollon, Januar 1971

Gedämpfte Musik tönt aus dem Tonbandgerät. Ein sanftes Feuer brennt. Sind sie wieder verliebt?

»Diese Stille.«

»Fantastisch.«

»Es scheint, als wäre das eine sehr lange Phase gewesen.«

»Es war wunderbar.«

»Du siehst in jeder Beziehung grossartig aus.«

»Du stehst genau richtig. Ein bisschen gegen mich. Gut so. Runter.«

»Recht so?«

»Grossartig.«

»Ich gehe bloss einen Bruchteil eines Zentimeters rein ... vielleicht einen Viertel.«

»Ich bin ganz bereit.«

»Es ist offenbar nicht schwierig, sich zu bewegen.«

»Fantastisch.«

»Das ist wirklich interessant. Die Oberfläche ist sehr weich. Hier draussen, wo ich ... reinstecke.«

»Das ist grossartig.«

»Bist du bereit? Kann ich rauskommen?«

»Komm schon.«

»Wunderschön.«

»Grossartig.«

»Ist es nicht lustig?«

»Glitschig.«

»Oh, es ist schön. Wirklich.«

»Schön. Einfach schön.«

»Du musst vorsichtig sein und immer wissen, wo dein Schwerpunkt ist.«

»Nun strecke deinen Rücken durch. Gut so. Es hat genug Platz.«

»Ich bewege mich jetzt auf und ab?«

»Nun bist du frei. Du reibst ein bisschen gegen mich. Nun bewege dein ...«

»Wieder hinein?«

»Alles ging ausgezeichnet.«

»Das war schön, sehr glatt.«
»Du siehst gut aus.«
»Schön.«
»Alles sieht gut aus.«
»Ich gehe jetzt hinunter, U.S. 1.«
»Das war lustig. Hast du bemerkt, wie du während der Rückzugsphase herumgezuckt bist?«
»Ja, offenbar passierte das, als ich den Stoss aufwärts machte.«
»Du siehst grossartig aus. Das war ein gewaltiger Tag.«
»Das kann man wohl sagen.«
Sie liegt auf der Couch und hört ihm amüsiert zu.
Er sitzt beim Kamin auf dem Teppich und hält ein gelbes Magazin in den Händen.
»Das war sehr sexy für das *National Geographic«,* sagte Sie. »Wer sind die Liebenden?«
»Neil Armstrong und Buzz Aldrin. Es muss beim Mondschein gewesen sein.«

71

»Sie, die verlangt, aber nicht handelt, gebärt Pestillenz.«

Catherine Boucher

Villars-sur-Ollon, Oktober 1971

Dennis und Johan rufen aus Kanada an. Sie sind eben von einem Marco-Polo-Abenteuer aus Afghanistan zurückgekehrt, vollbeladen mit seltenen orientalischen Gewürzen, die sie Händlern in den Basars und Kitschläden in Manhattan verkaufen. Sie haben die Absicht, die beiden Flüchtlinge zu besuchen.

»Sie sind überhäuft mit Geld und Siegesfreude und möchten beides gerne mit uns teilen«, sagt der Commodore.

»Es ist schön, dass jemand etwas Aufregendes tut«, sagt Sie. »Vielleicht werden sie uns aufheitern.«

»Zwei junge Zwillinge, die in diesem Labor mitschwingen, ist eine vergängliche Aussicht.«

»Zwei? Oh ja, Dennis ist ein Zwilling. Aber kleine Männer lassen mich wie eine Riesin fühlen.«

»So ist also Hilfe unterwegs.«

Sie hebt Ihre Arme über Ihren Kopf und biegt Ihren stradivariförmigen Rükken durch.

»Die Nähte an meinem Lustfahrzeug haben eine Überholung nötig. Vom Bug bis zum Heck. Vom Scheitel bis zur Sohle. Als Commodore musst du entscheiden, wer der Pilot ist. Ich meine es ernst, Acht. Es kommt ganz auf dich an.«

»Manchmal können wir entscheiden, ob und wann die chemischen Reaktionen ausgelöst werden. Aber die Zusammensetzung der Elemente ist gegeben.«

»Ich vertraue diese Entscheidung dir an«, sagt Sie ernsthaft.

72

»Rotwang wurde von der Satelliten-Weltrundschau interviewt ... Rotwang wurde als der erste interplanetarische Gesandte vorgestellt ... »Wir sind nun alle Mutanten«, sagte Rotwang. »Wir sind nicht länger *Homo sapiens* – doch sind wir noch immer menschlich. Wir können alles sein, was wir wollen – wir müssen unsere geistige Kraft benutzen und die Mutation kontrollieren. Wir müssen Neue Menschen werden.« Am nächsten Tag wurde *Das Fremde Tagblatt* von über 1 000 000 000 Leuten bestellt, und die Welt wandte ihr Riesenohr der Botschaft Rotwangs und der Fremden zu.«

aus ROTWANG, *von Tim Hildebrand*

Millbrook, N. Y., Oktober 1963

Die beiden Männer hockten nach japanischer Art auf den Knien und konzentrierten sich gespannt auf das entfaltende Pergamentbuch. Das Kerzenlicht spiegelte sich auf der kahlen Stirn des Yogi und zuckte über die drei Statuen, den wirbelnden Shiva, die schwebende Dakini und den vereinigten Buddha.

Aryabhata klappte die siebte Karte auf – ein schwerfälliger, behaarter, gelbhäutiger, zwitterhafter, steinzeitlicher Hominide mit einer Steinaxt, vorgebeugt um sein Spiegelbild im Wasser zu betrachten.

Die achte Karte – ein goldhäutiger Hermaphrodit auf einem Wagen sitzend, Ihre/Seine rechte Hand hält eine Schreibfeder (diese zeichnet im Stil Steinbergs die Umrisse Ihres/Seines Kopfes).

»Sie sind so modern, dass sie aus New York sein könnten«, sagte der Commodore ehrfurchtsvoll. »Wie alt ist dieses Buch?«

»Die Orientalisten, die ich gefragt habe, sagten, der Stil der handgenähten Pergamente sei mindestens zweihundert, eher einige hundert Jahre alt.«

Die neunte Karte – zwei fürstliche, goldhäutige Menschen sind in der Yab-Yum-Stellung vereinigt, sie zeichnen mit einer Feder in der rechten Hand den Körper des andern.

Auf der zehnten Karte steht ein nackter, junger, hübscher Mann mit grüner Haut vor einem Spiegel, in dem er sich als schöne Frau widerspiegelt. Die beiden betasten sich gegenseitig lustvoll die Geschlechtsteile.

Die elfte Karte ist eine freimütige Darstellung der Mutter-Königin und des Vater-Königs, grün-häutig, auf Thronen von ihren Kindern umgeben.

Die zwölfte Karte – ein riesiger städtischer Platz, überfüllt mit menschlichen Wesen, Millionen zusammengedrängt und der Mitte des Platzes zugewendet. Dort erhebt sich ein riesiger steinerner Lingam aus einer riesigen, steinernen ovalen Yoni. Beide waren grün.

»Verblüffend. Eine Szene direkt aus dem Dritten Reich.«

»Ja, ziemlich prophetisch«, sagte Aryabhata auf seine Fersen zurückgelehnt. »Sag mir nun, was hältst du von dieser Serie?«

»Es ist eine Zusammenfassung der Evolution in der Art des Tarot. Falls das Alter stimmt, ist es eine erstaunliche Leistung. Älter als Darwin meine ich. Meinst du nicht auch?«

»Natürlich. Aber es kommt noch mehr. Ich habe dieses Manuskript auf verschiedenen Ebenen sehr lange studiert. Langsam verstehe ich, warum es Shiva-ji an dich weitergab.«

»Warum? Ich kenne das Tarot überhaupt nicht.«

»Aber verstehst du denn nicht? Dieses Manuskript ist ein verdammter Rosetta-Stein, und das nur für Anfänger. Beachte, dass es zwölf Bilder sind. Verstehst du nicht? Es ist der Tierkreis! Der Trick ist, dass er mit den Fischen beginnt. Verstehst du?«

Der magere Yogi sass vornübergebeugt und sprach wie ein No-Schauspieler, mit weicher, zischender Intensität und funkelnden Augen. Rasend.

Der Commodore überflog die zwölf Karten und nickte. »Ich will sie noch genauer studieren, aber ich glaube, ich verstehe, was du meinst. Widder, Stier. Ja, und Zwillinge, der Otter!«

»Es sind auch die zwölf Götter des griechischen und römischen Pantheons. Das I Ging. Doch wir werden später darüber sprechen. Jetzt will ich dir die zweite Hälfte zeigen.«

»Es hat noch mehr?«

»Sicher. Die ersten zwölf sind lediglich die erste Hälfte.«

Aryabhata lehnte sich wieder zurück und beobachtete das Gesicht des Commodore. Ein langes Schweigen folgte. Leri blinzelte plötzlich, schnellte vorwärts und schaute ins Gesicht des Yogi. »Du meinst . . .«, sagte er langsam, »du deutest damit an, dass . . .«

Aryabhata nickte lächelnd.

». . . wenn die zwölfte Karte Wassermann ist und Hitler porträtiert, Mao und die Sexualisierung der zentralisierten Regierungen . . .«

». . . dann befinden wir uns jetzt in der Mitte der Evolution . . .«

»So verstehe ich es.«

». . . und die zwölf Karten auf der anderen Seite zeigen uns die zukünftigen Entwicklungsstufen?«

»Bist du bereit, in die Zukunft zu blicken?« fragte der Yogi und drehte die Karten um.

73

F.: Was will die Frau?
*A.: S.M.I.^{2}L.E.**
F.: Was lässt Sie/Ihn lächeln?
A.: Auswanderung ins All, Intelligenzsteigerung, Lebensverlängerung. Mit einem grenzenlosen Raum-Zeit-Hirn kannst du all und alles sexy machen.

Marysia Ulam

Lausanne, September 1971

Das Quartett sitzt schweigend am Tisch im Restaurant. Michels Augen sind weit geöffnet. Dee Dee's Gesicht ist gerötet. Sie windet sich beklommen. Mayas weiches Gesicht ist nachdenklich geworden. Der Barde lehnt sich in seinem Stuhl zurück und blickt feierlich über sein gespanntes Publikum.

»*Heavy,* hm?« sagt er lächelnd. Die drei Zuhörer seufzen gemeinsam. Maya pfeift leise durch die Zähne.

Der Poet beugt sich vor und leert sein Cognacglas. Er offeriert Dee Dee eine Rothman und Maya eine Gitane. Er gibt zuerst den beiden und danach sich selber Feuer.

Maya schaut ihn an und zuckt die Achseln. »Fahre fort«, sagt Sie.

»Ohne zu zögern nimmt der Bräutigam die Braut in die Arme und küsst Sie sanft auf den Mund. Er lächelt glücklich.

›Nun‹, beharrte Senora Rosa. ›Für was entscheidest du dich?‹

›Es gibt gar nichts zu entscheiden‹, antwortete er glücklich. ›Ich werde selbstverständlich tun was du willst. Also sag mir, meine perfekte Gattin, was wählst du für unsere Zukunft?‹

In diesem Augenblick hob die Braut erlöst die Arme in die Luft. Sie wirft den Kopf in den Nacken und stammelt nach oben blickend einen sanften Schrei des Triumphes. Dann schlang Sie Ihre weichen, glatten, wohlgeformten Arme um Ihren Gatten und schaute ihm mit strahlender Bewunderung in seine Augen.

›Ich danke dir, mein perfekter Gatte. Du hast uns durch deine totale Liebe aus den Banden der Dualität erlöst. Durch deine Hingabe hast du es uns ermöglicht, für immer und ewig in Schönheit und Liebe und Weisheit zu leben.‹«

* *S*pace *M*igration, *I*ntelligence Increase, *L*ife *E*xtension = Auswanderung ins All, Intelligenzsteigerung, Lebensverlängerung

74

»Tagträume wecken die Schläfer.«

Leutnant James Collins
Sioux City, Arkturus

Villars-sur-Ollon, Oktober 1971

»Hast du dir je vorgestellt, dass wir in diese Situation geraten könnten?«

»Offen gesagt, ja. Ich habe es einige Male vorausgesehen.«

»Ich wusste es. Gib mir einen Hinweis.«

»Einmal in Millbrook. Bevor meine Nova ausbrannte. Du warst damals noch eine unschuldiger Satellit mit niedriger Masse ...«

»Ja, ich erinnere mich.«

»Du standest im dritten Stock vor dem Spiegel im Badezimmer. Ich machte ein paar Bemerkungen, dass ich dich verlassen wolle.«

»Wahrscheinlich, um in meinem mädchenhaften, abhängigen Herzen Schrekken auszulösen ...«

»Du drehtest dich um, zeigtest mir deine kühle Visage, schwenktest die Hand und sagtest ...«

»Auf Wiedersehen?«

»Es war total daneben. Wie wenn Shirley Temple Heroin spritzen würde. Und ich sah dich frei und locker durch alle Tanzlokale der Stadt schwingen. In den Armen eines anderen quer durch die Galaxis tanzen.«

»Du bist so rücksichtslos«, sagt Sie ehrfürchtig. »Wie konntest du nur eine solche Entwicklung zulassen?«

»Später wurde es noch intensiver. Wir benützten das Bauernhaus auf dem Hügel in der Wüste als Startrampe. Wir befanden uns einige Lichtjahre entfernt und flogen beinahe mit Lichtgeschwindigkeit. Dann verringerten wir die Geschwindigkeit und sassen auf dem Rasen, Rücken an Rücken.«

»Ich erinnere mich. Wir flogen blind einer hinter dem anderen.«

»Plötzlich wurden wir herumgewirbelt. Wie binäre Sterne wirbelten wir schneller und schneller um unser gemeinsames Schwerkraftzentrum. Und ich wusste, dass wir in den n-dimensionalen Raum hinausgeschleudert würden, in verschiedene Richtungen. Du möglicherweise in Richtung des Galaktischen Zentrums. Ich möglicherweise in Richtung der kleinen Magellanschen Wolke.«

»Auf Wiedersehen auf der anderen Seite.«

»Und es ist ein langer, langer Weg rundherum.«

75

»Wahrheit ist 24 Bilder pro Sekunde.«

Jean Luc Godard
(Filmregisseur des 20. Jahrhunderts)

Millbrook, N. Y., Oktober 1963

Aryabhata hielt das Kartenbündel in der Hand und lächelte seinen Gefährten glücklich an.

»Der Kosmische Kartenleger, hm?«

Aryabhata legte den Stoss bedächtig auf das Tigerfell und deckte die dreizehnte Karte auf.

Die Farbe war blau.

Die Gestalt eines horizontal schwebenden Hermaphroditen. Sein Gesichtsausdruck war ruhig und selig.

»Dreizehn ist Verzückung. Dort waren wir schon.«

Die Vierzehn war blau. Ein zwitterhafter Yogi sitzt mit wehenden Haaren in der Lotusstellung auf dem Rücken eines mächtigen, gefiederten Pferdes, das durch die Wolken rauscht.

»Das kenne ich sehr gut«, sagte der Yogi sanft.

»Ich glaube, ich weiss, was als nächstes kommt.«

Die fünfzehnte Karte – ein Mann und eine Frau schweben in der Yab-Yum-Stellung auf einer Wolke. Beide mit einem Heiligenschein.

»Das ist sehr interessant. Offenbar befassen wir uns bereits mit der Zukunft.«

»Ich glaube, das ist der Grund, weshalb der alte Mann mir die Karten gab um sie dir weiterzureichen. Wir sind bereit für die nächste Stufe.«

Die sechzehnte Karte ist hellblau, himmelblau. Ein Hermaphrodit im freien Fall durch den Sternenhimmel. Ihr/Sein Körper ist ebenfalls mit Sternen gefüllt, deren Strahlen sich zu einer interstellaren Ausstrahlung verweben.

»Der elektronische Hippie?« sagte der Commodore.

Siebzehnte Karte. Dieselbe Gestalt sitzt in der Lotusstellung im Sternenhimmel. Von Ihren/Seinen Händen gehen Bündel von glänzenden Strahlen aus. SiEr kreiert Formen durch Ausstrahlung.

»Der elektronische Yogi?«

Achtzehnte Karte. Ein nackter Mann und eine nackte Frau sitzen auf einer himmelblauen Sternenwiese. Bündel von Energiewellen strahlen zwischen ihren Köpfen und Körpern.

Neunzehnte Karte. Der interstellare Hermaphrodit vervielfältigt sich in immer kleiner werdende Kopien, die spiralförmig durch den Sternenhimmel ziehen. Die Farbe war nun violett.

»Es hat etwas mit der Evolution zu tun. Aber ich verstehe noch nicht ganz.«

Zwanzigste Karte. Der interstellare Hermaphrodit erschafft organische Muster, verwebt Sternenstrahlen, entwirft seinen eigenen Körper.

»Ich verstehe. Neunzehn und Zwanzig sind die interstellaren Versionen von Sieben und Acht. Faszinierend. Sagen die ersten zwölf Karten die folgenden zwölf voraus?«

Karte einundzwanzig. Die Interstellaren Liebenden sind nun Energiespiralen, die sich um sich selbst drehen, sie weben Strahlen, um sich gegenseitig ihre Gesichter und andere organische Formen zu gestalten.

Die Karten zweiundzwanzig und dreiundzwanzig und vierundzwanzig zeigen silbrige, ringförmige Wolken, verstreut in einem pechschwarzen Himmel. Schwache, unterbrochene Silberlinien zogen sich durch die Leere.

76

»Der Schmetterling, so silber weiss
(Diese zarte Probezeit des Fliegens)
Wird nie wissen, dass es zu spät ist
Die Kunst des geraden Fluges zu meistern.
Und hat doch – wer wüsste es besser als ich?
Eine sorglose Art zu fliegen;
Sie schlenkert aufs geratewohl
Und anscheinend ohne Ziel
*Selbst der akrobatische Mauersegler**
Hat nicht Ihre/Seine Begabung, schwungvoll zu fliegen.«

Danaische Übersetzung eines Gedichts
von Robert Graves, ein irdischer Dichter

Villars-sur-Ollon, Oktober 1971

Ihr Zeit-Schiff ist in den Alpen abgestürzt. Der Radioempfang durch die Atmosphäre des Planeten unterbrochen. Sie realisieren, dass der nächste Schritt darin besteht, jene Struktur aufzulösen, die sie bis hierher gebracht hatte, so schmerzhaft das auch sein mag. Trennen. Die Elemente für neue und energievollere Verbindungen befreien. Ihr Alltag wird von einer allgemeinen Grauheit des Wartens überzogen.

* Der Mauersegler ist ein irdischer Vogel, ähnlich der Schwalbe. Auffallend sind seine Flugbewegungen: er saust mit kräftigen, lebhaften Flügelschlägen durch die Luft; er fliegt andauernd und ist nur ganz selten am Boden.

Nachts liegen sie wie ein beerdigtes Königspaar als fürstliche Mumien, gefesselt auf der kalten Oberfläche des Wasserbettes, das sie in die unerforschte Dunkelheit der Zukunft trägt.

Sie hat es sich zur Gewohnheit gemacht, mit dem Rücken gegen die Glastür zu sitzen und in den Himmel hinaus zu starren.

Er wirbelt ziellos herum, wird immer schneller und funkt Hilferufe.

Eines Abends, als er vor dem Feuer sitzt und in der sterbenden Glut stochert, seufzt er, »und so stirbt die Liebe«. (Noch nie hatte er es so stark empfunden.)

Sie beugt sich vor, diesen Blues ungesungen zu machen, und er spürt Ihr Gesicht salzfeucht an seiner Wange.

Das Telefon klingelt. Sie schaut erwartungsvoll auf. Er nimmt den Hörer ab.

»Johan . . . Oh, das ist ausgezeichnet. Wir freuen uns, dich zu sehen. Sonntag ist sehr gut. Am Montag werde ich für eine Woche verreisen, aber das macht nichts . . . Oh nein. Du kannst dich um Sie kümmern, während ich weg bin . . . Nun, wir werden uns sehen, wenn ich zurückkomme . . . Nun, lass mich entscheiden. Komm am Sonntag . . .«

Sie schaut ihn mit grossen Augen an. »Nun?«

»Die Pfeife deines Neffen«, sagt er lakonisch.

»Er kommt am Sonntag! Allein?«

»Robin und Dennis kommen auch.«

»Willst du es so?«

»Solve et coagula.«

»Was werden die Leute sagen?«

»Sie werden sagen, dass die Jüdische Madonna besser ist, wenn du spielst. Aber die des andern war seine Frau.«

77

Eines Nachts träumte Rotwang, dass jemand ein Buch über ihn schrieb. Es wurde zum Bestseller des Jahres. Der Autor machte sich rasch an die Arbeit und schrieb drei weitere Bücher. *Rotwangs Rückkehr, Rotwang geht Hinüber* und *Handbuch zu Rotwang.* Von jedem wurden über 1 000 000 Exemplare verkauft. Rotwang wie auch der Autor Tim Hildebrand konnten sich mit den Tantiemen zur Ruhe setzen und in Frieden ein Leben sorgloser Liebe und guten Willens führen.

aus ROTWANG, *von Tim Hildebrand*

Villars-sur-Ollon, Oktober 1971

Sie holen die ankommenden Elemente auf dem Bahnhof von Aigle ab.

Robin erscheint als erste. Sie ist ein weiches, rundliches Erdenkind, eine mädchenhafte Prosperine, die sich in der Form eines freibusigen Hippiemädchens von Laguna Beach manifestiert.

Der schlaue Merkur springt von der Plattform runter und spaltet sich augenblicklich in zwei grundverschiedene jugendliche Formen. Dennis und Johan.

Dennis, dem aus irgendeinem mysteriösen Grund alle negativen Werte zugeordnet wurden, wird zum kleinen, beinahe zwerghaften Nagetier, verstohlen in einen mokkafarbenen Regenmantel gehüllt.

Johan, dem alle positiven Attribute verliehen worden waren, entfaltet sich zum Giganten aus Aluminium, sprühend vor jugendlicher Lebenskraft.

»Welche Energie«, murmelt Sie.

»Mir scheint, es handelt sich um eine nasale Überdosis«, antwortet der zeitmessende Gatte mit einer schneeigen Stimme. »Wieviel hat er von dieser Energie wohl mitgebracht?«

78

»Elektronen, die Sie nicht erwischt. Diese Elektronen kennt Sie nicht. Einstein benannte Sie. Fermi zähmte Sie. Rosa ist wieder da.«

Capellanischer Kindervers

Villars-sur-Ollon, Oktober 1971

Er sitzt wie ein erschöpfter Adler zusammengesunken auf dem Sofa und hat seine Nacktheit mit einem weichen Schafsfellmantel bedeckt. Sie rauscht auf und ab und packt für die Abreise. Sie macht eine Pause und betrachtet ihn sanftmütig.

»Du hast noch nie besser ausgesehen«, bemerkt Sie.

»Ich habe es noch nie weniger empfunden.«

Sie schaut über das Tal hinweg und seufzt. »Dies ist der schönste Ort auf Erden. Wirst du diese Berge und was ich dir gesagt habe nie vergessen?«

»Ich habe nicht die Absicht, es zu vergessen.«

»Und es gibt nichts zu vergeben.«

»Unsere Umlaufbahnen sind voraussehbar.«

»Erinnere dich an alles, was geschieht.«

»Ja.«

»Bist du eifersüchtig?«

»Ich bin schlaff.«
»Kommst du wieder hoch?«
»Es ist, wie wenn alles vorbei ist.«
»Das bist du, verstehst du. Ich will gar nicht gehen.«
»Ich tue überhaupt nichts.«
»Genau. Wirst du an mich denken?«
»Ja.«
»Wie ich behaglich in den Armen des Teufels liege?«
»Weinst du?«
»Wirst du dich erinnern? Immer und überall?«
Sie verlässt rasch das Zimmer.

Nach einigen Augenblicken kommt Sie zurück. Sie ist perfekt für die Reise angezogen. Weiche Sandalen an flinken Seidenfüssen. Enge Bluejeans. Eine Baumwollbluse. Sie hat Ihre Ledertasche lässig über die Schulter geschwungen. So würde Sie in jede Zeit der menschlichen Geschichte passen. Sie wirbelt anmutig herum und zuckt als Geste des Abschieds die Schultern. Sie ist bereit zu gehen.

79

»Das menschliche Hirn ist aus zehn Milliarden-Milliarden Arbeitsteilen zusammengesetzt.«

Exo-Psychologie

Millbrook, N.Y., Oktober 1963

Die zwölf »Zukunfts«-Karten sind nun aufgedeckt. Die beiden sitzen schweigend da und studieren die Reihenfolge. Von Zeit zu Zeit wendet der Yogi vorsichtig die letzten Karten, um die ersten zwölf Bilder zu betrachten, stopft das Chillum oder zündet eine neue Kerze an.

»Nun weisst du, warum ich hierher kam. Erstens, um dir zu zeigen, dass die Zukunft aus der tantrischen Vereinigung heraus erforscht werden kann.«

»Diese Botschaft ist kaum neu«, sagt der Commodore. »In den okkulten Buchhandlungen gibt es dutzende von tantrischen Handbüchern.«

»Aber sie sind von verhutzelten Hindu-Gelehrten geschrieben, die pedantisch die Anweisungen für das Anpassen der Penislänge zur Yonigrösse übersetzen. Und sie werden von den Astronauten nicht gelesen. Diese Landkarte zeigt uns, wohin wir gehen.«

»Stufen jenseits des Körpers?«

»Nein, vereinigte, erotisierte Körper werden zu ausserirdischen Zeitschiffen.«

»Selige Körper können uns nicht vom Planeten abheben.«

»Aber sie können die Elektronik erotisieren. Dies wird uns hinauf heben.«
»Werden wir vom Planeten ausgestossen?«
»Wie kleine Vögel aus dem Nest.«
»Hm«, meint der Commodore nachdenklich.
»Oh, übrigens, ich sprach heute am Telefon mit Sylvia. Sie ist in New York. Kann sie hierher zu mir kommen?«
»Selbstverständlich.«
»Sie möchte eine Freundin mitbringen. Bist du damit einverstanden?«
»Sicher«, sagt der Commodore hoffnungsvoll.
»Sie heisst Rosemarie Klette. Sie ist sehr high. Und schön. Du wirst Sie gern haben.«

80

»Der, der zögert, erbt die Erde.«

Motto des Leutnant Jim Collins,
Ex-Fallschirmspringer

Villars-sur-Ollon, 19. Oktober 1971

Mit-tag.
Er hört das Geräusch der zuschlagenden Türen, das Wechseln der Gänge und dann verliert sich das Heulen des Motors in der Ferne. Der Doppler-Effekt-Blues.
Er sitzt da und schaut den Schwalben zu, wie sie Dankeschön in den blauen Himmel schreiben. Seine Lebenslichter flackern wie das immer schwächer werdende Ticken der Totenuhr. Kadavererinnerungen benebeln seinen Kopf.
Um 12 Uhr 15 steuert er seinen VW-Bus zur Polizeiwache, um sich ins Register einzutragen.
»Wie geht es Ihrer Frau?« fragt der Wachtmeister herzlich.
»Wie immer.«
»Wie schön sie doch ist!« sagt der Wachtmeister.

* * * * * * * * * * * * * * * * *

Und hier kommt Joanna! Sie reitet auf dem weichen Leder von Graf André's Ferrari in die Stadt. Ein silbriges um Ihren Hals gewickeltes Seidenhalstuch flattert hinter Ihr her wie züngelnde Flammen. Sie ist die legendäre Gesandtin eines Landes, das einst untergegangen ist, nun aber wieder zu neuem Leben erwacht. Sie selbst entstammt einer ruhmreichen Adelsfamilie, lebt aber zu sehr in der Zukunft, um ihre Kräfte steuern zu können.

Sie trägt einen weissen Autorennfahrer-Dress mit dem blauen *Mobil*-Schriftzug auf dem Rücken, eine Kleidung für atmosphärische Wechsel, schnelle Beschleunigung, kurze Halts zum Nachfüllen chemischer Treibstoffe, ein Kostüm, das Strahlung reflektiert und Sternenlicht widerspiegelt, wenn Sie lächelt, voreingenommen, aber ohne Genussucht.

Nun zur elementaren Information. Sie ist ein 21st Century Fox, eine schlaue Füchsin des 21. Jahrhunderts, in Ordnung, aber in Ihrer Gebärmutter ist kein Platz für weltliche Angelegenheiten, noch wird Sie in dieser schweizerischen Skidorflandschaft mehr Geld als nötig ausgeben, zwischen diesen holzgeschnitzten Häusern, in der schmalen, von Läden gesäumten Strasse, von der aus man zu den Pisten für Anfänger, Mittelmässige und Fortgeschrittene gelangt. Diese flüstern *komm und purzle hinunter, gleite runter . . . vergiss deine hoffnungslose Suche . . . wir wollen dich bewegen, dich beweeeeeeegen* . . . aber oh nein, nicht Joanna. Sie hat nackt auf Glastischen getanzt und ist Hand in Hand unter dem verrückten Mond umhergerannt und hat sich hingelegt, geöffnet für den Pfeil des Schützen, Grasflecken auf schneeweissen Schenkeln. Aber der ziegenhafte Playboy konnte Sie nie zum Kommen bewegen und war nun dazu übergegangen, Sie auf Ihre Rechnung anzurufen und in Erinnerung an alte Zeiten um Darlehen zu betteln.

Sie befiehlt mit einer Handbewegung, dass André den Wagen am Strassenrand parkiert, lehnt sich zum Fenster hinaus und winkt eine junge Frau mit blondem Haar zu sich.

»Hallo Betty Ann!«

Die Frau bleibt stehen, stemmt die Hände in ihre Hüften und betrachtet den Wagen. Ihr Gesicht strahlt in amüsierter Offenheit. »Mein Gott«, flüstert Joanna, »sie ist stoned.«

»Normalerweise heisse ich Belle.«

»Oh, verzeihen Sie. Ich habe Sie mit jemandem verwechselt.« Joanna schweigt und lächelt gewinnend. »Aber vielleicht können Sie uns helfen.«

Das Mädchen kommt immer noch neugierig lächelnd auf den Wagen zu.

»Vielleicht kann ich.«

»Wir suchen . . .«

»Ja, ich weiss. Ich auch.«

»Wissen Sie, wo . . .«

»Nein, ich habe versucht es herauszufinden. Niemand will darüber sprechen. Wie dem auch sei, heute ist nicht der richtige Tag. Ich habe eben den Wagen den Berg runterfahren gesehen.«

»Was ist es für ein Wagen?«

»Ein gelber Porsche.«

»Los, André. Wir holen ihn auf der Autobahn nach Genf ein. Wollen Sie mitkommen, Belle?«

»Nein, ich bin zum Schluss gekommen, dass heute nicht der richtige Tag ist. Aber viel Glück.«

* * * * * * * * * * * * * * * * * *

André dreht den Wagen in einem Halbkreis, rollt ein Stück rückwärts und braust weg. Sie verpassen den VW-Bus, der langsam auf der schmalen Strasse dahinfährt, nur ganz knapp.

* * * * * * * * * * * * * * * * * *

Der Commodore fährt ins Dorfzentrum und parkiert den Wagen vor dem Tabakladen. Durch das Fenster sieht er den Körper einer jungen, weiblichen Zweibeinerin auf ihn zukommen. Ihr Kopf ist durch herunterhängende Sonnenstoren verdeckt. Es ist ein üppiger, levantinischer Körper und trägt unter der grosszügigen Rundung ihrer Hüfte enge Bluejeans. Der Gang ist wiegend. Ein fünf-hirniges Geschöpf! Er beobachtet seine schwerfällige, aber unmissverständliche Reaktion auf das somatische Signal. Ihr kopfloser Körper treibt näher, unschuldig (?) und seines voyeuristischen Empfangs nicht bewusst. Als Sie an ihm vorübergeht, studiert er das verzückte semitische Gesicht. Ohne Zweifel ein weiteres gestrandetes Verzückungs-Opfer.

* * * * * * * * * * * * * * * * * *

Der kahle, dickbäuchige Kellner im *Le Sporting*, der an seinem gewohnten Platz neben der Kasse steht, sieht den Flüchtling durch das Fenster, blickt in die Ecke, schaut auf seine Uhr, nimmt ein kleines Notizbuch aus der Brusttasche und notiert.

Der Commodore überquert die Strasse und betritt das Café. Der Kellner geht auf ihn zu und schüttelt ihm die Hand. »Suchen Sie Monsieur Duval, Professor?«

»*Oui.*«

»Er wartet dort drüben in der Ecke.«

»Sie sehen traurig aus«, sagt Duval.

»Es langweilt mich, von zweihirnigen Zweibeinern gejagt zu werden«, sagt der Commodore.

»Ja, es ist anstrengend«, sagt Duval.

»Wie erklären Sie sich diese Geschöpfe, die versuchen, das Leben auf diesem Planeten so furchterregend zu gestalten?«

»Ah, heute ist Ihr Tag für Verschwörungstheorien?«

»Nein, ich wundere mich bloss, wie die Männer, die glauben, dass sie regieren, sich erklären, was sie tun.«

»Sie haben ihre politischen Erklärungen. Sie haben sie gelesen. Sie sind sich bewusst, was Sie der sowjetisch-protestantischen Ästhetik angetan haben, und sie wissen, wie Sie sicher auch, dass subjektiver Hedonismus genetischer Selbstmord ist.«

»Und Sie machen sich Sorgen?«

»Sie etwa nicht?«

Leri zündet sich eine Zigarette an und füllt Bier in sein Glas. Es ist eine dieser Schachspiel-Begegnungen, an denen sich die Erdenwesen so erfreuen.

»Sagen Sie mir, Duval, Sie haben mit Ihnen gesprochen. Es ist Ihr Beruf zu wissen, wer die Befehle gibt und warum er es tut. Also, sagen Sie mir, was gefällt ihnen? Was erfreut sie? Nur einfach das Raufklettern und Runterdrücken? Jeden Tag, wie ein Heroin-Schuss?« Er hat seine Arme ausgestreckt, die Handflächen dem Boden zugewandt und nach unten bewegend.

»Es ist kein Geheimnis, mein verehrter Gast. Macht. Sie sagten es. Animalischer Reflex. Die Schlagworte machen keinen Unterschied.«

»Geht die Ameisenhügel-Chemie endlos weiter? Die roten Ameisen gegen die schwarzen?«

»Ich habe erwartet, dass Sie mich das fragen werden«, antwortet Duval. Er hält seine beiden Hände zusammen und streichelt mit seinem rechten gekrümmten Daumen seinen Ring.

»Es ist nur Neugierde.«

Duval explodiert sanft, zischt die zurückgehaltene Luft heraus. »Oh nein. Kommen Sie schon, mein lieber Professor. Ich weiss, berechnete Naivität ist eine Ihrer Lieblingsmasken. Aber nun ist die Zeit gekommen, um offen zu sprechen. Wissen Sie denn nicht, warum wir Sie am Leben gelassen haben? Warum wir Sie frei herumlaufen lassen? Warum alle Geheimdienste Ihnen überallhin folgen?«

»Warum?«

Duval stösst wieder scharf den Atem aus und lässt den Kopf nachdenklich hängen. Gleich tritt die Ernsthaftigkeit aus dem Wandschrank heraus. Er schüttelt resigniert den Kopf.

»Also gut, ich lege unsere Karten auf den Tisch. Wir wollen nicht mehr bluffen. Ihr Plan hat funktioniert. Was nun?«

»Was, was nun?«

Duval hebt seinen rundlichen Kopf, um Leri tief in die Augen zu blicken. Lächelt er, um zu täuschen?

»Nur das. Sie haben gesiegt, Galileo. Oh, Sie realisieren es gar nicht? Das ist lustig. Glauben Sie etwa unserer Propaganda? Gut, lassen Sie mich die kritischen demographischen Tatsachen zitieren.«

Duval zieht ein Notizbuch aus seiner Jackentasche und blättert es suchend durch.

»Nach überprüften und bestätigten Berichten aller westlicher Geheimdienstquellen, die Israelis eingeschlossen . . . wo haben wir das . . . fangen wir mit dem Mittleren Osten an . . . haben sich die folgenden jungen Männer und Frauen nach Ihren Anweisungen einer Hirnwäsche unterzogen und sich Ihrer Philosophie angeschlossen. Iran . . . sieben Mitglieder der kaiserlichen Familie, fünf Männer und zwei Frauen. Selbstverständlich die Kultiviertesten und Gebildetsten. Genau die Leute, die wir sorgsam aufgezogen haben. Auch die besten Verwaltungsfachleute und Wissenschaftler. Verstanden?«

»Verstanden.«

»Saudi-Arabien . . . elf der fünfzehn vielversprechendsten Prinzen. Hm. Kurz gesagt, in allen pro-westlichen arabischen Staaten ist die Elite der Jugend auf Ihrer Seite. Besonders schlimm wiegt die Tatsache, dass Ihre Ideen in den prosowjetischen Ländern nicht Fuss gefasst haben. Es sind *unsere* besten Leute. Verstehen Sie unseren Zorn?«

»Ich verstehe.«

»Gut. Nun zu Spanien. Das war ein Schock. Spanien! Wir konnten diese Zahlen nicht glauben, bevor sie nicht zweimal überprüft worden waren. Von 132 der vielversprechendsten jungen Leute – ich spreche vom Adel und den oberen Zehntausend –, nicht von den Technokraten, sondern von den Leuten, die das Land besitzen und regieren – sind 88 durch und durch neurologisch. Sprechen Sie mit ihnen über konventionelle Politik und Ökonomie und sie werden Ihnen ins Gesicht lachen. In Italien ist die Entwicklung unterschiedlich. In Frankreich sind Sie weniger angekommen. Aber in Skandinavien ... über sechzig Prozent kaufen einfach den alten Kram nicht mehr.«

»Für was scheinen sie zu sein?«

»Das ist das Problem. Genau hier wird es unklar. Sie sprechen davon, dass Individuen ihre eigene Wirklichkeit kontrollieren können. Neuro-Politik. Neuro-Genetik.«

»Ich verstehe.«

»Aus Sicherheitsgründen kann ich Ihnen von den anderen Ländern keine spezifischen Details geben, ich kann Ihnen nur sagen, dass ... moment mal ...« Duval addiert auf einer Papierserviette Zahlen. »Von ungefähr tausend der vielversprechendsten jungen Wissenschaftler und politischer Verwalter in den Kern-Demokratien – Deutschland, England, Amerika – schwören über fünfzig Prozent auf die systematische und offenbar erfolgreiche Anwendung Ihrer neurologischen Methoden und auf die allgemeine Philosophie, die Sie vermittelt haben.«

Leri rollt seine Oberlippe gegen die glatte, weiche Feuchtigkeit seiner vollen Unterlippe und nickt nachdenklich. »Wie sieht es in Südamerika aus«, fragt er beiläufig.

»Unterschiedlich, aber die Entwicklung geht in Ihre Richtung. Es ist eine Sache der Genetik. Je mehr Aristokraten es hat, desto grösser sind Ihre Mehrheiten. In den bürgerlichen Sozialistischen Staaten und Demokratien sind diese wesentlich geringer. Eine weitere merkwürdige Überraschung. In den Aussenministerien und unter den Diplomaten ist Ihr Sieg total. Es ist ein Skandal! Wir wissen es von dreiundsiebzig Botschaftern. Von den meisten ihrer Ehefrauen auch. Hunderte von Konsuln und Attachés. Und ... nun, Sie dürfen ebensogut auch das Schlimmste wissen, drei Premierminister, sechs Regierungschefs, vier Aussenminister.«

»Aber niemand unter den Militärs?«

»Nur unter den jungen Offizieren. Aber bis jetzt haben wir die Lage in der Hand.«

Der Commodore betrachtet seine Handflächen und lächelt.

»Die Schlussfolgerung ist klar«, fährt Duval fort. »Ihr Plan des Spiels hat sich durchgesetzt. Die Bedeutung dieser Statistiken wurde nur langsam erkennbar, weil sie hinter dem Generationenkonflikt versteckt war und über den ganzen Planeten verstreut. Schockierend ist vor allem, dass Ihre Hirnveränderungstechnologie am meisten Anklang unter den . . .«

»Söhnen und Töchtern der herrschenden Klasse findet.«

»Genau.«

»Also, was soll nun geschehen? Michel hatte recht. Es ist offenbar zu spät, mich zu töten.«

»Glauben Sie ja nicht, man habe das nicht diskutiert. Es wurde beschlossen, die Welt zu überzeugen, dass Sie übergeschnappt sind. Verrückt. Ihre Flucht nach Algerien war ein köstliches Geschenk. Algerien! Das war noch besser als San Quentin.«

»Aber die Zwangsjacke hält nicht. Sie werden annehmen, dass ich bei der Realitätsauswahl einen Fehler gemacht habe. Ein Absturz eines Gehirns eines ehemaligen Testpiloten kann die Trans World Airlines nicht lahmlegen.«

»Ja, das haben wir früh genug erkannt.«

»Also, was nun?«

Duval schaut mit einer ruckartigen Bewegung auf und wirft in gut gespielter Entrüstung seine Füllfeder auf den Tisch.

»Bitte mein Freund, spielen Sie nicht mit uns. Ich meine es ernst. Ich wiederhole meine Frage: Wissen Sie nicht, warum alle Geheimdienste Ihnen überall hin gefolgt sind?«

»Warum?«

»Weil wir darauf warten, dass Sie uns sagen, was Sie als nächstes mit diesen Spezies zu tun gedenken.«

»Würden Sie mitmachen?«

»Wir hören zu«, sagt Duval.

Lokales Nachwort

Leary Love Story

Sergius Golowin und Robert Anton Wilson bezeugen, nebst vielen anderen, dass Leri in beinahe jeder Beziehung ein sehr angepasster Agent war. Ohne von seinem galaktischen Wesen abzuweichen, war er doch sehr ein Mann seines Jahrhunderts.

Was will die Frau?

Timothy Leary war 1971 noch in Lausanne im Gefängnis. Jedermann fürchtete das Allerschlimmste – seine Auslieferung an die Schergen einer unmenschlichen Regierung.

Seine Gattin, die schöne Rosemary, war damals eine Nacht bei uns in Interlaken, und wir redeten die ganze Zeit, selbstverständlich über den Mann Timothy: »Alles um ihn herum ist ein Märchen«, erzählte sie, »viele nennen ihn einen Feen-König (King of the Fairies).«

Es war mir eigentlich neu, dass Frauen im 20. Jahrhundert noch – oder wieder – so über ihren Lebensgefährten reden. Übrigens, dass ihnen nach vielen Jahren ihr Ehemann noch der bewunderte, märchenhafte Geliebte ist.

Mit Rosemary redeten wir damals erstmals über Tims irische Herkunft: Sie erzählte mir von Rockveranstaltungen, die die amerikanische Jugend mit ihren liebsten Musikern unternahm, als der Dichter erstmals im Gefängnis verschwand und sich allgemein die grosse Verzweiflung ausbreitete, nichts gegen das grosse Unrecht unternehmen zu können. »Timothy Leary is dead«, hätten die Musiker gesungen und dann »No, he is out, looking in«. Und Tausende von anwesenden Menschen hätten darauf gerufen: »Timothy Leary, Timothy Leary.«

Es sei gewesen, als gebe es keine Zeit. Als befinde man sich wieder in keltischen Urzeiten der Sage, da das Gefolge eines irischen Häuptlings an heiligen Gräbern diesen zurückrief. Da es ihn brauchte und gleichzeitig wusste, dass der menschliche Wunsch eine endlose Kraft ist. Und dass ein grosser Häuptling sogar aus dem Reich des Todes zu seinem Volke zurückkommt, wenn nur dieses es ganz will und ihn für sein Glück noch braucht.

So sprach zu uns Rosemary Leary.

Wir warteten im Vorraum des grossen Berner Juristen, den Tim im übrigen Benvoglio nennt. Wir, also ein paar Journalisten und Hippies, warteten auf den erst einige Tage (mit viel Vorbehalten!) freigelassenen Mann – dessen Lebensgeschichten wieder einmal die Zeitungen durchwanderten.

Endlich kamen Benvoglio und Tim aus dem Arbeitszimmer des Anwalts heraus. Der Jurist fachmännisch besorgt. Der Abenteurer sonnig und sorglos lächelnd.

»Es hängt jetzt von euch allen ab«, sagte Benvoglio, ganz als wären wir die Meinungsführer der ganzen Schweizer Jugend, »ob der Professor Leary frei bleibt. Es war eher schwer für die Schweizer Behörden, ihn nicht auszuliefern. Den Behörden des Herrn Nixon einmal nein zu sagen. Ihr müsst alle helfen, dass er zu gewissen Problemen nicht Stellung nehmen, darüber reden muss. Sonst entsteht wieder einmal schrecklicher Lärm in den Zeitungen. Dann sind die Folgen unberechenbar, und wir können ihn nicht mehr beschützen.«

»Über ein paar Dinge darf unser Gast nicht reden«, sagte zu uns bedeutungsvoll Benvoglio – und er zählte die betreffenden Dinge auf, wozu Tim jedesmal verständnisvoll mit dem Kopf nickte und lächelte.

»Die USA und ihre Kriege. Namentlich den in Vietnam. Die politischen Verhältnisse unseres schönen Landes. Wenn möglich, die Politik überhaupt. Natürlich alle Drogen. Die Jugendfragen.«

Timothy Leary wollte uns, freundlich wie er in der Regel ist, offensichtlich trösten. »Ihr könnt mit mir immerhin . . .«, ergänzte er, musste dann aber einige Augenblicke nachdenken, »ihr könnt mit mir in der nächsten Zeit immerhin über die Fliegenden Teller reden«.

Ich konnte Timothy Leary an verschiedenen Orten der Schweiz aufsuchen. Seine unmittelbare Umgebung wirkte auf mich stets eher wohlhabend, trotz aller Flucht durch die Erdteile. Trotz den zahlreichen Wohnungswechseln in unserem Land – wahrscheinlich um es kennenzulernen, gleichzeitig den Anhängern, Feinden und Journalisten ein wenig auszuweichen.

Später konnte ich verstandesmässig erschliessen, woraus der Eindruck eines gewissen Reichtums entstand, obwohl Tim ganz sicher manchmal keinen Franken in der Tasche besass: Alle die Dinge um ihn, Kleider, Schallplatten, Bilder, Bücher, besassen einen gewissen Wert – besser, er verstand, ihnen allen einen solchen zu geben.

»Du kannst stets das mitnehmen, was dir besonders gefällt«, pflegte er den Gästen so nebenbei als Selbstverständlichkeit zu sagen und mit einer ruhigen Handbewegung buchstäblich auf alles in seinen Zimmern zu weisen. Ganz als wäre er kein bettelarmer Flüchtling, sondern der Besitzer der Welt.

Es gab tatsächlich Zeitgenossen, die nach einem Besuch von ihm mit Armen von Schallplatten und teuren Bilderbüchern weggingen. Sie hatten wahrscheinlich die Aufforderung des Gastgebers ein wenig zu wortwörtlich verstanden.

»Alles, was uns begegnet«, sagte bei irgendeiner Gelegenheit Tim, »kann auch als ein Intelligenztest angesehen werden.«

Wir fuhren im Auto durch die Innerschweiz, wo wir die Gegenden der alten Freiheitssagen aufgesucht hatten. Es war fast wie in Indien – die Kühe lungerten auf den Strassen herum, und man kam nur schrittweise durch die modernisierten Weiden.

»Wir sind im Himmel«, sagte der irische Autofahrer, »die Schweiz ist der Himmel«. »Was bleibt da noch zu machen?«, meinte ich ein wenig benommen von meiner Überflüssigkeit als Politiker.

»Du kannst zu machen versuchen, dass die Menschen es wieder merken«, meinte dem Sinn nach (er sagte es irgendwie zweideutiger und schöner!) Leary, »ein Himmel, in dem man den Himmel vergessen hat, wird schliesslich zur Hölle.«

Sogar Herrn Hauchard, einen weiteren sehr wichtigen Darsteller des Theaterstücks »Tim im Hirtenland«, traf ich im Restaurant »Schweizerhof«.

»Man muss Geld haben, um hier etwas erreichen zu können, z. B. nicht ausgeliefert zu werden«, sagte er zu mir. »Wenn nur Schriftsteller und Philosophen einen Augenblick an unsere Wirklichkeit denken würden«, stöhnte er dann, »unsereiner müsste bei ihnen betteln gehen.«

Für einen Mann, der eigentlich nicht vollamtlich mit Denken und Dichten beschäftigt ist, hatte Hauchard offenbar eine recht schöne Meinung von der Allmacht des Geistes. (Hoffentlich hat er recht.)

Nationalrat und Schauspieler Alfred Rasser ermöglichte mir, wegen dem »Fall Leary« mit Bundesrat Furgler, dem Verwalter unserer Justiz- und Polizeisachen, zu reden. Ich lernte in diesem einen vorsichtigen, besorgten und höflichen Mann kennen: »Wir glauben, dass es uns trotzdem gelingen wird, den richtigen Weg zu finden.«

18 Monate lang ist es gelungen; der Flüchtling blieb. Michael Horowitz schreibt in *Apology for T. Leary* (San Francisco, 1974): »In so doing, the Swiss gooernment . . . also lived up to their reputation as a sanctuary for persecuted geniuses.«

Und so ist alles in allem unsere Geschichte des Hochlandes um eine schöne und neue Geschichte reicher. Die wie immer in solchen Fällen durch der Parteien Hass und Gunst entstellt, jetzt in mancherlei Fassungen umgeht und allerlei bunte Ausschmückungen erhält.

Oder wie es Leary selber in der damals berühmten Gaststube *Pyrenées* (und eigentlich ganz ähnlich auf seiner Schallplatte *Seven Up*) darstellte: »Vielleicht besteht das Weltall nur darum, damit alle zwei Jahrmilliarden an einem Ort der Zuflucht für Flüchtlinge und alchimistische Philosophen in Bern, das hohe Lied der Liebe gesungen und gelebt wird.«

Das ist eigentlich eine sehr schöne Deutung des Daseins-Sinns unseres Landes. Und vielleicht, wie alle Leary-Stories, auch eine gute Hilfe bei der Suche nach der Antwort auf die Frage der Fragen »Was will die Frau?«

Sergius Golowin,
Interlaken, Mai 1980